O mundo de Parmênides

CB053377

FUNDAÇÃO EDITORA DA UNESP

Presidente do Conselho Curador
Mário Sérgio Vasconcelos

Diretor-Presidente
Jézio Hernani Bomfim Gutierre

Superintendente Administrativo e Financeiro
William de Souza Agostinho

Conselho Editorial Acadêmico
Danilo Rothberg
João Luís Cardoso Tápias Ceccantini
Luiz Fernando Ayerbe
Marcelo Takeshi Yamashita
Maria Cristina Pereira Lima
Milton Terumitsu Sogabe
Newton La Scala Júnior
Pedro Angelo Pagni
Renata Junqueira de Souza
Rosa Maria Feiteiro Cavalari

Editores-Adjuntos
Anderson Nobara
Leandro Rodrigues

Karl Popper

O mundo de Parmênides

Ensaios sobre o Iluminismo pré-socrático

2ª edição revista

Organizado por Arne F. Petersen,
com a colaboração de Jørgen Mejer

Tradução
Roberto Leal Ferreira

editora
unesp

Primeira edição em inglês: 1998, por Routledge
© 1998 The Estate of Sir Karl Popper; editorial matter and arrangement,
Arne Friemuth Petersen
© 2008 Klagenfurt University Karl Popper Library, Arne Friemuth Petersen.
Todos os direitos reservados.
© 2011 Editora Unesp
Título original: *The World of Parmenides: essays on the Presocratic Enlightenment*

Fundação Editora da Unesp (FEU)
Praça da Sé, 108
01001-900 – São Paulo – SP
Tel.: (0xx11) 3242-7171
Fax: (0xx11) 3242-7172
www.editoraunesp.com.br
www.livrariaunesp.com.br
atendimento.editora@unesp.br

CIP – Brasil. Catalogação na publicação
Sindicato Nacional dos Editores de Livros, RJ

P831m

Popper, Karl
   O mundo de Parmênides: ensaios sobre o iluminismo pré-socrático /
Karl Popper; organizado por Arne F. Petersen, Jorgen Mejer; traduzido
por Roberto Leal Ferreira. – 2. ed. – São Paulo: Editora Unesp, 2019.

   Tradução de: *The World of Parmenides: essays on the Presocratic En-
lightenment*
   Inclui bibliografia.
   ISBN: 978-85-393-0803-3

   1. Filosofia. 2. Filosofia grega. 3. Iluminismo. 4. Filósofos pré-
-socráticos. I. Petersen, Arne F. II. Mejer, Jorgen. III. Ferreira, Roberto
Leal. IV. Título.

2019-1306   CDD: 100
                                       CDU: 1

Editora afiliada:

Asociación de Editoriales Universitarias
de América Latina y el Caribe

Associação Brasileira de
Editoras Universitárias

Sumário

Prefácio do editor

Por amor dos pré-socráticos

No verão de 1965, realizou-se um Colóquio Internacional acerca da Filosofia da Ciência no Bedford College, organizado pela London School of Economics (LSE) e a British Society for the Philosophy of Science, sob os auspícios da União Internacional de História e Filosofia da Ciência, com William Kneale, Imre Lakatos, John Watkins, entre outros, no comitê organizador. Diversas celebridades mundiais nos campos da Lógica, da Filosofia da Matemática e da Filosofia da Ciência participaram do encontro, que ocorreu num momento em que o positivismo lógico, tendência antes predominante na Filosofia da Ciência, enfim cedia lugar para outras abordagens da Lógica e da Teoria do Conhecimento. A principal motivação dos organizadores ao promoverem o colóquio parece ter sido confrontar Popper com alguns dos seus opositores, em especial Rudolf Carnap e Thomas Kuhn, na esperança de que o resultado demonstrasse a força e o vigor do racionalismo crítico.

Sob mais de um aspecto, o encontro não satisfez as intenções e esperanças dos organizadores. As discussões entre Popper e os oponentes convidados não foram muito longe e, apesar do tema e da abrangência, a palestra inaugural de Popper provocou apenas algumas breves observações.

A palestra expunha com muita minúcia como a cosmologia e o raciocínio pré-socráticos estavam entre os pilares do pensamento científico ocidental e que tal fundação podia ser rastreada em programas de pesquisa nas áreas da Física, da Astronomia, da Biologia e da Filosofia nos últimos dois mil e quinhentos anos. Alegava Popper que mais do que nunca havia necessidade de se evitar uma metodologia inspirada em Aristóteles; tudo o que se precisava era de um renascer do espírito do racionalismo crítico pré-socrático – recomendação feita em sua já então clássica conferência "De volta aos pré--socráticos", pronunciada em 1958 e publicada em *Conjecturas e refutações*, dois anos antes do colóquio. (Ela é aqui republicada como o Ensaio 1.)

Parece que a mensagem de Popper não foi realmente compreendida pelos que comentaram a palestra. Tampouco houve qualquer discussão de outro ponto principal da conferência: o colapso da teoria atômica da mudança e a necessidade urgente de uma nova teoria da mudança. Após o encontro, o organizador nomeado tentou convencer alguns dos que participaram da discussão a escrever críticas mais elaboradas para as atas a serem publicadas. Quando as atas apareceram, porém, nem a conferência de Popper, nem a oposição mobilizada foram incluídas e, nos anos seguintes, a palestra inaugural, que permaneceu sob a forma de manuscrito durante décadas, se tornou quase tão lendária entre os colegas e os alunos quanto o "Posfácio à *Lógica da descoberta científica*" antes de sua publicação em 1982-1983. (O Ensaio 7 é uma versão ampliada da palestra, aqui publicada pela primeira vez.)

Eu nada sabia de tudo isso quando, estudando em Oxford em 1968, comecei a ir a Londres uma vez por semana para assistir às aulas e aos seminários de Popper na LSE. Para mim, foi como pular num trem expresso em movimento. Naquela época, respirava-se nesses seminários uma atmosfera cativante de real ensinamento, uma busca do conhecimento e um tipo de docência que refletia muitos grandes momentos da história da ciência e da filosofia. Eminentes cientistas e filósofos do mundo inteiro participavam dos seminários de Popper, onde todos pareciam em casa, como membros de uma grande família na qual todos podiam criticar as ideias uns dos outros sem que isso fosse levado a mal. E suas aulas sobre lógica e o método científico, às quais estudantes de muitos países assistiam, eram o palco de um processo educacional contínuo, guiado por uma mente criativa e crítica de riqueza e rigor incomuns. Numa aula, Popper conseguia criar uma sensação de suspense e de revelação em seus ouvintes, ao esmiuçar as circunstâncias de uma descoberta ou analisar a solução de um problema filosófico ou científico. Ele transformava a filosofia da ciência numa aventura viva, mostrando como as ideias do passado podiam dialogar com ideias do presente.

Depois das aulas, Popper muitas vezes convidava alguns estudantes a irem ao seu escritório, para dar continuidade à discussão. A primeira vez em que tive a boa sorte de ser incluído num desses grupos, o tema foi cosmologia e pré-socráticos. A certa altura, mencionei o "Ser" de Parmênides e como era compreendido em Oxford (num curso sobre a primeira filosofia grega a que assisti no Corpus Christi College). Imagino que poderia ter igualmente dito que o "Ser ou não ser" de Hamlet era um eco de Parmênides, pois assim que mencionei Oxford, Popper me interrompeu dizendo algo neste sentido:

> Veja bem, Parmênides não era nem um analista da linguagem, nem um ontólogo, mas um cosmólogo. O seu "Ser" nada tem a ver com ontologia. Parece-me vazia a locução "é" ou a cópula lógica: poderia, no melhor dos casos, ser parte de uma lógica formal, de que apenas tautologias podem seguir-se. Considero, portanto, ontologia uma palavra vazia. Sem dúvida, o grego *"esti"*, como o inglês *"is"* [ou o português "é"], podem ser usados de modo ambíguo, quer como *cópula*, quer como expressão de *existência*. Mas como é claro que Parmênides a usa para exprimir *existência*, o seu *"esti"* deve ser traduzido por *"existe"*. Assim, se quisermos falar de quais coisas existem – do mobiliário de nosso mundo, da existência, por exemplo, de átomos ou de organismos ou de propriedades – proponho, na esteira de Parmênides, que seja melhor falarmos de cosmologia.

Fiquei pasmo com essas palavras, que me fizeram lembrar da Ática e de um inventário cosmológico – comentado pelo poeta dinamarquês Paul la Cour – de suas montanhas e ruínas de templos, o vertical penhasco azul do mar, com barcos no ar, cheio de fragrâncias de pinho e tomilho, sons de cigarras e sininhos de ovelhas, numa calma inundada de sol.

No ano seguinte, quando comecei a trabalhar como assistente de pesquisa de Popper, nossas conversas ocasionais acerca dos pré-socráticos deram uma importante guinada. Em setembro de 1969, o casal Popper partiu para uma visita de quatro meses à Universidade de Brandeis e, para manter ocupados a mim e à sua secretária durante a ausência, Popper nos pediu que fizéssemos uma nova versão datilografada de seu *Pós-escrito à Lógica da descoberta científica*, que, naquela época, existia em prova de paquê repleta de centenas de correções e adições manuscritas e datilografadas. Durante o outono, a sra. Marjorie Walker e eu nos dedicamos intensamente a esse trabalho, datilografando e revisando, e me deixei envolver tanto nisso, que me esqueci de responder às cartas e de escrever os relatórios acerca do progresso do trabalho. Em novembro, Popper perdeu a paciência com meu grosseiro silêncio. Porém, ao invés de recorrer ao Coordenador do Departamento, me escreveu duas cartas interessantes e gentis sobre certa descoberta nova e importante que fizera acerca da possível cronologia das ideias cosmológicas de Parmênides, bem como uma conjectura psicológica sobre o antissensualismo de Parmênides. Essas cartas foram de imediato redatilografadas, para serem devolvidas a Popper para ulterior elaboração, e eu acrescentei algumas reflexões entusiásticas que eu fizera alguns anos antes, ao estudar os fragmentos de Heráclito acerca da luz e da noite. Mais tarde, Popper sugeriu que essas cartas, juntamente com meus comentários, deviam entrar para o volume de ensaios que lhe propus compilar de seus textos sobre os pré-socráticos. (As duas cartas são aqui publicadas como o Adendo ao Ensaio 6.)

O casal Popper voltou de Brandeis no dia 18 de dezembro e, logo depois, levei-lhe duas cópias da nova versão do *Pós-escrito*, um monumento de quase 1.200 páginas, que foi de imediato guardado no quarto de Popper; ali permaneceu intacto por uma década, enquanto uma pasta amarela com a nossa correspondência sobre Parmênides foi colocada no umbral da janela sobre a escrivaninha, onde, com o passar do tempo, amareleceu a cópia datilografada da palestra inaugural.

Com certeza, havia muitas questões urgentes para resolver nos primeiros anos da década de 1970, e nada teria acontecido com os artigos sobre Parmênides se a natureza, ou a fortuna, não tivesse se intrometido sob a forma de... um esquilo. Ouvi falar do incidente no outono de 1977, quando visitei o casal Popper em Penn pela primeira vez desde que saíra da LSE, em 1971. A sra. Popper contou-me, rindo, que, num dia de primavera, um esquilo entrara na casa sem ser notado e começara a levar embora diversos papéis, entre os quais a pasta sobre Parmênides, aparentemente com o objetivo de usar aquelas raridades como material de construção para seu ninho. O esquilo, porém, deixara a pasta amarela, pesada demais para ele, ao pé de uma árvore, onde mais tarde foi encontrada. Quando Popper juntou-se à conversa, lembrei-lhe o nosso velho projeto de reunir os ensaios sobre os pré-socráticos e, numa alusão ao interesse rival do esquilo pelos artigos sobre Parmênides, não tive muita dificuldade em persuadi-lo de que agora o projeto se tornara urgente. Divertido, ele propôs que eu devia encarregar--me da edição dos ensaios, e a partir daí, comecei a reunir tudo o que pude encontrar do que fora por ele escrito acerca dos pré-socráticos e do impacto por eles exercido na ciência e na filosofia posteriores.

Esse também foi o começo de nossos muitos encontros, uma ou duas vezes por ano, por quase duas décadas. Nessas ocasiões, Popper normalmente deixava de lado outras questões durante um ou dois dias, para trabalhar comigo sobre a cosmologia de Xenófanes e a epistemologia de Parmênides, ou para ditar algumas das intermináveis notas à conferência inaugural, responder a questões textuais acerca da Conferência Broadhead (Ensaio 6) e melhorar os "ensaios sobre a Lua", nos quais trabalhou durante muitos anos. Certa noite, quando de repente viu como explicar da melhor maneira a solução para o enigma das "Duas Vias" de Parmênides, ele ficou tão absorto na reformulação de um rascunho anterior que passou a noite trabalhando e só parou de escrever na manhã seguinte, quando saí para o aeroporto. Essa maratona noturna aconteceu quando ele estava aproximando-se dos 90 anos e resultou numa primeira versão do Ensaio 3, que foi publicado em *The Classical Quarterly*, em 1992. A leitura dos Ensaios 3, 4 e 5 na ordem inversa, mas cronológica (indicada entre colchetes junto aos títulos) e em seguida de "Sobre Parmênides (II)", que são os fragmentos 0-5 do Apêndice, revelará algumas das principais etapas na solução desse problema parmenidiano.

Nem todo o trabalho sobre os pré-socráticos foi feito durante esses encontros, porém, e, com o passar dos anos, Popper escreveu muitos rascunhos que só mais tarde apareceram. Ao fim da vida, ele se mostrou propenso a escolher temas desse campo, talvez com maior frequência do que de outros campos que o ocupavam, para conferências que tinha de pronunciar no exterior (o que levou à publicação de artigos como "Livros e pensamentos", "Tolerância e responsabilidade intelectual" e "Sobre um capítulo não muito conhecido da história mediterrânea", todos eles incluídos em *In search of a better world* [Em busca de um mundo melhor]. Essa trajetória parece harmonizar-se com a atitude de Popper em relação aos seus passatempos e hobbies, como pode ser considerada sua devoção aos pré-socráticos, pois quando lhe perguntavam sobre a publicação dos seus ensaios, costumava responder que ela certamente podia ser postergada para depois de sua morte. Parecia que ele tinha escolhido a companhia dos pré-socráticos para algumas de suas derradeiras preocupações.

Popper jamais deixou de trabalhar nas suas traduções do grego antigo. Seu entusiasmo em fazer isso unia-se ao de seu pai, Simon S. C. Popper, que, em seus momentos de ócio, escrevia poesias e fazia traduções em verso dos poetas gregos e latinos. Ao longo de todo este livro, há sinais de que Popper voltava sempre de novo ao texto original, tentando melhorar sua versão para o inglês e para o alemão dos mais centrais fragmentos para a sua interpretação dos pré-socráticos. Uma lista das diversas traduções dos fragmentos pré-socráticos que aparecem neste livro pode ser consultada no "Índice de traduções", em que a última das diversas traduções de cada trecho traduzido é indicada pelos números de página em itálico.

Ao longo dos anos, recebi a interessante e agradável colaboração de vários colegas e amigos e, graças a suas sugestões, muitos problemas editoriais foram resolvidos. A sra. Melitta Mew e o sr. Raymond Mew, de South Croydon, foram de grande valia na busca dos documentos relevantes do *Nachlass* de Popper e, graças a seu empenho, foi possível incluir aqui vários fragmentos tardios. Sir Ernst Gombrich, de Londres, muito se interessou por todo o projeto e, sobretudo, pelo Ensaio 2, cuja edição foi muito beneficiada por suas valiosas sugestões; ele também gentilmente traduziu para o inglês os fragmentos B8 e B22 de Xenófanes, com base na tradução alemã de Popper. O dr. Jørgen Mejer, de Copenhague e Atenas, examinou cada palavra ou referência grega que aparecia no manuscrito, rastreou e verificou a maioria das citações de fontes gregas e latinas e elaborou o correspondente "Índice de nomes e citações". O sr. David Miller, de Coventry, muito nos aconselhou no que se refere à língua inglesa e ao estilo de redação de Popper, e o caráter límpido destes ensaios pode, em parte, ser atribuído a sua leitura crítica e ao seu polimento de um texto que em muitos pontos nos chegou sob a forma de notas fragmentárias. Agradecemos também ao prof. Jean Bernardi, de Paris-Sorbonne e Montpellier, e ao dr. Erik Iversen, de Copenhague, pelo incentivo e pelas pesquisas textuais. O dr. Troels Eggers Hansen, de Roskilde, ajudou a rastrear diversas referências remotas aos primórdios da termodinâmica e à teoria da relatividade e é responsável pelo "Índice das traduções dos pré-socráticos feitas por Popper", em inglês e alemão; também estou em dívida com ele por ter conservado uma cópia atualizada de todo o manuscrito, por motivos de segurança, durante todos os anos em que a cópia de trabalho viajava comigo pela Europa. Sou grato a todos eles pelas contribuições à conclusão e à qualidade deste livro.

Acima de tudo, sinto-me grato por ter adentrado o mundo de Karl Popper, pelo grande privilégio de ter sido seu amigo por muitos anos e pela boa sorte de ter trabalhado com ele sobre problemas importantes e temas interessantes em muitas áreas – entre elas, sua fascinante explicação da cosmologia pré-socrática. Tendo em mente seu amor de toda uma vida pelos pré-socráticos, lamento profundamente não ter ele vivido para testemunhar a passagem da antiguidade para os nossos dias, ocorrida na primavera de 1997, do cometa hoje conhecido como "Hale-Bopp", que Xenófanes ou Parmênides possivelmente viram em sua última passagem por nosso sistema solar. Sem dúvida, isso lhe seria motivo de grande alegria e talvez lhe inspirasse novas conjecturas históricas acerca desses grandes pioneiros da astronomia.

Com seu trabalho e exemplo, Karl abriu novas vias para o conhecimento e aplainou velhos caminhos. Tentando seguir o modo parmenidiano de investigação, fui muitas vezes recompensado pela viva impressão de que, apesar do que a humanidade fez com ele, o mundo ainda pode ser tão fresco e novo como era na aurora de nossa civilização.

Arne Friemuth Petersen

Prefácio

Este livro contém diversas tentativas de entender a primeira filosofia grega, sobre a qual trabalhei durante muitos anos. Espero que estes ensaios possam ilustrar a tese de que toda história é, ou deveria ser, a história de situações-problema e que, se seguirmos esse princípio, poderemos ampliar a nossa compreensão dos pré-socráticos e de outros pensadores do passado. Os ensaios também tentam mostrar a grandeza dos primeiros filósofos gregos, que deram à Europa sua filosofia, sua ciência e seu humanismo.

Estes ensaios não são apresentados na ordem em que foram escritos. Depois de um dos mais antigos ensaios, "De volta aos pré-socráticos", que apresenta algumas tentativas de compreender os principais interesses e conquistas dos pré-socráticos, seguem-se vários ensaios sobre os problemas centrais em que Xenófanes e Parmênides talvez tenham trabalhado. Esses ensaios ulteriores foram reescritos diversas vezes nos últimos anos, e só um deles (o Ensaio 3) já foi publicado antes. Eles tomam o lugar, sob certos aspectos, de "De volta aos pré-socráticos", embora esse ensaio trate de problemas diferentes, em parte, dos mais recentes. Isso também deve explicar por que há temas recorrentes e tentativas repetidas de versão dos textos gregos antigos: foram mantidas diferentes traduções nesta coletânea, uma vez que os principais temas aparecem em contextos diferentes e sob luzes diversas em cada ensaio – luzes que refletem o esplendor da filosofia pré-socrática.

O mais longo dos ensaios inéditos (Ensaio 7), originalmente intitulado "Racionalidade e a busca de invariantes", data da década de 1960. Tenta mostrar que Heráclito ("tudo muda") e Parmênides ("nada muda") foram reconciliados e combinados na ciência moderna, que busca a invariância parmenidiana em meio ao fluxo heraclitiano. (Como ressaltou Émile Meyerson, isso é feito na física pelas equações diferenciais.) O título final desse ensaio indica que a "busca de invariantes" pode ser substituída com vantagens por uma teoria do conhecimento fundamentada nas primeiras ideias de Xenófanes.

Quando – como estudante, aos 16 anos – li pela primeira vez o maravilhoso poema de Parmênides, aprendi a olhar Selene (a Lua) e Hélio (o Sol) com novos olhos – com olhos iluminados por sua poesia. Parmênides abriu-me os olhos para a beleza poética da Terra e dos céus estrelados e me ensinou a considerá-los com um novo olhar perquisidor: buscando determinar, como a mesma Selene, a posição de Hélio sob o horizonte da Terra, seguindo a direção de seu "ansioso olhar". Nenhum dos meus amigos a que falei sobre a minha redescoberta da descoberta de Parmênides procurara por isso antes, e eu esperava que algum deles a apreciasse tanto quanto eu. Foi, porém, só setenta anos depois que percebi plenamente o significado da descoberta de Parmênides, e isso fez com que me desse conta do que aquilo deve ter significado para ele, o descobridor original. Desde então, tenho tentado entender e explicar a importância dessa descoberta para o mundo de Parmênides, para as suas Duas Vias, e seu importante papel na história da ciência e, sobretudo, da epistemologia e da física teórica.

Como mencionei, estes ensaios se sobrepõem uns aos outros sob muitos aspectos, revelando seguidas tentativas de resolver o problema da compreensão das ideias dos pré-socráticos. Peço desculpas aos leitores se a repetição for às vezes excessiva. Sou grato, porém, aos meus amigos, em especial a Arne F. Petersen, pela determinação em organizar e editar os ensaios, apesar de saber que não sou um especialista na área, sou um simples amador, um amante dos pré-socráticos. Acho que os ensaios revelam que amo três cosmólogos mais do que todos os outros: Xenófanes, Heráclito e Parmênides.

Karl R. Popper
Kenley, 27 de fevereiro de 1993.

Abreviações

CR (a) Popper, K. R. *Conjectures and Refutations:* the Growth of Scientific Knowledge. 1.ed. New York: Basic Books, 1963. [*Conjecturas e refutações.* Brasília: Ed. da UnB, 1972.]

CR (b) Popper, K. R. *Conjectures and Refutations:* the Growth of Scientific Knowledge. 5.ed. rev. London/New York: Routledge, 1989.

DK Diels, H.; Kranz, W. (Orgs.). *Fragmente der Vorsokratiker.* 10.ed. Berlin: Weidmannsche Verlagsbuchhandlung, 1960. 3v.

LF (a) Popper, K. R. *Logik der Forschung:* zur erkenntnistheorie der modernen naturwissenschaft. 1.ed. Wien: J. Springer, 1934. [*Lógica da pesquisa científica.* São Paulo: Cultrix, 1972.]

LF (b) Popper, K. R. *Logik der Forschung:* zur erkenntnistheorie der modernen naturwissenschaft. 10.ed. Tübingen: J. Mohr, 1994.

LSD Popper, K. R. *The Logic of Scientific Discovery.* London: Hutchinson, 1959.

OK (a) Popper, K. R. *Objective Knowledge:* An Evolutionary Approach. 1.ed. Oxford: Clarendon Press, 1972. [*Conhecimento objetivo:* uma abordagem evolucionária. São Paulo/Belo Horizonte: Edusp/Itatiaia, 1975.]

OK (b) Popper, K. R. *Objective Knowledge:* An Evolutionary Approach. 2.ed. ver. ampl. Oxford: Clarendon Press, 1979.

OS Popper, K. R. *The Open Society and Its Enemies*. 6.ed. London: Routledge & Kegan Paul, 1969. 2v. [*A sociedade aberta e seus inimigos*. São Paulo: Edusp, 1974.]

SIB (a) Popper, K. R.; Eccles, J. *The Self and Its Brain:* An Argument for Interactionism. New York: Springer International, 1977.

SIB (b) Popper, K. R.; Eccles, J. *The Self and Its Brain: An Argument for Interactionism*. London/New York: Routledge/ K. Paul, 1993. [*O cérebro e o pensamento*. Brasília: Ed. UnB, 1998.]

Introdução

A invenção da indução por Aristóteles e o eclipse da cosmologia pré-socrática

Com a única exceção, talvez, de Protágoras, que parece argumentar contra ela, todos os pensadores sérios anteriores a Aristóteles fizeram uma clara distinção entre o *conhecimento*, conhecimento real, verdade certa (*saphes*, *alētheia*; mais tarde: *epistēmē*), que é divina e só acessível aos deuses, e a *opinião* (*doxa*), que os mortais podem possuir e é interpretada por Xenófanes como uma conjectura que pode ser aperfeiçoada.

Parece que o primeiro a se rebelar contra tal ideia foi Protágoras. Existe o início de um livro de sua autoria, no qual ele diz: "Nada sabemos sobre os deuses – nem se existem, nem se não existem". Sugiro que sua proposição *homo mensura* – "O homem é a medida de todas as coisas" – derive daí e que seu argumento fosse o seguinte: "Nada sabemos sobre os deuses, logo não sabemos o que eles sabem. Assim, o conhecimento humano deve ser tomado como nosso padrão, como nossa *medida*". Ou seja, a proposição *homo mensura* de Protágoras é uma crítica da distinção feita por seus predecessores entre a mera opinião humana e o conhecimento divino. "Portanto, devemos tomar o conhecimento humano como nosso padrão ou medida."

Outros pensadores defenderam visões semelhantes, mas todos eles podem ser situados historicamente depois de Protágoras: por exemplo, Demócrito, cuja cidade natal foi a mesma de Protágoras, Abdera. Embora Demócrito, segundo Diógenes Laércio, fosse o professor de Protágoras, fontes históricas mais confiáveis colocam-nos na ordem inversa. Protágoras foi, muito provavelmente, um empirista revoltado com o racionalismo de Parmênides. Esse ponto é ressaltado diversas vezes ao longo deste livro.

No entanto, depois de Protágoras – mas só até Aristóteles –, a maioria dos pensadores importantes continuou a compartilhar a ideia de Parmênides e seus predecessores de que só os deuses possuem conhecimento. Isso é perfeitamente claro em Sócrates. É mais claro ainda no muito mais dogmático Platão, porque o dogmatismo de Platão se refere principalmente às leis do Estado: embora este não quisesse que tais leis fossem escritas, elas deviam ser rígidas e completamente imutáveis. Acerca do campo que hoje descrevemos como o da ciência natural, Platão diz explicitamente (no *Timeu*, por exemplo, mas também em outros lugares) que tudo o que ele pode nos dizer é, no melhor dos casos, "verossímil" e *não* a verdade; é, no máximo, *como* a verdade. Esse termo costuma ser traduzido por "provável", mas temos de distinguir entre a probabilidade em *sentido matemático* e no sentido completamente diferente de *verossimilhança*. Rompo, portanto, com a tradição de misturar essas duas noções. E, como não podemos ter esperanças de mudar o que os matemáticos querem dizer com "probabilidade", uso o termo "verossimilhança", em especial para teorias. A palavra usada por Platão é, de fato, *"semelhante"* e, por vezes, diz ele "semelhante à verdade"; a palavra também está ligada à *"semelhança ou parecença pictórica"*, e esta parece ser mesmo a raiz do significado.[1] Segundo Platão, os seres humanos podem ter apenas esse tipo de conhecimento, ele raramente o chama de opinião, que é o termo habitual usado, por exemplo, por seu contemporâneo Isócrates, que diz: "Temos apenas opinião".

A ruptura decisiva veio com Aristóteles. Estranhamente, embora Aristóteles seja um teísta – elaborou até uma espécie de teologia –, ele rompe definitivamente com a tradição de distinguir entre o conhecimento divino e a conjectura humana. *Ele crê saber*: que ele mesmo tem a *epistēmē*, o conhecimento científico demonstrável. Esta é a principal razão pela qual não gosto de Aristóteles: o que para Platão é uma *hipótese* científica, torna-se, em Aristóteles, *epistēmē*, conhecimento demonstrável. E para a maioria dos epistemólogos do Ocidente, assim continuou sendo desde então.

Rompe, assim, Aristóteles com a razoável tradição que reza que sabemos muito pouco. Acha que sabemos muito; e tenta oferecer uma teoria da

---

1 Ver mais adiante os Adendos 1 e 2 ao Ensaio 1.

epistēmē, do conhecimento demonstrável; e, como homem inteligente e bom lógico, descobre que sua suposição de que há um conhecimento demonstrável o envolve numa regressão ao infinito, porque esse conhecimento, se demonstrado, deve ser deduzido logicamente de alguma outra coisa que, por sua vez, também deve ser um conhecimento demonstrado e, portanto, deduzido de alguma outra coisa, e assim por diante.

Assim, ele chega ao problema: como interromper essa regressão ao infinito? Ou: quais são as reais premissas originais e como assegurar-nos de sua verdade? Ele resolve esse problema fundamental do conhecimento pela doutrina de que as reais premissas originais são enunciados de definições. Nisso ele invoca, pelo menos às vezes, uma espécie de estranho "raciocínio ambíguo" ou "discurso ambíguo". Por um lado, as definições dão às palavras um significado por convenção e são, portanto, certas (analíticas, tautológicas). Mas, se são apenas convencionais e, assim, certas, então toda *epistēmē* é verdade por convenção e, desse modo, certa. Ou seja, toda *epistēmē* é tautológica, deduzida de nossas definições. Aristóteles não deseja essa conclusão e, portanto, propõe que também existam, por outro lado, definições que não são nem convencionais, nem certas. Não frisa, porém, que elas não sejam certas, mas só que são o resultado de "se ver a essência de uma coisa" e, por isso, sintéticas: o resultado de uma indução.

Parece ter sido essa a maneira como a indução entrou na teoria do método científico, da epistemologia. Segundo Aristóteles, a indução é o procedimento de guiar o pupilo (ou o estudioso no sentido de aprendiz) a um lugar, a uma perspectiva a partir da qual possa *ver a essência* do objeto de seu interesse. Formula, então, a descrição dessa essência por uma definição como um de seus princípios fundamentais, os *archai*. Em Aristóteles, tais princípios são definições e ao mesmo tempo se tornam (sugiro que por uma espécie de "discurso ambíguo") a verdade certa que só as definições convencionais e tautológicas podem ter.

O método indutivo de Aristóteles é semelhante à iniciação social de um jovem: trata-se do procedimento de chegar a uma perspectiva a partir da qual ele possa ver realmente a essência da vida adulta. Induzir é um modo de transformar as definições numa rica fonte de conhecimento. Mas, na verdade, as definições não são nada disso: não pode haver definições informativas.

A teoria da indução de Aristóteles – a maneira como somos levados a ver, a intuir a propriedade essencial, a essência, a natureza de uma coisa – é um discurso ambíguo também de outro modo: ele é obtido, em parte, ao ser considerado criticamente de diversos lados (como na discussão socrática) e, em parte, considerando-se muitos casos, muitos exemplos dele. Esse último sentido de indução leva à construção de uma espécie de silogismo indutivo. *Premissas*: Sócrates é mortal; Platão é mortal; Símias é mortal; etc. Todos eles são homens. *Conclusão* (a que, como Aristóteles bem sabe, se chega de maneira inválida): todos os homens são mortais. Ou mesmo a conclusão suplementar, que vai à essência do problema: está na natureza de toda coisa gerada que esta deve deteriorar-se e morrer.

Como acabamos de mencionar, o próprio Aristóteles deixa totalmente claro que o silogismo indutivo é inválido, mas crê que de algum modo cheguemos, por meio dele e pela intuição das essências das coisas a que se refere, a enunciados que descrevem essas essências ou algumas propriedades essenciais, e que tais propriedades são, como definições, verdadeiras e certas e podem servir como as premissas últimas da *epistēmē*, do conhecimento científico demonstrado.

Suspeito que Aristóteles, o lógico, tivesse certa má consciência intelectual ao apresentar essa teoria. Há dois argumentos em apoio a essa conjectura. Um é que, apesar de sua atitude geralmente muito objetivista, ele se torna estranhamente subjetivista na teoria do conhecimento: ensina que, ao conhecermos uma coisa, ao intuí-la, o conhecedor e seu conhecimento se tornam um só com o objeto conhecido; teoria que pode, com justiça, ser descrita como misticismo.[2] Uma teoria em que o cognoscente e o conhecido são idênticos é claramente uma forma de subjetivismo, e muito diferente do objetivismo do conhecimento demonstrável ou silogístico. Mas, de certa forma, ela ajuda a superar o abismo sobre o qual a indução oferece uma ponte muito insegura.

A outra indicação da má consciência de Aristóteles ao inventar a indução é que ele projete a sua invenção da indução justamente sobre Sócrates. No entanto, Sócrates teria sido a última pessoa a afirmar que ele (ou qualquer homem) possuísse a *epistēmē* que pode basear-se em tal procedimento, simplesmente porque sempre afirmava não ter nenhuma *epistēmē*: *Sócrates afirma não saber*, como diz o mesmo Aristóteles – embora o que ele diga, traduzido mais literalmente, é que Sócrates *professa* (ou *finge*) não saber.

Parece muito estranho responsabilizar justamente a Sócrates pela invenção da indução. O motivo talvez tenha sido a ideia de que, se justamente Sócrates viu a necessidade da indução, *isso não pode ter sido o resultado de um*

---

2 Ver Popper, *Open Society and its enemies*, v.1, p.314.

mau argumento, um argumento não crítico. Mas Aristóteles tem de superar duas dificuldades. Tem de negar que Sócrates afirme *a sério* não saber, e, de fato, sugere que a profissão de ignorância de Sócrates seja só irônica. (Esta é a "ironia socrática".) A outra dificuldade é interpretar (ou converter) o método socrático – o *elenchus*, refutação crítica por contraexemplos – num método positivo de prova.

Aquilo que Sócrates pretende com seu *elenchus* é provar que são ignorantes os que creem saber. De início, creem tudo saber sobre um assunto (a virtude, por exemplo); e então Sócrates lhes mostra *por meio de casos concretos, de experiência* – de contraexemplos – que não o sabem. Tal método é agora interpretado por Aristóteles como um método de busca da essência por meio da evidência concreta. Embora tal interpretação tenha certa plausibilidade, a conversão do *elenchus* numa *epagōgē* (prova indutiva) cria para Aristóteles a necessidade de invocar a ironia socrática.

Torna-se, agora, compreensível por que Aristóteles escolhe Sócrates como a pessoa a responsabilizar por uma invenção que ele mesmo, Aristóteles, fez e pela qual ele, por assim dizer, não ousa responsabilizar-se. A situação parece ter sido esta: Aristóteles *sabe* que sabe (e saber que sabe o torna um pouco parecido com Protágoras, que também era um empirista). Contudo, Aristóteles não admite o que Protágoras talvez tivesse admitido – a saber, que o conhecimento humano não é certo. Protágoras talvez tivesse admitido, de fato, que embora sejamos a medida de todas as coisas e não possamos sair-nos melhor do que nos saímos, talvez possamos melhorar um pouco o nosso conhecimento, mas não muito e, portanto, tenhamos de tomar o conhecimento humano como a medida de todo conhecimento. Isso não quer dizer, porém, que acreditasse na *epistēmē* tal como Aristóteles acreditava.

Aristóteles foi descrito em tom de admiração por Dante como o "mestre de todos os que sabem". Na minha opinião, essa é uma descrição correta, mas ele não deveria ser admirado por isso, uma vez que o conhecimento no sentido aristotélico não é realmente acessível ao homem. Xenófanes e Sócrates (e também Platão, à medida que tratou de problemas da ciência natural) têm razão em dizer *"Não sabemos, apenas conjecturamos"*. Aristóteles foi, sem dúvida, um grande cientista (embora não tão grande como Demócrito, que Aristóteles aprecia, mas Platão jamais menciona e – segundo certas tradições – supostamente odiava), mas era preeminentemente um erudito e um grande lógico, a quem devemos agradecer a invenção da lógica, e um grande biólogo. Há muitas coisas que depõem a seu favor, embora suas teorias sejam todas elas estudos de caráter dogmático. Na realidade, Aristóteles foi o primeiro dogmático – mesmo Platão, embora politicamente dogmático, não era dogmático na epistemologia.

Podemos dizer que o ideal aristotélico de ciência é mais ou menos uma enciclopédia cheia de conceitos, os nomes das essências. Aquilo que se sabe sobre tais essências define os conceitos, de modo que podemos deduzir tudo a respeito dos conceitos a partir de suas várias definições e interconexões. Essa é a estrutura de uma enciclopédia dedutiva, de que todos os conceitos são obtidos por procedimentos indutivos: os *archai* a partir dos quais podemos, então, derivar tudo o mais por meio de deduções lógicas, os silogismos.

É sabido que Aristóteles, com sua teoria da derivação lógica e com a teoria das quatro causas ou, mais precisamente, sua terceira causa (a causa movente ou próxima ou eficiente) conseguiu esclarecer consideravelmente o essencialismo de Platão (o qual, por exemplo, fazia da beleza a causa do objeto belo).[3]

Creio, porém, que, com a teoria de Aristóteles de que a ciência, *epistēmē*, é (demonstrável e portanto) *conhecimento certo*, pode-se dizer que a grande aventura do racionalismo crítico grego chegou ao fim. Aristóteles matou a ciência crítica, para a qual ele mesmo fez uma contribuição capital. A filosofia da natureza, a teoria da natureza, as grandes tentativas originais em cosmologia sucumbiram depois de Aristóteles, em razão, sobretudo, da influência de sua epistemologia, que exigia *provas* (inclusive a prova indutiva).

Creio que seja esta, em suma, a história de como a epistemologia tal como a conhecemos veio a ser dominada pelo que Parmênides teria chamado de *via errada*, a via da indução. Esta é também a principal razão pela qual estes ensaios, que também contêm uma refutação da indução, foram reunidos sob o título de *O mundo de Parmênides*. Eles tratam, sobretudo, dos três grandes pré-socráticos – Xenófanes, Heráclito e Parmênides –, mas também examinam Sócrates e Platão e o que foi posteriormente aprendido e pode ainda ser aprendido do período maior e mais inventivo da filosofia grega; período que chegou ao fim com a epistemologia dogmática de Aristóteles e da qual se pode dizer que até mesmo a mais recente filosofia ainda mal se recuperou.

---

3 Para uma explicação pormenorizada desse melhoramento na compreensão e na explicação dos fenômenos naturais, ver Svend Ranulf, *Der eleatische Satz vom Widerspruch*, 1924. Agradeço ao dr. Flemming Steen Nielsen por chamar minha atenção para essa interessante obra.

Ensaio 1
De volta aos pré-socráticos*

I

De volta a Matusalém, de Bernard Shaw, comparado a *De volta a Tales* ou a *De volta a Anaximandro,* era um programa progressista: o que ele nos oferecia era uma expectativa de vida melhor – algo que estava no ar, pelo menos quando escreveu. Temo nada ter para oferecer a vocês que esteja no ar hoje, pois aquilo a que quero voltar é à simples e honesta *racionalidade* dos pré--socráticos. Onde fica essa tão discutida "racionalidade" dos pré-socráticos? A simplicidade e a ousadia de suas questões são parte dela, mas minha tese é que o ponto decisivo seja a atitude crítica que, como tentaremos mostrar, foi desenvolvida pela primeira vez pela Escola Jônica.

---

* Palestra inaugural, pronunciada no encontro da Aristotelian Society no dia 13 de outubro de 1958 e publicada pela primeira vez no volume 59 da nova série de *Proceedings of the Aristotelian Society,* referentes aos anos 1958-1959. Foram adicionadas notas de rodapé à reimpressão da palestra na edição de 1963 de *Conjecturas e refutações.* [Na presente coletânea, a palestra é reimpressa sem o apêndice, mas com dois adendos acerca da verossimilhança que apareceram pela primeira vez nas edições de 1965 e de 1969 de *Conjecturas e refutações.* Traduções novamente aperfeiçoadas de fragmentos de Xenófanes (DK 21B23, 24, 25, 26; DK B15, 16, 18, 34, 35) substituíram as traduções presentes na p.145 e nas p.152-3 da 5ª edição de *Conjecturas e refutações,* de 1989. (N. O.)]

As questões a que os pré-socráticos tentaram responder foram precipuamente questões cosmológicas, mas também havia questões de teoria do conhecimento. Creio que a filosofia deva retornar à cosmologia e a uma teoria simples do conhecimento. Há pelo menos um problema filosófico que interessa a todos os homens: o problema de compreender o mundo em que vivemos e, portanto, a nós mesmos (que somos parte do mundo) e nosso conhecimento acerca dele. Toda ciência é cosmologia, creio eu, e para mim, o interesse da filosofia, assim como da ciência, está apenas em sua ousada tentativa de aumentar o nosso conhecimento do mundo e acrescentar algo à teoria de nosso conhecimento do mundo. Interesso-me por Wittgenstein, por exemplo, não por causa de sua filosofia linguística, mas porque seu *Tractatus* era um tratado cosmológico (embora tosco) e porque sua teoria do conhecimento estava intimamente ligada a sua cosmologia.

Para mim, tanto a filosofia como a ciência perdem todo o encanto quando abrem mão dessa busca – quando se tornam especializações e deixam de ver os enigmas do mundo e de se maravilhar com eles. A especialização pode ser uma grande tentação para o cientista. Para o filósofo, é pecado mortal.

II

Neste artigo, falo como amador, como amante da bela história dos pré-socráticos. Não sou nem um especialista, nem um perito: fico completamente desnorteado quando um especialista começa a argumentar que palavras ou expressões Heráclito poderia e quais provavelmente não poderia ter usado. No entanto, quando um especialista substitui uma bela história, baseada nos mais velhos textos que possuímos, por outra que – pelo menos para mim – já não faz nenhum sentido, sinto que até mesmo um amador pode erguer-se para defender uma velha tradição. Assim, vou pelo menos considerar os argumentos do especialista e examinar sua coerência. Essa parece ser uma ocupação inofensiva e, se um especialista ou qualquer outra pessoa se der ao trabalho de refutar a minha crítica, ficarei satisfeito e honrado.[1]

---

1 Tenho a satisfação de informar que o sr. Kirk de fato respondeu à minha palestra. Ver a seguir, notas 4 e 5 e o Apêndice a esse artigo em Popper, *Conjectures and Refutations*, p.153-65.

Examinarei as teorias cosmológicas dos pré-socráticos, mas apenas à medida que estiverem relacionadas com o desenvolvimento do *problema da mudança*, como o chamo, e apenas à medida que forem necessárias para a compreensão da abordagem adotada pelos filósofos pré-socráticos para o problema do conhecimento – sua abordagem prática e teórica. Pois é de considerável interesse ver como sua prática e sua teoria do conhecimento estão vinculadas às questões cosmológicas e teológicas que eles se colocavam. A deles não era uma teoria do conhecimento que começasse com a questão "Como sei que isto é uma laranja?" ou "Como sei que o objeto que estou percebendo agora seja uma laranja?". Sua teoria do conhecimento partia de problemas do tipo "Como sabemos que o mundo é feito de água?" ou "Como sabemos que o mundo está cheio de deuses?" ou "Como podemos saber algo acerca dos deuses?".

Há uma crença muito disseminada, cuja origem remota, creio eu, talvez seja a influência de Francis Bacon, de que se devam estudar os problemas da teoria do conhecimento que se ligam ao nosso conhecimento acerca das laranjas e não ao nosso conhecimento acerca do cosmos. Discordo dessa crença, e um dos principais propósitos de meu artigo é comunicar a vocês algumas das minhas razões para dissentir. De qualquer forma, é bom lembrar de vez em quando que a nossa ciência Ocidental – e parece não haver outra – não começou com a coleta de observações sobre laranjas, mas com ousadas teorias acerca do mundo.

III

A epistemologia empirista tradicional e a historiografia tradicional da ciência foram profundamente influenciadas pelo mito baconiano de que toda ciência parte da observação e em seguida, aos poucos e com cautela, avança rumo às teorias. Ensina-nos o estudo dos antigos pré-socráticos que os fatos são muito diferentes. Aqui, nos deparamos com ideias ousadas e fascinantes, algumas das quais estranhas e até desconcertantes antecipações de resultados modernos, ao passo que muitas outras passam longe do alvo, de nosso ponto de vista moderno. Mas a maior ou a melhor parte delas nada tem que ver com a observação. Tomemos, por exemplo, algumas das teorias acerca da forma e da posição da Terra. Dizia Tales, ao que consta [A 15], "que a Terra é sustentada pela água sobre a qual se move como um

3

barco. Se dissermos haver um terremoto, a Terra está sendo sacudida pelo movimento da água". Não há dúvida de que Tales observara terremotos e o balanço dos barcos antes de chegar a essa teoria. Mas o objetivo desta era *explicar* o suporte ou suspensão da Terra e também os terremotos pela conjectura de que a Terra flutua sobre a água. E para tal conjectura (que tão estranhamente antecipa a moderna teoria da deriva continental) não podia encontrar nenhuma base em suas observações.

Não devemos esquecer que a função do mito baconiano é explicar por que os enunciados científicos são *verdadeiros*, indicando que a observação é a *"verdadeira origem"* de nosso conhecimento científico. Ao nos darmos conta, seja de que todos os enunciados científicos são hipóteses ou palpites ou conjecturas, seja de que a ampla maioria dessas conjecturas (inclusive a do próprio Bacon) se revelou falsa, o mito baconiano torna-se irrelevante. Pois não faz sentido afirmar que todas as conjecturas da ciência – tanto as que se revelaram falsas como as que ainda são aceitas – partem da observação.

Seja como for, a bela teoria de Tales acerca dos terremotos e do suporte ou suspensão da Terra, embora de modo algum baseada na observação, pelo menos se inspira numa analogia empírica ou observacional. Mas nem isso é verdade da teoria proposta pelo maior discípulo de Tales, Anaximandro. A teoria de Anaximandro acerca da suspensão da Terra ainda é muito intuitiva, mas já não se vale de analogias observacionais. Na realidade, ela pode ser descrita como contraobservacional. Segundo a teoria de Anaximandro [A11],

> A Terra [...] é sustentada por nada, mas permanece estacionária devido ao fato de estar igualmente distante de todas as outras coisas. Sua forma é [...] como a de um tambor [...]. Caminhamos sobre uma de suas superfícies planas, enquanto a outra está do lado oposto.

O tambor, sem dúvida, é uma analogia observacional. Mas a ideia da suspensão livre da Terra no espaço e a explicação de sua estabilidade não têm nenhuma analogia no campo inteiro dos fatos observáveis.

Na minha opinião, essa ideia de Anaximandro é uma das mais ousadas, mais revolucionárias e mais portentosas ideias de toda a história do pensamento humano. Ela tornou possível as teorias de Aristarco e Copérnico. Mas o passo dado por Anaximandro era ainda mais difícil e audacioso do que o dado por Aristarco e Copérnico. Encarar a Terra como livremente suspensa no meio do espaço e dizer "que ela permanece imóvel por sua equidistância e equilíbrio" (como Aristóteles parafraseia Anaximandro) é, até certo ponto, antecipar inclusive a ideia newtoniana de forças gravitacionais imateriais e invisíveis.[2]

IV

Como chegou Anaximandro a essa notável teoria? Decerto não por meio da observação, mas pelo raciocínio. Sua teoria é uma tentativa de resolver um dos problemas a que, antes dele, Tales, seu professor e parente, fundador da Escola Milésia ou Jônica, oferecera uma solução. Conjecturo, pois, que Anaximandro chegou a essa teoria por meio da crítica à teoria de Tales. Tal conjectura pode receber sustentação, creio eu, pelo exame da estrutura da teoria de Anaximandro.

É provável que Anaximandro tivesse argumentado contra a teoria de Tales (segundo a qual a Terra flutuaria sobre a água) da seguinte maneira: a teoria de Tales é um espécime de um tipo de teoria que, se coerentemente desenvolvida, levaria a uma regressão ao infinito. Se explicarmos a posição estável da Terra pela suposição de que ela seja suportada pela água – que estaria flutuando sobre o oceano (*Okeanos*) – não deveríamos explicar a posição estável do oceano por uma hipótese análoga? Mas isso significaria buscar um suporte para o oceano e depois um suporte para esse suporte. Tal método de explicação é insatisfatório: primeiro, porque resolvemos nosso problema criando outro, exatamente análogo, mas também pela razão, menos formal e mais intuitiva, de que em qualquer um desses sistemas de suportes ou apoios, o fracasso em fixar algum dos suportes mais baixos leva ao colapso do edifício inteiro.

---

2 O próprio Aristóteles compreendia Anaximandro deste modo, pois caricatura a "engenhosa, mas falsa" teoria de Anaximandro por meio da comparação entre a situação da sua Terra e a de um homem que, estando igualmente faminto e sedento e equidistante da comida e da bebida, é incapaz de se mover (Aristóteles, *Sobre o céu*, 295b32). (A ideia tornou-se conhecida com o nome de "asno de Buridã".) Sem dúvida, Aristóteles entende que esse homem seja mantido em equilíbrio por forças de atração imateriais e invisíveis, semelhantes às forças de Newton. E é interessante que esse caráter "animístico" ou "oculto" de suas forças tenha sido profundamente (embora erroneamente) sentido pelo próprio Newton e por seus oponentes, como Berkeley, como uma mácula em sua teoria (ver o Adendo 2, a seguir).

Esse parece ter sido o argumento de Anaximandro. É importante notar que ele abole, embora não de modo totalmente consciente, talvez, e não completamente coerente, a ideia de uma direção absoluta – o sentido absoluto de "para cima" e "para baixo". Isso é não só contrário a toda experiência, mas notoriamente difícil de compreender. Parece que Anaxímenes o ignorou e até mesmo Anaximandro não o compreendeu inteiramente. Pois a ideia de uma distância igual em relação a todas as outras coisas o teria levado à teoria de que a Terra tem a forma de um globo. No entanto, cria que tivesse a forma de um tambor, com uma superfície plana superior e outra inferior. Parece, porém, que sua observação "Caminhamos sobre uma de suas superfícies planas, enquanto a outra está do lado oposto" [A11] continha a sugestão de que não há uma superfície superior absoluta, mas, pelo contrário, a superfície sobre a qual caminhamos é aquela que podemos *chamar* de superior.

O que impediu Anaximandro de chegar à teoria de que a Terra fosse um globo e não um tambor? Não há dúvida: foi a *experiência observacional* que lhe ensinou que a superfície da Terra era, de um modo geral, plana. Assim, foi um argumento especulativo e crítico, o exame crítico abstrato da teoria de Tales, que quase o levou à verdadeira teoria da forma da Terra, e foi a experiência observacional que o desencaminhou.

V

Há uma objeção óbvia à teoria da simetria de Anaximandro, segundo a qual a Terra está igualmente distante de todas as outras coisas. A assimetria do universo pode ser facilmente vista pela existência do Sol e da Lua e, em especial, pelo fato de eles, por vezes, não estarem muito distantes um do outro e, portanto, estarem do mesmo lado da Terra, enquanto não há nada do outro lado para contrabalançá-los. Parece que Anaximandro enfrentou essa teoria com outro ousado conceito – sua teoria da natureza oculta do Sol, da Lua e dos outros corpos celestes.

Ele imagina os aros de duas rodas de carruagem que giram ao redor da Terra, uma com tamanho 27 vezes maior que o da Terra, a outra, 18 vezes maior. Cada um desses aros ou tubos circulares está cheio de fogo e cada um tem um furo de ventilação pelo qual o fogo é visível. Chamamos a esses buracos de Sol e de Lua, respectivamente. O resto da roda é invisível, provavelmente por ser escura (ou nebulosa) e estar muito distante. As estrelas fixas (e provavelmente os planetas) também são furos em rodas que estão mais próximas da Terra do que as do Sol e da Lua. As rodas das estrelas fixas giram sobre um eixo comum (que hoje chamamos o eixo da Terra) e formam juntas uma esfera ao redor da Terra, assim, o postulado da distância igual em relação à Terra é satisfeito (aproximadamente). Isso também faz de Anaximandro o fundador da *teoria das esferas*. (Quanto à relação desta com as rodas ou círculos, ver Aristóteles.)[3]

VI

Sem dúvida nenhuma, as teorias de Anaximandro são críticas e especulativas, mais do que empíricas. E, vistas como aproximações da verdade, suas especulações críticas e abstratas lhe foram mais úteis do que a experiência observacional ou a analogia.

Um seguidor de Bacon pode responder, porém, que é justamente por isso que Anaximandro não era um cientista. É justamente por isso que falamos da primeira *filosofia* grega, e não da primeira *ciência* grega. A filosofia é especulativa: todos o sabem. E, como todos sabem, a ciência só começa quando o método especulativo é substituído pelo método observacional e quando a dedução é substituída pela indução.

Tal réplica equivale, é claro, à tese de que, por definição, as teorias são (ou não) *científicas* segundo tenham origem em observações ou nos chamados "procedimentos indutivos". Creio, porém, que poucas teorias físicas, se é que há alguma, caberiam em tal definição. E não vejo por que a questão da origem seja importante a esse respeito. O importante, no que se refere às teorias, é seu poder explicativo e se resistem às críticas e aos testes. A questão da origem, de como se chegou a ela – se por um "procedimento indutivo", como dizem alguns, ou por um ato de intuição – pode ser extremamente interessante, sobretudo para o biógrafo do inventor da teoria, mas pouco tem que ver com seu estatuto ou caráter científico.

---

3 Aristóteles, *Sobre o céu*, 289b10-290b10.

VII

No que se refere aos pré-socráticos, afirmo que há a mais perfeita continuidade possível entre suas teorias e os ulteriores desenvolvimentos da física. Se são chamados de filósofos, ou pré-cientistas, ou cientistas, importa muito pouco, a meu ver. Mas afirmo que a teoria de Anaximandro abriu caminho para as teorias de Aristarco, Copérnico, Kepler e Galileu. Não que ele tenha meramente "influenciado" esses últimos pensadores – "influência" é uma categoria muito superficial. Eu preferiria colocar as coisas assim: a façanha de Anaximandro é valiosa em si mesma, como uma obra de arte. Além disso, sua façanha tornou possíveis outras façanhas, entre as quais as dos grandes cientistas mencionados.

Mas as teorias de Anaximandro não são falsas e, portanto, não científicas? Admito que são falsas, mas também o são muitas teorias, baseadas em inúmeras experiências, que a ciência moderna aceitava até recentemente e cujo caráter científico ninguém sonharia em negar, embora hoje se creia que sejam falsas. (Um exemplo é a teoria de que as propriedades químicas do hidrogênio pertençam a um só tipo de átomo – o mais leve de todos os átomos.) Houve historiadores da ciência que tendiam a considerar não científicas (ou mesmo supersticiosas) quaisquer ideias não mais aceitas no momento em que escreviam, mas essa é uma atitude indefensável. Uma teoria falsa pode ser uma façanha tão grande quanto uma teoria verdadeira. E muitas teorias falsas foram mais úteis à busca da verdade do que algumas teorias menos interessantes que ainda são aceitas. Pois as teorias falsas podem ser úteis de diversas maneiras; podem, por exemplo, sugerir modificações de maior ou menor radicalidade e podem estimular a crítica. Assim, a teoria de Tales de que a Terra flutua sobre a água reapareceu de forma modificada em Anaxímenes e, em tempos mais recentes, sob a forma da teoria de Wegener da deriva continental. Já foi mostrado como a teoria de Tales estimulou a crítica de Anaximandro.

Analogamente, a teoria de Anaximandro sugeriu uma teoria modificada – a teoria de uma Terra em forma de globo, colocada livremente no centro do universo e rodeada por esferas em que os corpos celestes estariam colocados. E ao estimular a crítica, ela também levou à teoria de que a Lua brilha por refletir a luz; à teoria pitagórica de um fogo central e, por fim, ao sistema-de-mundo heliocêntrico de Aristarco e Copérnico.

VIII

Creio que os milésios, como seus antecessores orientais que viam o mundo como uma tenda, encarassem o mundo como uma espécie de casa, o lar de todas as criaturas – o nosso lar. Não havia, assim, necessidade de se perguntar para que ele existia. Mas havia a necessidade real de se investigar sua arquitetura. As questões de sua estrutura, de sua planta baixa e do material de construção constituem os três principais problemas da cosmologia milésia. Há também um interesse especulativo em sua origem, a questão da cosmogonia. Creio que o interesse cosmológico dos milésios superava em muito seu interesse cosmogônico, sobretudo se considerarmos a robusta tradição cosmogônica e a tendência quase irresistível a descrever as coisas narrando-se como elas foram feitas e, assim, oferecer uma explicação cosmológica em forma cosmogônica. O interesse cosmológico deve ser muito forte, quando comparado ao cosmogônico, se a apresentação de uma teoria cosmológica estiver, pelo menos parcialmente, isenta de tais ornamentos cosmogônicos.

Acredito que foi Tales o primeiro a examinar a arquitetura do cosmos – estrutura, planta baixa e material de construção. Em Anaximandro, encontramos resposta às três questões. Mencionei brevemente sua resposta à questão da estrutura. Quanto à questão da planta baixa do mundo, ele também a estudou e expôs, como indica a tradição de ter ele desenhado o primeiro mapa-múndi. E, sem dúvida, tinha uma teoria acerca do material de construção – o "infinito" ou "sem limites" ou "ilimitado" ou "informe" – o *apeiron*.

No mundo de Anaximandro, ocorria todo tipo de *mudanças*. Havia um fogo que precisava de ar e buracos de ventilação; estes eram, às vezes, bloqueados ("obstruídos") e, com isso, o fogo era abafado:[4] essa era sua teoria dos eclipses e das fases da Lua. Havia ventos, responsáveis pelas mudanças do tempo.[5] E havia os vapores, produzidos pela secagem da água e do ar, que eram a causa dos ventos e das "mudanças" do Sol (os solstícios) e da Lua.

---

4 Não sugiro que o abafamento se deva ao bloqueio dos buracos de ventilação: segundo a teoria do flogisto, por exemplo, o fogo é abafado pela obstrução dos buracos de saída de ar. Mas não quero atribuir a Anaximandro, nem uma teoria da combustão baseada no flogisto, nem uma antecipação da de Lavoisier.

5 Em minha palestra, tal como originalmente publicada, eu prosseguia aqui "e de fato, para todas as outras mudanças dentro do edifício cósmico", baseando-me

Temos aqui uma primeira pista sobre o que logo viria: o *problema geral da mudança,* que se tornou o problema central da cosmologia grega e, por fim, levou, com Leucipo e Demócrito, a uma *teoria geral da mudança,* que foi aceita pela ciência moderna quase até o começo do século XX. (Só foi deixada de lado com o colapso dos modelos do éter de Maxwell, um evento histórico que foi pouco notado antes de 1905.)

Esse *problema geral da mudança* é um problema filosófico; de fato, nas mãos de Parmênides e Zenão, ele quase se transforma num problema lógico. *Como é possível a mudança* – isto é, como é logicamente possível? Como pode uma coisa mudar sem perder a identidade? Se permanece a mesma, ela não muda, mas se perde a identidade, então já não é a mesma coisa que mudou.

IX

Creio que a empolgante história do desenvolvimento do problema da mudança corre o perigo de ser completamente soterrada pelo crescente amontoado de minúcias de crítica textual. Essa história não pode, é claro, ser contada em sua totalidade num curto artigo e, menos ainda, em uma só de suas muitas seções. Mas, num rapidíssimo esboço, é a seguinte.

Para Anaximandro, nosso próprio mundo, nosso próprio edifício cósmico, era apenas um de uma infinidade de mundos – uma infinidade sem limites no espaço e no tempo. Esse sistema de mundos era eterno e assim também era seu movimento. Não havia, pois, necessidade de se explicar o movimento, nem de oferecer uma teoria *geral* da mudança (no sentido em

---

em Zeller, que escreveu (recorrendo ao testemunho de Aristóteles, *Metereologia,* 353b6): "Anaximandro, ao que parece, explicava o movimento dos corpos celestes pelas correntes de ar responsáveis pelo giro das esferas estelares" (ver Zeller, *Die Philosophie der Griechen,* v.1, p.223, 220, nota 2; Heath, *Aristarchus of Samos,* p.33; Aristóteles, *Metereologia,* p.125). Mas talvez não devesse ter interpretado as "correntes de ar" de Zeller como "ventos", em especial porque Zeller devia ter dito "vapores" (são evaporações resultantes de um processo de secagem). Inseri duas vezes "vapores e" antes de "ventos", e "quase" antes de "tudo" no segundo parágrafo da Seção IX e substituí, no terceiro parágrafo da Seção IX, "ventos" por "vapores". Fiz essas mudanças na esperança de satisfazer à crítica do sr. Kirk, à página 332 de seu artigo (discutido no apêndice a este artigo em Popper, *Conjectures and Refutations,* p.153 e ss.).

que nos depararemos com um problema geral e uma teoria geral da mudança em Heráclito – ver a seguir). Mas havia a necessidade de se explicar as bem-conhecidas mudanças que ocorrem em nosso mundo. As mudanças mais óbvias – a alternância do dia e da noite, as mudanças dos ventos e do tempo, das estações, da semeadura à colheita e do crescimento das plantas, dos animais e dos homens – tudo estava ligado ao contraste de temperaturas, com a oposição entre o quente e o frio, e ao contraste entre o seco e o molhado. "As criaturas vivas são geradas pela umidade evaporada pelo Sol" [A11], e o quente e o frio também administram a gênese do edifício de nosso próprio mundo. O quente e o frio também eram responsáveis pelos vapores e pelos ventos, que, por sua vez, eram vistos como os agentes de quase todas as outras mudanças.

Anaxímenes, discípulo de Anaximandro e seu sucessor, desenvolveu essas ideias com muita minúcia. Como Anaximandro, estava interessado nas oposições entre o quente e o frio e entre o úmido e o seco e explicava as transições entre esses opostos com uma teoria da condensação e da rarefação. Do mesmo modo que Anaximandro, acreditava no movimento eterno e na ação dos ventos. E não parece improvável que tivesse chegado a um dos dois pontos principais em que se afastava de Anaximandro pela crítica da ideia de que o que era completamente ilimitado e informe (o *apeiron*) ainda pudesse estar em movimento. De qualquer forma, substituiu o *Apeiron* pelo *Ar* – algo que era quase igualmente ilimitado e informe e, no entanto, segundo a velha teoria dos vapores de Anaximandro, não só era capaz de movimento, mas o principal agente de movimento e de mudança. Uma unificação de ideias semelhante foi operada pela teoria de Anaxímenes de que "o Sol é composto de terra e fica muito quente devido à rapidez de movimento" [A6]. A substituição da mais abstrata teoria do ilimitado *Apeiron* pela teoria do ar, menos abstrata e mais de senso comum, era acompanhada pela substituição da ousada teoria de Anaximandro sobre a estabilidade da Terra pela ideia mais popular de que "o achatamento é responsável por sua estabilidade, pois ela [...] cobre como uma tampa o ar debaixo dela" [A20]. Assim, a Terra paira no ar como a tampa de uma panela pode pairar sobre o vapor ou um barco pode pairar sobre a água – a questão de Tales e a resposta de Tales são ambas restabelecidas e o memorável argumento de Anaximandro não é compreendido. Anaxímenes é um eclético, um sistematizador, um empirista, um homem de senso comum. Dos três grandes milésios, ele é o que menos produz novas e revolucionárias ideias, a mente menos filosófica é a dele.

Os três milésios viam o nosso mundo como nosso lar. Havia movimento, havia mudança nesse lar, havia o quente e o frio, o fogo e a umidade. Havia um fogo na lareira e sobre ele uma chaleira com água. A casa estava exposta aos ventos e era um pouco ventosa, sem dúvida, mas era um lar e isso significava certa segurança e estabilidade. Para Heráclito, porém, a casa estava pegando fogo.

Não restou nenhuma estabilidade no mundo de Heráclito. "Tudo flui e nada repousa" [DK 22A4]. *Tudo* flui, mesmo as vigas, os andaimes, o material de construção de que é feito o mundo: terra e rochas, ou o bronze de um caldeirão – tudo isso flui. As vigas apodrecem, a terra é varrida pela água e pelo vento, as mesmas rochas se quebram e ressecam, o caldeirão de bronze transforma-se numa pátina verde ou em verdete: "Tudo está em movimento o tempo inteiro, ainda que [...] isso escape aos nossos sentidos", na expressão de Aristóteles.[6] Aqueles que não sabem e não pensam, creem que só o combustível é queimado, enquanto a bacia em que ele queima (cf. DK 22A1) permanece igual, pois não vemos a bacia ardendo. E, no entanto, ela arde, é devorada pelo fogo que sustenta. Não *vemos* nossos filhos crescerem e mudarem e envelhecerem, mas isso acontece com eles.

Não há, pois, corpos sólidos. As coisas não são realmente coisas, são processos, elas fluem. São como o fogo, como a chama que, embora possa ter uma forma definida, é um processo, uma corrente de matéria, um rio. Todas as coisas são chamas: o *fogo* é o verdadeiro material de construção de nosso mundo, e a aparente estabilidade das coisas se deve meramente às leis, às medidas a que os processos de nosso mundo estão sujeitos.

Esta é, segundo creio, a história de Heráclito, esta é sua "mensagem", a "palavra verdadeira" (o *logos*) a que devemos dar ouvidos: "Ouvindo não a mim, mas ao relato verdadeiro, é sábio admitir que todas as coisas são uma só" [DK 22B50]: são "um fogo perene, que se acende e apaga segundo a medida" [DK 22B30].

Sei muito bem que a interpretação tradicional da filosofia de Heráclito aqui reexposta não é mais aceita por todos, hoje em dia. Mas os críticos nada puseram em seu lugar – isto é, nada que tenha interesse filosófico. Analisarei brevemente a nova interpretação feita por eles na próxima seção. Quero aqui apenas ressaltar que a filosofia de Heráclito, ao recorrer ao pensamento, à palavra, à argumentação, à razão e ao ressaltar que vivemos num

---

6 Aristóteles, *Metafísica*, 987a33-34. (N. O.)

mundo de coisas cujas mudanças escapam aos nossos sentidos, embora *saibamos* que elas mudem, criou dois novos problemas: *o problema da mudança* e *o problema do conhecimento*. Tais problemas eram tanto mais urgentes por ser sua explicação do movimento muito difícil de se entender. Mas isso, creio eu, se deve ao fato de ter ele visto com maior clareza do que os predecessores as dificuldades envolvidas na ideia mesma de mudança.

Pois toda mudança é a mudança de algo: a mudança pressupõe algo que mude. E pressupõe que, ao mudar, esse algo deva permanecer o mesmo. Pode-se dizer que uma folha verde muda quando se torna marrom, mas não dizemos que a folha verde muda quando a substituímos por uma folha marrom. É essencial para a ideia de mudança que a coisa que muda conserve a identidade ao mudar. E, no entanto, deve tornar-se outra coisa: era verde e se torna marrom; era úmida e se torna seca; era quente e se torna fria.

Assim, toda mudança é a transição de uma coisa a outra com, em certo sentido, as qualidades opostas (como haviam visto Anaximandro e Anaxímenes). E, no entanto, ao mudar, a coisa que muda deve permanecer idêntica a si mesma.

Esse é o problema da mudança. Ele levou Heráclito a uma teoria que (antecipando em parte a Parmênides) distingue entre a realidade e a aparência. "A natureza real das coisas ama ocultar-se. Uma harmonia não aparente é mais forte que a aparente" (B123, B54). As coisas são *aparentemente* (e para nós) opostas, mas na verdade (e para Deus) são as mesmas.

> Vida e morte, vigília e sono, juventude e velhice, tudo é o mesmo. [...] pois um, virado, é o outro e o outro, virado, é o primeiro. [...] O caminho que sobe e o que desce são o mesmo [...]. Bem e mal são idênticos. [...] Para Deus todas as coisas são belas e boas e justas, mas, para o homem, há algumas coisas justas e outras injustas [...]. Não pertence à natureza ou caráter do homem possuir o verdadeiro conhecimento, mas sim à natureza divina (B88, B60, B58, B102, B78).

Assim, na verdade (e para Deus) os opostos são idênticos; só aos homens eles aparecem como não idênticos. E todas as coisas são uma só – todas elas são parte do processo do mundo, o *Fogo* perene.

Essa teoria da mudança recorre à "palavra verdadeira", ao *logos*, à razão. Para Heráclito, nada é mais real que a mudança. No entanto, sua doutrina da unidade do mundo, da identidade dos opostos e da aparência e da realidade ameaça sua doutrina da realidade do movimento.

Pois a mudança é a transição de um oposto ao outro. Assim, se na verdade os opostos são idênticos, embora pareçam diferentes, então a mudança mesma só pode ser aparente. Se na verdade, e para Deus, todas as coisas são uma só, não pode haver mudança, na verdade.

Tal consequência foi extraída por Parmênides, o discípulo (*pace* Burnet e outros) do monoteísta Xenófanes, que disse do Deus Uno (DK B23, B26, B25, B24):

> Um só Deus, sozinho entre os deuses e sozinho entre os homens, é o maior.
> Nem pelo corpo nem pela mente assemelha-se aos mortais.
> Permanece sempre num só lugar, sem nunca mover-se,
> Nem lhe cabe vagar ora aqui, ora acolá.
> Sem esforço ele agita o Todo, só pelo pensamento e pela intenção.
> Todo ele é visão, todo saber e todo audição.

Parmênides, o discípulo de Xenófanes, ensinou que o mundo real era uno, e sempre permanecia no mesmo lugar, nunca se movendo. Não *cabia* que ele fosse a diferentes lugares em horas diferentes. Não era de modo nenhum semelhante ao que parece ser aos homens mortais. O mundo era uno, um todo indivisível, sem partes, homogêneo e imóvel: o movimento era impossível em tal mundo. Na verdade, não havia mudança. O mundo da transformação era ilusão.

Baseava Parmênides sua teoria de uma realidade imutável numa espécie de prova lógica; prova que pode ser apresentada como decorrente de uma única premissa, "aquilo que não é não é". A partir daí, podemos inferir que o nada – aquilo que não é – não existe; resultado que, na interpretação de Parmênides, significa que o vácuo não existe. Assim, o mundo está cheio: consiste num bloco indiviso, uma vez que qualquer divisão em parte só poderia dever-se à separação das partes pelo vácuo. (Essa é a "verdade bem-redonda" que a deusa revelou a Parmênides [DK B1: 29]). Nesse mundo pleno, não há espaço para o movimento.

Só a enganosa crença na realidade dos opostos – a crença de que não só *aquilo que é* existe, mas também *aquilo que não é* – leva à ilusão de um mundo de mudança.

A teoria de Parmênides pode ser descrita como a primeira teoria hipotético-dedutiva do mundo. Os atomistas interpretaram-na assim e afirmaram que ela era refutada pela experiência, uma vez que o movimento existe. Aceitando a validade formal do argumento de Parmênides, inferiram da falsidade de sua conclusão a falsidade de sua premissa. Mas isso significava que o nada – o vácuo ou o espaço vazio – existia. Consequentemente, não havia mais necessidade de supor que "aquilo que é" – o pleno, aquilo que preenche algum espaço – não tivesse partes, pois agora as partes podiam ser separadas pelo vácuo. Há, assim, muitas partes, cada uma das quais é "plena": há partículas plenas no mundo, separadas por espaço vazio e capazes de se mover no espaço vazio, sendo cada uma delas "plena", indivisa, indivisível e imutável. Assim, o que existe são *átomos e o vácuo*. Desta maneira, os atomistas chegaram a uma *teoria da mudança* – uma teoria que dominou o pensamento científico até 1900. Trata-se da teoria de que *toda mudança, e em especial toda mudança qualitativa, deve ser explicada pelo movimento espacial de pedacinhos imutáveis de matéria – por átomos que se movem no vácuo.*

O próximo grande passo em nossa cosmologia e na teoria da mudança foi dado quando Maxwell, ao desenvolver certas ideias de Faraday, substituiu essa teoria por uma teoria das intensidades variáveis dos campos.

X

Esbocei a história, tal como a vejo, da teoria pré-socrática da mudança. Estou bastante ciente, é claro, do fato de que a minha história (que se baseia em Platão, Aristóteles e na tradição doxográfica) se choca em diversos pontos com as ideias de alguns especialistas, tanto ingleses como alemães e, sobretudo, com as ideias expressas por Kirk e Raven em seu livro *Os filósofos pré-socráticos*. Não posso aqui, é claro, examinar seus argumentos em pormenor e, principalmente, suas minuciosas exegeses de diversos trechos, algumas das quais relevantes para as diferenças entre a interpretação deles e a minha. (Vide, por exemplo, a análise feita por Kirk e Raven da questão de se há uma referência a Heráclito em Parmênides.)[7] Mas quero dizer que examinei seus argumentos e os achei inconvincentes e, não raro, completamente inaceitáveis.

Mencionarei aqui apenas alguns pontos referentes a Heráclito (embora haja outros de igual importância, como os comentários sobre Parmênides).

---

7 Kirk; Raven, *The Pre-Socratic Philosophers*, p.193 (nota 1), 272 (nota 1).

A perspectiva tradicional, segundo a qual a doutrina básica de Heráclito era a de que todas as coisas fluem, foi atacada quarenta anos atrás por Burnet. Seu principal argumento (por mim analisado extensamente na nota 2 do capítulo 2 de *A sociedade aberta*) era que a teoria da mudança não era nova e só uma mensagem nova poderia explicar a urgência com que falava Heráclito. O argumento é repetido por Kirk e Raven quando escrevem: "Mas todos os filósofos pré-socráticos estavam impressionados com o predomínio da mudança no mundo da nossa experiência".[8] Acerca dessa atitude, disse eu em meu livro *A sociedade aberta*: "Aqueles que sugerem [...] que a doutrina do fluxo universal não era nova [...] são, creio, testemunhas inconscientes da originalidade de Heráclito, pois não conseguem hoje, dois mil e quatrocentos anos passados, compreender seu ponto principal". Em suma, não enxergam a diferença entre a mensagem milésia, "há fogo na casa" e a mensagem de Heráclito, bem mais urgente, "a casa está pegando fogo". Uma resposta implícita a essa crítica pode ser encontrada no livro de Kirk e Raven, no qual escrevem: "Pode Heráclito ter realmente pensado que uma rocha ou um caldeirão de bronze, por exemplo, sofressem sempre mudanças invisíveis de matéria? Talvez. Mas nada nos fragmentos que chegaram até nós sugere que isso tenha acontecido".[9] Mas será isso mesmo? Os fragmentos de Heráclito sobre o *Fogo*, que chegaram até nós (Kirk e Raven, fragmentos 220-2) são interpretados por eles da seguinte maneira: "O fogo é a forma arquetípica da matéria".[10] Ora, não estou absolutamente certo do que "arquetípico" signifique aqui (em especial com vistas ao fato de lermos poucas linhas mais adiante, "Não se encontra cosmogonia [...] em Heráclito"). Mas seja qual for o significado de "arquetípico", está claro que uma vez admitido que Heráclito nos fragmentos conservados diz que toda matéria é de algum modo (arquetipicamente ou não) fogo, ele também diz que toda matéria, como o fogo, é um processo – que é precisamente a teoria que Kirk e Raven negam a Heráclito.

Logo depois de dizer que "nada nos fragmentos que chegaram até nós sugere" que Heráclito cresse em mudanças invisíveis contínuas, Kirk e Raven fazem a seguinte observação metodológica: "[...] nunca é demais ressaltar que [em textos] antes de Parmênides e sua aparente prova de que

---

8 Ibid., p.186 e ss.
9 Ibid., p.197.
10 Ibid., p.200.

os sentidos são completamente falaciosos [...] grandes desvios do senso comum só podem ser aceitos quando forem fortíssimos os indícios que levem a eles". Querem dizer com isso que a doutrina de sofrerem os corpos (de qualquer substância) constantemente mudanças invisíveis representa um grande desvio em relação ao senso comum, desvio este que não se deve esperar em Heráclito.

Mas, para citar Heráclito: "Aquele que não espera o inesperado não vai detectá-lo: para ele, permanecerá indetectável e inalcançável" (DK B18). Na verdade, o último argumento de Kirk e Raven é inválido sob vários aspectos. Muito antes de Parmênides, encontramos ideias muito distantes do senso comum, em Anaximandro, Pitágoras, Xenófanes e, sobretudo, em Heráclito. Com efeito, a sugestão de que devamos testar a historicidade das ideias atribuídas a Heráclito – como poderíamos, sem dúvida, testar a historicidade das ideias atribuídas a Anaxímenes – por padrões de "senso comum" é um pouco surpreendente (seja qual for o significado de "senso comum" aqui). Pois tal sugestão se choca não só com a notória obscuridade e o estilo oracular de Heráclito, confirmados por Kirk e Raven, mas também com seu ardente interesse pela antinomia e o paradoxo. E por último, mas nem por isso menos importante, ela se choca com a doutrina (completamente absurda) que Kirk e Raven por fim atribuem a Heráclito (os itálicos são meus): "[...] que mudanças naturais de todo tipo [e, portanto, provavelmente também terremotos e grandes incêndios] são regulares *e equilibrados, e que a causa desse equilíbrio é o fogo, o constituinte comum das coisas, também chamado de Logos*". Mas, pergunto eu, por que o fogo seria "a causa" de algum equilíbrio – quer "desse equilíbrio", quer de algum outro? E onde diz Heráclito tais coisas? Com efeito, se essa fosse a filosofia de Heráclito, eu não veria nenhuma razão para me interessar por ela. De qualquer forma, ela estaria muito mais distante do senso comum (tal como o vejo) do que a inspirada filosofia que a tradição atribui a Heráclito e que, em nome do senso comum, é rejeitada por Kirk e Raven.

Mas o ponto decisivo é, naturalmente, que essa filosofia inspirada é *verdadeira*, até onde sabemos.[11] Com sua misteriosa intuição, Heráclito viu que as coisas são processos, que nossos corpos são chamas, que "uma rocha ou

---

11 Isso deveria estabelecer que ela faz sentido, pelo menos. Espero que fique claro, a partir do texto, que aqui apelo para a verdade para (a) tornar claro que a minha interpretação pelo menos faz sentido e (b) para refutar o argumento de Kirk e

um caldeirão de bronze [...] sofriam invariavelmente mudanças invisíveis". Kirk e Raven dizem (o argumento parece uma resposta a Melisso): "Toda vez que o dedo se esfrega, retira uma parte invisível de ferro, quando não se esfrega, porém, que razão haverá para se pensar que o ferro ainda esteja modificando-se?".[12] A razão é que o vento se esfrega e há sempre vento; ou que o ferro se transforma invisivelmente em ferrugem – por oxidação – e isso significa por lenta combustão; ou que o ferro velho tem aparência diferente do ferro novo, como o anção tem aparência diferente da criança (cf. DK B88). Era esse o ensinamento de Heráclito, como mostram os fragmentos que chegaram até nós.

Sugiro que o princípio metodológico de Kirk e Raven de "que grandes desvios do senso comum só devem ser aceitos quando os indícios que levam a eles forem fortíssimos" pode muito bem ser substituído pelo princípio, mais claro e importante, de que *grandes desvios da tradição histórica só devem ser aceitos quando os indícios que levem a eles forem fortíssimos*. Esse, na verdade, é um princípio universal da historiografia. Sem ele, a história seria impossível. É, no entanto, violado constantemente por Kirk e Raven: quando, por exemplo, tentam tornar suspeitos os depoimentos de Platão e de Aristóteles, com argumentos em parte circulares e em parte (como o do senso comum) em contradição com sua própria narrativa. E quando dizem que "parece que Platão e Aristóteles fizeram poucas tentativas sérias de penetrar seu [isto é, de Heráclito] real significado", só me resta dizer que a filosofia esboçada por Platão e Aristóteles me parece uma filosofia de significado e profundidade reais. Trata-se de uma filosofia digna de um grande filósofo. Quem, senão Heráclito, foi o primeiro grande pensador que se deu conta de que os homens são chamas e as coisas, processos? Devemos realmente crer que essa grande filosofia foi um "exagero pós-heraclitiano" e que talvez tenha sido sugerida a Platão, "em particular, talvez, por Crátilo"?[13] Quem, pergunto eu, era esse filósofo desconhecido – talvez o maior e o mais audacioso pensador entre os pré-socráticos? Quem, senão Heráclito?

Raven (examinado mais adiante neste parágrafo) de que a teoria seja absurda. Uma resposta a Kirk, longa demais para ser incluída aqui (embora se refira ao presente trecho e ao presente parágrafo) pode ser encontrada no anteriormente mencionado apêndice a este artigo.

12 Ibid., p.197 (nota 1).

13 Ibid.

XI

É esplêndida a história inicial da filosofia grega, em especial a que vai de Tales a Platão. É quase bela demais para ser verdade. Em cada geração, encontramos pelo menos uma nova filosofia, uma nova cosmologia de impressionante originalidade e profundidade. Como isso foi possível? Não se pode, é claro, explicar a originalidade e o gênio. Mas podemos tentar lançar certa luz sobre eles. Qual era o segredo dos antigos? Sugiro que era uma *tradição – a tradição da discussão crítica*.

Tentarei colocar o problema de forma mais aguda. Em todas ou quase todas as civilizações, encontramos certa espécie de ensinamento religioso e cosmológico e, em muitas sociedades, encontramos escolas. Ora, as escolas, e em especial as escolas primitivas, têm todas, ao que parece, estrutura e funções características. Longe de serem lugares de discussão crítica, assumem como tarefa propagar uma doutrina definida e preservá-la pura e sem mudanças. Trata-se de tarefa da escola transmitir a tradição, a doutrina do fundador, seu primeiro mestre, à próxima geração e, para isso, o mais importante é manter intacta a doutrina. Uma escola desse tipo jamais admite uma ideia nova. As ideias novas são heresias e levam a cismas: se um membro da escola tentar modificar a doutrina, será expulso como herético. Mas o herético normalmente alega que sua é a verdadeira doutrina do fundador. Assim, nem sequer o inventor admite ter introduzido uma invenção, ao contrário, crê estar voltando à verdadeira ortodoxia que, de algum modo, se pervertera.

Desse modo, toda mudança de doutrina – se houver – é sub-reptícia. São todas apresentadas como reafirmações dos dizeres do mestre, de suas próprias palavras, do significado que ele mesmo quis lhes dar, de suas próprias intenções.

É claro que, numa escola desse tipo, não podemos esperar encontrar uma história de ideias ou mesmo o material para tal história. Pois não se admite que as novas ideias sejam novas. Tudo é atribuído ao mestre. Tudo o que se pode reconstruir é uma história dos cismas e, talvez, uma história da defesa de certas doutrinas contra os heréticos.

Não pode, é claro, haver nenhuma discussão racional numa escola desse tipo. Pode haver argumentos contra dissidentes e heréticos ou contra alguma escola rival. Mas é principalmente por asserções, dogmas e condenações, ao invés de argumentos, que a doutrina é defendida.

O grande exemplo de uma escola desse tipo entre as escolas filosóficas gregas é a Escola Italiana fundada por Pitágoras. Comparada à Escola Jônica ou à de Eleia, tinha o caráter de uma ordem religiosa, com um modo de vida característico e uma doutrina secreta. A história de que um dos membros, Hipaso de Metaponto, foi jogado ao mar por ter revelado o segredo da irracionalidade de certas raízes quadradas é característica da atmosfera que cerca a Escola Pitagórica, haja ou não verdade nela.

Mas entre as escolas filosóficas gregas, os primeiros pitagóricos foram exceção. Se os deixarmos de lado, podemos dizer que o caráter da filosofia grega e das escolas filosóficas é marcadamente diferente do tipo dogmático de escola aqui descrito. Mostrei isso com um exemplo: *a história do problema da mudança por mim contada é a história de um debate crítico, de uma discussão racional*. Novas ideias são propostas enquanto tais e surgem como resultado de uma crítica aberta. Há poucas mudanças sub-reptícias, se é que há alguma. Em vez do anonimato, temos uma história de ideias e de seus criadores.

Esse é um fenômeno único, intimamente ligado com a espantosa liberdade e criatividade da filosofia grega. Como explicar esse fenômeno? *Precisamos explicar é o nascimento de uma tradição*. Essa é uma tradição que permite ou incentiva as discussões críticas entre diferentes escolas e, de modo ainda mais surpreendente, dentro de cada uma delas. Pois em nenhum lugar, fora da Escola Pitagórica, encontramos uma escola dedicada à preservação de uma doutrina. Vemos, ao contrário, mudanças, novas ideias, modificações e críticas diretas ao mestre.

(Em Parmênides, até nos deparamos, precocemente, com um fenômeno notabilíssimo – o de um filósofo que propõe *duas* doutrinas, uma que afirma ser verdadeira e outra que ele mesmo descreve como falsa. No entanto, não faz da doutrina falsa um simples objeto de condenação ou de crítica, ao contrário, apresenta-a como a melhor explicação possível da opinião enganosa dos homens mortais e do mundo da mera aparência – a melhor explicação que um homem mortal possa dar.)

Como e quando foi fundada essa tradição crítica? Esse é um problema que merece séria consideração. Isto é certo: Xenófanes, que levou a tradição jônica para Eleia, tinha plena consciência do fato de ser puramente conjectural seu próprio ensinamento e de poderem vir outros com mais sólidos conhecimentos. Voltarei a esse ponto na próxima e última seção.

Se procurarmos os primeiros sinais dessa nova atitude crítica, dessa nova liberdade de pensamento, somos levados de volta à crítica de Tales elaborada por Anaximandro. Este é um fato muito impressionante: Anaximandro critica o mestre e parente, um dos Sete Sábios, o fundador da Escola Jônica. Segundo a tradição, ele era só catorze anos mais moço que Tales e deve ter desenvolvido essa crítica e suas novas ideias quando seu mestre ainda estava vivo. (Parece que eles morreram a poucos anos um do outro.) Mas não há vestígio nas fontes de uma história de dissensão, de briga ou de cisma.

Isso sugere, creio eu, que foi Tales o fundador dessa nova tradição de liberdade – baseada numa nova relação entre mestre e discípulo – criando, assim, um novo tipo de escola, completamente diferente da Escola Pitagórica. Ele parece ter sido capaz de tolerar a crítica. E, o que é mais importante, parece ter criado a tradição de que se deve tolerar a crítica.

Gosto, porém, de pensar que ele foi ainda mais longe. Mal consigo imaginar uma relação entre mestre e discípulo em que o mestre simplesmente tolere a crítica, sem encorajá-la ativamente. Não me parece possível que um discípulo que esteja sendo treinado na atitude dogmática ouse criticar o dogma (sobretudo o de um sábio famoso) e proclamar sua crítica. E me parece uma explicação mais fácil e simples supor que o mestre encorajou essa atitude crítica – provavelmente não logo de início, mas só depois de se impressionar com a pertinência de certas perguntas feitas pelo discípulo, talvez sem nenhuma intenção crítica.

Seja como for, a conjectura de que Tales tivesse incentivado ativamente a crítica em seus discípulos explicaria o fato de que a atitude crítica em relação à doutrina do mestre se tornou parte da tradição da Escola Jônica. Gosto de pensar que Tales foi o primeiro professor a dizer aos alunos: "É assim que vejo as coisas – como creio serem as coisas. Tentem melhorar meu ensinamento". (Pode-se, mais uma vez, lembrar àqueles que creem ser "não histórico" atribuir a Tales tal atitude não dogmática o fato de, apenas duas gerações depois, encontrarmos tal atitude formulada clara e conscientemente nos fragmentos de Xenófanes.) De qualquer modo, há o fato histórico de ter sido a Escola Jônica a primeira em que os discípulos criticaram os mestres, uma geração após a outra. Não há dúvida de que a tradição grega da crítica filosófica teve sua origem principal na Jônia.

Foi uma invenção de grande importância. Significou a ruptura com a tradição dogmática, que permite apenas *uma* doutrina nas escolas, e a introdução, em seu lugar, de uma tradição que admite *pluralidade* de doutrinas, que tentam todas elas aproximar-se da verdade por meio da discussão crítica.

Isso, portanto, leva, quase necessariamente, à consciência de que nossas tentativas de ver e encontrar a verdade não são finais, mas abertas a melhoramentos; de que o nosso conhecimento, a nossa doutrina, é conjectural; de que consiste em suposições, em hipóteses, mais do que em verdades finais e certas; de que a crítica e a discussão crítica são nossos únicos meios de nos aproximarmos da verdade. Leva, pois, à tradição de conjecturas ousadas e de livre-crítica, à tradição que criou a atitude racional ou científica e, com ela, a nossa civilização Ocidental, a única civilização baseada na ciência (embora, é claro, não só nela).

Nessa tradição racionalista, não são proibidas audaciosas mudanças doutrinais. Pelo contrário, a inovação é incentivada e vista como bom êxito, melhoramento, se se basear no resultado de uma discussão crítica de seus predecessores. Admira-se a ousadia mesma de uma inovação, pois ela pode ser controlada pela severidade do exame crítico. Por isso, as mudanças de doutrina, longe de serem feitas de maneira sub-reptícia, são tradicionalmente transmitidas juntamente com as doutrinas mais velhas e com os nomes dos inovadores. E o material para a história das ideias se torna parte de uma tradição de escola.

Até onde sei, a tradição crítica ou racionalista foi inventada só uma vez. Ela se perdeu depois de dois ou três séculos, talvez em razão do surgimento da doutrina aristotélica da *epistēmē*, do conhecimento certo e demonstrável (um desenvolvimento da distinção eleática e heraclitiana entre a verdade certa e a mera suposição). Foi redescoberta e conscientemente revivida no Renascimento, em especial por Galileu Galilei.

XII

Chego agora ao meu último e mais central argumento. Ele é o seguinte. A tradição racionalista, a tradição da discussão crítica, representa o único modo viável de expandir o nosso conhecimento – o conhecimento conjectural e hipotético, é claro. Não há outro modo. Mais especificamente, não há um caminho que parta da observação ou da experiência. No desenvolvimento da ciência, as observações e as experiências desempenham apenas o papel de argumentos críticos. E desempenham esse papel juntamente com outros argumentos não observacionais. É um papel importante, mas a significação das observações e das experiências depende *inteiramente* da questão de poderem ou não *criticar teorias*.

Segundo a teoria do conhecimento aqui esboçada, há, quanto ao essencial, apenas dois modos de uma teoria ser superior às outras: ela pode explicar mais; e ela pode ser melhor testada – ou seja, pode ser mais discutida plena e criticamente, à luz de tudo o que sabemos, de todas as objeções que nos ocorram e, sobretudo, à luz de testes observacionais ou experimentais projetados com o objetivo de criticar a teoria.

Há um único elemento de racionalidade em nossas tentativas de conhecer o mundo: o exame crítico de nossas teorias. Em si mesmas, essas teorias são suposições. Não sabemos, apenas supomos. Se você me perguntar "Como você sabe?", minha resposta será: "Eu não sei, só estou propondo uma suposição. Se você estiver interessado em meu problema, ficarei muito contente se criticar a minha suposição e oferecer contrassuposições, que, por minha vez, tentarei criticar".

Esta é, creio, a verdadeira teoria do conhecimento (que quero submeter à crítica de vocês), a verdadeira descrição de uma prática surgida na Jônia e que foi incorporada pela ciência moderna (embora ainda haja muitos cientistas que acreditem no mito baconiano da indução): a teoria de que o conhecimento avança por meio de *conjecturas e refutações*.

Dois dos maiores homens que viram com clareza que não existe o tal de procedimento indutivo e entenderam com clareza o que vejo como a verdadeira teoria do conhecimento foram Galileu e Einstein. No entanto, os antigos também a conheciam. Por incrível que pareça, deparamo-nos com um claro reconhecimento e formulação dessa teoria do conhecimento racional quase imediatamente após ter tido início a prática da discussão crítica. Os mais antigos fragmentos nessa matéria que chegaram até nós são os de Xenófanes. Vou apresentar aqui cinco deles, numa ordem que sugere ter sido a ousadia de seu ataque e a gravidade de seus problemas que o tornaram consciente do fato de todo o nosso conhecimento ser suposição e, no entanto, podermos, buscando o conhecimento "que é o melhor", encontrá--lo com o passar do tempo. Aqui vão os cinco fragmentos (DK B16, B15, B18, B35, B34) extraídos dos textos de Xenófanes.

> Dizem os etíopes que seus deuses são negros e têm nariz achatado,
> Enquanto os trácios dizem que os deles têm olhos azuis e cabelo ruivo.

No entanto, se os bois ou os cavalos ou os leões tivessem mãos e pudessem
desenhar
E esculpir como os homens, os cavalos desenhariam seus deuses
Como cavalos, e os bois como bois e cada qual moldaria
Os corpos dos deuses a sua semelhança, cada espécie a sua própria.

Os deuses não nos revelaram, desde o começo,
Todas as coisas, mas ao longo do tempo,
Pela busca podemos aprender e saber melhor as coisas.

Isto, como bem podemos conjecturar, se assemelha à verdade.

Mas quanto à verdade certa, nenhum homem a conheceu,
Nem vai conhecê-la; nem dos deuses
Nem de todas as coisas de que falo.
E mesmo se por sorte proferisse
A verdade perfeita, ele mesmo não a conheceria;
Pois tudo não passa de uma trama de suposições.

Para mostrar que Xenófanes não estava sozinho, posso também repetir
aqui dois dos dizeres de Heráclito (DK B78, 18) que já citei num contexto
diferente. Ambos exprimem o caráter conjectural do conhecimento humano, e o segundo se refere a sua audácia, à necessidade de antecipar com
ousadia o que não sabemos.

Não pertence à natureza ou ao caráter do homem possuir o verdadeiro
conhecimento, mas sim à natureza divina [...] Aquele não espera o inesperado não vai detectá-lo: para ele, permanecerá indetectável e inalcançável.

Minha última citação é um famosíssimo texto de Demócrito (DK B117):

Mas, de fato, nada sabemos por ter visto, pois a verdade está oculta nas
profundezas.

Foi assim que a atitude crítica dos pré-socráticos prenunciou e prepa-
rou o racionalismo ético de Sócrates: a crença dele de que a busca da verdade por meio da discussão crítica fosse um modo de vida – o melhor que
conhecia.

Coda

(1) A ciência e a filosofia não começaram pela coleta de observações, mas com especulações sobre os deuses e o mundo. (Objeção: o *corpus* hipocrático.) (2) A ciência e a filosofia começam quando os mitos sobre o mundo são racionalmente, isto é, criticamente discutidos. (3) As sucessivas doutrinas dos Jônios, Eleatas e Atomistas representam estágios de um debate racional ou crítico. (4) As escolas primitivas são antes dogmáticas que críticas. Elas conhecem heresias, divisões e vituperação, mas não a discussão racional. (5) Portanto, a discussão racional é algo novo. Surge então o problema histórico: quem é o fundador da nova tradição da discussão racional e de uma história das ideias? (6) A atitude *conscientemente* crítica de Xenófanes intensifica esse problema. (7) Hipótese histórica: Tales é o inventor do método da discussão racional. (8) Aplicação ao problema da epistemologia: é um erro considerar nossos tipos mais plausíveis de conhecimento caso estejamos interessados no crescimento do conhecimento. Ao invés disso, devemos considerar nossas hipóteses mais ousadas. (9) Acrescentado em 1983. A discussão racional adquiriu seu caminho quando Anaxágoras e Heródoto publicaram livros extremamente controversos.

ADENDO 1
NOTA HISTÓRICA ACERCA DA VEROSSIMILHANÇA
(1964)

Serão apresentadas aqui mais algumas observações acerca da antiga história da confusão entre verossimilhança e probabilidade (em adição às da Introdução).

1. Em poucas palavras, a minha tese é a seguinte. Os mais antigos ditos à nossa disposição usam de maneira não ambígua a ideia de verossimilhança. Mais tarde, "como a verdade" tornou-se ambíguo: adquiriu significados adicionais, como "provável" ou "provavelmente verdadeiro" ou "plausível" ou "possível", de modo que, em alguns casos, não fica claro qual o significado pretendido.

Tal ambiguidade se torna significativa em Platão, por causa de sua crucialmente importante teoria da imitação ou *mimēsis*: assim como o mundo empírico *imita* o (verdadeiro) mundo das ideias, assim também as narrativas ou teorias ou mitos do mundo empírico (da aparência) "imitam" a verdade e são, assim, meramente *"como a verdade"*. Ou, traduzindo as mesmas expressões em seus outros significados, essas teorias não são demonstráveis ou necessárias ou verdadeiras, mas meramente prováveis ou possíveis ou (em maior ou menor medida) aparentemente verdadeiras.

Assim, a teoria platônica da *mimēsis* oferece uma espécie de base filosófica para a (já então corrente) equação errônea e enganosa entre *"verossímil"* e *"provável"*.

Com Aristóteles, um significado adicional torna-se razoavelmente preeminente: "provável" = "que ocorre com frequência".

2. Para dar alguns detalhes, temos primeiro um trecho da *Odisseia* 19.203: o ardiloso Odisseu conta a Penélope (que não o reconhece) uma história falsa, mas que contém vários elementos de verdade, ou, como diz Homero, "contou muitas mentiras semelhantes à verdade" (*etumoisin homoia*). A expressão é repetida na *Teogonia*: as Musas do Olimpo, filhas de Zeus, dizem a Hesíodo: "[...] sabemos como contar muitas mentiras semelhantes à verdade, mas também sabemos, se quisermos, como dizer a verdade (*alētheia*)".[14]

O trecho também é interessante porque, nele, *etymos* e *alēthēs* ocorrem como sinônimos de "verdadeiro".

Uma terceira passagem em que aparece a expressão *etumoisin homoia* é Teógnis 713, na qual é exaltada a astúcia (como na *Odisseia*), e o poder de fazer as mentiras parecerem verdades é descrito como divino (talvez uma alusão às Musas da *Teogonia*): "você inventaria mentiras similares à verdade com a boa língua do divino Nestor".

Ora, uma das características dessas passagens é que todas elas estão relacionadas com o que hoje chamamos de "crítica literária". Pois a questão é *contar histórias* que sejam (e pareçam) *como a verdade*.

Pode-se encontrar um trecho muito parecido em Xenófanes, ele mesmo um poeta e talvez o primeiro crítico literário. Introduz ele o termo *eoikota* em lugar de *homoia* (DK 21B35). Referindo-se, talvez, às próprias teorias teológicas, diz ele: "Tais coisas, podemos conjecturar, são similares à verdade" (*eoikota tois etumoisi*).[15]

---

14 Hesíodo, *Teogonia*, 27-8.
15 Ver citações da seção X do Ensaio 1 e Platão, *Fedro*, 272c-e, 273b e d.

Temos aqui, mais uma vez, uma frase que exprime sem ambiguidade a ideia de *verossimilhança* (*não* de probabilidade) em conjunção com um termo (que traduzi por "podemos conjecturar") derivado da palavra *doxa* ("opinião"), que desempenha um papel tão importante em e depois de Parmênides. (O mesmo termo ocorre também na última linha B34 de Xenófanes, citado anteriormente, na qual é usado em contraste com *saphes*, ou seja, *verdade certa*.)

O próximo passo é importante. Parmênides usa *eoikota* ("semelhante" ou "como") sem mencionar explicitamente "verdade" (B8: 60). Sugiro que o termo signifique, tal qual em Xenófanes, "como verdade", e o traduzi de maneira correspondente "inteiramente como verdade").[16] Meu principal argumento é a semelhança entre esse trecho e B35 de Xenófanes: ambos falam das conjecturas (*doxa*) dos homens mortais; ambos dizem algo relativamente favorável sobre elas e ambos claramente implicam que uma conjectura relativamente "boa" não é realmente uma história verdadeira. Apesar dessas semelhanças, a expressão de Parmênides tem sido muitas vezes traduzida por "provável e plausível".[17]

Essa passagem também é interessante porque um trecho importante do *Timeu*[18] está intimamente relacionado com ela. Nesse texto, parte Platão (27e-28a) da distinção parmenidiana entre "aquilo que sempre É e não tem Devir", por um lado, e "aquilo que é sempre Devir e nunca É", por outro, e diz, com Parmênides, que o primeiro pode ser conhecido pela razão, enquanto o segundo "é objeto de opinião e da irracionalidade dos sentidos".[19]

Daí passa ele a explicar que o mundo mutável e em devir (*ouranos* ou *cosmos*) (28b) foi feito pelo Criador como cópia ou imagem (*eikon*), cujo original ou paradigma é o eternamente imutável Ser que É.

A transição do paradigma à cópia (*eikon*) corresponde à transição, em Parmênides, da Via da Verdade para a Via da Aparência. Citei esta última transição mais adiante (no Ensaio 9, Seção IV), e ele contém o termo *eoikota*, que está relacionado com o *eikon* de Platão, isto é, com a semelhança da Verdade *ou* do Que É; podemos, talvez, concluir daí que Platão lesse *eoikota* como "como (verdade)", não como "provável".

---

16 Ver seção IV do Ensaio 9.

17 Ver nota 19 de Popper, *Conjectures and Refutations*, p.236.

18 Platão, *Timeu*, 27e-30c.

19 Cf. Popper, *Conjectures and Refutations*, p.165.

Platão também diz, porém, que a cópia, sendo como verdade, não pode ser conhecida com certeza, mas só podemos ter *opiniões* sobre ela, que são *incertas* ou *"prováveis"*. Pois diz ele que as explicações do paradigma serão "permanentes, inabaláveis, irrefutáveis e invencíveis" (29b-c), ao passo que "as explicações do que é (meramente) a semelhança de uma cópia em relação ao paradigma [...] terão (meramente) semelhança, pois assim como o Ser está para o Devir, assim está a Verdade para a (mera) Crença".[20]

Esse é o trecho que introduz a probabilidade (*eikota*) no sentido de crença imperfeitamente certa ou crença parcial, relacionando-a ao mesmo tempo com a verossimilhança.

O trecho conclui-se com mais um eco da transição para a Via da Aparência: assim como a deusa prometeu a Parmênides uma explicação tão "inteiramente como a verdade", que nenhuma melhor pudesse ser dada (Ensaio 9, Seção IV), assim também lemos: "[...] devemos estar contentes se pudermos dar uma explicação que não seja inferior a nenhuma outra no que se refere à probabilidade (*eikota*), lembrando que [...] somos criaturas humanas e nos convém aceitar uma história provável (*eikota mython*)".[21] (A isso responde Sócrates: "Excelente, Timeu!")

É muito interessante notar que tal introdução de uma ambiguidade sistemática entre "verossimilhança" e "probabilidade" não impede Platão de usar o termo *eikota* depois, no *Crítias* (107d-e), no sentido de "narrativa verossímil". Pois, considerando-se o que a precede, essa passagem deveria ser lida da seguinte maneira: "[...] com relação a questões celestiais e divinas, deveríamos satisfazer-nos com uma narrativa com pequeno grau de verossimilhança, mas devemos verificar com atenção a exatidão das narrativas que pertencem aos homens mortais".

3. À parte essa ambiguidade sistemática e, sem dúvida, consciente, no emprego por parte de Platão de *eikota* (e termos derivados), e à parte um amplo leque de usos diferentes em que seu significado é definido, também há um amplo leque de usos em que seu significado é simplesmente vago. São exemplos de diferentes usos em Platão (e Aristóteles): seu uso em oposição a "demonstrável" e a "necessário"; seu uso para exprimir "o melhor depois da certeza". Também é usado com frequência como sinônimo de

---

20 Ver também Platão, *Fedro*, 259e-260e, 266e-267a.
21 Id., *Timeu*, 29d.

"com certeza" ou "certamente" ou "isso me parece correto", em especial em interjeições nos diálogos. É usado no sentido de "talvez" e, até mesmo, no sentido de "aquilo que ocorre com frequência", por exemplo: "[...] o provável (*eikos*) é o que ocorre, não invariavelmente, mas só na maioria dos casos".[22]

4. Gostaria de concluir com outro trecho de crítica literária, que aparece duas vezes em *A poética* de Aristóteles e que, na sua primeira ocorrência, ele atribui ao poeta Agatão. "É provável que o improvável aconteça." Ou, menos elegantemente, mas também menos vagamente: *"É verossímil que coisas improváveis aconteçam"*.[23]

ADENDO 2
MAIS ALGUMAS SUGESTÕES ACERCA DA VEROSSIMILHANÇA (1968)

1. Uma vez que meu interesse na distinção entre verossimilhança, por um lado, e probabilidade (em seus diversos significados), por outro, parece dar margem a más interpretações, começarei ressaltando que não estou nem um pouco interessado em palavras e seus significados, mas só em *problemas*. Sobretudo, não estou interessado em tornar "precisos" os significados das palavras ou em "defini-las" ou "explicá-las".

Há uma analogia entre palavras ou conceitos e a questão de seu significado, por um lado, e enunciados ou teorias e a questão de sua verdade, por outro, como demonstrei numa "Tábua de Ideias".[24] *Só considero importantes, porém, os enunciados ou as teorias e a questão de sua verdade ou falsidade.*

A errônea doutrina ("essencialista") de que podemos "definir" (ou "explicar") uma palavra ou termo ou conceito, de que podemos tornar "definido" ou "preciso" seu significado, é, de ponta a ponta, análoga à doutrina equivocada de que podemos provar ou estabelecer ou justificar a verdade de uma teoria, na verdade, ela é parte dessa segunda doutrina ("justificacionista").

Embora nunca sejam importantes as palavras e seus significados precisos, o esclarecimento de confusões pode ser importante para a solução de problemas; os referentes a teorias, é claro. *Não podemos definir, mas devemos,*

---

22 Aristóteles, *A retórica*, 1402b22.
23 Id., *A poética*, 1456a22, 1461b12-15.
24 Popper, *Conjectures and Refutations*, p.19.

muitas vezes, distinguir. Pois as confusões ou simplesmente a falta de distinções pode impedir-nos de resolver nossos problemas.

2. Com respeito à verossimilhança, o principal problema em jogo é *o problema realista da verdade* – a correspondência de uma teoria com os fatos ou com a realidade.

A perigosa confusão ou equívoco que tem de ser esclarecido é o que se estabelece entre a verdade no sentido realista – a verdade "objetiva" ou "absoluta" – e a verdade no sentido subjetivista, como aquilo em que "cremos".

A distinção é de fundamental importância, sobretudo para a teoria do conhecimento. O único problema importante relativo ao conhecimento está ligado ao problema da verdade no sentido objetivo. A minha tese é, simplesmente, que a teoria da crença subjetiva é completamente irrelevante para a teoria filosófica do conhecimento. Na verdade, ela destrói esta última quando as duas são misturadas (como ainda o são, de acordo com a tradição).

3. Ora, é de importância decisiva que a necessidade de distinguir claramente entre a verdade objetiva e a crença subjetiva permaneça tão urgente como nunca se trouxermos à baila a *aproximação da verdade* (ou verossimilhança): a verossimilhança como ideia objetiva deve ser claramente distinguida de todas as ideias subjetivas, como graus de crença, convicção ou persuasão; ou de verdade, ou de plausibilidade aparente ou de probabilidade em qualquer um de seus significados subjetivos. (Aliás, mesmo se tomarmos a probabilidade em algum de seus significados objetivos, como propensão ou, talvez, frequência, ela ainda deve ser distinguida da verossimilhança, e o grau de verossimilhança objetiva também deve ser claramente distinguido do grau de corroboração, ainda que esta seja uma noção objetiva, pois o grau de verossimilhança de uma teoria, como a ideia mesma de verdade, é atemporal, embora difira da ideia de verdade por ser um conceito relativo, enquanto o grau de corroboração das teorias é essencialmente temporal – como indicado na Seção 84 de *A lógica da pesquisa científica* – e, portanto, fundamentalmente um conceito histórico.)

Resumindo, é tradicional a confusão entre verossimilhança e noções subjetivas como graus de crença ou de plausibilidade ou de aparência de verdade ou de probabilidade subjetiva.

A história dessa tradição tem de ser escrita. Ela vai revelar-se mais ou menos idêntica à história da teoria do conhecimento.

No adendo anterior, esbocei muito superficialmente essa história, à medida que está ligada ao antigo uso filosófico das palavras "a verdade" (vinculadas à raiz grega *eiko*, como *eikōn*, uma semelhança, uma imagem, *eoika*, ser como, ser parecido etc.). Ou seja, com palavras que, pelo menos às vezes (em Xenófanes ou em Parmênides, por exemplo), foram usadas em ligação com uma ideia *realista* ou *objetivista* da verdade (quer como "aproximação da verdade", como em Xenófanes [B35], quer no sentido de uma semelhança ilusória com a verdade, como em Parmênides [B8: 60]).

4. No presente adendo, apenas acrescentarei algumas breves observações acerca do emprego de certas palavras que, desde o começo, tiveram um significado *subjetivo*. Vou referir-me a duas importantes raízes gregas. Uma é *dokeō* (*doke* etc.), pensar, esperar, crer, ter em mente, ter uma opinião, com *doxa*, opinião. (Estão relacionados também *dekomai*, aceitar, esperar, com *dokimos*, aceito, aprovado, e *dokeuō*, esperar, observar atentamente, ficar à espera.) A segunda é *peithō*, persuadir (também o poder ou a deusa, Persuasão), com o significado de ganhar o consentimento, de fazer as coisas parecerem plausíveis ou prováveis – *subjetivamente* prováveis, é claro; com as formas *pithanoō*, tornar provável; *pithanos*, persuasivo, plausível, provável e até capcioso; *pistis*, fé, crença (com *kata pistin*, segundo a crença, segundo a probabilidade); *pistos*, fiel, acreditado, merecedor de fé, provável; *pisteuō*, confiar, crer; *pistoō*, tornar digno de fé, confirmar, tornar provável etc.

Não há dúvida nenhuma sobre o significado fundamentalmente subjetivo dessas palavras. Elas desempenham um papel importante na filosofia desde os tempos mais remotos. *Dokos*, por exemplo, aparece em Xenófanes (B34), no belo fragmento citado na Seção X do Ensaio 1, no qual traduzi o termo *dokos* por "suposição" ("suposições"), já que, sem dúvida, significa "*mera* opinião" ou "*mera* conjectura". (Conferir Xenófanes B35 e B14, no qual *dekousi* significa "crer erradamente" ou "imaginar erradamente".) Poder-se dizer que tal emprego depreciativo de *dokein* é o nascimento do ceticismo. Ele pode, talvez, ser contrastado com o uso mais neutro em Heráclito ("é de pensar que") (B5) ou: "Quando morrem os homens, aguarda-os o que não esperam ou *imaginam* (*dokousin*)" (B27). Mas Heráclito parece usar o termo também no sentido de "mera opinião" (B17) ou: "[Pois] é mera opinião o que mesmo [o homem] mais digno de fé defende [ou preserva ou a que se apega] como conhecimento" (B28).

Em Parmênides, *doxa*, opinião, é usada em oposição direta à verdade (*alētheia*) e, mais de uma vez (B1: 30; B8: 51) associada à referência depreciativa aos "mortais" (cf. Xenófanes B14, Heráclito B27).

De qualquer modo, *dokei moi* significa "parece-me" e, assim, fica muito perto de "parece-me plausível ou aceitável" (*dokimos einai*, "aceitável como real") (cf. Parmênides B1: 32).[25]

5. O próprio termo "provável" (*probabilis*) parece ter sido inventado por Cícero para traduzir os termos estoicos e céticos *pithanos, pithanē, pistin* etc. (*kata pistin kai apistian* – "quanto à probabilidade e improbabilidade").[26] Duzentos e cinquenta anos depois de Cícero, Sexto Empírico distingue três sentidos "acadêmicos" do termo "probabilidade" (*to pithanon*, "o provável"): (1) "O que parece verdade e é, na realidade, verdade"; (2) "O que parece verdade e é, na realidade, falso; (3) "O que é verdadeiro e falso".[27]

Sob (3), a aparência não é mencionada explicitamente: parece ter em mira a aproximação da verdade ou a verossimilhança em nosso sentido. Alhures, a aparência é claramente distinguida da verdade objetiva; a aparência, porém, é tudo o que podemos alcançar. "Provável" é, no emprego de Sexto Empírico, aquilo que induz à crença. Sexto diz, aliás, com referência a Carnéades e Clitômaco, que "os homens que [...] usam *a probabilidade como guia na vida*" são dogmáticos: em contrapartida, "nós [os novos céticos] vivemos de modo não dogmático, obedecendo às leis, aos costumes e aos nossos afetos naturais".[28] Por vezes, Sexto Empírico usa "probabilidade" (ou "probabilidades aparentes", o que parece quase um pleonasmo)[29] no sentido de "capcioso". O uso em Cícero é diferente.

6. "São estas", diz Cícero, "as coisas que sinto dever chamar de prováveis (*probabilia*) ou semelhantes à verdade (*veri similia*). Não me importa se você preferir outro nome."[30]

Em outra parte, escreve ele aos céticos: "Para eles algo é provável (*probabile*) ou semelhante à verdade (*veri simile*), e esta [característica] lhes proporciona uma regra na conduta da vida e nas investigações filosóficas"[31] (em 33, Cícero se refere a Carnéades, como Sexto Empírico o faz no mesmo

---

25 Ver também seção IV do Ensaio 9.
26 Sexto Empírico, *Esboço do pirronismo*, i.10, i.232.
27 Id., *Contra os lógicos*, i.174.
28 Id., *Esboço do pirronismo*, i.231.
29 Cf. com Ibid., ii.229.
30 Fragmento 11 de Cícero, *Acadêmicas*.
31 Ibid., ii.32.

contexto: "guiado pela probabilidade"[32]). Em *De natura deorum*, as probabilidades entram *porque* a falsidade pode ser enganosamente semelhante à verdade. Em *Tusculanas*, porém, os dois termos são sinônimos.[33]

7. Não há dúvida, portanto, de que os termos "probabilidade" e "verossimilhança" foram introduzidos por Cícero como sinônimos e com um sentido subjetivista. Tampouco há dúvida de que Sexto Empírico, que usa um sentido subjetivista de "provável", pensou a verdade e a falsidade num sentido objetivista e distinguiu claramente entre a aparência subjetiva da verdade – verdade aparente – e uma espécie de verdade parcial ou aproximação da verdade.

A minha proposta é usar, *pace* Cícero, seu termo originalmente subjetivista "verossimilhança" no sentido objetivista de "como a verdade".

8. Quanto aos termos "provável" e "probabilidade", a situação mudou radicalmente desde a invenção do *cálculo de probabilidade*.

Hoje parece essencial compreender que *há muitas interpretações do cálculo de probabilidade* (como ressaltei em 1934 na Seção 48 da edição alemã de *Lógica da pesquisa científica*) e, entre elas, *interpretações subjetivas e objetivas* (posteriormente chamadas por Carnap de "probabilidade$_1$" e "probabilidade$_2$").

Algumas das interpretações objetivas, em especial a *interpretação relacionada à propensão*, foram mencionadas brevemente nas edições inglesas de *Conjecturas e refutações*[34] e de *Lógica da pesquisa científica* e, posteriormente, foram desenvolvidas em meu "Pós-escrito à *Lógica da pesquisa científica*", edição norte-americana.[35]

---

32 Ibid., ii.104.
33 Id., *Tusculanas*, i.17 e ii.5.
34 Popper, *Conjectures and Refutations.*, p.59, 119.
35 Popper, *The Open Universe*; Id., *Quantum Theory and the Schism in Physics*.

Ensaio 2
O Xenófanes desconhecido[*]
Uma tentativa de estabelecer sua grandeza

> Xenófanes [...] tornou-se um personagem
> da história da filosofia grega por engano.
>
> (Harold F. Cherniss)

Xenófanes era um poeta e um rapsodo, era também um historiador, talvez o verdadeiro pai da História. Como um pensador extremamente criativo, extraordinariamente crítico e único em sua autocrítica, tornou-se o fundador do Iluminismo grego. Desenvolveu a cosmologia de Anaximandro, defendendo-a contra Anaxímenes. Sua originalíssima teologia racionalista estava intimamente ligada à cosmologia a que, numa fase posterior da vida, pode ter chegado sob a influência das descobertas astronômicas de Parmênides. Era um crítico literário, talvez o primeiro deles, e um moralista. Foi o fundador do que hoje chamamos Geologia e Meteorologia. Era um crítico agudo – também, neste caso, o primeiro – da sociedade e das instituições sociais. E, o que é de importância decisiva para a ciência e a filosofia ocidentais: foi o fundador da Epistemologia, a teoria do conhecimento. [No entanto, senão todas, a maioria dessas grandes contribuições à nossa

---

[*] A Seção 1 deste ensaio foi concluída pelo próprio Popper. As demais seções e o preâmbulo foram compilados do *Nachlass* do autor, segundo um plano descrito na nota editorial que se segue aos adendos a este ensaio. (N. E.)

35

civilização foi ou atribuída a outra pessoa, ou ignorada, ou parcialmente esquecida, ou simplesmente incompreendida. Neste ensaio, proponho um retrato, creio eu, mais justo e historicamente plausível de Xenófanes e de suas conquistas do que os que foram traçados anteriormente.]

1. Fundador do Iluminismo grego

As vivas palavras que escolhi como epígrafe[1] vêm da pena de Harold F. Cherniss, um eminente[2] historiador da filosofia grega (mas alguém que, temo eu, jamais vai "tornar-se um personagem da história da [...] filosofia", mesmo que "por engano"). As linhas que citei obedecem a um padrão, a uma tradição que permite a todos ofenderem Xenófanes impunemente.

As raízes desse padrão podem ser discernidas numa chacota magistral, de autoria do grande Heráclito, jovem contemporâneo de Xenófanes:

Saber tudo nada ajuda a conhecer; não ajudou nem Hesíodo, nem Pitágoras, nem Xenófanes, nem Hecateu a conhecerem (DK B40).

Embora, sem dúvida, a intenção dessas palavras fosse a chacota, sem querer, elas prestaram homenagem a Xenófanes, tornando-o membro de uma seleta companhia. Além disso, Heráclito reconhece que ele sabia muito –

---

1 Ver Cherniss, The Characteristics and Effects of Presocratic Philosophy. In: Furley; Allen. *Studies in Presocratic Philosophy*, p.18.

2 Embora Cherniss seja, a meu ver, um grande erudito, nem sempre é confiável em suas análises. Por exemplo, diz ele: "O argumento inteiro de Parmênides consiste na aplicação da lei do terceiro excluído para provar que a identidade do que-é exclui a possibilidade de qualquer característica, salvo *ser*" (Ibid., p.21). Esse é um duplo erro. (1) O *ser* de Parmênides tem muitas "características", como "ocupar espaço" ou "preencher espaço"; "impenetrável"; "capaz de deter tudo o que o toque"; ele é, portanto, imóvel como um todo, imutável, incolor, limitado, esférico, duro e denso. Cherniss, portanto, está errado ao dizer que, para Parmênides, "a identidade do que-*é* exclui a possibilidade de qualquer [outra] característica". (2) Não é à lei do terceiro excluído que Parmênides recorre, mas seu cavalo de batalha, seu argumento de combate recorrente, é o que chama de *polyderin elenchon* (DK 28B7: 5), uma *reductio ad absurdum*, uma refutação que recorre à lei de não contradição, mais do que à do terceiro excluído: se você admitir que o não ser existe, terá de admitir *não ser = ser*, o que é obviamente absurdo: é uma contradição. Este é o "argumento inteiro de Parmênides", repetido um sem-número de vezes, mas não o bastante para evitar ser totalmente mal-interpretado por um preeminente historiador da filosofia grega.

até demais, embora não as coisas certas. As coisas certas eram, provavelmente, saber que o dia e a noite (e da mesma forma todos os opostos) eram *um* só;[3] porque o dia não pode existir sem a noite e vice-versa.

A chacota de Heráclito, porém, diz-nos ainda mais: acho que pode ser usada como um argumento – fraco, sem dúvida – de que Heráclito não via Pitágoras como um simples adivinho, um xamã, já que o coloca ao lado de Xenófanes. Pois de todos os filósofos da época que acreditavam na existência de deuses, Xenófanes era, segundo Cícero, "o único que repudiava energicamente a prática da adivinhação do futuro".[4] Sem dúvida, isso faz de Xenófanes também um forte opositor ao xamanismo.

Creio que foi a liderança exercida por Xenófanes no Iluminismo antigo que explica o padrão anteriormente mencionado: a velha tradição de rebaixá-lo. Todos nós conhecemos muito bem o lugar-comum de que não é possível ser um verdadeiro filósofo se não se despreza o Iluminismo por sua total falta de profundidade, em contraste com a essência de toda real filosofia. Pois quando se é filósofo, é preciso ser profundo. Deve-se tentar alcançar a "elevada profundidade" ("*die erhabene Tiefe*") que Hegel atribui a si mesmo. (Esta, naturalmente, é uma pura metáfora que resulta num nivelamento, como logo percebeu Schopenhauer. Mas o que Hegel realmente quis dizer é que ele se elevava acima de todos os demais por causa da abissal profundidade do seu pensamento.) Esse "conhecimento de si mesmo" faz com que alguns filósofos estejam mais em voga do que outros. E uma vez que os seguidores do Iluminismo não podem alcançar tal conhecimento, só "por engano" podem entrar na história da filosofia.

Acho que Xenófanes chegou muito perto de antecipar as noções do Iluminismo europeu, mas tais ideias nunca mereceram o respeito dos intelectuais, que praticavam o abuso delas para ampliar seu próprio poder –

---

3 Ver Heráclito, DK B57, no qual Hesíodo é, mais uma vez, atacado por saber muitas coisas, mas não as coisas certas.

4 Cícero, *De divinatione* 1.3.5 (DK 21A52); também em Aécio. Esse relato de Cícero é interessantíssimo, pois "a prática da adivinhação do futuro" – a prática da profecia – continuou sendo a forma mais disseminada de superstição, até nossos tempos. Mesmo hoje, o intelectual é avaliado por seus poderes proféticos. Eu mesmo sou interrogado pelos correspondentes de todos os jornais sobre o futuro, embora tenha passado a minha longa vida pregando (aparentemente em vão) contra a prática fraudulenta e ainda mais fraudulenta teoria da predição histórica. (A esta última ideologia dei o nome um tanto infeliz de "historicismo".)

sobretudo o poder sacerdotal ou (mais tarde) o poder político.[5] Esse abuso das ideias sempre esteve ligado à tentativa de impressionar as pessoas pela profundidade do pensamento – por sua origem transcendentalmente (ou seja, não empiricamente) inspirada – até mesmo divina –, por sua significação profética.

Alguma coisa disso, mas muito pouco, podemos encontrar até mesmo nos grandes pré-socráticos. Quando Heráclito era chamado de "o Obscuro", era, provavelmente, porque suas formulações brilhantes tinham um sabor profético. Na verdade, porém, não havia muito disso nos pré-socráticos, e se pode muito bem dizer que o próprio Heráclito pertenceu ao Iluminismo (cf., por exemplo, DK B43, 44, 55, mas também B47-54), embora, sem dúvida, tenha sido sua "obscuridade" que o salvou da acusação principal: nunca foi acusado de superficialidade, a acusação habitual contra Xenófanes.

Trata-se de uma acusação bastante temida por muitos que são superficiais e é, portanto, amplamente usada por eles, na esperança de se distanciarem de sua própria superficialidade – dirigindo a acusação contra outros – bem como, é claro, também por meio do uso de linguagem incompreensível e impressionante. "Não entendi nada, mas *sei que isso é filosofia*" era a convicção de um jovem físico muito talentoso, depois de ouvir Heidegger falar. (Reconheço: se isso é filosofia, Xenófanes entrou na história da filosofia por engano.)

Note-se que não estou sugerindo que todos os que menosprezam Xenófanes sejam inimigos do Iluminismo. Todos os grandes fundadores da Escola Milésia pertenciam, cada um a sua maneira, a uma fase do Iluminismo, inclusive Heráclito. E a má-compreensão da cosmologia de Xenófanes – analisada a seguir na Seção 3 – e o ataque contra ele provocado por essas más-compreensões, pouco têm que ver com tendências anti-iluministas; devem-se simplesmente ao fato de que ele parecia aos críticos completamente palerma. Mas da defesa de Xenófanes feita por Galeno fica claro que esses críticos pertenciam, de fato, à tradição contrária a Xenófanes e anti-iluminista.

Sugiro que foi uma das maiores façanhas de Xenófanes o fato de ter antecipado e representado energicamente todas as principais ideias do Iluminismo europeu. Entre elas, as ideias de lutar pela verdade e contra as trevas;

---

5 Para uma descrição muito clara do abuso autoritário do intelecto, ver Benda, *La trahison des clercs*.

falar e escrever de modo lúcido e modesto; praticar a ironia e, sobretudo, a ironia contra si mesmo; evitar a pose de pensador profundo; examinar a sociedade com olhos críticos e contemplar o mundo com maravilha e com contagiante curiosidade.

2. Os anos de juventude de Xenófanes e seu encontro com a Escola Milésia

Xenófanes, natural de Cólofon – cidade da Ásia Menor, cerca de três ou quatro dias de dura caminhada ao norte de Mileto –, nasceu em 570 a.C. Cólofon era uma rica cidade jônica, com uma longa tradição literária, outrora "a capital da Jônia no que se refere à poesia dos tempos mais antigos".[6] Era uma cidade do interior. Não muito longe, mais ao norte, ficava o grande porto de Foceia e, ao sul, menos distante que Mileto, ficava a grande cidade de Éfeso. Foceia e Mileto desempenharam um papel importante na vida de Xenófanes.

Na juventude, Xenófanes tornou-se discípulo de Anaximandro, nascido em 610 a.C. em Mileto, o maior dos grandes filósofos naturais milésios. Compunha-se o ensinamento de Anaximandro de uma cosmogonia e de uma cosmologia: tentou descrever como o mundo se originou e, ao fazer isso, mostrar qual sua estrutura presente. O princípio explicativo elaborado por Anaximandro era claro e radical: substituir os deuses, a mitologia de Hesíodo, por algo que podemos vir a conhecer pelo estudo da natureza. O próprio Anaximandro fora discípulo de Tales, o fundador da Escola Jônica, e era também seu parente. Em agudo contraste com todas as outras escolas conhecidas, que normalmente tinham como uma de suas principais preocupações a conservação intacta do ensinamento do fundador,[7] era parte da tradição da Escola Jônica ser crítica e tentar aperfeiçoar não só o ensinamento do fundador, mas também o de seus membros mais recentes. Talvez por essa razão, cada geração produziu pelo menos uma mudança importante, e o nome do inovador foi transmitido abertamente. Isso talvez se deva ao

---

6 Wilamowitz-Möllendorff, *Sappho und Simonides*, p.279.
7 Exemplo de escola desse tipo é aquela fundada por Pitágoras. Aqui, as mudanças no ensino tendem a ser secretas e creditadas ao fundador da escola, para obter legitimidade. Uma vez que nela as mudanças eram ilícitas, não podemos esperar ter um dia a história do primeiro pitagorismo.

fato de que não eram transmitidas tradicionalmente apenas as doutrinas, as teorias e as inovações, mas também uma espécie de conselho metodológico de segunda ordem: "Tente aperfeiçoar as teorias! Tente melhorá-las, pois não são perfeitas!". Acredito que essa metodologia autocrítica pode ter vindo do fundador, Tales, e deve ter sido transmitida por Anaximandro a seus seguidores, em especial a Anaxímenes e Xenófanes.

Um dos problemas centrais que Anaximandro discutia com os alunos era o da Terra e de sua estabilidade. Ensinara Tales que ela flutuava sobre as águas (o que explicava os terremotos);[8] a Água, sendo o "princípio" e a origem de todas as coisas, era incapaz de ulteriores explicações e ela própria não exigia explicações. Anaximandro mudou tudo isso. Sua Terra (em forma de tambor, uma coluna circular curta; DK 12A10, 11) não era suportada por nada: estava livremente suspensa no centro de todas as coisas e ali conservada pela atração simétrica exercida por todas as coisas, num espaço infinito, vazio ou quase vazio – algo como o nosso éter ou espaço "vazio" – por ele chamado de *Apeiron* (*apeiron* = infinito).[9] E substituiu a Água como princípio e origem de todas as coisas por esse *Apeiron* (= o Ilimitado), uma substância fina infinita que preenche todo o espaço infinito (ao qual é, de fato, idêntica), esse *apeiron* que é eterno e do qual nascem todas as outras substâncias.[10] Ao contrário da água, o *apeiron* é uma substância hipotética inventada, e o termo *"Apeiron"*, tal como usado por Anaximandro, é o primeiro *termo técnico* de que temos notícia. Embora ele não *suporte* por baixo a Terra, como a Água de Tales, sem dúvida ajuda um pouco a manter a Terra *suspensa* e equilibrada.

---

8 Conta Sêneca o seguinte acerca da teoria de Tales: *"Thaletis [...] sententia est [...] terrarum orbem aqua sustineri et vehi more navigii mobilitateque eius fluctuare tunc cum dicitur tremere"* (DK 11A15). ("A teoria de Thales é [...] que a Terra, sustentada pela água, nada sobre ela como um barco e, em razão da mobilidade da água, ela flutua quando se diz que treme".)

9 τὴν δὲ γῆν εἶναι μετέωρον ὑπὸ μηδενὸς κρατουμένην, μένουσαν δὲ διὰ τὴν ὁμοίαν πάντων ἀπόστασιν (DK 12A11: 3). Ou em tradução portuguesa: "[Diz Anaximandro] que a Terra está suspensa livremente [no espaço = *apeiron*] e em repouso por causa da igualdade de suas distâncias em relação a todos [os corpos celestes]".

10 O *Apeiron* é um primeiro "princípio" ainda indeterminado e ilimitado, quase insubstancial, não estruturado e incorpóreo, quase o mesmo que o que hoje chamamos de "espaço" (comparar "espaçonave"). Do *Apeiron* derivam todas as substâncias e corpos, por um processo evolucionário de assumir esta ou aquela estrutura que elas impõem, por um tempo limitado, ao *Apeiron*.

Essa teoria de uma Terra livremente suspensa, presa no lugar por forças que agem à distância e aparentemente emanadas de todos os corpos celestes, é uma das mais ousadas e engenhosas teorias da história da ciência. A ousadia dessa teoria um tanto abstrata era revolucionária demais para o discípulo mais simplório de Anaximandro, Anaxímenes: ele quis substituir o *Apeiron* por algo mais familiar, a saber, o Ar – incluindo a névoa e as nuvens carregadas. O surgimento de nuvens no ar parecia demonstrar o possível surgimento até de matéria mais sólida flutuando no ar, como o Sol, a Lua e as estrelas – e, sem dúvida, de animais aéreos, como os insetos e os pássaros. Anaxímenes explicava a estabilidade da Terra pela suposição de que ela fosse sustentada pelo ar, como a tampa sólida de uma panela é sustentada pelo vapor.

Sugiro que foi nesse debate entre Anaximandro e Anaxímenes acerca dos dois princípios rivais, *Apeiron* e Ar, que o jovem Xenófanes interveio a favor de Anaximandro; uma intervenção que levou a uma crucial má-interpretação (devida a Empédocles e, por intermédio dele, a Aristóteles, como descrito na Seção 3). Em consequência dessa má-interpretação, estamos entregues a dois conjuntos muito conflitantes e, sem dúvida, contraditórios de relatos tradicionais, que constituem a nossa documentação histórica acerca da teoria da Terra de Xenófanes e acerca de sua cosmologia.

Por sorte, temos as vivas palavras do próprio Xenófanes em sua intervenção no debate *Apeiron/Ar* (DK 21B28):

γαίης μὲν τόδε πεῖρας ἄνω παρὰ ποσσὶν ὁρᾶται
ἠέρι προσπλάζον, τὸ κάτω δ' ἐς ἄπειρον ἱκνεῖται.

A nossos pés podemos ver como a Terra com seu limite superior
Bordeja o ar; com o inferior, alcança o *Apeiron*.

Parece-me quase óbvio que, com esses dois versos, escritos por um membro da Escola Milésia, Xenófanes estava defendendo a teoria de Anaximandro contra Anaxímenes, ou seja, contra a teoria de que a Terra flutua sobre o Ar. Não, dizem esses dois versos: o ar está, como se pode ver, sobre o lado superior (ou a superfície superior) da Terra, mas, abaixo do lado inferior, há apenas o *Apeiron* – e, portanto, *nenhum* corpo de sustentação (nem a Água nem o Ar).

Sem dúvida (poderia ter prosseguido Xenófanes), é absurda a teoria de que a Terra é estável porque é sustentada por algum corpo ou corpos como a Água de Tales ou o Ar de Anaxímenes. Pois não indicou Anaximandro que qualquer teoria desse tipo apenas levantaria a questão "e o que sustenta a água? Ou o que sustenta o ar?" Chegaríamos a uma regressão ao infinito. Será que Anaximandro (parece perguntar Xenófanes) teria inventado em vão sua bela teoria da Terra em estado de equilíbrio, devido a sua posição equidistante em relação a tudo?

Podemos [pois] supor que B28 seja ilustrado por um desenho como este:

Aqui, a Terra é a de Anaximandro; e o ar não a sustenta (como o faria uma folha plana), tal como descrito nas teorias de Anaxímenes.[11] Referindo-se ao fragmento B28 de Xenófanes, diz Charles H. Kahn em seu esplêndido livro sobre Anaximandro: "A concepção do *apeiron* [...] rodeando o mundo é um aspecto permanente da cosmologia jônica".[12] Ele também ressalta que devemos traduzir por "alcançando [...] abaixo [ou por baixo] o *apeiron*". Prossegue Kahn: "É de se presumir que [Xenófanes] tivesse em mente a teoria de Anaximandro, mas exatamente o que queria dizer é algo tão obscuro para nós como o era para Simplício (Xenof. A47)". No entanto, o fragmento B28 de Xenófanes é [como sugeri acima] uma tentativa de apoiar a teoria de Anaximandro sobre a posição da Terra contra Anaxímenes.

Tentei descrever a situação (conjectural) do problema em que Xenófanes interveio e extrair o conteúdo implícito dos dois vívidos versos de sua intervenção, tais como os traduzi. (Se eu estiver certo, B28 sustenta independentemente os relatos que afirmam que Xenófanes foi discípulo de Anaximandro.) Devo, porém, reconhecer que, até onde conheço e me lembro da literatura sobre a filosofia pré-socrática, estou sozinho em minha interpretação – embora saiba de três autores que, como eu, vinculem as

---

11 A minha figura é a revisão de uma figura de Cleve, *The giants of pre-sophistic Greek philosophy*, v.1, p.11.

12 Kahn, *Anaximander and the origins of Greek cosmology*, p.234.

duas linhas de Xenófanes (DK B28) ao problema milésio da estabilidade e sustentação da Terra. São eles: Kahn, Cornford e Mansfeld.

Volto agora ao exame e defesa da minha tradução e interpretação. Com exceção dos dois excelentes eruditos, Charles H. Kahn e Felix M. Cleve,[13] todas as traduções que conheço encerraram a segunda linha de Xenófanes de maneira semelhante a esta:

Do lado de baixo, ela [= a Terra] toca o infinito.

Tal tradução – universalmente aceita, até onde sei, com as exceções de Kahn e Cleve – diz que *a Terra cai infinitamente ou indefinidamente*, ou até o imensurável,[14] ao contrário da interpretação de Cleve e da minha própria, que atribui à Terra um *lado ou extremidade de baixo*. Este, por sua vez, bordeja o "infinito"; que Kahn e eu (mas não Cleve) propomos identificar com o "princípio" de Anaximandro – seu *Apeiron*.

Não menciona Cleve em seu capítulo sobre Xenófanes, nem a Anaximandro, nem a Anaxímenes. Ambos são mencionados por Cornford, em seu *Principium sapientiae*,[15] e por Mansfeld, em seus comentários sobre as duas linhas de Xenófanes e sobre o termo *"apeiron"*; e eles as associam às discussões da Escola Milésia. Mansfeld, no entanto, as traduz duas vezes da maneira habitual (com *"ins Unermessliche"* ou "hin ins Unbegrentze"[16]); e comenta o termo *"apeiron"* dizendo que "neste caso [...] esse conceito milésio é aqui reinterpretado de maneira original: não é o [...] Ar de Anaxímenes que carrega a Terra, mas a própria Terra é ilimitada numa das direções" (ou seja, para baixo). Assim, a minha interpretação[17] é, em parte, sustentada

---

13 Ibid., p.234 e ss. Cleve traduz: "Vê-se essa extremidade superior da terra entrar em contato com o ar a [nossos] pés. Mas a [extremidade] inferior vai ao infinito" (Cleve, op. cit., p.11 e ss.).

14 Como traduz Jaap Mansfeld (em alemão: *"ins Unermessliche"*) (Mansfeld, *Die Vorsokratiker*, p.221).

15 Cornford, *Principium sapientiae*, p.147, nota 1.

16 Mansfeld, op. cit, p.208.

17 A minha interpretação é do final da década de 1970. Foi publicada pela primeira vez de modo muito sucinto como parte de uma nota de fim, que o presente texto substitui, na primeira edição alemã de Popper, *Auf der Suche nach einer besseren Welt*, p.229. Nessa nota de fim, refiro-me ao livro de Cleve, do qual, pouco depois, me foi gentilmente enviado um exemplar.

por Cleve e Kahn e, em outra parte, por Mansfeld e Cornford, mas também contradita por Mansfeld. No conjunto, os quatro me parecem sustentar energicamente a interpretação.

A minha tradução é, do ponto de vista linguístico, quase a mesma que a de Kahn e Cleve. Difiro dos demais, sem dúvida, na tradução de umas poucas palavras da segunda linha: *"to kato d'es apeiron ikneitai"*, que Kahn, Cleve e eu lemos, palavra por palavra, "o [limite ou extremidade] inferior o *Apeiron* alcança". O ponto decisivo é que interpretamos a expressão como um paralelo a "o limite superior[18] [...] bordeja o Ar". Temos, assim:

O limite superior da Terra bordeja o *Ar*,
O limite inferior da Terra alcança, por baixo, o Ilimitado, [isto é, o *Apeiron*].

Para Kahn, Cleve e eu, essa parece ser a mais natural versão do grego. E ela é muito fortalecida pela situação-problema dessa importante discussão cosmológica em Mileto, na época. A maioria dos tradutores pressupõe silenciosamente (com DK) que "o inferior" se refere a "limite", como sugere o texto grego. Assim, porém, não só passam por cima da evidente contradição de que o "limite inferior" simplesmente *não existe* se a Terra cai no ilimitado, mas também atribuem a *es Apeiron* o significado de "para o infinito", ao passo que *Apeiron* é realmente o nome do princípio de Anaximandro (*archē*). Assim, o argumento de Xenófanes, como de hábito compactado em poucos e brilhantes versos, foi malcompreendido.

Muitos infinitos foram atribuídos erradamente a Xenófanes na Antiguidade, formando a lenda de Xenófanes que foi estimulada pelo trecho de Aristóteles examinado na próxima seção. Só depois de rejeitá-los é possível começar a ver que Xenófanes foi um grande e original filósofo da ciência. Oferece uma nova versão da teoria do Sol e das estrelas: propõe considerá-las massas ardentes de gás. Coisas assim podem ser vistas na Terra – gases em ignição sobre pântanos ou emitidos por vulcões.[19] Parece que Xenófanes

---

18 Em inglês coloquial, comparativos como *the upper* (o superior) e *the lower* (o inferior) são muitas vezes substituídos, de modo equivalente, pelos superlativos; assim, Jane Austen normalmente escreve *the eldest* (a mais jovem) e *the youngest* (a mais jovem) ao falar de *duas* irmãs.

19 Não havia uma palavra grega para "gás", só para "nuvem", para "vapor" ou para "neblina". O termo *nephos* é mais tarde encontrado no latim *nubis*, *nubes* (nuvem), *nebula*; em alemão, *Nebel* (bruma) e, em inglês, *nebulous* (nebuloso). A mesma ideia

usou o termo *nephos* para formular sua excelente conjectura de que *o Sol e as estrelas são [bolas de] gás em combustão*. Isso me parece um melhoramento em relação à teoria de Anaximandro. Além disso, é um passo intermediário quase necessário entre as teorias de Anaximandro e Heráclito e a famosa teoria de Anaxágoras de que o Sol é uma rocha incandescente. (Relatada em DK A32.)

Anaximandro morreu no ano de 546 a.C. (DK 12A1) e podemos supor que Xenófanes deixou Mileto mais ou menos nessa época, partindo para o norte. De volta a Cólofon, não mais apreciou a atmosfera social e intelectual lá reinante (DK 21B3).

O ano seguinte, 545, foi um ano de catástrofes para os gregos jônios. Um poderosíssimo exército persa, comandado por Hárpago, general medo, invadiu a Jônia e destruiu sua liberdade. Xenófanes fugiu de Cólofon e emigrou. Não dispomos de relatos pormenorizados acerca das circunstâncias da emigração. Mas a sugestão feita por Theodor Gomperz de que Xenófanes se uniu aos cidadãos de Foceia e compartilhou sua aventurosíssima emigração não me parece demasiado artificial. (Vide a Seção 7 deste artigo.)

3. A incompreendida cosmologia de Xenófanes

Chego agora ao que se pode chamar de incompreensão central do Xenófanes cosmólogo, incompreensão responsável pela atribuição a ele de doutrinas tolas e até contraditórias. A história é, sem dúvida, muito empolgante.[20]

Tal incompreensão se deve à autoridade de Aristóteles, que escreveu, em *Sobre o céu*, que Xenófanes era um daqueles que sustentaram que a Terra se estende infinitamente para baixo, e que tais pessoas aderem a essa ideia "para não se darem ao trabalho de procurar uma razão" (ou seja, uma razão para a aparente estabilidade da Terra).[21] É óbvio que Aristóteles não conhecia os dois versos cruciais de Xenófanes (isto é, DK B28), pois cita, em

---

parece estar subjacente ao relato de que Xenófanes julgava que o gás incandescente consistisse em pequenas partículas incandescentes (ou ardentes). É razoavelmente claro que a bruma ou a neblina consiste em pequenas gotículas ou partículas; e o mesmo ocorre com a fumaça, que por vezes se incendeia.

20 Isso foi dito por Cleve, op. cit., p.11 e ss. Cheguei de modo independente a uma versão ligeiramente diferente da história, muito mais tarde.

21 Aristóteles, *Sobre o céu*, 294a21 [DK 31B39].

lugar deles, na falta de melhor, três versos desdenhosos de Empédocles, que ridiculariza aqueles que afirmam que "a profundidade da Terra e o amplo éter são infinitos" [DK 31B39]. Do fato de Aristóteles citar as linhas de Empédocles para endossá-las em sua crítica a Xenófanes, devemos concluir (ao que parece) que, em algum lugar no mesmo contexto, Empédocles tenha citado Xenófanes como um dos culpados por essa teoria tola das "raízes" infinitas da Terra.

Esse trecho de Aristóteles,[22] em que, de maneira um tanto temerária, cita, aceita e endossa o ataque sarcástico e arrogante de Empédocles contra Xenófanes, é a única fonte da quase universal má-interpretação de Xenófanes B28 e, sem dúvida, de um sem número de outras más-interpretações que são, todas elas, consequências dessa primeira e básica má-interpretação. Não devemos aceitar, porém, a autoridade de Aristóteles aqui. De fato, o mesmo Aristóteles disse coisas sobre Xenófanes que contradizem frontalmente certas consequências dessa má-interpretação aristotélica.

Simplificando um pouco demais as coisas, há *dois conjuntos de relatos acerca da cosmologia de Xenófanes.*[23] O primeiro conjunto é composto de relatos que atribuem implicitamente a Xenófanes a doutrina de que tanto seu deus único quanto o universo são finitos, esféricos e constituem uma unidade. Sem dúvida, tais relatos, que têm início com Platão e Aristóteles, fazem de Xenófanes um precursor de Parmênides e tendem a identificá-lo com o segundo. Creio que certas razões linguísticas sugerem uma ligação (frouxa) entre os dois, mas a tentativa de assimilá-los me parece suspeita. Todavia, simplesmente não sabemos. O segundo conjunto de relatos atribui a Xenófanes o ensinamento de que a Terra (e, portanto, também o universo) é infinito em profundidade (e, talvez, também até infinito em largura); ideia

---

22 Ibid.

23 No primeiro conjunto de relatos, temos Platão e Aristóteles e, no segundo conjunto de relatos, Empédocles e novamente Aristóteles. [Noutro manuscrito que trata da má-compreensão da cosmologia de Xenófanes, fala Popper de *três* conjuntos de relatos tradicionais e, numa folha separada, ampliou da seguinte maneira os dois conjuntos mencionados: (1) Platão, Aristóteles, Cícero (A34), Sexto Empírico (A35), Simplício (A31), Hipólito (A33), Teodoreto (A36), MXG (A28: 7); (2) Empédocles (DK 31B39), Aristóteles (A47), Aécio (A41, 41a) e conta como o terceiro conjunto (3) Simplício (A47) e Galeno (A36). Por fim, um quarto conjunto é mencionado como um "grupo neutro" e inclui (4) Pseudo Plutarco, *Stromateis* (A32), Teodoreto (A36), Estobeu (A36) e Hipólito (A33). (N. O.)]

que torna o pôr do Sol impossível, levando, assim, a uma atribuição perversa a Xenófanes: à doutrina de que o Sol se move numa linha reta infinita sobre a Terra infinita e não se põe, mas desaparece porque se torna infinitamente distante. (Conte isso a um homem que atravessou os oceanos mais de uma vez, como Xenófanes!) Assim, o Sol tem de ser diariamente renovado, ou melhor, recriado como um corpo novo no Leste.[24]

Essa é apenas uma das teorias impossíveis atribuídas a Xenófanes. Igualmente importante, talvez, seja a atribuição a ele de um "princípio" como os de Tales (Água), Anaxímenes (Ar) e Heráclito (Fogo),[25] e que seu "princípio" – o quarto – era a Terra. Assim, como os outros "princípios", a Terra era infinita e, assim, não precisava de outra sustentação. Em alguns dos relatos pertencentes ao segundo conjunto, são incluídas muitas doutrinas do primeiro conjunto.

Ora, o ensinamento atribuído a Xenófanes pelo segundo conjunto de relatos não recebe nenhuma sustentação dos fragmentos B27 e 29, escritos pelo próprio Xenófanes – contanto que B28 seja traduzido como Kahn, Cleve e eu (e o texto) sugerimos. Assim, a interpretação de B28 se torna realmente crucial: se esse fragmento for traduzido como quase todos os demais o traduzem, as histórias do segundo conjunto de relatos se torna plausível, pelo menos em parte. Se for traduzido como Kahn, Cleve e eu o traduzimos, tais histórias podem não só ser rejeitadas, mas seus erros podem ser explicados, em última instância, por uma má-interpretação incentivada pela autoridade de Aristóteles.

Os relatos de Platão e Aristóteles, porém, pertencem, sobretudo, ao primeiro conjunto (com exceção da passagem fatal do *Sobre o céu*). Os dois veem em Xenófanes um precursor de Parmênides de Eleia a cujos ensinamentos sobre o Uno – isto é, um universo esférico indivisível – dão ênfase. Queixa-se Aristóteles em sua *Metafísica*, em relação a Xenófanes, de não ser muito claro o que dizia, ilustrando a queixa com a história de que Xenófanes teria dito (referindo-se ao universo) que o Uno era Deus ("*to hen einei [...] ton*

---

24 Para mais comentários a esse respeito, ver a seguir o que Popper diz acerca do fragmento 11. (N. O.)

25 Pode-se aceitar que o Ar de Anaxímenes corresponda à Água de Tales, mas o Fogo de Heráclito me parece longe de ser análogo aos dois, e, obviamente, os quatro elementos se devem a Empédocles, que só mais tarde os atribuiu a alguns de seus predecessores.

theon").[26] Essas, sem dúvida, são palavras vagas e não nos dão muitas informações sobre Xenófanes, além de, talvez, mostrarem que Aristóteles, como Platão, o considerava um precursor de Parmênides. Mas, em outros relatos posteriores pertencentes ao primeiro conjunto, é elaborada a antecipação de Parmênides feita por Xenófanes. Diz-se que o Deus uno de Xenófanes – que "nem pelo corpo nem pela mente se assemelha aos mortais" (DK B23) – tem um corpo de forma esférica: sem dúvida, não se assemelha à forma humana! E, em outro lugar, tal corpo é identificado com o universo físico, identificação esta um pouco difícil de se aceitar (com vistas a B25: "Sem esforço sobre o Todo reina ele, só pelo pensamento e pela intenção"). Isso, é claro, tornaria o universo físico de Xenófanes também finito, como o de Parmênides, já que só um corpo finito pode ter forma (esférica).

Tudo isso indica que há uma tradição que se choca com a interpretação infinitista de nossos dois versos, B28, e com o segundo conjunto de relatos.

Se, portanto, acerca de B28, for aceita a interpretação finitista de Kahn, Cleve e a minha própria, o primeiro conjunto de relatos *pode* ser aceito, mas o segundo conjunto *deve* ser rejeitado, por basear-se numa má-interpretação. Se, porém, o primeiro conjunto deve ou não ser aceito é uma questão mais difícil, porque este poderia ser, talvez, apenas o resultado da atribuição feita por Platão a Xenófanes da descoberta da Escola Eleática, cujo principal membro era Parmênides.[27]

Há um problema sobre o qual é difícil formar opinião. Os elaborados argumentos de meu falecido amigo Guthrie, no volume I de sua grande *History of Greek Philosophy* [História da filosofia grega], me parecem os melhores que conheço e também parecem ser fortalecidos por minha tradução e interpretação de B28 (que Guthrie traduzia como a maioria). Devemos, porém, levar a sério uma possibilidade mencionada pela primeira vez pelo engenhoso Karl Reinhardt (que muito admiro, mas de quem com frequência discordo – sobretudo do que diz sobre Xenófanes em seu livro sobre *Parmênides*). Diz Reinhardt que Xenófanes (por quem não tem simpatia) pode ter sido, no fim da vida, influenciado pelo jovem Parmênides, do qual se diz que foi, a certa altura, discípulo de Xenófanes. Essa – ou uma influência mútua entre os dois – é com certeza uma possibilidade séria. Tornaria provável que Xenófanes tivesse sido levado a abandonar o modelo da Terra em

---

26 Aristóteles, *Metafísica*, 986b21 (= DK A30).
27 Platão, *Sofista*, 242d5.

forma de tambor, de Anaximandro, em favor da Terra esférica, de Parmênides – ao mesmo tempo que aderia, talvez, a B28, ou que o corrigia por uma Terra rodeada, primeiro, pelo Ar, que por sua vez era cercado pelo *Apeiron*. E tornaria muito mais fácil de entender as observações de Platão e Aristóteles e todos os relatos do primeiro conjunto.

Não posso concluir sem mencionar que dois grandes eruditos antigos ficaram insatisfeitos com os relatos então correntes acerca de Xenófanes. Simplício, em seu comentário a *Sobre o céu*, queixou-se de ter dúvidas de se Aristóteles estava certo ao atribuir a Xenófanes uma Terra infinitamente profunda e de se, talvez, não estivéssemos compreendendo mal Aristóteles (522.7 = DK A47). Disse não ter conseguido encontrar as palavras do próprio Xenófanes – nosso B28? – e não podia, portanto, ter certeza. Em outro trecho, no comentário à *Física* de Aristóteles (22.22 = DK A31), Simplício parece estar confuso em relação a Xenófanes, obviamente em razão dos relatos conflitantes entre si do primeiro e do segundo conjunto.

O outro grande erudito da Antiguidade que tenho em mente é Galeno. Ele é mais explícito. Escreve: "De maneira maliciosa e caluniosa, alguns comentadores de Xenófanes mentiram a respeito dele" (DK A36). Menciona Sabino (que aparentemente relatou que o "princípio" de Xenófanes era a Terra) e prossegue: "Pois em nenhum lugar se pode encontrar que Xenófanes tenha dito uma coisa dessas". Tal observação torna provável que Galeno ainda tivesse acesso aos escritos perdidos de Xenófanes *Sobre a natureza* e que eles não contivessem nenhuma das grotescas observações a ele atribuídas pelo que aqui chamei de segundo conjunto de relatos.

4. Xenófanes como teólogo filosófico e a influência de Parmênides

O único breve fragmento (B1) que possuímos de Anaximandro diz-nos que o processo do mundo não é meramente natural, mas moral. Embora poucos concordem hoje com isso, todos hão de perceber que se trata de uma ideia poético-filosófica que merece ser chamada de profunda – em especial por se originar de um cientista natural de muita criatividade. Também Heráclito atinge um efeito poético. Embora os seus aforismos, muitos dos quais impressionantíssimos, não pertençam à poesia no sentido contemporâneo de composição métrica, pode-se dizer que pertençam à forma de poesia hoje por vezes chamada "verso livre". Parmênides, é claro, também escreve poesia e escreve, como Anaximandro e Heráclito, como uma espécie de profeta: também ele tem uma mensagem importantíssima e também ele quer impressionar-nos com ela.

Xenófanes, que, desses quatro, parece ser o que mais se interessou por problemas religiosos, é o único que não se considera um profeta. Argumenta racionalmente conosco, como Parmênides; tem plena consciência de sua falibilidade. Também é um moralista, mas não prega. Tudo isso dá a sua linguagem um toque de desenvoltura e de modéstia.[28] A linguagem de Xenófanes é a menos impressionante das dos quatro mencionados. Não fala conosco como um homem consciente de sua sabedoria superior. (Esta, suponho, é uma das principais razões pelas quais os eruditos alemães – e talvez também alguns filósofos gregos – não se impressionem com ele. Uma segunda e muito interessante razão pode ser encontrada nas más-interpretações, mencionadas anteriormente, de seus ensinamentos na tradição doxográfica grega.)

Xenófanes traz até *argumentações* para a teologia. Como um rapsodo que recitava profissionalmente os poemas de Homero e Hesíodo, tornou-se, sob a influência dos milésios, um crítico severo de ambos: criticou-os do ponto de vista moral e educacional. Opôs-se às narrativas dos dois, que faziam os deuses roubarem, mentirem e cometerem adultério. Foi, assim, levado a reconsiderar a teologia de cada um deles de um ponto de vista profundamente crítico. Uma de suas principais realizações foi descobrir e atacar um modo de pensar que hoje chamamos de "antropomorfismo": descobriu que as histórias de Homero não devem ser levadas a sério, simplesmente por descreverem os deuses como se fossem homens.[29] Cito os

---

28 O único caso conhecido em que ele se distancia um pouco dessa modéstia é no fragmento B2, em que confronta o pensamento com (o que hoje chamamos) o esporte. E, sem dúvida, com razão: ele ficaria surpreso em saber que, depois de dois mil e quinhentos anos, ele seja conhecido e se estude seu pensamento – embora ninguém se lembre dos vencedores das Olimpíadas [do seu tempo], apesar de Píndaro (que é lembrado).

29 Havia ateus na época de Xenófanes. A famosa observação de Tales acerca dos imãs é ateia no sentido de negar a onisciência dos deuses *pessoais*. Para os ateus, a crítica ao antropomorfismo feita por Xenófanes pode ser comparativamente leve, mas para pessoas profundamente religiosas, que querem um deus pessoal, sua crítica poderia ser uma ofensa imperdoável.

argumentos de Xenófanes em forma de verso (tirados de minha tradução quase literal) (B16, B15):

> Ἀίθίοπές τε {θεοὺς σφετέρους} σιμούς μέλανας τε
> Θρᾷκές τε γλαυκούς καὶ πυρροὺς {φασι πέλεσθαι},
> ἀλλ' εἴ χεῖρας ἔχον βόες {ἵπποι τ'} ἠὲ λέοντες
> ἢ γράψαι χείρεσσι καὶ ἔργα τελεῖν ἅπερ ἄνδρες,
> ἵπποι μέν θ' ἵπποισι, βόες δέ τε βουσὶν ὁμοίας
> καὶ {κε} θεῶν ἰδέας ἔγραφον καὶ σώματ' ἐποίουν
> τοιαῦθ' οἷόν περ καὐτοὶ δέμας εἶχον {ἕκαστοι}.

Os etíopes dizem que seus deuses têm nariz achatado e são negros,
Enquanto os trácios dizem que os deles têm olhos azuis e cabelos ruivos.
Mas se os bois ou os cavalos ou os leões tivessem mãos e pudessem desenhar
E esculpir como os homens, os cavalos desenhariam seus deuses
Como cavalos, e os bois, como bois, e cada qual moldaria
Os corpos dos deuses à própria semelhança.

Tudo isso nos ensina que nunca devemos afrouxar a nossa busca crítica – altamente crítica – da verdade, tentando sempre aprender com aqueles que defendem uma perspectiva diferente. Mas, para evitar o relativismo, temos de dizer mais que isso. Eis o que deveríamos dizer: "Posso estar errado e você pode estar certo. Falando sobre as coisas de maneira racional, talvez possamos corrigir alguns de nossos equívocos e, talvez, nós dois cheguemos mais perto da verdade".

Chegou, assim, Xenófanes ao seguinte problema: o que pensar de nossos deuses, *depois* de levar em conta essa crítica ao antropomorfismo? Há quatro fragmentos que contêm parte da resposta. A resposta é monoteísta (embora Xenófanes, como Lutero em sua tradução do primeiro mandamento, use o plural "deuses" na formulação do seu monoteísmo; B23, B26, B25, B24):

> εἷς θεός, ἔν τε θεοῖσι καὶ ἀνθρώποισι μέγιστος,
> οὔ τι δέμας θνητοῖσιν ὁμοίιος οὐδὲ νόημα.
> αἰεὶ δ' ἐν ταὐτῶι μίμνει κινούμενος οὐδέν
> οὐδὲ μετέρχεσθαί μιν ἐπιπρέπει ἄλλοτε ἄλληι.
> ἀλλ' ἀπάνευθε πόνοιο νόου φρενί πάντα κραδαίνει
> οὖλος ὁρᾷ, οὖλος δὲ νοεῖ, οὖλος δέ τ' ἀκούει.

Um só Deus entre os deuses e entre os homens é o maior.
Nem pela mente nem pelo corpo assemelha-se aos mortais.
Sempre num só lugar permanece, sem nunca mover-se.
Nem lhe corresponde vagar ora aqui, ora acolá.
Sem esforço sobre Tudo reina só pelo pensamento e intenção.
Todo ele é visão; todo saber; e todo audição.

São esses os fragmentos que dão conta da teologia especulativa de Xenófanes. (No que se refere à minha tradução "reina" em DK B25, ver o Adendo 1 a este ensaio.) Eles relatam os resultados de sua análise da *lógica do poder* supremo, que primeiro o levaram à rejeição do antropomorfismo e, em seguida, à descoberta do monoteísmo e, por fim, à ideia de que Deus é, de corpo e de espírito, diferente do homem.

Fica claro que essa teoria completamente nova era a solução de um problema difícil para Xenófanes. Na verdade, ele lhe ocorreu como solução do maior de todos os problemas, o problema do universo. Ninguém que conheça alguma coisa da psicologia do conhecimento pode ter dúvidas de que essa nova ideia deve ter surgido como uma revelação para Xenófanes.

E, no entanto, declarou clara e honestamente que sua teoria nada mais era do que uma conjectura. Essa foi uma vitória sem igual da autocrítica, uma vitória de sua honestidade intelectual e de sua modéstia. Xenófanes generalizou essa autocrítica de maneira totalmente característica dele: estava claro, para ele, que o que descobrira acerca de sua própria teoria – que, apesar de seu poder intuitivo de persuasão, nada mais era que uma conjectura – deve valer para todas as teorias humanas: tudo é apenas conjectura. Também me parece revelar que, psicologicamente, não era fácil para ele ver sua própria teoria como conjectura.

Eruditos posteriores da filosofia grega, como Cícero (A34), Sexto Empírico (A35), Simplício (A31) e Aristóteles, que em sua *Metafísica* (citada anteriormente) acrescentam que Xenófanes *identificou seu Deus Uno ao universo*, atribuíram a Xenófanes a doutrina de que *a forma de seu Deus Uno é esférica*. Considero equivocadas ambas as asserções, a segunda devida provavelmente a um exagero da tese platônico-aristotélica de uma Escola Eleática Unitária. Como mencionei na Seção 3, é possível que Xenófanes tenha encontrado Parmênides no fim da vida, como sugere Karl Reinhardt, mas o que aprendemos do bem mais jovem Parmênides é, muito provavelmente, diferente do que crê esse grupo de eruditos. Julgo que o máximo que ele *pode* ter aprendido na velhice é que *a Terra é uma esfera*. Isso lhe teria interessado e poderia estar relacionado com um primeiro resultado astronômico de Parmênides. E talvez tenha feito com que o nome de Xenófanes fosse vinculado à insustentável ideia de que a forma de Deus seja esférica.

5. A teoria do conhecimento de Xenófanes

Volto agora à epistemologia de Xenófanes. Vimos antes que ele era um pensador muito crítico: direto, mas sutil, lúcido, com argumentos bem-construídos e muito detalhados, apresentados em formulações brevíssimas de simplicidade e de robustez quase enganosas. Tenho em mente, é claro, sua retificação de Anaxímenes em duas linhas e sua crítica teológica – sua apresentação do antropomorfismo de um modo que mostra o absurdo deste sem sequer uma palavra de crítica (embora possa ser abertamente crítico e acertá-lo em cheio, também com espantosamente poucas palavras).

Consideremos os dois versos de DK 21B18:

εἰ μὴ χλωρὸν ἔφυσε θεὸς μέλι, πολλὸν ἔφασκον
γλύσσονα σῦκα πέλεσθαι

Se Deus jamais tivesse optado por fazer o amarelo e claro mel,
Muitos homens pensariam que os figos são muito mais doces.

Sem dúvida, ao ler isso, é preciso acrescentar em pensamento: "mais doces do que os figos parecem-lhe agora, pois a comparação com o mel reduz o impacto da doçura dos figos". Se, porém, fizermos tal acréscimo, teremos sido induzidos a ficar mentalmente ativos – um dos objetivos de qualquer professor que queira instruir os alunos. Assim, essas linhas são, talvez, só um pouco difíceis, mas a simplicidade do retrato garante que elas sejam muito lúcidas e não possam ser malcompreendidas por ninguém, a menos que não se esteja preparado para fazer um esforço – sem dúvida, um esforço bastante modesto.

No que se refere ao conteúdo dessa parábola, alguns disseram que Xenófanes estaria aqui pregando – ou ensinando – um relativismo epistemológico. Trata-se de um engano. Trata-se, ao contrário, apenas de um relativismo psicológico: não nos esqueçamos de que, ao tentar julgar a realidade

(realidade objetiva), ele não se cansa de repetir que a nossa reação imediata é, muitas vezes, marcada pela comparação: 100 dracmas são muita coisa se esperávamos 20, mas são decepcionantes quando esperávamos 200. Objetivamente, porém, são as mesmas nos dois casos.

Assim, se quiseres alcançar um conhecimento do mundo objetivo, ensina Xenófanes, conhece-te a ti mesmo e desconfia de tuas próprias impressões! Obviamente, uma versão precoce do *empirismo crítico*, explicado com exemplos fáceis.

Há mais, porém, nesses versos: provavelmente, representam o primeiro passo rumo à distinção entre qualidades primárias e secundárias. Ou, preferencialmente, contêm uma distinção melhor entre o que muito mais tarde foi chamado de "qualidades secundárias", por um lado, e "qualidades primárias", por outro – qualidades devidas a certo primado dos sentidos.

Muito provavelmente, Xenófanes chegou a essa teoria crítica do conhecimento conjuntamente à solução em estilo revelatório do problema do universo, descrita na Seção 3. Declara sua teoria em quatro belos versos (Preciso de seis versos para uma tradução versificada).[30] Para mim, nada há em toda literatura filosófica que seja tão crítico, tão autocrítico, tão correto e tão verdadeiro como B34:

καὶ τὸ μὲν οὖν σαφὲς οὔτις ἀνὴρ ἴδεν οὐδέ τις ἔσται
εἰδὼς ἀμφὶ θεῶν τε καὶ ἄσσα λέγω περὶ πάντων·
εἰ γὰρ καὶ τὰ μάλιστα τύχοι τετελεσμένον εἰπών,
αὐτὸς ὅμως οὐκ οἶδε· δόκος δ' ἐπὶ πᾶσι τέτυκται.

Mas quanto à verdade certa, nenhum homem a conheceu,
Nem vai conhecê-la; nem dos deuses
Nem de todas as coisas de que falo.
E mesmo se por acaso proferisse
A verdade final, ele mesmo não a conheceria,
Pois tudo é apenas uma urdida teia de conjecturas.

---

30 Consegui, porém, fazer uma tradução alemã adequada, em quatro linhas: *"Sichere Wahrheit erkennte kein Mensch und wird keiner erkennen / Über die Götter und alle die Dinge von denen ich spreche. / Selbst wenn es einem auch glückt, die vollkommene Wahrheit zu künden, / Wissen kann er es nicht: es ist alles durchwebt von Vermutung".*

No que se segue, vou primeiro defender essa tradução e depois darei a minha interpretação dela.

(a) Estaria, talvez, um pouco mais perto do texto traduzir τὸ σαφὲς por *certainty* [certeza], ao invés de por *certain truth* [verdade certa]. Mas acho que *certain truth* não só soa um pouco melhor em inglês, mas também é mais explícito e, portanto, mais próximo da intenção de Xenófanes como professor esclarecido.

Também inseri a palavra "verdade" na linha 5 da minha tradução. Igualmente, considero-a, aqui, implícita no texto (τετελεσμένον εἰπών = "falando a mais perfeita realidade"). Posso até reivindicar o apoio de Kirk, Raven e Schofield, que também usam "verdade" duas vezes em sua tradução dos fragmentos.[31] Traduzem eles da seguinte maneira o fragmento B34:

Nenhum homem conhece ou virá a conhecer a verdade acerca
dos deuses e de tudo de que falo, pois mesmo se alguém
disser por sorte a verdade completa, não o saberá;
mas o parecer molda todas as coisas.

Considero muito boa a tradução deles (embora prefira a minha), e me parece que o significado pretendido é o mesmo da minha tradução: "pois mesmo se alguém disser por sorte" talvez esteja de fato um pouco mais próximo do texto do que o meu "E mesmo se por acaso pronunciasse", mas a diferença é mínima. Por outro lado, "mas a aparência molda todas as coisas" me parece pior versão do que, digamos, "Pois tudo é conjectura" ou "as conjecturas se urdem com tudo", o que, com uma pequena dose de licença poética, me levou à minha versão: "Pois tudo é apenas uma urdida teia de conjecturas".

Quanto a τεύχω significando "entretecer", vide, por exemplo, o famoso trecho da *Odisseia*.[32]

Na mesma linha, prefiro traduzir δόκος por "conjecturas", ao invés de "parecer" (que mal existe como nome); e considero aqui "suposições" uma forma poética para "conjecturas".

Aqui termina a defesa verbal da minha tradução.

---

31 Kirk; Raven; Schofield, *The Presocratic Philosophers*, p.179.
32 Homero, *Odisseia*, 7.235 e 8.276-81.

(b) Passo agora a dar a minha interpretação do fragmento, que é, ao mesmo tempo, uma defesa da importância de B34 contra o violento ataque de Hermann Fränkel.[33] Pelo pouco que sei, esse ataque é a tentativa mais elaborada de destruir a significância desses importantíssimos e, sem dúvida, magistrais quatro versos de Xenófanes.

Os versos contêm mais do que uma teoria do caráter conjectural do conhecimento humano. Contêm uma *teoria do conhecimento objetivo*. Pois, aqui, Xenófanes ensina que, embora algo que eu diga possa ser verdade, nem eu nem ninguém vamos *saber* que é verdade. Isso significa, porém, que a verdade é objetiva: a verdade é *a correspondência com os fatos* do que digo, quer *eu saiba, quer não* que a correspondência existe. Mas isso significa que a correspondência existe independentemente de eu conhecê-la: a verdade é *objetiva*; a verdade ou falsidade do que eu disse depende apenas dos fatos.

Além disso, essas linhas contêm outra importantíssima teoria: uma pista para a diferença entre a *verdade* objetiva e a *certeza* subjetiva. Pois diz Xenófanes que, mesmo quando pronuncio a mais perfeita verdade, não a posso conhecer com certeza: posso apenas conjecturá-la. Assim, podemos conhecer a verdade num sentido hipotético de "conhecer", mas não podemos saber que a alcançamos. Não há critério infalível de verdade. Nunca, ou quase nunca, podemos ter realmente certeza de não estarmos enganados: nossas razões nunca são plenamente suficientes.

Xenófanes, contudo, não era um pessimista epistemológico. Era um pesquisador; e durante sua longa vida pôde, por meio de reexames críticos, aperfeiçoar algumas de suas próprias conjecturas, em especial suas teorias científicas. Em B18, formula Xenófanes o que pode ser chamado *licença para buscar*:

οὔ τοι ἀπ' ἀρχῆς πάντα θεοὶ θνητοῖσ' ὑπέδειξαν,
ἀλλὰ χρόνωι ζητοῦντες ἐφευρίσκουσιν ἄμεινον.

Não revelam os deuses, desde o começo,
Todas as coisas aos mortais, mas ao longo do tempo
Pela busca podem eles chegar a conhecer melhor as coisas.

---

33 Fränkel, Xenophanesstudien I und II. In: _____. *Wege und Formen frühgriechischen Denkens*. Ao descrever Xenófanes como um pragmatista tacanho e um moralista teimoso, Fränkel caracteriza o fragmento B34 como relativista e totalmente insustentável, considera o método de Xenófanes um "empirismo grosseiro" e a visão acidental do conhecimento como um esteio duvidoso para sua alegre ideia do progresso, expressa no fragmento B18. (N. O.)

Xenófanes também explica o que quer dizer com "conhecer melhor as coisas": quer dizer a aproximação da verdade objetiva: proximidade da verdade, afinidade com a verdade. Pois (em B35) diz ele:

Conjecturemos que estas coisas são como a verdade.

É possível que quando, nesse fragmento, se vale da palavra *doxazein* (que aqui traduzo por "conjecturemos"), Xenófanes esteja aludindo a sua própria teoria monoteísta da divindade.

Podemos dizer que a teoria do conhecimento humano de Xenófanes abrange os seguintes pontos:

1. O nosso conhecimento consiste em enunciados.
2. Os enunciados são verdadeiros ou falsos.
3. A verdade é objetiva. Ela é a correspondência do conteúdo de um enunciado com os fatos.
4. Mesmo quando exprimimos a mais perfeita verdade, não podemos sabê-lo – ou seja, não podemos sabê-lo com certeza. Nunca podemos ter razões suficientes.
5. Uma vez que "conhecimento" no sentido habitual da palavra é "conhecimento certo", não pode haver conhecimento. Só pode haver *conhecimento conjectural*: "Pois tudo é apenas uma urdida teia de conjecturas".
6. Mas em nosso conhecimento conjectural pode haver progresso para algo melhor.
7. O conhecimento melhor é uma melhor aproximação da verdade.
8. Mas sempre continua sendo conhecimento conjectural – uma urdida teia de conjecturas.

Para a plena compreensão da teoria da verdade de Xenófanes, é especialmente importante apreciar a clara distinção que ele faz entre a *verdade* objetiva e a *certeza* subjetiva. A verdade objetiva é a correspondência de um enunciado com os fatos, quer saibamos disso – saber com certeza –, quer não. Assim, *a verdade não deve ser confundida com a certeza ou com o conhecimento certo*. Sem dúvida, aquele que sabe algo com certeza deve conhecer a verdade, mas acontece com frequência de alguém conjecturar algo, sem saber com certeza. Do fato de tal conjectura ser realmente verdadeira, sem o próprio conhecimento, Xenófanes deduz que há muitas verdades – e verdades importantes – que ninguém sabe com certeza; sim, que ninguém pode saber, embora possam ser objeto da conjectura de alguns. Conclui, ademais, que verdades há que ninguém pode sequer conjecturar. E, sem dúvida, ele está certo em tudo isso.

Ainda hoje há muitos filósofos que acham que a verdade só pode ter significação para nós se realmente a possuirmos, isto é, se a conhecermos com certeza. No entanto, a própria consciência da existência do conhecimento conjectural – e, portanto, da verdade não possuída – é de grande importância. Verdades há de que só podemos aproximar-nos por sorte; outras, só pela busca trabalhosa. Nossa trajetória, quase sempre, abre caminho pelo erro e, sem verdade, não pode haver erro (e, sem erro, não há falibilidade).

Algumas das ideias que acabo de descrever já estavam mais ou menos claras para mim antes de ler os fragmentos de Xenófanes. Caso contrário, talvez não tivesse entendido suas palavras. Ficou claro para mim, com a façanha de Einstein, que mesmo o nosso melhor conhecimento é uma urdida teia de conjecturas, é incerto.

Muito mais tarde, descobri que Kepler tinha uma ideia parecida da ciência, como se pode ver no seguinte caso [que também mostra os equívocos ocultos em nossas teorias mais bem-corroboradas, como ensinou Xenófanes. Brevemente, a história é a seguinte]. Kepler ficou preocupado com um desvio da circularidade das medições da órbita do planeta Marte feitas por Tycho. O desvio era minúsculo, como explica numa carta a Christen Longomontanus, ex-colaborador de Tycho: "Sim, caro Christen, se eu tivesse deixado em dúvida [uma diferença] de 8 minutos, teria poupado o enorme trabalho de todo o ano passado, 1604".[34]

Por que ele não aceitou que a diferença de 8 minutos se devesse à inevitável imprecisão de toda medição? Poderia parecer uma saída óbvia, em vista do fato de que a Terra, onde as medições de Tycho foram feitas, era uma plataforma móvel cujos movimentos ainda não haviam sido completamente determinados. A resposta é: as medições de Tycho, feitas ao longo de vários anos marcianos, faziam a distância de Marte ao Sol superar a distância esperada (calculada com base na hipótese circular) sempre no mesmo lugar; a imprecisão teria sido *sistemática*.

---

34 Caspar; Dyck apud Oeser, *Kepler*, p.53.

Kepler percebeu que aquilo era inaceitável. Assim, tentou outras trajetórias diferentes das circulares: órbitas não circulares que se assemelham ao círculo como uma pera se parece com uma maçã! Foi literalmente isso que ele fez. Percebeu que o desvio em relação ao círculo era o desvio do mundo empírico em relação à pureza matemática, e por isso não pensou numa elipse – entidade matemática bem-conhecida – mas, antes, em formas vegetais. Tentou, assim, diversos modelos vegetais, antes de se lembrar que a elipse podia encaixar-se, afinal. Foi o que aconteceu.

Assim, Kepler não derivou das medições de Tycho a hipótese da elipse; operou por tentativa e eliminação de erro: pelo método de conjectura e refutação. [Como mencionei acima, esse caso também ilustra a importância do quarto princípio do Adendo 2 a este ensaio – que a procura dos erros em nossas teorias mais bem-corroboradas pode levar a descobertas da maior importância.]

Não creio que o caráter conjectural de todo o nosso conhecimento ficasse claro para mim sem o trabalho de Newton e Einstein e, assim, me perguntei se ele podia ter ficado claro para Xenófanes dois mil e quinhentos anos atrás. Eis uma resposta possível: originalmente, Xenófanes cria no retrato do mundo e dos deuses pintado por Homero. Esse retrato ficou estilhaçado, para ele, como o retrato newtoniano ficou estilhaçado para mim. No caso dele, foi estilhaçado por sua própria crítica a Homero: pela descoberta de que os deuses homéricos eram antropomórficos; no meu caso, a teoria de Newton foi feita em pedaços pela descoberta por Einstein de uma teoria alternativa que explicava os fatos pelo menos tão bem como a de Newton, e até melhor do que ela. Como Einstein, Xenófanes substituiu por outro o retrato criticado do universo. Ambos estavam cientes de que esse novo retrato era conjectural.

A consciência de que Xenófanes antecipara em dois mil e quinhentos anos minha teoria do conhecimento, ensinou-me a ser modesto.[35] Mas a importância da modéstia intelectual também foi antecipada há muito tempo, tanto por Xenófanes como por Sócrates.

---

35 O ensinamento de Xenófanes de que *podemos* topar com a verdade (por sorte), mas que não *sabemos* tê-la alcançado, *talvez* pressuponha que os deuses (mas não nós) saibam que nós tenhamos encontrado a verdade, mas, *aqui*, os deuses podem ser omitidos, e está claro que Xenófanes sabia disso: sua teoria antecipa a minha.

Sócrates foi o segundo, e muito mais influente, fundador da tradição cética. Ensinou que só é sábio aquele que sabe não ser sábio. Embora muita gente saiba que esse é o ensinamento de Sócrates, poucos se dão conta de que seu "Conhece-te a ti mesmo!" significa "Conhece quão pouco conheces!" e que sua exigência de que o estadista deva ser sábio ou pelo menos "amante da sabedoria" (um "filósofo") tem por objetivo exigir do político, que carrega tão imensas responsabilidades, que esteja sempre consciente de sua ignorância. Poucos se deram conta de como tal exigência (de que temos notícia pela *Apologia* de Platão) se choca com a interpretação que lhe é dada por Platão (em *A República*), de que os filósofos devem ser reis e os reis, filósofos de formação completa.

Sócrates e, mais ou menos ao mesmo tempo, Demócrito, um independentemente do outro, fizeram a mesma descoberta ética. Ambos dizem, com palavras muito semelhantes: "É melhor sofrer a injustiça do que infligi-la" (Demócrito, DK 68B45). Foi essa ideia – combinada com o conhecimento da inanidade do nosso conhecimento – que levou à tolerância, tal como ensinou, mais tarde, Voltaire.

6. Sobre o moralismo de Xenófanes: a defesa da civilização contra os deuses[36]

[Examinarei agora a importância da filosofia autocrítica de Xenófanes ou de sua atitude ética, mas, para tanto,] considerarei primeiro a seguinte objeção importante: é correto, poderiam dizer, que Xenófanes, Demócrito e Sócrates nada sabiam. De fato, era sábio reconhecerem sua própria falta de conhecimento e, talvez, ainda mais sábio adotarem a atitude de busca da verdade. Hoje, nós – ou, mais corretamente, os cientistas contemporâneos – estamos ainda em busca da verdade, mas hoje os cientistas não apenas a

---

36 Aqui se faz referência a Dodds, *The Greeks and the Irrational*. No que se refere à importância do racionalismo e do moralismo na defesa da civilização contra os deuses, existe certa semelhança de ponto de vista quando Dodds, que adotou a ideia de sociedade aberta de Popper, escreve o seguinte acerca do declínio do racionalismo no século I a.C. "Já sugeri que por trás da aceitação do determinismo astral esteja, entre outras coisas, o medo da liberdade – a fuga do pesado fardo da escolha individual que a sociedade aberta coloca sobre os ombros de seus membros" (Ibid., p.252). (N. O.)

procuram, mas também a acham. Pois sabem muita coisa; tantas que o próprio volume de nosso conhecimento científico se tornou um problema grave. Assim, não pode estar certo que ainda devamos edificar nossa teoria do conhecimento com base na tese socrática da falta de conhecimento.

A objeção é correta, mas só com quatro importantíssimas delimitações.

Em primeiro lugar: a sugestão de que a ciência de hoje conhece muita coisa é, naturalmente, correta, mas a ideia de "conhecimento" aqui empregada, de modo, ao que parece, inconsciente, é completamente diferente da de Xenófanes e de Sócrates, e do significado atribuído à palavra quando usada com ênfase, no dia a dia, pois quando falamos de conhecimento de maneira não casual, entendemos por conhecimento sempre "conhecimento *certo*". Se alguém disser: "Eu *sei* que hoje é terça-feira, mas *não tenho certeza* de que hoje é terça-feira", estaria contradizendo-se, pois nega na segunda metade de seu enunciado o que diz na primeira.

O conhecimento científico, porém, *não é* simplesmente o conhecimento certo. Está sempre aberto à revisão. Consiste em *conjecturas* testáveis – na melhor das hipóteses, em conjecturas que foram submetidas aos mais rigorosos testes; mesmo assim, *apenas conjecturas*. Trata-se de conhecimento hipotético, de conhecimento conjectural. Esse é meu primeiro comentário e, por si só, uma defesa completa da aplicação à ciência moderna das ideias de Xenófanes e de Sócrates.

Meu *segundo* comentário sobre a observação de que hoje sabemos muita coisa é o seguinte: com quase toda nova conquista científica – com toda solução hipotética de um problema científico – aumentam tanto o número de problemas não resolvidos como seu grau de dificuldade; aumentam muito mais rápido que as soluções. E seria correto dizer que, *enquanto nosso conhecimento conjectural é finito, nossa ignorância é infinita*. Mas não só isso. Para o autêntico cientista, com sensibilidade para os problemas não resolvidos, o mundo vem tornando-se cada vez mais difícil de entender.

Meu *terceiro* comentário é este: quando dizemos que hoje sabemos *mais* do que Xenófanes ou Sócrates, isso é provavelmente incorreto, à medida que interpretarmos "saber" num sentido subjetivo. Provavelmente, nenhum de nós *sabe mais*; ouvimos que mais coisas são conhecidas e também que sabemos uma maior variedade de coisas. Substituímos teorias particulares, hipóteses particulares, conjecturas particulares por outras; sem dúvida, na maioria dos casos, por outras melhores – no sentido de serem melhores aproximações da verdade.

O *conteúdo* dessas teorias, hipóteses, conjecturas pode ser chamado de *conhecimento no sentido objetivo*, em oposição ao conhecimento subjetivo ou pessoal. Por exemplo, o conteúdo de uma enciclopédia de física é conhecimento impessoal ou objetivo – embora ainda, é claro, conhecimento conjectural, mas supera em muito o que os mais eruditos físicos podem "conhecer" (em qualquer sentido da palavra). Aquilo que o físico conhece – ou, mais exatamente, conjectura – pode ser chamado de seu conhecimento pessoal ou subjetivo. Tanto o conhecimento impessoal ou objetivo como o pessoal ou subjetivo são, de um modo geral, hipotéticos e sujeitos a aperfeiçoamento. Atualmente, porém, não só o conhecimento impessoal supera em muito o que qualquer ser humano pode conhecer por si mesmo, mas os avanços no conhecimento impessoal e objetivo são tão rápidos que o conhecimento pessoal só pode manter-se a par em pequenas áreas por um breve período de tempo; ele é superado a cada momento.

Temos aqui uma *quarta* razão de dizer que Xenófanes e Sócrates estão certos, mesmo hoje. Esse conhecimento pessoal desatualizado consiste em teorias que se descobriu serem falsas.[37] O conhecimento desatualizado, portanto, não é definitivamente conhecimento, pelo menos não no sentido habitual da palavra.

Temos, assim, quatro considerações que mostram que mesmo hoje a ideia socrática "Sei que não sei, e mesmo isso a duras penas" é muito atual – creio que mais até que no tempo de Sócrates. E temos razão, na defesa da tolerância, de derivar dessa ideia socrática essas consequências éticas que extraímos de Erasmo, Montaigne, Voltaire e Lessing. Podemos, até, extrair outras consequências.

Toda discussão racional, ou seja, toda discussão dedicada à busca da verdade, baseia-se em princípios, que, de fato, são *princípios éticos*. Gostaria de enunciar três deles.

1. *O princípio de falibilidade.* Talvez eu esteja errado e talvez você esteja certo; mas, é claro, podemos ambos estar errados.
2. *O princípio de discussão racional.* Temos de testar criticamente e, é claro, do modo mais impessoal possível, as diversas teorias (criticáveis) que estão em disputa.

---

37 O livro de Michael Polanyi, *Personal Knowledge*, pertencia a esse superado conhecimento pessoal desde o dia em que foi lançado; por razão que não é outra senão sua interpretação absurdamente equivocada da teoria da verdade de Tarski e sua tentativa de substituí-la por uma teoria autoritária da verdade.

3. *O princípio de aproximação da verdade*. Quase sempre podemos aproximar-nos da verdade com o auxílio dessas discussões críticas; e quase sempre podemos melhorar nossa compreensão, mesmo quando não chegamos a um acordo.

É notável que esses três princípios são epistemológicos e, ao mesmo tempo, também éticos, pois implicam, entre outras coisas, a tolerância: se posso aprender com você e se você quer aprender, então, no interesse da verdade, tenho não só de tolerar você, mas reconhecer você como um igual em potencial; a unidade potencial do homem e a igualdade potencial de todos os humanos são pré-requisitos de nossa disposição de discutir racionalmente os problemas. Também é importante o princípio de podermos aprender com a discussão, mesmo quando ela não leva a um acordo, já que a discussão racional pode ajudar a lançar luz sobre alguns de nossos erros.

Tudo isso mostra que os princípios éticos formam o fundamento da ciência. O mais importante desses princípios éticos é o princípio de que a verdade objetiva é a ideia reguladora fundamental de toda discussão racional. Os demais princípios éticos abarcam nosso compromisso de buscar a verdade e a ideia de aproximação da verdade; a importância da integridade intelectual e da falibilidade, que nos leva a uma atitude autocrítica e à tolerância. Também é muito importante podermos *aprender* no campo da ética.

[No Adendo 2 a este ensaio, demonstrei isso ao propor doze princípios que constituem o que chamei de nova ética profissional, princípios intimamente ligados à exigência de tolerância e de honestidade intelectual que Xenófanes formulou e praticou dois mil e quinhentos anos atrás.]

Como mostrei acima, a "licença para buscar" a verdade de Xenófanes está arraigada em exigências ou princípios tanto epistemológicos como éticos, que têm como principal motor a crítica e a autocrítica. Como pôde vir à luz esse dinamismo entre a busca da verdade e uma metodologia crítica? Muito provavelmente, em decorrência da experiência de Xenófanes como rapsodo, que recitava as obras clássicas de Homero e Hesíodo, e também, sem dúvida, a poesia contemporânea, inclusive a própria, em partes da região mediterrânea em que um sem-número de culturas se encontravam, com todas as suas diferentes expectativas e concepções de tais apresentações.

No tempo de Xenófanes, o choque de culturas também podia fazer-se sentir no mundo da arte e, em sua profissão, não era preciso procurar muito para topar com diferenças fundamentais entre, digamos, o drama oriental e o grego. Por exemplo, enquanto os dramaturgos orientais tinham necessariamente de incluir gestos de prostração ritual de reverência ante os deuses como parte do serviço divino, esse tipo de submissão não fazia parte da tradição dramática grega. Pelo contrário, os dramaturgos gregos discutiam com os deuses, e até os acusavam de crueldade sem sentido. Os deuses são chamados a serem mais racionais e responsáveis: "Vós sois déspotas e deveis envergonhar-vos de vós mesmos. Brincais conosco, mas nós, humanos, vamos desmascarar essa brincadeira!".

Sugiro que essa defesa da civilização contra a família de deuses e seus caprichos tenha levado Xenófanes à ideia de que a existência do mundo e do mundo da humanidade depende da equidade ou da integridade, que a *ética do poder supremo* pressupõe que Deus, o todo-poderoso, deve ser justo e que essa ideia devia servir de princípio orientador para toda busca humana da paz e para a nossa luta contra a guerra. Acredito também que Xenófanes tenha transportado essa ideia para os campos da epistemologia e da ciência, para a nossa busca da verdade.

Parece-me que o monoteísmo de Xenófanes é, nesse ponto, tão bom quanto ou melhor que o monoteísmo cristão ou judaico (sendo o Deus do Velho Testamento um deus ciumento e vingativo). O moralismo de Xenófanes caracteriza muito melhor a situação atual da ciência e da política e deve, com certeza, ser preferido à idiotice que se exprime em bordões como "Tudo vale!", senha de alguns intelectuais influentes, mas irresponsáveis.[38]

7. Xenófanes inaugurou a escrita histórica?

[Como anunciei na Seção 2, vou concluir tentando responder à pergunta desta seção por uma nova interpretação de um trecho de Heródoto, tradicionalmente considerado como o autor do primeiro relato de um período da história da civilização.]

Sabemos por dois fragmentos de Xenófanes (B8 e B22), escritos quando tinha 92 anos de idade, que ele saiu de Mileto aproximadamente na época em que Anaximandro morreu (546 a.C.) e que, no ano seguinte, aos 25 anos, foi forçado a se exilar pelo resto da vida. Esses comoventes

---

38 Referência ao lema do filósofo austríaco Paul Feyerabend. (N. T.)

fragmentos[39] também nos dão o ano em que Xenófanes emigrou (545) e o ano de seu nascimento (570):

> Faz sessenta e sete anos que o fardo da vida
> Arrasto para cá e para lá pelas regiões da Grécia.
> Contando os anos a partir do dia em que nasci, tinha então vinte e cinco anos
> – Se ainda bem me lembro
>
> São assim as melhores conversas ao pé da lareira no inverno,
> Confortavelmente inclinado, bebericando o doce vinho e beliscando as nozes:
> "Diga-me, quem é você, meu amigo, e de onde vem?
> Qual a sua idade, meu caro, e qual era ela
> Nos tempos da invasão dos medos?"

A última questão colocada no segundo fragmento refere-se à catástrofe que atingiu os gregos jônicos em consequência da súbita guerra de conquista deflagrada pelo rei persa Ciro contra os medos e os lídios, a qual forçou os gregos, tomados de surpresa muito antes de conseguirem distinguir entre persas e medos, a abandonar seus estabelecimentos na Ásia Menor. Sabemos que esses acontecimentos foram descritos por Xenófanes num longo poema épico, em que há também um relato da fundação de Eleia (Hyele). Esse *epos* se perdeu, como outro que descrevia a fundação de Cólofon.[40]

Sabe-se sobre essa história terrível, mas também muito humana, a partir de um relato minucioso presente na *História* de Heródoto (I. 163-7). Trata-se

---

39 [Traduzido para o inglês por Sir Ernst Gombrich, com base numa tradução alemã dos mesmos fragmentos em que Popper trabalhou pouco antes de morrer. A tradução de Popper é a seguinte:
Siebenundsechzig Jahre sind verflossen seit ich / Auf und ab durch Hellas meiner Seele Sorgen trage / Damals war ich fünfundzwanzig Jahre alt – / Wenn ich das alles richtig noch berichten kann. / Beim Feuer ziemt sich solch Gespräch im Winter, / Wenn man gesättigt ruht und süssen Wein trinkt,/ Und dazu Nüsse kunspert: "Von wo kommst du her? / Wer war dein Vater? Wir alt bist du Freund? / Und wie alt warst du als der Meder kam?"]

40 Não temos uma linha sequer de nenhum deles, o que não é de surpreender, uma vez que um longo *epos* não se copia facilmente e, naquela época, os livros não eram publicados. (Não existia mercado de livros: a mais velha menção a um mercado de livros – em Atenas – data de cerca de 450. Popper, *In search of a better world*, p.99-116.) Isso, porém, não exclui que Heródoto possa ter conhecido o *epos* de Xenófanes e o utilizado como fonte para escrever sobre a tragédia jônica.

de uma história em que o amor da liberdade se choca com o amor da pátria, em que a determinação de resistir à escravidão termina em derrota final. Em poucas palavras, a história é esta. Quando o exército persa, comandado por Hárpago, general medo, invadiu a Jônia e sitiou Foceia (Xenófanes refere-se a ele como "o medo"), todos os cidadãos de Foceia resolveram unanimemente partir, para não serem escravizados. Partiram, ao que parece, num grande número de embarcações (talvez mais de 60, cada qual de 50 remos) e tentaram comprar dos habitantes de Quios algumas ilhotas desabitadas. Sem sucesso, voltaram a Foceia, onde mataram as guarnições que Hárpago ali deixara. Instaurou-se, então, uma profunda divisão entre eles: embora tivessem jurado solenemente que todos permaneceriam unidos, mais da metade dos cidadãos violou o juramento. Parte deles, saudosa da cidade natal, preferiu permanecer em Foceia (Heródoto nada diz sobre seu destino), enquanto os outros partiram para a Córsega (Kyrnos) – como nos é contado mais tarde, por causa de um oráculo malcompreendido que falara do herói Kyrnos, não da ilha. Na Córsega, juntaram-se a alguns compatriotas "que tinham vindo antes". Lá se estabeleceram e construíram casas e templos. Mais tarde, alguns deles, dentre os quais Xenófanes, partiram depois que uns de seus concidadãos praticaram a injustiça contra os vizinhos, os tirrenos e os carquedônios, e se dirigiram para o sul da Itália. Ali, ao sul de Nápoles, fundaram a cidade de Eleia, onde provavelmente Xenófanes escreveu os dois fragmentos acima traduzidos, os quais, com sua primeira crítica do estilo de vida dos colofonianos, parecem ser os únicos textos autobiográficos de que dispomos.

Se Theodor Gomperz estiver certo,[41] porém, a história narrada em Heródoto é possivelmente um esboço do relato autobiográfico de Xenófanes de um período muito trágico e devastador de sua vida. Julgo haver três tipos de indícios que poderiam servir de apoio a essa interessante hipótese:

(i) Heródoto *não* diz, como às vezes o faz, que conhece a história de ouvir dizer (vide, por exemplo, I.170, primeira sentença).

---

41 [Theodor Gomperz fala de "milhares de versos" que descrevem as fundações de Cólofon e Eleia; Heródoto é mencionado "como discípulo de Anaximandro e Xenófanes", mas, sobretudo, no que se refere à Geologia (Gomperz, *Griechische* Denker, p.129 e ss., 217). Indicações como essa podem ter inspirado nossa hipótese acerca das fontes de Heródoto. Em nenhum lugar sugere Gomperz, porém, que o *epos* de Xenófanes sobre a história de sua cidade natal e seus habitantes e seu destino tivessem servido de fonte para Heródoto. (N. O.)]

(ii) Para Heródoto, o principal interesse está no contexto da história da Jônia, de Ciro e de Hárpago (I. 162-4 encaixam-se em seu "plano").

Com I.165, tem início um importante desvio: o interesse passa a ser a história trágica dos refugiados de Foceia. A partir daí – embora a história seja comovente e trágica –, ganha um estilo esquemático e é escrita como se Heródoto explicasse certos pontos só porque trechos ulteriores exigiam sua inserção. Assim, sobretudo em I.165, a primeira sentença torna-se *muito* longa, porque o começo da história das relações dos foceus com a Córsega e da fundação de Alalia é no fim espremida, antes do ponto final. Há, então, outra breve sentença espremida, que explica por que os habitantes de Foceia não receberam nenhum auxílio de Argantonio. Tudo isso sugere que está sendo recortado e explorado um longo poema, e isso não tão bem: mais tarde, foi preciso fazer correções para preencher omissões de algum modo e em algum lugar, porque senão as passagens posteriores, no início de I.166 (τῶν πρότερον ἀπικομένων) seriam incoerentes ou necessariamente malcompreendidas; não se saberia quem teria chegado antes! A passagem (I.166) que se refere "àqueles que vieram antes" também sugere que a história contada seja, na verdade, um relato pessoal de alguém que navegou não com esses foceus que chegaram primeiro, mas com a segunda vaga de imigrantes.

(iii) Se Heródoto tivesse uma fonte, poderia ser o *epos* de Xenófanes? Heródoto, que escreveu sua *História* cerca de cem anos depois dos eventos, teria sem dúvida tentado obter alguma fonte escrita,[42] e é muito improvável que existisse outra fonte escrita: um autor que escrevesse história cem anos antes do "Pai da História" não aparecia facilmente; e como sabemos que Xenófanes era um autor desse tipo, é provável que tenha sido de fato a fonte do que hoje podemos ler em Heródoto.

Há várias avaliações implícitas ou explícitas no texto. Na primeira sentença de I.165, a atitude egoísta dos habitantes de Quios mal é mencionada. Mais adiante, quando o juramento é quebrado por mais da metade dos foceus, a transgressão é claramente condenada, mas a condenação é muito

---

42 A história contada por Heródoto era velha demais para ser narrada com tantos pormenores sem uma fonte e recente demais para ser apenas inventada. A exatidão da história nunca foi questionada, e uma razão para isso pode ser que os contemporâneos de Heródoto, que poderiam ter questionado sua autenticidade, conhecessem o poema épico de Xenófanes.

tolerante em relação à fraqueza daqueles que violaram o juramento. A breve descrição parece o esboço de um relato de alguém que estivesse presente e tivesse certa simpatia pelos que tinha de condenar em princípio. Isso nos faz lembrar o moralismo benévolo de Xenófanes.

Heródoto parece comovido pelos trágicos acontecimentos dessa história e por isso a conta de modo muito sucinto; talvez também queira voltar logo ao assunto principal. Mas eu, por meu lado – e outro antes de mim foi Gomperz (que, porém, sequer se refere à história de Heródoto) –, tenho a sensação de que a fonte foi o *epos* de Xenófanes, que testemunhou e participou dessa terrível aventura, de que sobreviveu menos do que um sexto dos cidadãos de Foceia que haviam jurado união contra a ameaça persa.

[Creio que essa interpretação de Heródoto se encaixa bem com a explicação de como a ciência e a filosofia ocidentais se originaram nas colônias gregas da Ásia Menor e nas ilhas jônicas e de como foi transportada para a Grécia continental e a Magna Grécia por refugiados extremamente cultos e educados. Entre os mais importantes desses emigrantes, temos Pitágoras de Samos, Xenófanes de Cólofon, Anaxágoras de Clazômenas e Heródoto de Halicarnasso. Escusado é dizer que considero uma consequência inesperada e felicíssima dos trágicos acontecimentos, sobre os quais Xenófanes cantou a seus concidadãos, o fato de o desenvolvimento cultural único desses grandes cientistas e eruditos ter sido relevante para a civilização ocidental.]

ADENDO 1
NOTA À CITAÇÃO DE XENÓFANES (DK 21B25) NA SEÇÃO 4 ANTERIOR

Sugiro que Xenófanes B25 (κραδαίνει) seja traduzido assim:

(1) Sem esforço sobre o Todo ele reina por simples pensamento e intenção.

A palavra "reina" nessa tradução afasta-se da maioria das traduções anteriores que conheço, inclusive da minha própria, que era:

(2) Sem esforço ele lança [*swings*] o Todo, por simples pensamento e intenção.

A palavra "lança" pode ser interpretada como uma alusão a uma espécie de "primeiro motor" pré-aristotélico, que põe em movimento os céus estrelados agitando-os como uma lança; assim, em vez de "lança", podemos pôr "move". A tradução (2) segue uma sugestão de Hermann Diels, que foi duramente criticada por Karl Reinhardt em seu famoso livro;[43] Reinhardt propôs outra interpretação, que foi aceita pela maioria dos estudiosos e talvez possa ser vertida para o português da seguinte maneira:

(3) Sem esforço ele sacode [*shakes*] o Todo por simples pensamento e intenção.

Com uma referência a Reinhardt, essa tradução foi aceita por Walter Kranz e usada na quinta edição de *Die Fragmente der Vorsokratiker* [Os fragmentos dos pré-socráticos], e, com isso, conquistou aprovação e autoridade quase universais.

Obviamente, o texto grego deve ser examinado com atenção, para se decidir entre essas três traduções um tanto diferentes. Antes disso, contudo, quero dizer que a tradução (1) me parece direta e a que mais se adapta ao contexto, tanto o contexto de B25 quanto o contexto mais amplo de B23, 26, 25 e 14 (talvez problemáticos) – sempre, contanto que possa ser defendido do ponto de vista linguístico.

Será a tradução (1), no entanto, realmente aceitável, no que se refere à fraseologia grega? À primeira vista, não. Os dicionários *não* conferem a κραδαίνω um significado como "governar". Tentarei mostrar que ou os dicionários estão incompletos, ou então deve adotar-se uma correção.

O dicionário de Liddel e Scott (revisto por Jones) diz-nos que *kradaino* é outra forma de *kradao*, e dá como traduções: "agitar, sacudir, brandir [em especial uma lança ou haste], "tremular" [de uma lança antes de se fixar no chão] e também "fazer tremer"; até mesmo causar um terremoto ou uma catástrofe cósmica, como descreve Ésquilo no *Prometeu acorrentado*, linha 1047, o melhor texto em apoio à interpretação de Reinhardt.[44]

Sem dúvida, a interpretação de Reinhardt é perfeitamente possível do ponto de vista linguístico, mas, para mim, ela não parece encaixar-se. O Deus de Xenófanes é poderosíssimo e, assim, talvez possa sacudir não só a Terra, mas até o universo inteiro. Xenófanes, porém, era um crítico acerbo do antropomorfismo e se opunha duramente à atribuição, por parte de Homero e Hesíodo, a deuses todo tipo de vícios, maldades e surtos de raiva

---

43 Reinhardt, *Parmenides*, p.112 e ss.
44 Ibid., p.112, nota 2.

próprios dos humanos. Assim, podemos ter por certo que seu Deus não é dado a surtos de raiva, como Zeus: não é, como Zeus, humano no modo de pensar e nas emoções. Não exibiria seu poder para provar que é poderoso. O tratamento dado por Zeus a Prometeu no *Prometeu acorrentado* não se encaixaria de modo nenhum com a ideia de Deus de Xenófanes, que está (ou assim me parece) muito longe dessa cena de crueldade, vingança e destruição brutal. E está igualmente distante de outra famosa cena a que Reinhardt também se refere (*Ilíada* 1.530), cena em que Zeus faz o Olimpo tremer ao sacudir sua pesada cabeça, confirmando com isso sua promessa. Mas o Deus de Xenófanes não se move! Aliás, a palavra que estamos analisando – *kradaino* – não aparece nesse texto homérico e, assim, essa referência tem pouca relevância. Além disso, a cena de Homero não se encaixa porque Zeus sacode o Olimpo sem querer – isso acontece. Por essa razão, nem um esforço nem a falta de esforço se encaixam nessa situação, e a alusão a essa cena dificilmente ocorreria a Xenófanes. Ademais, a cena é também antropomórfica; e a sugestão de Reinhardt (de que Xenófanes quer que seu Deus supere Zeus, fazendo o Todo tremer, e não só o Olimpo) me parece chocar-se com as tendências principais de Xenófanes. Em suma, a interpretação de Reinhardt (3) parece-me tecnicamente possível, mas não se encaixa no contexto.

A interpretação (2) de Diels, que antes aceitei e apoiei, também me parece possível. *Kradainō* certamente pode significar "lançar" no sentido de lançar um dardo – há, comparativamente, muitos exemplos desse significado em Homero, embora "brandir uma lança" ou "ameaçar com uma lança" talvez seja o que signifique com maior frequência. De qualquer forma, se um herói pode lançar e pôr em movimento "um terrível dardo",[45] então, um deus pode lançar e pôr em movimento os céus estrelados. No entanto, hoje creio que essa ideia é, também, antropomórfica demais para o que Xenófanes tem em mente. O Deus de Xenófanes é o governante do Todo. Por que, então, não diz isso, de maneira direta?

Com isso, chego à defesa da minha própria interpretação (1): à hipótese de que Xenófanes realmente disse, de maneira direta e sem rodeios, que seu Deus governa ou reina sobre o universo.

Essa hipótese parece-me linguisticamente defensável, tendo em vista a estranha semelhança (ao que parece, não observada até agora) entre duas

---

45 Homero, *Ilíada*, 7.213; Id., *Odisseia*, 19.438.

palavras do dicionário grego: *kradainō* (ou *kradaō*) é a primeira delas, e *kraainō* (que também ocorre nas formas *kraiainō* e *krainō*) é a outra. A primeira palavra, *kradainō,* tem como um de seus significados fundamentais "brandir uma lança" (isto é, uma vara de ponta). A segunda palavra, *kraainō* ou *krainō*, tem como um de seus significados fundamentais "brandir o bastão de comando" (o bastão que se tornou símbolo de poder, o *skeptron* ou cetro[46] e, portanto, também significa "exercer o poder" ou "reinar".[47] Essa seme-lhança de significado de duas palavras aparentemente não relacionadas, mas muito parecidas (embora *kradainō* tenha uma primeira sílaba breve, enquanto *kraiainō* tenha uma primeira sílaba longa) dificilmente é acidental. As duas palavras devem estar de algum modo relacionadas, ou pela origem ou, talvez, por algum tipo de confusão. De qualquer modo, a tradução (1) parece-me linguisticamente justificada, com ou sem correção.

ADENDO 2
ALGUNS PRINCÍPIOS PARA UMA NOVA ÉTICA PROFISSIONAL BASEADA NA TEORIA DA VERDADE DE XENÓFANES

Gostaria de propor alguns princípios para uma nova ética profissio-nal, que há muito venho percebendo ser muito necessária, princípios esses baseados na teoria da verdade de Xenófanes e ligada a seu moralismo e honestidade intelectual.

Para tanto, vou primeiro caracterizar a velha ética profissional e talvez caricaturá-la um pouco, para compará-la e contrastá-la depois com a nova ética profissional que proponho. Se essa nova ética revelar-se um melhor guia para o comportamento humano do que a ética tradicional das profis-sões intelectuais – a ética dos cientistas, médicos, advogados, engenheiros, arquitetos e também dos funcionários públicos e, o que é mais importante, a ética dos políticos – poderei, então, afirmar que até mesmo no campo da ética se podem aprender coisas novas.

Tanto a *velha* como a *nova* ética profissional se baseiam, sem dúvida, nas ideias de verdade, de racionalidade e de responsabilidade intelectual. A velha ética, porém, fundamentava-se nas ideias de conhecimento pessoal e

---

46 Ver Sófocles, *Édipo em Colona*, 449.
47 Ibid., 296, 926; Homero, *Odisseia*, 8.391.

da possibilidade de chegar à certeza e, portanto, na ideia de *autoridade*. A nova ética, em contrapartida, baseia-se nas ideias de conhecimento objetivo e de conhecimento incerto. Isso representa uma mudança fundamental no pensamento e, junto com ela, uma mudança no *papel* desempenhado pelas ideias de verdade, de racionalidade, de honestidade e de responsabilidade intelectual.

O velho ideal consistia em *possuir* tanto a verdade como a certeza e, sempre que possível, *garantir* a verdade por meio de uma prova. Esse ideal, que até hoje é amplamente aceito, corresponde à ideia pessoal do sábio – não, é claro, ao ideal socrático de sabedoria, mas, antes, ao ideal platônico do vidente iniciado: do filósofo platônico que é, ao mesmo tempo, um governante real, uma autoridade.

O velho imperativo do intelectual era: "Seja uma autoridade! Saiba tudo (pelo menos em seu próprio campo de especialização)!". Uma vez reconhecido como uma autoridade, sua influência será protegida pelos colegas e você deve, é claro, retribuir, protegendo a autoridade deles.

A velha ética aqui descrita não deixa espaço para erros. Não são permitidos erros, e, portanto, a confissão de erros não é permitida. É escusado dizer que essa velha ética profissional é intolerante. Além disso, sempre foi intelectualmente desonesta: leva, em especial na medicina e na política, ao acobertamento de erros em nome da autoridade ("cerrar fileiras").

Sugiro, portanto, que uma *nova* ética profissional, adequada não só aos cientistas, baseie-se nos seguintes doze princípios.

1. Nosso conhecimento conjectural objetivo continua a exceder cada vez mais o que *uma única* pessoa pode dominar. *Não há, portanto, autoridades.* Isto permanece válido mesmo dentro das diversas especialidades médicas.

2. *É impossível evitar todos os erros*, ou mesmo todos aqueles erros que são, por si mesmos, evitáveis. Erros são continuamente cometidos por *todos* os cientistas. Deve ser revista a velha ideia de que os erros podem ser evitados e, portanto, de que é um dever evitá-los: tal ideia é, ela mesma, um erro.

3. *Continua sendo nosso dever fazer tudo o que podemos para evitar os erros.* É justamente para evitá-los, porém, que devemos ter consciência da dificuldade de evitá-los e do fato de que ninguém é bem-sucedido em evitar todos eles; nem mesmo os mais criativos cientistas, que são guiados pela intuição, têm sucesso nisso. Embora nada

possamos fazer sem ela, a intuição está com mais frequência errada do que certa.

4. *Pode haver erros escondidos em nossas teorias mais bem-corroboradas*, e é tarefa específica dos cientistas procurar esses erros. Descobrir que uma teoria bem-corroborada ou uma prática técnica estejam erradas pode ser uma descoberta da maior importância.

5. *Devemos, portanto, mudar de atitude em relação aos nossos erros. É aqui* que a nossa reforma ética prática deve começar. Pois a atitude da velha ética profissional nos leva a encobrir nossos erros, mantê-los secretos e esquecer tudo sobre eles o quanto antes.

6. O novo princípio básico é que, para evitarmos cometer mais erros do que os que precisamos fazer, *devemos aprender com os erros que cometemos*. Encobrir erros, portanto, é o maior pecado intelectual.

7. *Devemos, desse modo, estar sempre alertas aos erros*, sobretudo os nossos próprios erros. Quando os encontramos, devemos lembrá-los; e devemos examiná-los sob todos os aspectos, para entendermos melhor o que deu errado.

8. *A atitude autocrítica*, a franqueza e a abertura para si mesmo tornam-se, portanto, parte do dever de cada um.

9. Uma vez que devemos aprender com nossos erros, *devemos também aprender a aceitar*, até mesmo com reconhecimento, *quando eles nos são apontados pelos outros*. Quando chamamos a atenção de outras pessoas para seus erros, devemos sempre lembrar que nós mesmos cometemos erros parecidos. E devemos lembrar que os maiores cientistas cometeram grandes erros. Por certo, isso não quer dizer que nossos erros sejam, em geral, perdoáveis: nunca devemos afrouxar a atenção, mas é humanamente impossível evitar cometer erros, e quando chamamos a atenção dos outros para os seus erros, devemos ajudá-los, ressaltando esse ponto também.

10. Devemos ter bem claro que *precisamos dos outros para descobrirmos e corrigirmos nossos erros (como eles precisam de nós)*; sobretudo as pessoas que foram criadas com ideias diferentes, em outra atmosfera cultural. Também isso leva à tolerância.

11. Devemos aprender que a autocrítica é a melhor crítica, mas *a crítica dos outros é uma necessidade*. É quase tão boa quanto a autocrítica.

12. *A crítica racional (ou objetiva) deve sempre ser específica*: deve dar razões precisas pelas quais enunciados específicos, hipóteses espe-

cíficas se mostrem falsos, ou argumentos específicos, inválidos. Deve ser norteada pela ideia de aproximação da verdade objetiva. Nesse sentido, deve ser impessoal, mas também compreensiva.

Peço ao leitor que considere como sugestões o que aqui proponho. Pretendo, com elas, indicar que, também no campo da ética, podemos aventar sugestões que possam ser discutidas e aperfeiçoadas pela discussão crítica, como Xenófanes e seus sucessores, ao que parece, foram os primeiros a descobrir.

A aceitação mais ou menos universal do caráter conjectural da ciência representou uma mudança fundamental na atitude dos cientistas em relação à refutação de teorias errôneas, mesmo das deles próprios. Uma mudança semelhante de atitude em relação à falibilidade humana ainda não aconteceu na política e dentro de nossas diferentes instituições. Quando sonho com uma utopia democrática, sonho com uma utopia em que o candidato ao Parlamento possa esperar atrair votos gabando-se de ter descoberto no ano passado 31 erros graves cometidos por ele mesmo e de ter conseguido corrigir treze deles; enquanto seu rival descobriu só 27, embora tenha reconhecido corrigir treze de seus erros. Não preciso dizer que esta será uma Utopia *da tolerância*.

Nota editorial

Em razão de sua origem de faz-de-conta, agora relatada no Prefácio do Editor, nenhuma parte deste volume entrou para o "Arquivo Popper" e, portanto, desse ponto de vista, *O mundo de Parmênides* pode ser considerado a última publicação filosófica de Sir Karl Popper, em que trabalhou até o fim da vida. O Ensaio 2, sobre Xenófanes, o único ensaio entre os aqui publicados que Sir Karl Popper deixou inacabado, foi completado a partir de diversos esboços manuscritos e outros documentos, gentilmente postos à nossa disposição pelo sr. e pela sra. Raymond Mew, executores do testamento literário de Sir Karl, segundo duas importantes listas de conteúdo encontradas entre os papéis do *Nachlass* de Sir Karl: (X_1) três listas estruturalmente semelhantes com várias palavras-chaves acrescentadas ao longo de certo tempo e (X_2), uma lista completamente diferente das outras.

As listas X_1 incluem sete seções e ostentam várias palavras-chaves (aqui transcritas entre parênteses): (I) "Xenófanes como cofundador do

Iluminismo grego" (um professor que queria ensinar de tal maneira que ele mesmo se tornasse desnecessário!); (II) "Notas sobre a vida de Xenófanes" (Cólofon, Mileto, Anaximandro; refugiado); (III) "A cosmologia incompreendida" (campos de força em que distúrbios causam vibrações que se propagam como ondas); (IV) "Relação com Parmênides" (*demas* versus *melea* ou *melos/melea* raramente ocorre em Xenófanes? Racionalismo cartesiano, esfera); (V) "Teologia iluminista" (a lógica do poder supremo, a ética do poder supremo; a crítica do antropomorfismo é fundamental, ver Mansfeld I, p.16, De Volta a Anaximandro! das Zitat); (VI) "Moralismo: a defesa da civilização contra os deuses" (os dramaturgos; Die Existenz der Welt und der Menschenwelt beruht auf Gerechtigkeit: Gott, der Mächtige, muss gerecht sein);[48] (VII) "Lógica e Epistemologia", (entre as Seções VI e VII, nota-se uma referência a *The Greeks and the irrational*, de Dodds).

A lista X_2 de conteúdos também esboça sete seções, mas com títulos diferentes, e dá outras palavras-chaves e traz o cabeçalho "Sobre a grandeza de Xenófanes": (1) "Antiantropomorfismo, Teologia"; (2) "O sumário de Teologia, B34, Verdade contra certeza" (monoteísmo – tão bom ou melhor que o cristão ou judeu. O Deus do Velho Testamento é um deus invejoso: não terás outros deuses além de mim!); (3) "Dois sentidos populares de ceticismo" (ambos derivados de "não há critério de verdade"); (4) "Dois tipos de objetos de conhecimento: leis e ambiente estável – os *momentâneos* perigos e as situações de ganho"; (5) "Xenófanes, o primeiro e o melhor dos epistemólogos gregos" (disse "não há critério de verdade, mas, se perseverarmos na busca, nosso conhecimento conjectural pode melhorar". Essa é a única epistemologia sadia); (6) "B27 e a má-interpretação feita por Empédocles, confirmada por Aristóteles." (Todo B27 está certo: o Sol é uma grande bola de gás); (7) "O Deus esférico" (Três possibilidades: (i) o deus é esférico segundo Aristóteles: o motor imóvel; (ii) Xenófanes tomou-o de Parmênides; (iii) o deus de Xenófanes não é esférico. Não podemos saber, mas eu optaria pelo terceiro (1), o primeiro (2), o segundo (3)).

O destino só permitiu a Sir Karl cobrir parte dos temas indicados nessas listas de conteúdos e, quanto a alguns deles, só numa primeiríssima aproximação. Isso invariavelmente afetou tanto a ordem de apresentação quanto os conteúdos das atuais seções do ensaio sobre Xenófanes. Sem dú-

---

48 "A existência do mundo e o mundo humano baseados na justiça: Deus, o Todo--Poderoso, deve ser justo". (N. T.)

vida, se este ensaio tivesse sido concluído pelo próprio Sir Karl, sua forma teria sido diferente; os principais temas e argumentos, porém, foram salvos e reproduzidos de acordo com suas ideias sobre Xenófanes – embora com ênfase e pormenor menos característicos do que os que ele teria dado se tivesse tido a possibilidade de redigir até o fim sua reconstrução original da contribuição de Xenófanes à ciência e à filosofia.

Na atual versão do Ensaio 2, na Seção 1, que originalmente servia de introdução ao ensaio, ele descreve Xenófanes como o fundador do Iluminismo grego. O preâmbulo que agora antecede a Seção 1 vem de uma nota independente, manuscrita. A primeira parte da Seção 2 acerca da juventude de Xenófanes foi tirada de um manuscrito mais extenso, que começava com as palavras "Xenófanes teve uma vida dura", enquanto a segunda parte dessa seção se baseia num texto datilografado intitulado "Três notas sobre Xenófanes"; o modelo da Terra de Xenófanes e o texto das notas 11 e 12, assim como o texto da nota 18, foram copiados de um texto escrito por Sir Karl em junho de 1984 na folha de guarda e na p.[I] do original de *Os dois problemas fundamentais da teoria do conhecimento*. O texto principal da Seção 3 acerca da cosmologia incompreendida de Xenófanes também vem das "Três notas sobre Xenófanes". A Seção 4 acerca da teologia de Xenófanes foi compilada a partir de um manuscrito unido a diversos manuscritos e comentários mais breves, presentes em documentos manuscritos separados. O mesmo vale para a Seção 3, acerca da teoria do conhecimento de Xenófanes, em que a primeira parte (inclusive os parágrafos a que se referem as notas 24 e 25) foi adaptada de dois manuscritos, enquanto a última parte se baseia em algumas páginas de um artigo intitulado "Tolerância e responsabilidade intelectual", publicado no livro de Popper *Em busca de um mundo melhor*, no qual é esboçada a teoria da verdade de Xenófanes; os quatro parágrafos acerca de Kepler vieram de uma nota de rodapé preparada por Sir Karl em 1990 para uma versão revisada desse último artigo, quando ainda queria incluí-lo como um ensaio na atual coletânea. O texto principal da Seção 6 sobre o moralismo de Xenófanes vem do artigo sobre a tolerância, enquanto os últimos quatro parágrafos dessa seção foram montados a partir de observações esparsas, algumas das quais anotadas diretamente nas listas de conteúdo. O texto principal da Seção 7 vem de manuscritos mais breves em alemão e inglês; a hipótese acerca de Xenófanes como precursor de Heródoto foi tirada do manuscrito que começa com "Xenófanes teve uma vida dura". O Adendo 1 vem das "Três notas sobre Xenófanes" e o Adendo

2 foi adaptado do artigo sobre a tolerância.[49] Entre as notas ao Ensaio 2 restauradas, devem-se acrescentar algumas palavras sobre a nota 21. Não é inequívoca a distinção entre quatro conjuntos de relatos tradicionais acerca da cosmologia de Xenófanes com que Popper trabalha em sua análise. Com algumas correções, a seguinte versão da nota talvez seja preferível: "No *primeiro* conjunto de relatos, temos Platão e Aristóteles, e no *segundo* conjunto de relatos, Empédocles e, de novo, Aristóteles.[50]

---

49 Foram inseridas palavras entre colchetes para ligar fragmentos de manuscritos não associados originalmente pelo próprio Sir Karl. As notas indicadas ou planejadas pelo autor foram escritas de maneira experimental pelo organizador e igualmente postas entre colchetes. Os títulos das Seções 2 a 7, que não estão entre parênteses, foram adaptados das listas preliminares de conteúdos, para anunciar os temas principais de cada seção. (N. O.)

50 Noutro manuscrito que trata das más-compreensões da cosmologia de Xenófanes, fala Popper de *três* conjuntos de relatos tradicionais, e numa folha separada, ampliou da seguinte forma os dois conjuntos mencionados (correspondentes respectivamente a (1) e (2) + (3): *(1)* Platão (A29), Aristóteles (A30), Cícero (A34), Sexto Empírico (A35), Teodoreto (A33), *MXG* (A28, 7); *(2)* Empédocles (DK 31B39), Aristóteles (A47), Aécio (B27, A41, 41a, 47), Hipólito (A33); e conta como um *terceiro* conjunto *(3)* Pseudo Plutarco *Stromateis* (A32) e Estobeu (A36); por fim, é mencionado um *quarto* conjunto como um grupo "neutro", que inclui *(4)* Galeno (A36) e Simplício (A31, 47). (N. O. A.)

Ensaio 3
Como a Lua pode lançar um pouco de luz sobre as Duas Vias de Parmênides (I)*

Encontrei-me pela primeira vez com Parmênides – juntamente com Anaximandro, Xenófanes, Heráclito e outros grandes pré-socráticos – numa tradução alemã de Wilhelm Nestle, famoso editor das últimas edições do *magnus opus* de Zeller. Tinha 15 ou 16 anos e fiquei maravilhado com o encontro. Eis os primeiros passos que me levaram a Newton. Os versos de que mais gostei eram sobre a história do amor de Selene pelo radiante Hélio, de Parmênides (DK 28 B14-15), mas não gostei que a tradução tornasse a Lua masculina e o Sol feminino (de acordo com os gêneros de seus nomes em alemão), e me ocorreu dar ao dístico, em alemão, um título como "A deusa Lua e o deus Sol", ou talvez "Selene e Hélio", para retificar os gêneros. Comecei, assim, a brincar com as traduções. O livro, que ainda possuo, traz muitos indícios disso.

Naqueles dias, eu era um newtoniano entusiasta (ainda sou) e, é claro, ciente da teoria sobre a Lua. Antes de ler a história de Parmênides, porém, não me ocorrera observar como Selene sempre olha para os raios de Hélio.

---

* Este ensaio é uma versão melhorada e ampliada de um artigo publicado em 1992, no volume 42, nova série, de *The Classical Quarterly*. [Todas as traduções do grego para o inglês, a partir das quais foram feitas as versões em português, são de autoria de Popper, exceto quando indicado o contrário. (N. E. B.)] [Esboços para um segundo artigo, "Parmênides II", são impressos como os Fragmentos de Popper 0-5, a seguir. (N. O.)]

Νυκτιφαὲς περὶ γαῖαν ἀλώμενον ἀλλότριον φῶς
αἰεὶ παπταίνουσα πρὸς αὐίγὰς ἠελίοιο

Brilhante na noite com o dom de sua luz,
Ao redor da Terra ela erra
Tendo sempre o olhar
Voltado para os raios de Hélio.

Desde o dia em que li pela primeira vez essas linhas (na tradução de Nestle),[1] há setenta e quatro ou setenta e cinco anos, nunca mais olhei para Selene sem pensar em como seu olhar, de fato, sempre está voltado para os raios de Hélio (embora, muitas vezes, ele esteja abaixo do horizonte). E sempre me lembrei de Parmênides com gratidão.

1. A estrutura do *epos* de Parmênides

O *epos* de Parmênides consiste num proêmio, seguido de duas partes principais: Via da Verdade e Via das Conjecturas Humanas (se me for permitido dar esse nome à segunda parte principal), ou Via do Verdadeiro Conhecimento e Via do Conhecimento Conjectural.

No proêmio, descreve Parmênides sua própria viagem até a deusa[2] – uma experiência de êxtase – e sua delicada recepção. Termina com um breve,

---

1 Nestle, *Die Vorsokratiker in Auswahl*. Traduzi depois B14-15 (*Mondgöttin und Sonnengott*): "Leuchtend bei Nacht mit dem Licht, das er schenkt, / so umirrt sie die Erde. // Immerzu blickt sie gebannt / hin auf den strahlenden Gott".

2 Não vejo por que a deusa deva ser considerada anônima. Deve ser Dikē (Justiça), embora Parmênides pudesse ter tornado isso mais claro. Mas por que deveriam as Helíadas fazer tanto estardalhaço com Dikē e descrevê-la com um epíteto assustador, se ela fosse a mera carcereira de uma deusa mais alta? Não creio que fosse a intenção de Parmênides informar-nos que passou pela divina carcereira sem trocar nenhuma palavra com ela, para ser logo tomado pela mão, delicadamente, por uma deusa mais alta, dela recebendo as boas-vindas. Não é mais provável que ele fosse um escritor inexperiente e não tivesse previsto que pudéssemos querer uma identificação explícita (embora não houvesse nenhuma sílaba em seu texto que nos fizesse suspeitar que pudesse haver mais de uma deusa em cena)? Creio que a ideia de haver uma segunda deusa presente seja o resultado inconsciente de se traduzir "alta estrada" ao invés de, digamos, "estrada larga" (isto é, larga o bastante para uma carruagem). Aliás, parece-me muito adequado que um jovem, emudecido pela

mas inestimável resumo (em cinco linhas) de sua iminente revelação. Temos o proêmio completo. Vem, então, a primeira parte – Parte 1 – de sua revelação, a Via da Verdade. Temo-la quase completa, e suas duas mensagens principais são perfeitamente claras, embora muito assustadoras. São uma teoria do conhecimento e uma teoria do mundo real, tal como é conhecido pelos deuses. Ambas são apresentadas pela deusa com divina autoridade, mas não no espírito do dogmatismo. O ouvinte, Parmênides, é tratado como um pensador crítico. Apela-se a seu intelecto e, talvez, a seu orgulho intelectual.

A parte 2, a Via das Conjecturas Humanas, é uma bagunça. O que sobrou foi uma dúzia de fragmentos curtos, muito interessantes e poéticos. Pertencem à cosmogonia, astronomia e biologia humana. Um deles (DK B10) é um programa do que o poema nos deve dizer, e isso é confirmado por um interessantíssimo relato de Plutarco.[3] Essas duas passagens permitem-nos avaliar o quanto se perdeu dessa parte. Aliás, Plutarco deixa claro que considera extensa e originalíssima essa parte da obra de Parmênides.

2. A revelação da deusa

É a Parte 1, porém, a Via da Verdade – da Verdade demonstrável, tal como revelada pela deusa – que causou sensação. Ali, a deusa revela a Parmênides duas coisas tão monstruosas que só podem ser aceitas se receberem uma prova lógica.

A primeira é que não devemos confiar nos sentidos, mas só na razão e na prova (ou refutação) lógica.[4]

A segunda é que o mundo real está repleto: trata-se de um bloco esférico de matéria contínua. (Parmênides é um materialista que crê no poder do

---

gentil recepção de uma deusa, passe a pensar nela como a "deusa" e assim se dirija a ela em sua mente, em vez de por seu nome Diké, o que (segundo devia sentir) seria uma indesculpável grosseria. Assim, a mudança no texto, de "Dikē" para "deusa", é determinada pela situação. E a escolha de Dikē, a guardiã da verdade (nos tribunais), como aquela que fala é, sem dúvida, muito apropriada. (Ver DK, v.I, p.32, linhas 20 e ss.; e em especial Heráclito B28.)

3 DK B10 contém um extrato, talvez breve demais, das *Moralia* de Plutarco 1114b.

4 A velha prova formal pré-aristotélica era, ao que parece, principalmente a prova indireta, o ἔλεγχος, *elenchus (reductio ad absurdum)*. Parmênides o menciona pelo nome em DK B7: 5. É bom que não possa haver dúvida sobre seu significado, pois deriva de ἐλέγχω ("desgraçar", "desdenhar", "desonrar"; neste caso, desonrar uma asserção).

pensamento puro.) E isso tem como consequência que, neste mundo, não pode haver movimento. Nada acontece.

Para qualquer pessoa normal, tal ensinamento deve ter parecido não só falso, mas aberrante. No poema de Parmênides o que é chocante (e constitui uma ruptura total com a velha tradição que distingue entre o conhecimento divino e a falível conjectura humana) não é que a deusa declare que o nosso mundo de experiência humano seja falso e ilusório, mas que revele e afirme ser verdade – e até o prova! – uma teoria da realidade que deve parecer impossível e até mesmo louca a qualquer pessoa sensata. (Temos um eco disso cerca de um século depois, em 128d do *Parmênides*, de Platão, em 325a13 de *Da geração e da corrupção*, de Aristóteles e, de novo, em *Contra Colotes*, como Plutarco argumenta quase 500 anos depois, em 1113-4 e seguintes da *Moralia*.)

3. O problema

E, no entanto, Parmênides tenta descrever uma revelação real da deusa e acreditava ser verdade o que a deusa lhe disse. Houve uma revelação real – um grande clarão de luz. Isso é o que ele nos quer dizer, sobretudo no proêmio. Isso deve ter-lhe tocado como uma grande iluminação; deve ter resolvido para ele um grande problema. Qual é esse problema?

Descobrir o problema de Parmênides e entender seu sentimento extático de iluminação: este é meu problema aqui.

4. Proposta de solução para o meu problema

Parmênides era um filósofo da natureza (no sentido da *filosofia naturalis* de Newton). É-lhe creditada toda uma série de importantíssimas descobertas astronômicas: que a Estrela da Manhã e a Estrela Vésper são a mesma; que a Terra tem a forma de uma esfera (e não de um tambor ou de uma coluna, como pensava Anaximandro). Quase tão importante é sua descoberta de que as fases da Lua se devem à maneira variável como é vista da Terra a meia esfera iluminada da Lua.[5]

---

5 Fala Parmênides, portanto, de Selene de olhos redondos (κύκλωπος) (DK B10: 4). Ele, sem dúvida, sabia que ela estava sempre meio iluminada.

Antes disso, a mais engenhosa teoria das fases da Lua era a de autoria de Heráclito.[6] Explicava ele as fases da Lua e os eclipses da Lua e do Sol pela suposição de que fossem fogos mantidos em taças (de metal?) que circulavam ao redor da Terra; podiam voltar seus lados pretos parcial ou completamente para nós. Segundo essa teoria, a Lua não mais crescia ou encolhia, mas suas fases eram ainda o resultado de um movimento real na Lua. Segundo, porém, a nova descoberta de Parmênides, as fases da Lua não eram nada disso. Não envolviam nenhuma mudança ou movimento na Lua. Eram, antes, uma ilusão – o resultado enganoso de um jogo de luz e sombra.

Assim, nossos sentidos nos enganam. Não devemos confiar neles. Eles nos iludem: cremos que a Lua se move quando, na verdade, isso não acontece; ao contrário, a luz brinca em seu corpo escuro e imutável.

E o que é a luz? Não é uma coisa, nem matéria. A luz não resiste – não tem corpo, como o calor e o frio (embora possam ser sentidos, digamos, pelo nosso rosto) não têm corpo. Trata-se de mera aparência, afetando apenas os nossos sentidos, os nossos olhos. Não tem realidade, não tem existência real. Não deveríamos dar um nome à luz: só as coisas reais e existentes merecem ter nomes.

Os nossos sentidos devem ser rejeitados. Levam-nos a conjecturas impossíveis. Vemos com toda clareza movimento onde não há. E podemos até provar que não há: podemos refutar o movimento que antes víamos nas fases da Lua (DK 28B7):

> Nunca será isto estabelecido: que as coisas que não são existem.
> Afasta o pensamento dessa via de investigação; não deixes a experiência,
> Caminho tão percorrido, constranger-te; não deixes vagar teu cego
> Olho ou teu ouvido surdo ou mesmo a língua por essa via!
> Mas só pela razão decide tu quanto ao muitas vezes contestado
> Argumento que aqui a ti expus como refutação.

Esse é o intelectualismo ou racionalismo da deusa e sua refutação do empirismo e, sobretudo, da aceitabilidade dos sentidos como fonte de conhecimento.

---

6 Ver DK 22a1, p.142, 2-6. Diógenes Laércio 9.10: os eclipses do Sol e da Lua ocorrem quando as taças (que contêm o combustível em ignição) são voltadas para cima; as fases da Lua acontecem quando a taça gira, lentamente, em torno de si mesma.

Um grande descobridor, contudo, tem a obrigação de generalizar sua descoberta. Selene não possui, na verdade, esses movimentos que nos exibe. Será que podemos generalizar isso?

E vem, então, a grande iluminação intelectual, a revelação: num clarão, viu Parmênides não só que a realidade era uma esfera escura de matéria densa (como a Lua), mas que podia prová-lo! E que o movimento era, de fato, impossível.

Eis a prova (mais ou menos simplificada):

(1) Só o ser é (só o que é, é)
(2) O nada, o não ser, não pode ser.
(3) O não ser seria a ausência de ser: seria o vácuo.
(4) Não pode haver vácuo.
(5) O mundo é cheio: um bloco.
(6) O movimento é impossível.

Ou, para citar Parmênides B2 por suas suposições racionais fundamentais (1) e (2), formuladas juntas nas primeiras quatro linhas de sua Via da Verdade, que contêm o que chamamos de *primeiro caminho*:

Ouve! E leva contigo a minha mensagem quando a tiveres recebido!
Vê que só há duas vias de investigação concebíveis:
Uma é a via do que *é*, e que o *não ser* não pode *ser*.
Esse é o caminho da Persuasão, a criada da Verdade. Agora eis o outro!
Este caminho é que *não é*, e que *ele não* pode ser *ser*.
Esse caminho – ouve o que te digo! – é um caminho que não pode ser concebido.
Pois não podes conhecer o que *não* é. Isso não se pode fazer; tampouco pode ser dito.[7]

---

7 Tentei, em minha tradução, permanecer o mais perto possível do texto, desde que compatível com o uso de um inglês, claro. Os desvios do grego comum cometidos por Parmênides já foram suficientemente examinados em outro lugar, por muitos eruditos, e não creio que haja dúvidas sobre seu significado. Acerca da prova em seis etapas (que antecede a citação que se refere apenas aos enunciados iniciais da(s) premissa(s)), tais etapas se estendem, de modo muito repetitivo, por toda a Via da Verdade – à parte o fato de Parmênides não considerar a possibilidade de que sua esfera cósmica total possa girar (possibilidade que não o teria impressionado, pois sua esfera era "imóvel e imutável nos vínculos de poderosas cadeias": B8: 26-7).

A rejeição do *segundo caminho*, com base na dedução e no pensamento lógico intuitivo, destrói o movimento (salvo, talvez, a rotação local) e, junto com ele, o senso comum.

Deve-se admitir que, em sua primeira formulação da Via da Verdade, por mim citada, Parmênides omite o sujeito "quê", mas depois fala mais naturalmente. Parece que temia, ao nomear seu sujeito, pressupor aquilo que pretendia estabelecer: a existência, o ser, porém, essa omissão é uma questão que, de modo algum, afeta o argumento principal, com sua espantosa combinação de uma teoria chocante e de uma prova dela, esplendidamente simples e intuitivamente convincente.

5. Traços? Ou evidência?

A solução que proponho vale-se do fato notório de que as grandes descobertas costumam deslumbrar seu autor como um potente clarão luminoso, fazendo-o crer que ela explica muito mais do que na realidade explica – talvez tudo.[8]

Foi grande a descoberta crucial de Parmênides da verdadeira explicação das fases da Lua. Logo levou à explicação dos eclipses e à antecipação de Copérnico feita por Aristarco, mas, é claro, a solução por mim proposta não pode ser provada. Trata-se de uma hipótese histórica acerca do pensamento de uma pessoa. A única coisa que se pode fazer por ela é mostrar que tem certo poder explicativo: há certos indícios em nossos fragmentos que não são explicáveis de outro modo, mas que, à luz da minha teoria, podem ser compreendidos razoavelmente bem. Eles poderiam servir como uma espécie de prova a seu favor, uma prova fraca, sem dúvida.

A minha teoria explica a relação entre a Parte 1 e a Parte 2 do discurso da deusa. E explica, em especial, a fascinante história, contada pela deusa, da queda epistemológica do homem ("der Sündenfall der Erkenntnis", como

---

De qualquer forma, sua prova intuitiva parece-me (não válida, mas) intuitivamente correta: nessa lógica, que parece funcionar intuitivamente, não há, é óbvio, nenhuma etapa inválida; e a premissa "o que existe, existe" ou "o que é, é" parece ser uma tautologia; o que faria da derivação válida uma prova válida.

8 Uma das raras exceções é Xenófanes; comparar seu modesto comentário (B34) sobre sua teologia revolucionária.

Karl Reinhardt a chama)[9] que une as duas partes. Segundo Parmênides, tal como aqui interpretado, a queda consiste em dar nomes a duas coisas – luz e noite – em vez de apenas a uma – noite, a Lua escura, a matéria escura pesada. A ação proibida era nomear "luz" – uma não coisa. Era aí que "eles" – os mortais, os pecadores intelectuais – "se perdiam". Isso os levava a crer em não coisas, no vácuo, no espaço vazio e, portanto, no movimento (em sua possibilidade). A minha hipótese, portanto, aponta a "luz" como o nome proibido, enquanto seria permitido o nome "noite": a coisa em si, sem luz a brincar sobre ela, é escura, como a Lua em si. Ao darmos nome a uma não coisa, a um não ser, iludimos a nós mesmos e perturbamos a nossa imagem do mundo, as nossas conjecturas, as nossas "opiniões". Assim, referindo-se à história da queda (B8: 53-61), a deusa promete no fim do proêmio (B: 31-2):

> Mas também aprenderás como a conjectura ilusória,
> Fadada a ser tida como real, à força abria caminho em meio a todas as coisas.

Ao chegar, então, ao fim da Via da Verdade e à história da nossa queda intelectual, diz ela (B8: 50-2):

> Aqui vou encerrando meu discurso, à medida que nele se pode confiar,
> E meus claros pensamentos sobre a verdade. Aprende, agora, sobre conjecturas humanas,
> Ouvindo meus versos tão sedutoramente ordenados.

Antes, contudo, de dar início a esses versos sedutores que tratam das conjecturas humanas acerca do nosso cosmos, conta ela a história de nossa queda intelectual; e essa história me parece importantíssima. É decerto mais fácil entendê-la à luz da minha hipótese histórica do que antes (quando se recorria com frequência à influência de Hesíodo para explicá-la).

Vou citar a história; lembrem-se de que "eles" são os responsáveis intelectuais pela queda (B8: 53-4):

> A duas formas colocaram na cabeça que dariam nomes,
> Mas a uma dessas duas não era permitido dar nome.
> Foi aí que eles se desnortearam [...].

---

9 Reinhardt, *Parmenides*, p.26. Ver o Ensaio 9, seção 4.

As duas "formas" nomeadas são, como mencionei, luz e noite. Elas me fornecem algo que se pode propor quase como um teste da minha hipótese, pois, até agora, a maioria dos estudiosos (todos os que verifiquei) pressupõe intuitivamente que era a *luz* que podia ser "nomeada", por existir, ser, e que a *noite* era irreal e aquela que não podia ser nomeada; enquanto a minha hipótese sugere o contrário. Quem está certo?

Só anos depois de ter formulado minha hipótese (inclusive a hipótese de que a luz não devesse ser nomeada) ocorreu-me desenvolver um método para resolver esse problema. Trata-se de um método bastante simples. Faça uma lista de opostos! Isso leva, creio que de modo inequívoco, ao resultado de que a *luz* está do lado do não ser, do vácuo, da irrealidade, da mudança, do movimento, do calor, da juventude, do amor, da ilusão, do desejo (por exemplo, quanto aos raios de Hélio, B15); ao passo que *noite* está do lado do escuro, do peso, do corpo (B8: 59, πυκινὸν δέμας – o lugar mais crucial), do frio, da velhice, da morte, do não movimento, da matéria; o único ser real: a verdade permanente, imutável, atemporal.

Todos podem conferir isso.[10] Assim se funde a Via da Verdade e a Via da Conjectura numa obra bem-articulada – mas pessimista. Parmênides vê a vida em todo seu calor e movimento e beleza e poesia, mas a verdade gelada é a morte.

6. Alguns comentários dispersos

Estou no fim da minha história. Quero apenas acrescentar uns poucos comentários acerca do que considero serem traduções escandalosamente más. (Creio que as más traduções têm piorado desde o livro de Diels sobre Parmênides, de 1897.)

As piores dessas traduções são as de B16. Examinei algumas de suas traduções escandalosamente ruins no meu livro *Conjecturas e refutações*, cuja crítica é, em parte, complementar à minha crítica atual), mas, ao que parece, a minha crítica foi ignorada: vi novas péssimas traduções anos depois. Famosos eruditos simplesmente não entenderam o (indubitavelmente difícil) texto. A

---

10 Ver, por exemplo, o escólio de Simplício à *Física* 31.3 (= DK, v.I, p.240, linhas 12 e ss.: "Do lado do [fogo] está o esguio, o quente, o brilhante, o macio e o leve [em contraposição ao pesado]; oposto é o denso, o frio e o duro e o pesado".

melhor tradução era, creio, a de Hermann Diels. Uma amostra de tradução, infelizmente representativa dos textos transmitidos por Aristóteles, *Metafísica* 1009b22-5 – o texto de Teofrasto é melhor – foi a de Sir David Ross (cito a partir da segunda, 1928, da sua tradução da *Metafísica*), que é a seguinte:

> Pois assim como a cada vez os muito torcidos apêndices são compostos,
> Assim é a mente dos homens. Pois em cada um e em todos eles
> Esta única coisa pensa – a substância de seus apêndices:
> Pois aquilo que mais há é pensamento.[11]

Acho que isso não é inglês. Todas as palavras são inglesas, é claro, mas estão envoltas numa névoa impenetrável – quase como de propósito. O mesmo vale para todas as outras traduções que conheço (salvo, talvez, a de Diels; Diels-Kranz, porém, tem uma das piores), mas à luz de uma das duas principais verdades reveladas pela deusa – o agressivo antiempirismo e antissensualismo de Parmênides – B16 se torna perfeitamente claro e imensamente interessante: quando corretamente traduzido, é um ataque contundente e muito irônico contra o empirismo sensualista – na verdade, contra a tese melhor conhecida na famosa (mas um tanto fraca) formulação *Nihil est in intellectu quod non antea fuerat in sensu.*[12] (Até agora, a mais antiga doutrina desse tipo conhecida é a de Protágoras; ela deve, porém, ter existido meio século antes. Claro, ela é mencionada e moderadamente criticada em 1009b13 da *Metafísica*, de Aristóteles. Ver a seguir.)

Devemos partir das fontes de B16, a *Metafísica*, de Aristóteles 1099b21, e Teofrasto, *de Sensu* (DK A46). O contexto em que tanto Aristóteles como Teofrasto citam e analisam suas versões de Parmênides DK B16 é a percepção dos sentidos.

Aristóteles abre o parágrafo em que aparece a citação com uma importante referência aos filósofos que "supõem ser o pensamento a percepção dos sentidos, e a percepção dos sentidos, a mudança física"; uma formulação clara justamente dessa teoria do pensamento sensualista (e mecani-

---

11 No original, a tradução de Sir David Ross é a seguinte: "For as at each time the much-bent limbs are composed, / So is the mind of men; / for in each and all men 'Tis one thing thinks – the substance of their limbs: / For that of which there is more is thought" (N. T.).

12 Nada há no intelecto que antes não tenha estado no sentido. (N. T.)

cista) que, como veremos, Parmênides ataca em B16 com mordaz ironia. Teofrasto, que transmite o melhor texto, coloca-o no meio de um trecho que também examina a percepção sensível, mas principalmente com um problema que nada tem que ver com nosso B16 e que remonta a Empédocles (por exemplo, DK 31B90): se percebemos ou não o frio com o frio e o doce com o doce, ou com o oposto – o frio com o quente e o doce com o amargo. (Teofrasto vincula esse problema a outro ainda, que também nada tem que ver com nosso B16.)

De qualquer modo, Aristóteles e Teofrasto concordam em citar B16 num contexto referente à percepção sensível. Mas nada nas traduções habituais mostra isso. Traduzem μελέων (genitivo plural de μέλος) por "apêndices", mas se pode encontrar o seguinte em *Das partes dos animais,* de Aristóteles: "São exemplos de partes o nariz, o olho, o rosto; cada um deles é chamado μέλος" (645b36-646a1). A edição Loeb traduz isso por "'apêndices' ou 'membro'", mas isso não é português! Chamaríamos o nariz ou o olho ou o rosto, em português, de "apêndice" ou "membro"? Chamaríamos, é claro, o nariz ou o olho de órgão sensorial e também o rosto, se o usarmos para perceber, digamos, um vento frio. O dicionário, porém, diz "apêndice" ou "membro", mas não "órgão sensorial"; e aí está, embora isso não seja português correto (como *Glied*, neste contexto, simplesmente não é correto em alemão; como percebeu Hermann Diels, ao usar os termos corretos).

Passo, agora, à tradução do trecho, lembrando o contexto de Aristóteles (mas *não* de Teofrasto) e o racionalismo de Parmênides, além de seu ódio e desprezo pelo sensualismo e, sem dúvida, pela doutrina que abomina: que o pensamento racional (intelecto) seja percepção sensível ligada à mudança física. E pressuponho que tanto Aristóteles como Teofrasto sabiam muito bem o que significa μέλος: um nariz para cheirar ou um olho para ver ou um ouvido para ouvir. Assim, a tradução agora soa assim:

> Aquilo que está, a qualquer momento, na mistura muito errada dos órgãos dos sentidos,
> Isso é aquilo que homens usam como arrimo para o pensamento. Pois tratam, como se fossem iguais,
> Os poderes racionais do homem e a natureza ou o composto dos órgãos dos sentidos.
> Aquilo que nessa mistura prevalece se torna pensamento, para todos os homens e cada um deles.

Essa é, obviamente, uma apresentação extremamente sarcástica justo da teoria que Aristóteles pensava que Parmênides estivesse defendendo. (Aristóteles enganou-se ao tentar lembrar a característica expressão "muito enganosa", substituindo-a por "muito humilhada", o que pode tê-lo levado a pensar que Parmênides houvesse querido defender os sentidos, por serem subestimados.)

Karl Reinhard estava bem ciente do desprezo de Parmênides, mas cria que B16 fosse uma das falsas, porém sérias, conjecturas humanas encontradas na Parte 2 do discurso da deusa.[13] Admito que é possível: poderia ter sido uma conjectura séria sobre o trabalho das mentes dos cabeças-duras (ou cabeças duplas).[14] E, no entanto, não consigo imaginar o contexto. Para mim, é mais fácil pensar que B16 fosse um ataque irônico direto, como B6, e provavelmente ligado a ele.[15]

A minha razão é que a deusa estava, afinal, fazendo propaganda, por meio de Parmênides (B2: 1), do pensamento racional e lógico e contra o sensualismo. Isso não podia associar-se à propagação, entre as melhores conjecturas, da ideia de que os humanos não podem, em geral, pensar, mas só perceber e tomar erradamente as impressões sensíveis por pensamento. Quero, porém, ressaltar, que simplesmente não sabemos em que contexto ocorria B16, mas, se obrigado, votaria por um lugar na Via da Verdade, próximo de B6.

Um sinal, além de B7, de que Parmênides também analisou seu próprio modo de pensar logicamente é, creio eu, B5:

[...] É o mesmo para mim de onde parto:
Exatamente a esse mesmo lugar tornarei a voltar.

Acho que B5 mostra que ele viu que a maioria de seus passos lógicos intuitivos eram equivalências lógicas, mais do que implicações unilaterais. (Isso não vale, porém, para o último passo, (6).)

---

13 Reinhardt, op. cit,. p.77 e ss.

14 Os "cabeças duplas" (ou os "de duas cabeças") em B6 criam um problema. A expressão é por certo usada pejorativamente, como "cabeça-dura", mas terá um significado especial, pelo menos algo do tipo cabeça-dura? E talvez até um significado que a vincule ao argumento? Ou são apenas mortais comuns, que olham com o duplo rosto de Jano para o ser *e* para o não ser?

15 Gadamer levantou uma objeção muito séria, em carta a mim endereçada, em agosto de 1992: a referência a κρᾶσις = mistura em B16: 1 é decerto uma razão para colocar B16 na mesma parte que B12: 1 e B12: 4. (Deveríamos considerar também A43.) [Ver ademais o Fragmento Popper 1(d), a seguir. (N. O.)]

7. Breve avaliação

Creio que Parmênides foi o primeiro grande teórico, o primeiro criador de uma teoria dedutiva: um dos maiores pensadores de todos os tempos. Construiu não só o primeiro sistema dedutivo, mas o mais ambicioso, o mais ousado e o mais desconcertante de todos os tempos; e um sistema cuja validade lógica era intuitivamente imaculada.[16]

Levou mais de dois mil anos para os lógicos aprenderem que não havia um modo de todo satisfatório, natural ou intuitivamente, de se evitarem logicamente conclusões catastróficas, e isso a tal ponto que tivemos de escolher nossas próprias convenções lógicas para evitá-las: lição quase parmenidiana (e lição jamais aprendida pela maioria dos filósofos, que fazem da "ontologia" seu negócio e não chegam a lugar nenhum).

O passo seguinte, só tornado possível por Parmênides, era o reconhecimento por Leucipo e Demócrito de que uma teoria dedutiva do mundo, uma teoria com o poder daquela criada por Parmênides, só podia ser *hipotético--dedutiva*. Aceitaram, pois, a existência do movimento como uma refutação empírica do sistema hipotético de Parmênides e concluíram daí que existiam *tanto* o pleno *como* o vazio: átomos *e* vácuo.

Assim, a maior teoria física de todos os tempos nasceu de uma discussão criticamente inspirada do pensamento de Parmênides, que levou à refutação de sua teoria.

Essa guerra, entretanto, ainda continua, a guerra da observação e da experiência contra a teoria, dos crentes na percepção sensível contra os pensadores; tanto na ciência como nos ambientes eruditos.

Nota do autor

Este ensaio é dedicado com gratidão a Jaap Mansfeld, por seu livro *Die Offenbarung des Parmenides und die menschliche Welt* [A revelação de Parmênides e o mundo humano]. Mansfeld também me encorajou a adicionar esta

---

16 Ver, a seguir, nota 7. O problema dos paradoxos – simples inferências que, ao que parece, não se pode mostrar intuitivamente conterem erro, mas levam a conclusões impossíveis – era conhecido na Antiguidade e não nos abandonou. O mais famoso é o de Epimênides (uma forma do mentiroso).

nota sobre a postura convencionalista em relação à linguagem, embora a nota esteja desvinculada do argumento.

A criança que nasceu cega pode saber muito pouco sobre sua deficiência (em especial numa sociedade em que não se faz estardalhaço sobre isso), mas pode exibir um comportamento inabitual em relação à linguagem, semelhante ao de Parmênides, pois, por exemplo e convenção, aprenderá a adotar e a usar palavras que pouco ou nada significam para ela (como "cego", "ver", "verde", "vermelho", "escuro", "claro" etc.). Parmênides, por certo, não era cego: era um astrônomo! Mas pode ter sido educado por (ou com) alguém que o fosse, ou, talvez, tenha sido cego para as cores, o que pode levar a um comportamento parecido (como me informa o dr. Noel Bradley, psicoterapeuta).

A minha hipótese favorita (ou direi "sonho"?) para explicar a linguagem de Parmênides é que ele teria sido criado com e por uma irmã cega, três anos mais velha, que aos 11 anos passou a tomar conta dele. Algo assim pode explicar a grande influência dela.

Além dos vários lugares onde aparecem nomes e atribuições de nomes (por exemplo, B8: 38, 53; B9: 1; B19: 3), a hipótese explicaria os muitos lugares em que aparecem "via" e "sinal" (ou "poste sinalizador"), e "(caminhos) ilusórios" etc. (não nos esqueçamos também de πολυπλάγκτων = polyplankton). Além disso, B4 torna-se muito claro ("Tente ver, com seu olho pensante, o ausente como se estivesse presente!"): a admoestação está longe de ser trivial para um falante cego.[17]

---

17 Ver, além disso, o Fragmento Popper 3. (N. O.)

Ensaio 4
Como a Lua pode lançar um pouco de luz sobre as Duas Vias de Parmênides (1989)

Neste ensaio, não falarei acerca dos tempos e da personalidade de Parmênides de Eleia, que viveu cerca de 515-445 a.C., ou sobre a influência dele: podem-se encontrar notas históricas no Adendo ao Ensaio 6 e em outros lugares deste livro.

Em vez disso, tentarei resolver o que creio serem dois problemas centrais levantados pelos fragmentos do grande *epos* de Parmênides que chegaram até nós. Ele tem a forma de um poema épico, escrito em hexâmetros, influenciado, sem dúvida, por Homero. Mas se trata de uma obra filosófica e provavelmente trazia o título de "Sobre a natureza", aludindo, com isso, aos seus antecessores, às obras dos filósofos jônicos da natureza, em especial Anaximandro e Heráclito.

I

O poema era composto de duas partes e uma introdução (o proêmio). Na introdução, o jovem Parmênides viaja por meios sobrenaturais até ser recebido pela "deusa" (provavelmente idêntica a Diké).[1] A "deusa" anuncia que lhe revelará (1) a verdade até então não revelada e, portanto, secreta,

---

1 Ver o Ensaio 9, Seção 4, nota 4.

acerca da natureza ou da realidade, mas também (2) as opiniões errôneas dos homens mortais. Dá, então, sequência a seu discurso, que se divide claramente nessas duas partes, costumeiramente distinguidas como (1) a Via da Verdade e (2) a Via da Opinião.

O conteúdo da Parte 1, a Via da Verdade, é totalmente surpreendente, sobretudo no contexto da filosofia da natureza dos antecessores de Parmênides (contexto em que a Parte 2, sem dúvida, se encaixa): a deusa (a) primeiro estabelece uma epistemologia racionalista e antissensualista e (b) aventa uma espécie de prova (puramente lógica) que culmina na tese de que o movimento é impossível e o mundo consiste, na realidade, num bloco enorme, imóvel, homogêneo e sólido de forma esférica, em que nada pode jamais acontecer; não há nem passado, nem futuro.

Esse mundo da realidade da Parte 1, a Via da Verdade, é agudamente contraposto ao mundo da aparência da Parte 2, a Via da Opinião. Esse é o mundo tal como é experimentado pelos mortais comuns, o rico e variado mundo do movimento, da mudança, do desenvolvimento, o mundo colorido dos contrastes, da "luz e da noite".

Os fragmentos da Parte 1 que chegaram até nós parecem poder ser articulados de tal forma que pareçam quase completos; os da Parte 2 são, obviamente, muito incompletos, como o são os fragmentos de todas as outras obras filosóficas que precederam Parmênides. Provavelmente, a inabitual quase completude da Parte 1 se deva ao fato de ter causado sensação e, portanto, ser citada e copiada com maior frequência do que qualquer obra dos antecessores de Parmênides. A incompletude da Parte 2 é óbvia, à luz do testemunho de Plutarco.[2]

II

Isso é o bastante para uma brevíssima descrição dos fatos que cercam o grande poema de Parmênides. Os estudiosos do grego muitas vezes o descrevem como escrito num estilo monótono, não poético, quase lógico. Tal juízo me parece errôneo: acho que sua escrita é mais vívida e, não raro, mais bela do que seria de esperar do assunto, mas não posso reivindicar ser um juiz competente.

---

2 Plutarco, *Moralia, Adv. Col.* 1114b; ou DK, I, p.241, linhas 7-11. (Vide o Ensaio 5, nota 3.)

Dito isso, posso agora enunciar os meus dois problemas centrais.

Dispomos de relatos confiáveis de que Parmênides fez, no mínimo, cinco descobertas empíricas (astronômicas) de primeira ordem: (i) a Lua (Selene) é uma esfera (B10); (ii) a Lua recebe do Sol sua luz (B14 e B21); (iii) o crescimento e a diminuição da Lua são irreais: são jogo de sombra (e podem ser representados por meio de um pequeno globo exposto à luz do Sol ou de uma lâmpada);[3] (iv) a estrela Vésper (Hesperus) e a Estrela da Manhã (Phosphorus) são a mesma (A1 §23, A40a); (v) a forma da Terra é esférica (A1 §21, A44).

Com tais resultados em mente, posso agora formular o meu *primeiro problema*:

(I) *Como é possível que um bem-sucedido astrônomo e empirista possa voltar-se radicalmente contra a observação e os sentidos, como fez Parmênides em sua Via da Verdade?*

Vou chamar esse problema de *rechaço do sensualismo por Parmênides*.

Que a Parte 2 do poema de Parmênides fosse rica em ideias e comentários, ao estilo da tradição científica e cosmológica da época e fazendo-a avançar, é algo mostrado pelo famoso comentário a seu respeito feito por Plutarco (ver nota 2), que mostra que Plutarco conhecia muito bem o conteúdo da Parte 2 do poema de Parmênides e a considerava um tratamento excelente e muito completo da cosmologia e da história natural, bem como uma obra muito original (isto é, com descobertas autênticas); isso contrastava com muitas – ou a maioria – das obras de outros autores, que apenas retrucavam aos colegas para colocar a si mesmos em destaque.

Para formular meu segundo problema, tenho antes de deixar claro o inédito abismo entre os dois mundos de Parmênides, o mundo da realidade e o mundo da aparência.

Sem dúvida, a discrepância entre a Via da Verdade, o mundo da realidade tal como revelado pela deusa, e a Via da Opinião, o mundo da aparência dos homens mortais, está na tradição dos predecessores de Parmênides, à medida que preserva a distinção entre a Verdade que é certa e só pode ser

---

3 O crescimento e a diminuição de Selene (a Lua) devem ser irreais se a Lua for mesmo esférica (como mostra a nota 3); trata-se de uma aparência que é consequência de (a) sua forma esférica e (b) a iluminação por Hélio, o Sol; isso fica claro quando vemos que ela sempre volta seu lado brilhante para ele (comparar com B14 e, sobretudo, B15). Tudo isso é, sem dúvida, uma teoria astronômica que explica o "fato" universalmente observado da Lua minguante e crescente.

alcançada pelos deuses (e aqueles a quem os deuses a revelam) e a mera opinião ou conjectura, o que é tudo o que pode ser obtido pelos seres humanos mortais. Além disso, os predecessores de Parmênides inventaram, por assim dizer, um mundo (um mundo de deuses e demônios) por trás do mundo ordinário, tal como se nos apresenta, para explicar o inabitual (como o trovão e o relâmpago; ou as ondas extraordinariamente altas no mar; ou o comportamento humano esquisito; ou o poder do amor; ou os movimentos estranhos dos planetas).

Tudo isso, entretanto, ficou completamente eclipsado pela oposição parmenidiana entre seus dois mundos, o mundo da realidade e o mundo da aparência, pois (i) enquanto o mundo da realidade é (naturalmente) o mundo verdadeiro, o mundo da aparência é *totalmente* falso: ele é nada, coisa nenhuma, na melhor das hipóteses, um jogo de sombras. (ii) Nada que pertença ao mundo da realidade (isto é, à Parte 1 (b)) explica coisa nenhuma que necessite de explicação no mundo da aparência, uma vez que esse mundo é completamente falso, completamente ilusório. (A única explicação de algum interesse seria aquela que explica como podem surgir tais ilusões; e isso, sem dúvida, é explicado na Parte 1 (a): elas surgem de nossa confiança na experiência sensível, em vez de confiarmos plenamente na razão: a experiência sensível, segundo Parmênides, leva a contradições internas.)

Cada um destes dois pontos, (i) e (ii), abre um intransponível abismo entre os dois "mundos"; e não sei de nenhuma outra filosofia que contenha algo parecido – salvo, talvez, a filosofia de Kant: também Kant tem um mundo da realidade, o completamente incognoscível mundo das coisas em si, e um mundo de aparência, o mundo das coisas tais como se nos aparecem, aos nossos sentidos *e* à nossa razão. O mundo das coisas em si de Kant assemelha-se ao de Parmênides, à medida que o mundo da realidade daquele não funciona de modo algum como explicação para quaisquer eventos inexplicados do mundo da aparência. A diferença entre os sistemas de Kant e de Parmênides é, porém, muito grande. Para Kant, o mundo da aparência também tem realidade: trata-se daquilo que a ciência natural tenta explicar com descrições que são verdadeiras e explicar com teorias que são verdadeiras; ao passo que o mundo da realidade – das coisas em si – é para sempre incognoscível, oculto de nós e, portanto – para nós – apenas uma espécie de mundo de sombras.

Todas as outras filosofias (ocidentais) de que tenho notícia e que são sistemas de dois mundos e, em especial, aquelas que vieram depois de Parmênides e foram influenciadas por ele, tentaram preencher o intervalo que era intransponível no sistema de Parmênides: todas elas recuaram na direção de sistemas em que o mundo da realidade tinha a função de explicar nosso mundo humano da aparência. (Chamarei essa metodologia de *"estilo tradicional"*.) Isso vale claramente para os atomistas e até para o mundo das ideias de Platão; ideias que são reais e *verdadeiras e imutáveis* como o mundo real de Parmênides, o mundo descrito na Parte 1. Nesses "sistemas tradicionais", as ideias ajudam a explicar o mundo menos real e menos verdadeiro das aparências em que vivemos e morremos.

Posso, agora, formular meu *segundo problema*: o sistema de dois mundos de Parmênides não só não tem precedentes, mas parece uma impossibilidade histórica, como um evidente "anacronismo", para usar a expressão de Burnet.[4] *Tal aparente anacronismo – quase um paradoxo histórico – tem de ser explicado.*

Burnet tentou explicar esse paradoxo dizendo, se o entendo corretamente, que o que chamei *mundo da opinião* ou *da ilusão* simplesmente não existe para Parmênides.[5] O sistema de Parmênides contém só *um* mundo. O outro é, para ele, absolutamente nada – uma visão falsa que outros (os pitagóricos?) podem defender e que ele próprio pode ter defendido antes. Em outras palavras, tudo o que Parmênides realmente quer dizer-nos é que a realidade é tal como diz a deusa, na Parte 1. E a Parte 2 funciona só como um alerta para não persistirmos em nossa falsa crença numa pluralidade de coisas em movimento: tal mundo (em que o mesmo Parmênides obviamente cria antes de receber a revelação) não existe. Esse é o conteúdo da revelação, e nada mais. A revelação simplesmente destruiu tudo aquilo em que Parmênides cria antes de recebê-la e destruiu tudo aquilo em que todos os outros homens mortais creem ou criam.

Obviamente, Burnet pensava que assim desapareciam o anacronismo e o paradoxo histórico, uma vez que desaparece a aparente semelhança como o dualismo kantiano de um mundo de coisas em si e um mundo de aparências.

Ora, não há dúvida de que a sugestão de Burnet reduz em muito a semelhança entre Parmênides e Kant, mas será que isso resolve o problema? Não creio. Minha razão é simples: todos os contemporâneos de Parmênides

---

4 Burnet, *Early Greek philosophy*, 4.ed., p.182 e ss.
5 Ibid., 2.ed., p.208-14.

sentiram que o sistema dele era um paradoxo escandaloso, o que é a mais forte prova possível do anacronismo deste. Não só seu grande discípulo e amigo Zenão é testemunha dessa recepção da obra de Parmênides, mas tudo o que pôde fazer para enfrentar aquele clamor foi mostrar que a ideia de movimento real é, pelo menos, tão paradoxal quanto a doutrina de Parmênides de que o movimento não existe. E todos os filósofos ocidentais de todas as épocas, a começar por Aristóteles, também acharam que o sistema de Parmênides e Zenão era (e ainda é) paradoxal. A única exceção talvez seja Platão.

A observação de Burnet pode ser tomada como uma sugestão de que, depois de Kant, o sistema de Parmênides teria parecido menos paradoxal e, portanto, não teria havido anacronismo se tivesse aparecido depois de Kant.[6] De fato, depois de Berkeley e ainda mais depois de Kant, teria sido visto como a engenhosa inversão do idealismo berkeleiano ou kantiano feita por um filósofo – talvez como uma tentativa de mostrar o absurdo desses sistemas. Uma vez, porém, que ele surgiu dois mil e trezentos anos antes de Kant e que era, na realidade, tanto um anacronismo como um paradoxo, meu *segundo problema* poderia ser reformulado do seguinte modo:

(II) *Como explicar ou tornar compreensível que um apaixonado perseguidor da verdade, no tempo de Parmênides e em sua situação intelectual, pudesse produzir uma tão paradoxal visão do mundo, de uma estranha, mas material Realidade, e crer na verdade dela?*

Chamarei esse problema de *o aparente anacronismo de Parmênides*.

Há um terceiro problema – o da relação explicativa entre a Parte 1 e a Parte 2 da revelação da deusa. Esse problema será formulado e resolvido na Seção VII.

III

São esses meus dois problemas. Antes de tentar resolvê-los, acrescentarei brevemente alguns comentários sobre eles.

No que se refere a meu primeiro problema, o rechaço da experiência sensível por parte de Parmênides é, ao que me parece, uma vez formulado,

---

6 Ibid., p.209.

bastante óbvio. Mas não creio que ele tenha sido enxergado, ou mesmo vagamente pressentido, por algum dos muitos comentadores de Parmênides. Alguns deles, sem dúvida, tentaram encontrar solução para o enigma de Parmênides na Parte 2 (como devido, sugiro eu, se se quiser resolver meu primeiro problema em harmonia com os documentos textuais). Não creio, porém, que tenham chegado mais perto do que isso de meu problema (I).

Creio que meu outro problema foi pressentido, e até mesmo enxergado, por todos, e com maior clareza e força por Burnet do que por qualquer outra pessoa. Burnet, no entanto, se enganava estranhamente quando julgava que ele fosse resolvido colocando-se a Parte 2 – a Via da Opinião dos Mortais – em seu devido lugar. Ele está certo ao dizer que Parmênides descreve o mundo ilusório da aparência e ensina sua absoluta não existência, mas isso não adianta. Não torna menos anacrônico seu poema, pois ele é atemporalmente paradoxal e permaneceu anacrônico *pelo menos* até Berkeley, devido ao fato de que a negação da existência do mundo em que todos vivemos, inclusive Parmênides e Zenão, é anacrônica e paradoxal (ainda que esqueçamos o caráter anacrônico e paradoxal da Parte 1 de Parmênides, isoladamente da Parte 2).

IV

Antes de apresentar uma solução – sem dúvida, hipotética – para meus dois problemas, quero dizer que ela se baseia apenas em fatos textualmente bem-estabelecidos – com *uma* exceção: se faz uma suposição psicológica. Suponho que ocorra com muita frequência que um descobridor fique tão impressionado com uma de suas descobertas e tão entusiasmado com ela, que ache ter descoberto a pedra filosofal, a solução de todos os enigmas: que sua descoberta ilumine tudo (e esse é, de fato, o caso, às vezes). São exemplos dos tempos antigos: a ideia de Pitágoras de que o número é a essência de *todas* as coisas; o princípio *homo mensura*, de Protágoras: o homem é a medida de *todas* as coisas. Ou de tempos muito recentes: a extensão feita por Bohr de seu "princípio de complementaridade", inicialmente derivado do "dualismo de partícula e ondas" da mecânica quântica, a problemas de Biologia, tais como o de dizer qual é o segredo da vida, ou a problemas psicológicos e filosóficos, como o do livre-arbítrio; ou a crença inicial de Heisenberg de que seu princípio de indeterminação significa que a física (quase? ou já?) chegou ao fim, uma vez que se pode demonstrar ter-se chegado a um ponto em que são impossíveis medições mais finas, e se pode, portanto, dizer: é impossível penetrar num nível mais profundo.

A esses exemplos do que se poderia chamar de "tendência a universalizar e dogmatizar as descobertas", oponho um contraexemplo aparentemente raro: Xenófanes, que, depois de descobrir uma solução (monoteísta) para seu problema de serem os deuses homéricos grosseiramente antropomórficos e de dever ser completamente diferente o poder que move e governa o mundo, escreve (B34, tradução minha):

Mas quanto à verdade certa, nenhum homem a conheceu,
Nem vai conhecê-la; nem dos deuses
Nem de todas as coisas de que falo.
E mesmo se por sorte proferisse
A verdade perfeita, ele mesmo não a conheceria,
Pois tudo é apenas uma urdida teia de conjecturas.

Xenófanes é um pensador raro: em vez de tentar transformar sua descoberta num dogma universal, reconhece que sua própria descoberta é uma conjectura, uma hipótese. Como todo conhecimento meramente humano, não passa de "uma teia de conjecturas". Não pode ser mais que isso, pois o homem é falível.

Como mostra esse contraexemplo, a "tendência a universalizar e dogmatizar as descobertas" não deve, por sua vez, ser universalizada e dogmatizada, mas existe; e pressuporei, na minha solução, que Parmênides teve essa tendência. (Isso me parece emergir de seu poema, mas estou ciente de que a minha impressão não passa de conjectura.)

V

Passo agora à minha proposta de solução para meu primeiro problema, *o problema do rechaço do sensualismo por parte de Parmênides.*

Parmênides descobriu ser falsa a observação (que todos podem fazer com maravilhosa clareza) de que a Lua – Selene – cresce e diminui ao longo do tempo. Selene não faz nada disso. Não muda de maneira nenhuma. Suas mudanças aparentes são ilusão. Embora pareçam repetir-se com tanta regularidade que a observação pode ser feita por todos, as mudanças são, na verdade, inexistentes. Observações tão claras, em especial as de mudança ou de movimento, são integralmente não confiáveis, e o movimento observado pode não existir. Na realidade, Selene é um globo que tem sempre o mesmo tamanho e a mesma forma.

E é possível dizer mais: a descoberta de que a Lua nem cresce, nem diminui foi, por sua vez, feita com a ajuda da observação. Não poderia ter sido feita sem se observar que Selene sempre parece olhar para o Sol (DK 28B15); o que significa (diz-nos a razão) que recebe do Sol sua luz. Assim, a observação pode implicar a falsidade da observação – um caso claro de refutação (*elenchus* ou, mais especificamente, *reductio ad absurdum*, prova indireta de falsidade). A aparente mudança corporal da Lua revela-se como um mero jogo de sombras, como todos os que seguram com as mãos uma esfera diante do Sol e observam o jogo de luz e sombra sobre ela enquanto se move ao redor da esfera (ou move a esfera a seu próprio redor).

Nada disso, porém, poderia ter sido descoberto sem o raciocínio (lógico). E o raciocínio é confiável: é, sem dúvida, a via da verdade; a única via.

Essa é a solução que proponho ao primeiro problema central. Parece-me claro que Parmênides pode facilmente ter chegado a esse racionalismo estrito argumentando dessa forma. E pode facilmente ter experimentado isso como um deslumbrante abrir de olhos – como se abrisse os olhos mentais para a pobreza dos olhos sensíveis. Foi, para ele, como uma revelação divina. Essa era a verdade, e essa era a via da verdade. Tal via da verdade deve ser estabelecida primeiro, antes mesmo de se denunciar o mundo das observações.

Passo agora a meu segundo problema, o do *aparente anacronismo de Parmênides*. Aqui, entra em ação minha suposição acerca da tendência de Parmênides a universalizar e dogmatizar.

A grande descoberta de ser a Lua um corpo esférico imutável é generalizada por Parmênides na ideia de que talvez o mundo inteiro seja imutável e imóvel. Talvez *toda* mudança, todo movimento seja um jogo ilusório de luzes e sombras, um jogo de luz e noite?[7] Talvez se possa *provar* que todo

---

7 Até onde sei, o termo grego para escuridão, *skia* (σκία) é raro nos primeiros textos e parece ser usado com maior frequência para significar uma sombra ou espírito, como em Homero, *Odisseia* 10.495 ou, talvez, em Demócrito (DK 68B145), no qual *skia*

movimento seja impossível? De fato, Parmênides prova isso. Sua prova é o resultado cosmológico positivo da sua Parte 1, a Via da Verdade.

A Via da Verdade tem duas funções principais no poema: afirma a descoberta de que o sensualismo sempre se refuta a si mesmo e de que o racionalismo é a única via da verdade; e prova ser impossível o movimento no mundo real, no mundo material.

A prova é engenhosíssima. Ela é completamente *a priori*, sem nenhuma suposição empírica. Pode ser apresentada da seguinte forma:

(1) Só o que é, é.
(2) O nada não pode ser.
(3) Não há espaço vazio.
(4) O mundo é pleno.
(5) Uma vez que o mundo é cheio, não há espaço para o movimento – e, portanto, para mudança (que é um tipo de movimento).
(6) O movimento e a mudança são impossíveis.

Essa é a prova da deusa: como prova, é infalível e, portanto, divina. Não há nenhum truque esperto no argumento de Parmênides, pelo contrário, há simplicidade, grande atenção e alguma falta de jeito: tudo isso é marca de um grande pioneiro.

Trata-se de uma dedução *a priori* da grande descoberta experimental da Lua imutável feita por Parmênides, e ele a generaliza. Assim, sua descoberta é explicada e com ela o cosmos! Mesmo para nós, dois mil e quinhentos anos depois, é quase tão difícil encontrar falha na prova de Parmênides quanto encontrar falha nas famosas provas de Zenão, que mostram que a suposição do movimento leva ao paradoxo.

Observe-se que Parmênides *tinha* de apresentar uma prova, uma prova lógica irrefutável. Sem ela, sua doutrina de que a razão, e não os sentidos,

---

provavelmente significa o mesmo (uma sombra ou até mesmo um acobertamento). A minha hipótese é que Parmênides use "noite" (νύξ, B9: 1) para escuro, no sentido de trevas, ausência de luz, e que a sua expressão "luz e noite" seja equivalente a "luz e trevas" (ausência de luz, escuridão), portanto, luz e noite, como as duas categorias, básicas do mundo ilusório dos mortais, são um mundo do jogo de luzes e sombras (como acontece, paradigmaticamente, na Lua). A luz e a noite são aparências irreais, uma vez que a realidade = matéria (escura e pesada). A não reconhecida (νύκτ´ ἀδαῆ B8: 59) parte da Lua é reconhecida por Parmênides como matéria pesada. Ver também Tales (DK 11A5 = Heródoto I.74), no qual νύξ é um eclipse.

nos dá a verdade não levaria a lugar nenhum, e sua doutrina da impossibilidade da mudança seria um paradoxo natimorto. Sem dúvida, precisava dela para si mesmo, para se convencer: ele mesmo fora um dos mortais que acreditaram na realidade do mundo em mudança, da mudança na luz e até na noite.

Note-se, porém, que a prova de Parmênides é uma *refutação*. Trata-se de um *elenchus*, uma refutação obviamente muito contestada (πολύδηριν ἔλεγχον) (DK 28B7: 5) da doutrina do empirismo e da doutrina da existência da mudança. Tais são também as provas de Zenão e Górgias. E esse é o caso da maioria das primeiras provas matemáticas (ou de todas?), pois são indiretas: o *elenchus* domina soberano o campo da lógica da demonstração, da prova. Ainda domina soberano com Sócrates e, creio, com Platão. E realmente a *reductio ad absurdum* é um método de prova quase absoluto, em oposição ao método axiomático (por exemplo, de Euclides), que trabalha com pressupostos não provados. Ele contrasta com o uso dos silogismos (isto é, das derivações) feito por Aristóteles, tentativa que o levou a inventar a indução (como vimos anteriormente) e cuja paternidade, em desespero de causa, atribuiu a Sócrates, porque Sócrates usara exemplos, casos – embora só em suas refutações – no *elenchus* socrático. No uso que fazem da refutação reside, pelo menos em parte, a superioridade dos pré-socráticos sobre Aristóteles, embora este fosse um grande físico e um biólogo ainda maior.

Voltemos, pois, agora, a Parmênides e a meus dois problemas centrais. Mostrei que a solução proposta para meu primeiro problema é uma teoria muito fértil: tem grande poder explicativo. Explica por que a Parte I denuncia o método (= a Via) da observação como contraditória e por que (em razão da tendência à universalização) ele assume a tarefa de provar, logicamente, a impossibilidade do movimento, pelo mesmo método de refutação que, segundo a solução por mim proposta, destruiu o empirismo observacional para Parmênides. Assim, minha solução para o primeiro problema explica até mais do que o problema exige e leva de imediato a uma solução para o segundo problema do suposto anacronismo de Parmênides.

O problema é resolvido simplesmente indicando-se que tudo, inclusive a estranha Via da Verdade, depende de sua grande descoberta científica e da generalização cosmológica desta. A solução é clara: Parmênides, como vimos, pensa e age completamente dentro da tradição histórica dos "físicos" de seu século: sua grande descoberta, a nova teoria da Lua, pertence inteiramente a essa tradição, e o mesmo acontece com seu método universalizante – compare-se a teoria de Tales de que "*tudo* é [uma forma de] água)" e a teoria de Heráclito de que "*tudo* é [uma forma de] fogo" e "*tudo* muda" ("*tudo* flui"). Assim, até mesmo a doutrina de Parmênides de que "*tudo* está em repouso, pois o mundo está repleto" pertence inteiramente a essa tradição. Só a rejeição radical do empirismo observacional e a espantosamente bem-sucedida adoção do método de prova racional (o *elenchus*) transcende claramente a tradição de seus predecessores. Esse distanciamento, contudo, pode ser perfeitamente explicado pela solução que propusemos para o nosso primeiro problema. A ideia de Parmênides, portanto, está longe de ser anacrônica, mas pertence por inteiro à tradição dos grandes cosmólogos jônicos.

O poder explicativo da solução por mim proposta, no entanto, é ainda maior. Ela resolve um muito incômodo problema de interpretação da Parte 2. Parmênides, ou melhor, sua deusa, diz no comecinho da Parte 2 algo muito difícil de entender. Diz que a ilusão do mundo da aparência tem origem em que os homens mortais, por convenção, concordam em adotar e nomear a duas entidades (ou formas), *luz* e *noite*, ao invés de adotarem apenas uma delas, provavelmente a *noite:* "um corpo compacto e pesado"; obviamente o bloco material do universo, a una e única realidade (B8: 59, νύκτ' ἀδαῆ: a ausência de *luz*, isto é, da ilusão de realidade). Essa convenção, essa invenção verbal de uma segunda realidade, "luz", foi o que fez os mortais se perderem, que se tornaram vítimas de ilusão.

A explicação dessa estranha passagem não é um dos meus maiores problemas, e a minha solução para o primeiro problema central (que também resolve o segundo) não estava destinada a explicar e nem sequer a lançar certa luz sobre essa passagem, que, diante dele, parece ser meramente um problema de esclarecimento linguístico e de interpretação do texto. E, no entanto, a solução do primeiro problema também me parece resolver esse problema aparentemente linguístico.

Para ver isso, voltemos à Lua. Qual é a explicação da ilusão segundo a qual ela cresce e diminui? Obviamente, as mudanças na *luz* (que vem do Sol): o crescimento e a diminuição da Lua nada tem de real, mas é, literalmente, um *jogo de sombras* – o jogo da luz e da noite sobre um corpo esférico! (Isso também pode ser visto em pequena escala com o modelo mencionado no começo da Seção 2, acima), mas a luz é uma *não coisa*: não é uma *coisa*. E só uma coisa pode ser: o nada não existe! E só as coisas podem corretamente ter um nome: nunca se deveria dar um nome ao nada e tomá-lo como real. Só a Lua enquanto tal, a escura e material Lua, independentemente de sua iluminação, é uma coisa (de fato, um corpo compacto e pesado): a própria coisa e não a coisa iluminada; porém, como todos sabemos, os homens mortais não só deram um nome a essa não coisa irreal, a *luz*, mas até a preferiram ao real, talvez porque recorra a um dos seus sentidos e lisonjeie o sentido da visão: eles não podem ver sem luz; mas cuidado com os sentidos, alerta Parmênides, confiem só na razão! É a razão que lhes fala da invisível Lua escura e da sua invisível realidade!

Assim, a ilusão de movimento é a ilusão da visão, por causa da não coisa chamada *luz*, que nunca deveria receber um nome. Essa é a explicação de como os homens se tornaram vítimas da Grande Ilusão. Por isso, os mortais que confiam nos sentidos creem no mundo não existente da aparência ilusória, no não existente mundo da mudança e do movimento.

Essa é a solução para o problema aparentemente apenas verbal da transição da Parte 1 para a Parte 2 e da interpretação deste difícil trecho (DK 28B8: 53-9). Aqui, pelo menos, a meu ver, não resta nenhum problema textual.

VI

Vou, agora, resumir a solução dos primeiros dois problemas. O que é real é o universo como bloco imutável, redondo, pesado e denso, que é uma generalização da Lua redonda, pesada e imutável. A ilusão de um universo mutável é, como a da Lua crescente e minguante, o resultado da *luz* (uma não coisa) que produz irreais jogos de sombra. Tudo isso pode ser estabelecido, mas só pela razão e pelo método de prova (refutação). Isso deve ser estabelecido primeiro. Uma vez estabelecido, podemos, até sem perigo, descrever o não existente mundo ilusório em que os homens mortais creem, pois são estúpidos o bastante para confiarem nos sentidos – em especial, na visão – e até mesmo tomam erradamente a sensação criadora de ilusões pelo pensamento (DK 28B16) – quando só o raciocínio é real pensamento, ou seja, pensamento sobre a realidade.

As últimas observações permitem-nos resolver outro problema aparentemente apenas textual: o problema do fragmento B16 de Parmênides, que sempre foi (na minha opinião) maltraduzido; na verdade, até mesmo uma de suas últimas traduções me parece completamente absurda. Por exemplo, Kirk, Raven e Schofield traduzem-no assim:

Como a qualquer momento a mistura dos membros errantes,
assim a mente está presente aos homens; pois o que pensa é a mesma coisa
a saber, a substância de seus membros, em cada um dos homens e em todos eles;
pois o que prepondera é o pensamento.[8]

Temo que isso seja incompreensível para qualquer pessoa que não seja um erudito das letras clássicas. Agora, minha tradução em versos (em pseudo-hexâmetros), levemente retocada depois de 1963:

Aquilo que está, a qualquer momento, na mistura muito errada dos órgãos dos sentidos,
Isso aos homens parece conhecimento genuíno. Pois tomam como mesma coisa
A mente intelectual do homem e a natureza variante de seus órgãos dos sentidos.
"Pensamento" chamam eles ao que nessa confusão prevalece, em todos os homens e cada um deles.[9]

Esse é um típico ataque de Parmênides contra os homens mortais, suas ilusões geradas pelos sentidos e menosprezo destes pelo pensamento racional. Ela é, sem dúvida, semelhante ao original grego no fato de não ser de muito fácil compreensão (embora não mais difícil), mas se a lermos duas vezes, creio que faz sentido e se encaixa perfeitamente com a mensagem da

---

8 Kirk; Raven; Schofield, *The Presocratics Philosophers*, p.261. [No original em inglês: As it at any moment the mixture of the wandering limbs, / so mind is present to men; for that which thinks is the same thing, namely the substance of their limbs, in each and all men; / for what preponderates is thought. (N. E. B.)]

9 A tradução crucial é "mescla muito enganosa dos órgãos dos sentidos"; ela é plenamente justificada à luz dos exemplos dados por Aristóteles, *Partes dos animais*, 1.645b36-646a1. Cito da tradução da Loeb: "Nariz, Olho, Rosto: cada um deles é chamado de 'membro' (μέλος)". Em termos modernizados, o estado bioquímico (a "mistura") que caracteriza os órgãos dos sentidos em dado momento também determina o estado do intelecto, do nosso conhecimento e do nosso pensamento. Pensamos exatamente o que a maior parte das nossas substâncias químicas manda! Isso descreve e ridiculariza o sensualismo – a teoria odiada por Parmênides e pela qual tem grande desprezo.

deusa: pode-se dizer que é uma paródia mordaz do princípio "Nada há em nosso intelecto que antes não tenha estado nos sentidos".

Creio que esse fragmento 16 pertença à Parte 1, na qual Parmênides formula sua própria teoria do conhecimento, em oposição à teoria que ridiculariza nesse fragmento. (O atual lugar do Fragmento 16 na Parte 2 se deve, segundo creio, à má interpretação dele como um trecho pró-empirista sério, que só poderia ser colocado, é claro, na falsa Parte 2.) Compreendido como sugiro, o fragmento 16 deve ser colocado em algum lugar nas proximidades do fragmento 6 – talvez entre B6 e B7, no qual Parmênides alerta:

> Nunca será isto estabelecido: que as coisas que não são existem.
> Afasta o pensamento dessa via de investigação; não deixes a experiência,
> Caminho tão percorrido, constranger-te; não deixes vagar teu cego
> Olho ou teu ouvido surdo ou mesmo a língua por essa via!
> Mas só pela razão decide tu quanto ao muitas vezes contestado
> Argumento que aqui a ti expus como refutação.

VII

O meu *terceiro problema*, menos central que os outros, pode ser assim formulado. De certo modo, todos os cosmólogos constroem um mundo por trás do mundo das aparências, numa tentativa de *explicar* este último. (De fato, esse é o método da ciência não positiva, o que chamamos acima de "estilo tradicional".) Nisso, Parmênides rompe com a tradição, embora a tradição culmine em suas próprias grandes descobertas: o mundo real, o mundo da Via da Verdade, não deve ser considerado uma explicação do mundo de ilusão (que é apenas um erro). Chegamos, assim, à questão:

(III) *Qual é, agora, a explicação para a inter-relação entre o mundo real (da Parte 1) e o mundo ilusório (da Parte 2)?*

Resposta: a relação é uma espécie de *inversão* do "estilo tradicional". De fato, precisa-se do mundo da ilusão inteiro para explicar que *sua total abolição* – a descoberta do seu caráter ilusório – é uma descoberta e um passo muito importante. Trata-se da *Grande Revelação* que nos força a construir o mundo real: a tela sobre a qual a *luz* e a *noite* projetam as suas ilusões.

Tal resposta, que explica o errôneo mundo da ilusão, também vincula as duas partes do poema. Para compreender a visão que Parmênides tem do mundo, não basta considerar a Parte 1: o mundo da ilusão, na Parte 2, é necessário para a compreensão da Parte 1. É errônea, portanto, a ideia de que só a Parte 1 seja a teoria de Parmênides.

Parmênides se serviu do que chamei de *estilo tradicional* em suas grandes descobertas, isto é, explicou o mundo das aparências pela hipótese de um mundo real por trás dele, o que tem sido o método das ciências desde os grandes jônicos até hoje. Proponho a tese de que a relação entre a Parte 1 e a Parte 2 de seu poema seja uma *inversão* do "estilo tradicional". Ou seja, ele lançou mão do "estilo tradicional" quando fez suas grandes descobertas, mas o inverteu quando decidiu que o mundo das aparências era irreal, falso e nada mais que ilusão ou pesadelo – um sonho em que não se deve crer.[10]

Embora, atualmente, eu prefira essa solução – *a inversão* –, deve ficar claro que tudo isso depende da interpretação de uma única palavra, e talvez até de uma única letra nessa palavra (como expliquei no adendo a este ensaio). Se a interpretação habitual dessa palavra for abandonada, ou se a palavra for corrigida tal como propus no adendo a seguir, a relação "de estilo tradicional" entre a Parte 1 e a Parte 2 pode ser mantida. Nesse caso, Parmênides se mostra ainda mais como parte da tradição geral que é aqui explicada na solução do segundo problema.

---

10 Creem alguns eruditos que a relação entre as duas partes do poema de Parmênides não possa ser aquela entre uma teoria explicativa da realidade oculta e as aparências fenomênicas dessa realidade. Isso pelas seguintes razões: a deusa, dizem eles, declara que as opiniões humanas (ou as conjecturas) que pretende desenvolver na Parte 2 [não passam de] mentiras positivamente enganosas (ἀπατηλὸν. Essa é uma relação totalmente diferente da que descrevi no texto como mais ou menos tradicional. Eu, por meu lado, creio que a relação entre as duas partes transcende em muito o "[estilo] tradicional", mas não pelas razões dadas por esses eruditos: primeiro, não creio que ἀπατηλὸν deva ter um significado tão radical; poderia querer dizer "falível" ou "não confiável". E, caso contrário – tendo em vista o fato de que é a única palavra que passa esse significado tão radical –, ela poderia ser substituída por ἀπάτητον, que é usada por Demócrito (B131) num sentido completamente inofensivo. (Vide mais adiante o adendo a este ensaio.) Parmênides (B8: 52) teria, então, reivindicado simplesmente *novidade* para a Parte 2 (de acordo com Plutarco). Minha própria razão para afirmar que a relação entre as duas partes do poema rompe com a tradição não é nenhuma falsidade chocante da Parte 2, mas a reivindicação de verdade simplesmente aberrante por parte da deusa na Parte 1.

VIII

Concluo com uma observação sobre as consequências históricas. O maior *elenchus* racionalista de Parmênides – a refutação da realidade do movimento – causou uma impressão devastadora. Zenão, Anaxágoras, Empédocles, os sofistas, e mesmo Sócrates e, obviamente, Platão são algumas das testemunhas dessa influência, mas seus maiores seguidores e oponentes são, sem dúvida, Leucipo e Demócrito, os criadores do atomismo, que inverteram seu *elenchus* para oferecerem uma refutação empírica da grande cosmologia de Parmênides:

> Há movimento.
> Sabemo-lo por experiência.
> Logo: O mundo *não* é pleno;
> *há* espaço vazio.
> O nada, o vácuo, existe.
> Logo: O mundo consiste no existente, no duro e pleno *e* no vácuo.
> Logo: O mundo consiste em *"átomos e vácuo"*.[11]

Assim, o mundo é dualista e pode criar todo tipo de novas coisas a partir da combinação dos átomos. A *luz* pode ser real: pode haver átomos de luz (fótons); irreal é a *noite*: esta é simplesmente a ausência de luz.

Não foi isso apenas o resultado de uma refutação empírica da teoria de Parmênides, mas usou a teoria de Parmênides para sua gradual modificação. Na minha opinião, foi a refutação empírica que criou o que mais tarde foi chamado de "física teórica" e hoje, "física matemática". A presença da teoria aparentemente absurda de Parmênides foi de incalculável utilidade. Ali estava uma teoria, e *uma teoria, mesmo absurda, é sempre melhor do que nada*. Eis a única heurística: "Inventem uma teoria! Será ruim, mas poderão modificá-la com uma crítica infindável".

---

11 Estranhamente, justo essa refutação volta hoje a desempenhar certo papel. Cito um artigo de Julian B. Barbour: "Há, então, o problema da reconciliação entre a mecânica quântica e a teoria da gravidade de Einstein. A quantização dessa teoria, no caso de um universo espacialmente fechado, pelos métodos tradicionais, leva a uma "função de onda do universo" completamente estática. Absolutamente nada acontece – há uma completa *stasis* parmenidiana, em flagrante contradição com o que mostram os nossos sentidos" (Babour, Maximal variety as a new fundamental principle of dynamics, *Foundations of Physics*, v.19, n.9, p.1052).

O atomismo tornou-se a primeira hipótese física que foi um resultado direto de um argumento dedutivo falseador. Assim, o novo em Parmênides era o seu método axiomático-dedutivo, que Leucipo e Demócrito transformaram num método hipotético-dedutivo e, assim, tornou-se parte da metodologia científica. A filosofia de Parmênides, portanto, mesmo se antissensualista, pertence, como o mundo de Anaximandro e o de Anaxágoras e de Demócrito, à filosofia da natureza – à ciência natural especulativa.

O poema cosmológico de Parmênides é, pois, de importância crucial em nossa história. E sua obra, ao invés de misteriosa, mal interpretada e historicamente impossível, mostra-se agora lúcida, bela, compreensível e, historicamente, de importância decisiva.

Eu, pessoalmente, estou em dívida com Parmênides por ter-me dado o infinito prazer de conhecer o desejo de Selene por Hélio (DK 28B14-15):

A brilhar na noite,
Com o dom de sua luz,
Erra ao redor da Terra.
Sempre voltando o olhar
Para os raios de Hélio.[12]

---

12 Ou, em tradução para o alemão, na qual os gêneros tradicionais dos deuses em relação ao Sol e à Lua foram invertidos para "Mondgöttin und Sonnengott":

Leuchtend bei Nacht
Von dem Licht, das er schenkt:
So umirrt Sie die Erde.
Immerzu blickt sie, gebannt,
Hin auf den strahlanden Gott.

Comentários: (1) *Allotrios, alienus* é normalmente traduzido em inglês por *alien* ("estrangeiro"). Seu significado, porém, pode ser explicado como "o contrário de *oikeios*", isto é, "caseiro", "doméstico". Pode, pois, significar simplesmente "que não vem de casa" e talvez nem sempre contenha o elemento de hostilidade que o inglês *alien* parece trazer consigo. Na *Odisseia* 17.452, caracteriza até um presente bem--intencionado – embora, sem dúvida, não tivesse sido pago por quem o deu! No presente caso, Selene anseia pela luz que vem a ela de seu amado Hélio, e *allotrion* simplesmente indica que a luz dela *não* é produzida por ela (*não* é feita em casa!). Já que é um presente muitíssimo bem-vindo, traduzir "com uma luz estrangeira" não seria muito adequado. (2) A minha versão alemã conserva em seu ritmo (ainda que não em sua divisão em cinco linhas ao invés de duas) o do dístico elegíaco tradicional alemão (*Distichon*). Apesar de me valer de versos, conservei esse ritmo também na minha versão inglesa.

ADENDO
COM UMA NOTA SOBRE UMA POSSÍVEL CORREÇÃO REFERENTE À RELAÇÃO ENTRE AS DUAS PARTES DO POEMA DE PARMÊNIDES*

Guthrie, em seu brilhante *The History of Greek Philosophy* [História da Filosofia Grega], vê o problema central da "interpretação de Parmênides" de modo completamente diferente: enquanto a deusa afirma que se pode demonstrar que a Parte 1 é verdadeira, não reivindica nenhuma "solidez" ou "verdadeira certeza" para a Parte 2.[13] Isso poderia ainda tornar possível considerar que a Parte 2 descreva um mundo de aparência, mais do que de ilusão, de conjecturas humanas ou opinião. Nosso texto, porém, afirma mais do que o caráter incerto e hipotético da Parte 2: afirma "inequivocamente" (como diz o próprio Guthrie)[14] que as *doxai* da Parte 2 são falsas e até fraudulentas. "Eis o nó da questão" (Guthrie):[15] por que a deusa se daria ao trabalho de teorias brilhantes, mas absolutamente falsas e até "fraudulentas"? Esse é o "problema central", segundo Guthrie;[16] na minha lista de três problemas, ele corresponde ao meu terceiro problema.

Talvez nem todos saibam que esse famoso nó da questão depende de uma única palavra: a palavra *apatēlon* ("fraudulento" ou "enganoso") em B8: 52. Não há outra palavra em nosso texto que não possa ser interpretada em consonância com a ideia de que o mundo da Parte 2, a Via da Opinião Humana, não é um mundo de conjecturas incertas e indemonstráveis, mas, sim, de conjecturas sérias e possivelmente verdadeiras, o mundo das descobertas e conjecturas do próprio Parmênides.

Assim, se esta única palavra, *apatēlon*, puder ser interpretada de modo diferente ou substituída por outra, a relação entre os dois mundos pode ser interpretada de modo diferente daquele que é feito acima: isso abriria o texto para uma interpretação da realidade e da aparência dentro daquilo que chamo de "estilo tradicional" e, de fato, intimamente análogo a Kant.

---

* Dedicado à minha assistente Melitta e seu marido Raymond Mew. Estou em dívida com meus amigos Ernst Gombrich e Irene Papadaki por terem discutido comigo as sugestões aventadas na nota a este adendo.
13 Guthrie, *The History of Greek Philosophy*, 1965, v.2, p.4.
14 Ibid.
15 Ibid., p.6
16 Ibid., p.4.

Ora, creio que a palavra possa ser substituída por outra muito parecida, *apatēton*, que difere de *apatēlon* só por uma letra (e pelos acentos, que, porém, não eram usados nos tempos de Parmênides). A palavra *apatēton* significa "virgem" ou "novíssimo", "inabitual" ou "ainda não trilhado" e, portanto, poderia, indiretamente, ser a reivindicação de Parmênides de que a teoria conjectural seja nova. Isso estaria em consonância com a passagem das *Moralia* de Plutarco (citadas anteriormente) e destruiria por completo a posição (não muito satisfatória) de Burnet acerca do meu segundo problema bem como resolveria o problema de Guthrie. Ela poderia coadunar-se com meu primeiro problema e sua solução, mas mataria meu segundo problema e, com ele, parte do interesse da minha solução para o primeiro problema.

Por outro lado, os meus dois problemas centrais e sua solução tornam redundante a correção proposta. Em qualquer dos casos, podemos concordar com Simplício, que considera a Parte 1 "uma explicação do mundo inteligível" e a Parte 2 "uma descrição do sensível";[17] ideia condenada por Burnet como um inaceitável "anacronismo".

Nota

O que se segue são seis argumentos em favor da proposta de correção de ἀπατηλὸν (enganoso) por ἀπάτητον ("não trilhado" ou "muito novo" ou "ainda não usado" ou "inabitual": "sem precedentes").

(1) A palavra proposta aparece em Demócrito B131. Seu sentido, como exigido aqui, é, de fato, explicado por ele ou por Hesíquio: ver (6) adiante.

(2) Encontra-se um emprego semelhante em Parmênides, B1: 27 (ἀνθρώπων ἐκτὸς πάτου).

(3) A metáfora de uma via ou caminho trilhado ou não trilhado está sempre na mente de Parmênides, e πάτος, como aqui citado em (2), é por ele usado como sinônimo de ὁδός – uma das palavras usadas com mais frequência nos fragmentos conhecidos de Parmênides.

(4) Assim, a *ideia* (ἀ-πάτητος) estava presente em sua mente e, dado o emprego (e explicação) da palavra por Demócrito, podemos supor

17 Burnet, 4.ed., p.192 e ss. Considero incontornável a ideia de Simplício e traduzo o fragmento B16 de maneira correspondente.

que também Parmênides conhecesse a *palavra*. (De fato, talvez ele a tenha criado.)

(5) A correção proposta encaixa-se muito bem no texto; está em harmonia com o estilo, por vezes, um pouco jactancioso da deusa. Podemos supor, ademais, que Parmênides quisesse expor aos leitores suas hipóteses empíricas: a forma esférica da Lua e a iluminação desta pelo Sol; talvez a forma esférica da Terra; e – levando-se em conta o elogio de Plutarco (citado em DK 28B10) – muitíssimas outras coisas; provavelmente, também, que as trilhas (ou "anéis" ou "faixas") descritas pelos planetas sobre o pano de fundo das estrelas fixas "se cruzem" umas com as outras. Se assim for, não há dúvida de que também queria reivindicar a novidade de suas descobertas; e este é o lugar óbvio e adequado para tal reivindicação. (A reivindicação é prenunciada em B1: 31 e ss.)

(6) O erro – se é que houve – do copista pode ter surgido assim. Na ausência de acentos (algo que podemos pressupor), talvez o copista tenha lido ἀπατητον com o acento na última sílaba e interpretado seu significado como o mesmo de ἀπατητικὸν ou ἀπατηλὸν ("fraudulento", "enganoso") e, portanto, tenha suposto que devesse ser corrigido por ἀπατηλὸν. Pois a palavra ἀπάτητον (e até πάτητόν) parece ter sido usada raramente, e talvez tenha sido isso que levou o lexicógrafo Hesíoco (e talvez o próprio Demócrito) a explicar seu significado: o copista talvez não conhecesse a palavra.

São esses meus argumentos em apoio à correção proposta.

Talvez deva acrescentar uma especulação um tanto romântica.

A relativa falta de interesse da Parte 2 de Parmênides talvez se deva à palavra ἀπατηλὸν, pois se se reconhece que as palavras da deusa são fraudulentas e enganosas, por que nos importar com o que ela diz nessa parte? O erro (se é que houve) na cópia deve ter sido cometido muito cedo.[18] Gosto de pensar que foi comentado por Demócrito (que talvez tivesse recebido via Leucipo um texto melhor, disponível em Atenas ou em Samos), e que a citação de Hesíquio tenha sido o resultado desse comentário.

Embora a correção aqui proposta tencione resolver um problema incômodo, ela sequer toca no conteúdo da Parte 1 e da Parte 2. Eu sou um dos

---

18 De qualquer modo, antes de Melisso e de Empédocles, DK 31B17: 26.

que consideram cosmólogos os pré-socráticos e interpreto ambas as partes do poema de Parmênides como uma tentativa de resolver problemas cosmológicos, sobretudo o problema da mudança. A Parte 1 nega a realidade última da mudança. A Parte 2 descreve a mudança cosmológica, semelhante à caverna de Platão, como um jogo de sombras igual àqueles com que as crianças brincavam antes da televisão: um jogo de "luz" e "noite" sobre o bloco tridimensional da realidade imutável. Ela contém uma cosmologia conjectural, que reivindica ser a melhor (B1: 31 e ss.), sob a forma de uma explicação de como e por que os homens aceitaram o mundo da aparência, de irreais fases minguante e crescente, do nascimento e da morte.

Essa interpretação sugere que a descoberta original que inspirou o poema de Parmênides foi essa teoria explicativa das fases crescente e minguante da Lua (e, talvez, também de seus eclipses) como meras aparências, como irreais e provocadas por um jogo de sombras – "luz e noite" – sobre uma esfera tridimensional imutável (DK 28B14, 15, 21); descoberta que a Parte 2 generaliza para *toda* mudança (B10, B8: 50, 8; 55 e ss., B9). Assim, é impossível o bom entendimento da Parte 1 sem a Parte 2, pois, na presença da Parte 2, a existência de uma realidade última é *necessária*: tanto como uma tela imutável para a exibição de "luz e noite", quanto como o limite último da regressão explicativa das aparências (mutantes e mutáveis). Fica claro que tal realidade tinha de ser estabelecida só "pela razão" ou "por argumentação" (B7: 5), rejeitando todo recurso à percepção ou às aparências; nem mesmo às da lua, doravante estabelecida como uma esfera invariante e redonda,[19] que não cresce nem míngua – embora móvel e, portanto, não verdadeiramente real.

---

19 B10: 4.

Pode a Lua lançar luz sobre as Vias de Parmênides? (1988)*

O grande poema de Parmênides, em que expôs sua visão do mundo, é composto de uma espécie de prólogo ou introdução e de duas partes principais, habitualmente chamadas de "Via da Verdade" e "Via da Opinião". Aprendemos no prólogo como Parmênides encontra a deusa e que ela lhe promete revelar tudo: tanto "a verdade bem-redonda e inabalavelmente certa" quanto as "opiniões dos mortais, que não são verdadeiras" (B1: 29-30).

1. O problema

O problema com a interpretação do poema de Parmênides – ao qual ofereço aqui uma solução conjectural – é o seguinte: por quê, depois de nos dizer como o mundo real é *na verdade* e depois de nos alertar energicamente contra os perigos de sermos desorientados pelas opiniões humanas sobre as aparências, Parmênides (ou a deusa) passa a descrever, extensamente, como ele é em *aparência*?

---

* Este ensaio é dedicado à memória de minha querida esposa Hennie. Foi escrito durante o verão de 1988, como o primeiro de várias tentativas sucessivas de resolver o enigma do poema de Parmênides.

Uma das teorias que subjaz às Duas Vias de Parmênides é a visão tradicional: *só os Deuses sabem. Nós, mortais, só supomos*. Tal é a teoria da falibilidade da opinião humana. Encontramo-la em Homero, em Hesíodo, em Heráclito (B82, 83), Alcméon (B1) e Xenófanes (B18), portanto, essa ideia de Parmênides não é de surpreender. O inusitado em Parmênides é a ideia de que o *conhecimento divino da realidade é racional e, portanto, verídico*, ao passo que *a opinião humana sobre a aparência baseia-se em nossos sentidos, que são não só inconfiáveis, mas completamente enganosos*. Ou, em outras palavras: o mundo real dos deuses é quase totalmente diferente do mundo que se mostra aos homens mortais.

Para tornar claro o nosso problema, cumpre explicar que, na Via da Verdade, Parmênides não só descreve uma realidade – um mundo real – que é obviamente de todo diferente do mundo que conhecemos, mas insiste nessa diferença. Além disso, ele argumenta energicamente a favor da razão e contra os sentidos.

A incompleta Via da Opinião descreve um mundo que, de algum modo, assemelha-se ao mundo dos filósofos milésios e ao mundo dos pitagóricos. Assim, o nosso problema pode ser assim colocado:

Por que Parmênides (ou a deusa) acrescenta uma segunda parte fragmentária, uma cosmologia de linhas mais ou menos tradicionais, à totalmente nova descrição da realidade da primeira parte, que, segundo as palavras da deusa, é a única verdadeira?

2. Os fatos

Não se pode negar que, em seu poema, Parmênides (a deusa) ensine uma Via da Verdade e uma Via da Opinião. Ambas enunciam cosmologias. A primeira é chamada de *verdadeira*; a segunda é chamada de *falsa*, embora os mortais creiam nela.

Não se pode negar que – uma vez que os mortais creem na Via Falsa (que em tudo penetra) (B1: 32): ela lhes *parece* verdadeira – talvez, até mesmo Parmênides estivesse (ou esteja) entre esses mortais.

Assim, não se pode negar que Parmênides distinga, como Kant e Schopenhauer, *um mundo da realidade* de um *mundo das aparências* (com o globo redondo de Parmênides correspondendo à "coisa em si" de Kant ou à vontade de Schopenhauer).

3. O paradoxo

Concordo com John Burnet que tais fatos são inaceitavelmente paradoxais. São, como diz ele, paradoxais porque constituem um anacronismo
simplesmente impossível.[1] É impossível ver a distinção de Kant/Schopen-
hauer da coisa em si, do *noumenon* e do fenômeno, ocorrer a algum filósofo
antes de Platão, e quase impossível vê-la ocorrer antes de Descartes, Male-
branche, Spinoza ou Leibniz e Locke, Berkeley ou Hume. De fato, Burnet
está certo, na minha opinião, em ressaltar a impossibilidade histórica de que
tal pensamento tivesse ocorrido a um filósofo do começo do século V a.C.

O paradoxo, porém, permanece, pois Burnet não tem nenhuma explicação convincente para oferecer. Limita-se a ressaltar que Parmênides
diz claramente que só a Via da Verdade (doravante chamada "Parte 1") é
verdadeira – e definitivamente verdadeira – e a Via da Opinião Enganosa (doravante chamada "Parte 2") é definitivamente *falsa* e não, talvez, uma hipótese provisória. Ele não pode negar, porém, que Parmênides (ou a deusa)
também diz que se crê, erroneamente, que ela seja verdadeira e, portanto,
que se trata de uma espécie de "fenômeno" ou "aparência" kantiana ou
schopenhaueriana, em oposição ao "número". E cumpre dizer que a ideia
de que algumas boas hipóteses da ciência, e até mesmo as melhores delas,
são apenas aparências falsas desse tipo foi defendida por muitos, tanto cientistas como filósofos. Desse modo, a ideia de Burnet de modo algum atenua
o paradoxo histórico – a incredibilidade histórica por ele constantemente
denunciada (por exemplo, em sua crítica de Theodor Gomperz).[2]

Burnet parece crer que o problema possa ser resolvido se interpretarmos o conteúdo da Parte 2 atribuindo-o a alguns filósofos a que Parmênides pretende opor-se; e dá boas razões para escolher os pitagóricos para o
papel. Burnet, no entanto, engana-se se julga que isso resolva o problema,
pois Parmênides e a deusa descrevem a Parte 2 explicitamente (uso a tradução do próprio Burnet) como "as crenças dos mortais" ("aprende doravante
as crenças dos mortais"), e a descrevem como um mundo de aparências,
como expliquei acima, embora tenha seus méritos, a teoria de Burnet de
que a Parte 2 seja um ataque contra os pitagóricos parece chocar-se com o

---

1 Burnet, *Early Greek philosophy*, 4.ed., p.182 e ss.
2 Quanto à crítica de Gomperz por Burnet, vide Ibid., 2.ed., p.208 e ss.

testemunho de Plutarco (DK 28B10),[3] que só podia referir-se às opiniões enganosas da Parte 2, pois Plutarco elogia o mesmo Parmênides como cosmólogo e cientista.

4. Esclarecimento da solução do problema

O problema geral da interpretação do poema de Parmênides é, como mencionei anteriormente na Seção 1, o problema da relação entre as duas partes do poema. O não resolvido paradoxo de Burnet é só parte do problema: quando propõe que Parmênides ataque um oponente na Parte 2, volta-se inconscientemente para outro aspecto do problema. A sua solução não é, enquanto tal, implausível, apesar da citada observação de Plutarco, pois Plutarco pode, é claro, estar enganado ao atribuir as ideias expostas na Parte 2 ao próprio Parmênides.

O problema geral da relação entre as duas partes do poema de Parmênides contém (além do paradoxo histórico de Burnet) a seguinte questão: *por que expõe a deusa a Parte 2, mesmo ressaltando que é errônea?*

Além disso, as duas partes contrapõem-se energicamente uma à outra: enquanto o ensinamento da Parte 1 é demonstravelmente verdadeiro, não há "verdadeira confiabilidade" ou "verdadeira certeza" na Parte 2. E, no entanto, o nosso texto aceito afirma o caráter mais do que incerto e hipotético da Parte 2: afirma "inequivocamente", como frisa Guthrie, que as *doxai* da Parte 2 são falsas. O nosso "problema central" pode, pois, segundo Guthrie,[4] ser assim formulado: *Por que a deusa se daria ao trabalho de expor teorias brilhantes, mas absolutamente falsas?*

Até recentemente, eu achava que a melhor resposta ao problema central de Guthrie fosse: "Porque a Parte 2 continha as mais brilhantes descobertas cosmológicas do próprio Parmênides, feitas, talvez, antes de sua conversão à Parte 1 e que não deviam ser postas de lado mesmo depois de se descobrir que fossem inverídicas".

---

3 "Assim ele [Parmênides] tem muita a dizer acerca da terra, do céu, do sol, da lua e das estrelas e narrou a gênese do homem e, para um filósofo natural antigo – que escreveu seu próprio livro e não está criticando o livro de outro –, não deixou nada de importante por dizer". (Plutarco, *Contra Colotes*, 1114b-c. In: _____. *Moralia*, v.XIV, p.230 e ss.)

4 Guthrie, *A History of Greek Philosophy*, v.2, p.4.

Eu, contudo, nunca fiquei inteiramente satisfeito com essa resposta. E hoje estou menos satisfeito ainda do que antes, por causa da dependência do problema de uma única palavra, ἀπατηλὸν (desonesta), em DK 28B8: 52. Se tal palavra for omitida de nosso texto ou, se possível, substituída por alguma expressão adequada, então, o problema central de Guthrie desaparece completamente. Em particular, se a palavra ἀπατηλὸν (desonesta) for substituída pela menos condenatória ἀπάτητον (que significa "não trilhado" ou "novíssimo" ou "ainda não usado" ou "inabitual"),[5] logo, o problema da relação entre as Partes 1 e 2 se torna, essencialmente, o da relação entre o conhecimento, tal como possuído pelos deuses, e a opinião ou conjectura, tal como pode ser alcançada pelos homens mortais; relação familiar, por exemplo, desde Xenófanes, embora mais nitidamente elaborada em Parmênides do que alhures. A "verdade certa" ou a "verdadeira certeza" (Xenófanes DK B34: 1: σαφὲς; Parmênides DK 28B1: 30: πίστις ἀληθής) nos ultrapassa – a menos que seja revelada por uma deusa: "Pois todo [o nosso conhecimento humano] não passa de uma urdida teia de conjecturas", de palpites, de hipóteses.[6]

É possível, porém, dispensar a correção. Podemos resolver as grandes dificuldades de Burnet e de Guthrie relativas à compreensão das Duas Vias de Parmênides com uma única hipótese histórica fundamental: que Parmênides, profundamente interessado em cosmologia e, talvez ainda ele mesmo um pitagórico, tivesse descoberto que as fases crescente e minguante da Lua eram só aparência, ilusão, e que a Lua era o tempo todo um globo redondo e imutável.

Só *isto* era verdade: *a mudança podia ser uma ilusão!!*

O que nos engana, o que faz *parecer* que a lua mude? Luz e noite!

E isso nos engana só uma vez ou muitas vezes ou algumas vezes? Não: o bloco imutável e redondo é *sempre* o mesmo; e uma vez que a ilusão é sempre renovada no que parece ser o fluxo do tempo, o tempo também, por sua vez, deve ser ilusão, pois embora possa parecer que o tempo flua, ele, obviamente, jamais vai ou vem.

---

5 Como pode o adjetivo inglês *untrodden* ("não trilhado") aplicar-se à ordem das palavras? A resposta está implícita numa observação de Hermann Fränkel referindo-se a Píndaro: "[...] a 'trilha' [...] é ao mesmo tempo o curso da canção e o curso das ideias", e diz que isso vale em especial para Parmênides (Fränkel, Studies in Parmenides. In: Allen; Furley (orgs.), *Studies in Presocratic Philosophy*, v.2, p.2).

6 Xenófanes, DK B34: 4 (Cf. Ensaio 2, Seção 5).

Assim, toda realidade, todo ser, o Todo, o mundo real é imutável: a matéria firme, duradoura, perene e dura. E que dizer da aparência? Ela é irreal, ela é nada: ela é uma *não coisa*. Ela é, como uma sombra, tanto luz como noite: um mero contraste, e não uma coisa. E, sem dúvida, as fases crescente e minguante da Lua são exatamente uma sombra – um jogo de sombras ou "luz e noite", como diz Parmênides repetidas vezes. Todos sabem que a sombra é irreal, ilusória, inverídica. E se é isso o que a sombra é, também a luz deve ser inverídica.

O bloco imutável e redondo da Lua é real. Em sua superfície, a dança das sombras joga seu jogo irreal. Isso também deve valer para o universo, para o firmamento sólido e imutável, para a adamantina abóbada do céu. (Um dos sucessores de Parmênides, Empédocles [DK A51] fala de στερέμνιον [...] οὐρανὸν, o sólido *Ouranos*.) Essa é a redonda realidade que em si não conhece cores, sendo a cor o resultado irreal e mutável da luz e da noite (como ensinou Goethe, mais tarde). Assim, o redondo bloco do universo – a "coisa em si" – deve ser como a Lua, a tela sobre a qual jogam as sombras, sobre a qual é projetada a dança irreal da luz e da noite. A tela em si deve ser verdadeira: sem luz e cor como a própria Lua real. Sem dúvida, a realidade – a tela – deve vir primeiro; o irreal, em segundo.

Assim, a revelação da Via da Verdade por parte da deusa deve vir primeiro, e a Via da Opinião Enganosa deve vir em segundo, tanto por motivos lógicos como cosmológicos (físicos): Parmênides *não pode* e não deve conservar a ordem da descoberta. Não pode revelar a ordem da descoberta, a passagem da falsidade da velha teoria à verdade da nova – como as fases crescente e minguante da Lua – à revelação da verdade, de uma teoria verdadeira. Não há uma ponte lógica que leve à verdade a partir da refutação empírica. Decerto, como ele mesmo talvez tenha visto, isso acontece em toda descoberta: a nova perspectiva é um dom, uma revelação dos deuses. (Por essa mesma razão, trata-se só de uma hipótese, como admitiu ousadamente Xenófanes em DK B34, mas, nessa admissão, ele foi o único entre os maiores descobridores.)

5. A prova de Parmênides

Trata-se de experiência frequente ver os descobridores atribuírem às suas grandes descobertas um escopo bem mais amplo do que o que têm na realidade. A minha hipótese é que a grande descoberta de Parmênides da causa das fases da Lua deixou chocado e estupefato seu iniciador, que a estendeu a todo o cosmos. Nada há de improvável nessa história.

Não era possível para Parmênides argumentar em favor de sua tremenda nova mensagem com razões empíricas. Era preciso descobrir um argumento *a priori* – uma prova sólida:

(1) Só o que é, é.
(2) O nada não pode ser.
(3) Não há espaço vazio.
(4) O mundo está pleno.
(5) O movimento e a mudança (que é uma espécie de movimento) são impossíveis.
(6) Não há espaço para o movimento e, portanto, para mudança, se o mundo está cheio.

Esta é a prova da deusa: como prova, é infalível e, portanto, divina. Se a encararmos como uma realização humana, é desconcertante. Deriva *a priori* a grande descoberta empírica da Lua imóvel e a generaliza. Assim é explicada essa descoberta, e com ela o cosmos! Mesmo para nós, é quase tão difícil descobrir falha na prova de Parmênides quanto descobrir falha nas provas de Zenão em seu apoio.

Note-se que Parmênides *tinha* de dar uma prova, uma prova lógica convincente. Sem isso, sua doutrina da impossibilidade da mudança teria sido um paradoxo natimorto. Sem dúvida, ele precisava dela para si mesmo, para se convencer, ele mesmo havia sido um desses mortais crentes na realidade do mundo mutante, que muda sob a luz e até sob a noite.

E note-se, sobretudo, que a prova de Parmênides é uma refutação. Trata-se de um *elenchus* (πολύδηριν ἔλεγχον), uma refutação obviamente muito contestada; trata-se da refutação da doutrina da existência da mudança. As provas de Zenão e de Górgias também são refutações, como também a maioria das (todas?) primeiras provas matemáticas (por exemplo, a da irracionalidade da $\sqrt{2}$), pois são indiretas: o *elenchus* reina soberano no campo da lógica da demonstração ou da prova. Continua a reinar soberano com Sócrates e, creio eu, com Platão. E, por certo, a *reductio ad absurdum* é um método de prova quase absoluta, em contraste ao método axiomático, que trabalha com suposições não estabelecidas; em oposição ao uso do silogismo por Aristóteles, ou seja, derivações, como provas – tentativa que (como afirmei na Introdução a este livro) o levou a inventar a indução, cuja paternidade atribuiu, em desespero de causa, a Sócrates, porque Sócrates fizera uso de exemplos – embora só para alicerçar a refutação, para o *elenchus* socrático. Em seu uso da contraprova, da refutação reside, pelo menos em parte, a superioridade dos pré-socráticos sobre Aristóteles, embora este fosse um grande físico e um biólogo ainda maior.

6. O *elenchus* racionalista de Parmênides

Alguns inimigos do racionalismo tentaram reivindicar que Parmênides era um deles. Isso aconteceu sobretudo na filosofia alemã (Heidegger é, naturalmente, a figura de proa desse grupo), mas também na filosofia anglo-saxã, normalmente pela interpretação de Parmênides como um filósofo da linguagem, mais ou menos ao estilo de Wittgenstein.

A verdade é muito diferente: o Parmênides que conhecemos, o Parmênides das Duas Vias, é um dos mais radicais racionalistas a produzir uma teoria do conhecimento. Seu estilo radical de racionalismo pode ser descrito como intelectualismo ou mesmo logicismo. Ele teve de assumir essa atitude quase por necessidade, uma vez que generalizou da Lua para o universo – ou seja, para tudo – sua rejeição do dado pelos sentidos, da observação.

A versão parmenidiana do racionalismo é muito simples: se quisermos encontrar a verdade, há só um caminho: a prova lógica. Nisso, ele está, sem dúvida, equivocado, mas não completamente equivocado, à medida que aplicou um método de contraprova, de refutação: a *reductio ad absurdum*. Além disso, ao rejeitar o método da observação sensível, mostrou que ela levava a contradições internas. (O exemplo paradigmático, segundo a minha hipótese histórica, seria este: pode-se *ver* que a Luz se torne crescente ou minguante, mas, uma vez descoberto que é o jogo da luz e da noite sobre sua superfície que produz essa ilusão, podemos até *ver*, às vezes só com dificuldade, sua forma verdadeira, redonda e existente, embora não iluminada.)

Entre os fragmentos preservados da Parte 1, DK B7 mostra claramente essa inimizade em relação ao empirismo dos dados sensíveis e sua inclinação para o racionalismo. Eis a minha tradução, cuja última linha (salvo pela palavra "refutação") adicionei para tornar mais claro o que está sendo dito:

Nunca será isto estabelecido: que as coisas que não são existem.
Afasta o pensamento dessa via de investigação; não deixes a experiência,
Caminho tão percorrido, constranger-te; não deixes vagar teu cego
Olho ou teu ouvido surdo ou mesmo a língua por essa via!
Mas só pela razão decide tu quanto ao muitas vezes contestado
Argumento que aqui a ti expus como refutação.

Fica também muito claro que o ataque de Parmênides aos teóricos do conhecimento (que defendiam a "Segunda Via de descoberta") se dirige contra os empiristas que sustentavam os dados sensíveis: eles têm (B6: 5) "cabeça dupla", isto é, estão fadados a se contradizer (linhas 6 até o fim).

Um fragmento importantíssimo, DK B16, costuma ser maltraduzido e malcompreendido, exceto, talvez, por Karl Reinhardt, que não oferece uma tradução, mas se refere a ele como cheio de escárnio e ironia.[7] Em minha opinião, ele é, por certo, uma paródia sarcástica dos empiristas, que afirmam que "nada está em nosso intelecto sem antes ter estado em nossos sentidos". A minha própria tradução não só está muito próxima do texto, mas também oferece uma espécie de comentário a ele:

O que está, a qualquer momento, na mistura muito enganosa dos órgãos dos sentidos
É o que aos homens parece conhecimento genuíno. Pois tratam como a mesma coisa
A mente intelectual do homem e a natureza variável de seus órgãos dos sentidos.
Chamam de "pensamento" o que resulta dessa confusão, em todos os homens e cada um deles.

Esse fragmento, aliás, é normalmente atribuído à Parte 2 do poema. Não nego que possa ter pertencido a ela, mas acho mais provável que fizesse parte de um ataque explícito contra o empirismo, que talvez tivesse seu lugar nas proximidades do fragmento 6 – talvez entre B6 e B7. (Seu atual lugar na Parte 2 deve-se, a meu ver, a sua má-interpretação como uma

---

7 Para detalhes e crítica, vide a nota de rodapé 4 de Popper, *Conjectures and Refutations*, p.408 e ss. (Melhorei a tradução depois que escrevi esta nota, vide o Ensaio 3 anterior.)

passagem seriamente pró-empírica, que se poderia situar, é claro, só na falsa Parte 2.)

O maior *elenchus* racionalista de Parmênides – a refutação da realidade do movimento – causou uma impressão devastadora. Zenão, Anaxágoras, Empédocles, os sofistas e até mesmo Sócrates e, obviamente, Platão são algumas das testemunhas da sua influência, mas seus maiores seguidores e oponentes são, sem dúvida, Leucipo e Demócrito, os criadores do atomismo, que inverteram o *elenchus* de Parmênides para oferecer uma refutação empírica de sua cosmologia:

> *Há movimento.*
> Logo: O mundo *não* está cheio.
> *Há espaço vazio.*
> Existe o nada, o vácuo.
> Logo: O mundo é composto do existente, do duro e cheio *e* de vazio:
> De *"átomos e de vácuo"*.

Isso é dualista; e pode criar todo tipo de coisas novas a partir dos átomos. A luz pode ser real: pode haver átomos de luz (fótons); a noite pode ser apenas a ausência de luz.

Isso não era apenas o resultado de uma refutação empírica da teoria de Parmênides: usava a sua teoria para uma gradual formulação e modificação de novas teorias acerca do mundo. A presença da teoria aparentemente absurda de Parmênides, de uma teoria que se pode refutar, modificar e reavaliar, foi de imensa utilidade. De fato, não há outra heurística. O poema cosmológico de Parmênides é, pois, de importância crucial em nossa história. E sua obra, longe de ser misteriosa, mal-interpretada e historicamente impossível, revela-se lúcida, bela e plenamente compreensível do ponto de vista histórico.

Eu, pessoalmente, tenho uma dívida com ele por ter-me proporcionado o infinito prazer de conhecer o desejo de Selene por Hélio (DK B14-15):

> A brilhar na noite, com estrangeira luz,
> Erra ao redor da Terra.
> Sempre ansiosa procura
> Os raios do Sol.

Ensaio 6
O mundo de Parmênides
Notas sobre o poema de Parmênides e sua origem na primeira cosmologia grega*

1. A significação da cosmologia

Nossa civilização ocidental é uma civilização baseada na ciência; uma civilização baseada na ciência fundada por Copérnico, Galileu, Kepler e Newton, mas a ciência de Copérnico, Galileu, Kepler e Newton era a continuação da cosmologia dos gregos.

É, portanto, correto dizer que a nossa civilização ocidental foi fundada pelos gregos. Também foi deles que herdamos as ideias de verdade, de democracia, de justiça, de humanidade e até mesmo da fraternidade entre os homens; ideias que se tornaram importantíssimas na história política da civilização ocidental. Devemos também aos gregos nossa literatura ocidental, a qual estava, no começo, intimamente relacionada com a ciência e a cosmologia. A literatura e a ciência começam com a narração de histórias, com a criação de mitos, sobretudo de mitos cosmológicos.

Acredito que a narração ou a criação de mitos seja um dos primeiros frutos do surgimento da linguagem especificamente humana.[1] Nem a expres-

---

* Henry Dan Broadhead, Memorial Lecture proferida na Universidade de Canterbury, Christchurch, Nova Zelândia, em 8 de maio de 1973.
1 Ver, por exemplo, Popper, *Conjectures and Refutations*, p.38, 126; Id., *Objective Knowledge*, p.347 e ss.

são de si mesmo, nem a comunicação são específicas ou características da linguagem humana: pois os animais também se exprimem e se comunicam com outros animais. Aquilo que os animais parecem incapazes de fazer – e aquilo que os homens podem fazer com o auxílio da linguagem humana – é contar histórias, isto é, *descrever* o estado de coisas: a linguagem humana pode descrever situações atuais ou possíveis, fatos atuais ou possíveis.[2]

Isso é da maior importância. A mera compreensão da mais simples descrição linguística do mais simples fato é uma façanha da mais alta importância e exige esforço da imaginação. Assim, a imaginação é estimulada. Isso leva ao criativo e imaginativo contar histórias; histórias, talvez, que fornecem desculpas para um fracasso ou de histórias que exageram certo bom êxito na caça.

A narração de histórias, que parece ser uma realização especificamente humana, cria o problema da distinção entre as histórias *verdadeiras* e as *falsas*. Assim, nascem o problema da verdade e a ideia de examinar criticamente um relato, quanto a sua verdade ou falsidade. Acredito que é o exame crítico que distingue a ciência, que, sem isso, consistiria em histórias ou mitos explicativos tipicamente imaginários.

Segundo essa perspectiva, a literatura e a ciência têm uma origem comum; ambas se originam da história explicativa imaginária, do mito explicativo imaginário. O que as distingue é o papel predominante desempenhado na ciência pela crítica: por esse tipo de crítica dominada pela ideia reguladora da verdade, pela ideia da correspondência com os fatos.

Entre os mais importantes mitos estão os cosmológicos; ou seja, os mitos que nos explicam a estrutura do mundo em que vivemos. Foi o exame crítico e a revisão desses mitos cosmológicos que deu origem, na Grécia, à primeira filosofia e à primeira ciência.

Como a tragédia grega, pela qual Broadhead tanto se interessava, os mitos cosmológicos gregos e, com eles, a primeira ciência grega tomaram seus temas e seus problemas desses mundos de pensamento que foram articulados pela primeira vez na poesia imaginativa de Homero e Hesíodo.

Em palavras provocadoras, mas não exageradas: há apenas dois ou três passos que levam de Homero aos primeiros filósofos e cosmólogos pré--socráticos – a Tales, Anaximandro, Xenófanes, Heráclito e Parmênides e,

---

2 Para uma discussão mais detalhada, ver Id., *Conjectures and Refutations*, p.129-30, 134-5, 295 e ss.; Id., *Objective Knowledge*, p.119-22, 235-40.

então, a Demócrito, Platão, Euclides, Arquimedes e Aristarco. E, de Euclides, Arquimedes e Aristarco, a Copérnico, Kepler, Newton e Einstein há também só alguns passos. Assim, pode-se dizer que Newton e Einstein mostraram, depois de quase três mil anos, que os sonhos imaginários dos grandes criadores de mitos no início de nossa civilização foram passos dados na direção da verdade.

Posso acrescentar a isso que considero esse desenvolvimento valioso por si mesmo: valioso não só porque liberta nossas mentes de dogmas e preconceitos, mas também porque nos abre novos mundos – uma nova realidade por trás do mundo das aparências. Considero isso mais importante do que todas as aplicações tecnológicas.

E, no entanto, isso são apenas generalidades. Vamos agora aos pormenores.

2. A descoberta da Terra e do céu

A cosmologia, em seu sentido mais estrito, consiste em teorias especulativas que descrevem a estrutura e a planta baixa do universo. A cosmologia em seu sentido mais amplo abrange a cosmogonia, ou seja, especulações acerca da criação, da origem e da evolução do universo. Como era de esperar, a cosmogonia desempenha um papel importante nas primeiras especulações cosmológicas. A cosmogonia, porém, exerce uma influência quase igualmente importante na cosmologia do século XX, graças à descoberta de que o nosso universo não é estático, mas está em expansão e evolução.

Há uma semelhança impressionante entre a criação de mitos por egípcios, mesopotâmios, gregos e maoris, mas há, também, algumas diferenças inesperadas, pois enquanto, em sua criação de mitos, os gregos e (segundo E. B. Tylor) os maoris personificam a Terra como uma deusa e o céu ou céus como um deus, os antigos egípcios atribuíam sexos opostos as suas personificações da Terra e do céu: o mito egípcio fala do deus da Terra, Gob, e da deusa do céu, Nut.[3] Essa inversão dos sexos é surpreendente, pois o gênero feminino da Terra é sugerido pelo fato de a Terra dar frutos – função tão importante no Egito como em qualquer outro lugar, todavia, talvez não devamos ficar assim tão surpresos, pois não são tão raras as diferenças na atribuição de

---

3 Ver Wilson, Egypt. In: Frankfort et al. (orgs), *Before Philosophy*, 1949, p.63.

gênero. Em alemão, por exemplo, em oposição a muitas outras línguas indo-germânicas, o Sol é feminino e a Lua, masculina.

Deixando de lado essas variações, algumas das histórias sobre a Terra e o céu são de impressionante semelhança, em especial as histórias dos gregos e dos maoris. Assim, no mito da criação da *Teogonia* de Hesíodo, nos é contado[4] como o deus do céu, Urano, e a deusa da Terra, Gaia, se estreitaram num abraço até que o filho de Gaia, Cronos, forçou-os a se separarem, criando, assim, o intervalo entre a Terra e o céu. Essa história é surpreendentemente semelhante a um mito da criação dos maoris, o qual (segundo Tylor)[5] foi posto pela primeira vez por escrito na língua maori por Sir George Grey, quando governador geral da Nova Zelândia, mais de um século atrás. Esse mito, talvez, não seja tão amplamente conhecido como merece. Trata-se da história dos "Filhos do Céu e da Terra":[6] "De Rangi, o Céu, e Papa, a Terra", diz a história,

> nasceram todas [...] as coisas, mas o céu e a terra se aglutinaram [como em Hesíodo] [...] até que o último de seus filhos pediu conselhos sobre se devia separar seus pais ou matá-los. Então, Tāne Mahuta, pai das florestas, disse a seus cinco irmãos maiores: "É melhor separá-los e deixar o céu bem longe acima de nós e a terra sob nossos pés. Que o céu se torne um estranho para nós, mas a terra permaneça perto de nós, como nossa mãe nutriz".

A continuação da história é interessante e bela, e creio que seja superior em todos os pormenores à história mais famosa de Hesíodo.

Acredito que o importante nesses mitos para o posterior desenvolvimento de uma cosmologia mais crítica é a personificação da Terra e do céu e a atribuição de nomes pessoais a eles. Isso possibilitou, mais tarde, a identificação da Terra como um corpo físico dotado de forma definida e levou à teoria do céu como um corpo oco, esférico e cristalino, a girar ao redor da Terra. Tais passos estão longe de serem óbvios e são importantíssimos para o desenvolvimento da cosmologia. Mais especificamente, está longe de

---

4 Hesíodo, *Teogonia*, 116-38.

5 Tylor, *Primitive Culture*, v.1, p.322-5, que se baseia em Grey, *Polynesian Mythology*, p.1-15.

6 Citado a partir de Tylor, op. cit., p.322.

ser óbvio que a Terra seja um corpo físico de forma definida – por exemplo, com forma de disco, como dizia Anaximandro, ou, num passo adiante dado por Parmênides, com a forma de uma bola esférica, pois até hoje a palavra "terra" denota não só um planeta – um corpo físico –, mas também o solo sob nossos pés; a terra que produz safras, e um material de tipo lodoso, às vezes como barro, mas que se torna farelento quando se seca. O primeiro passo na direção de ver a Terra inteira como um corpo físico foi dado por importantes mitos da criação que a personificavam como uma deusa.

Nessa etapa, é decisiva a personificação ou a atribuição de um nome. Isso é o que cria um objeto para posterior especulação[7] e, por fim – na Grécia –, para o exame crítico. No antigo Egito e no Oriente Próximo, parece que esse último passo não foi dado. Diz repetidas vezes John A. Wilson que os diversos mitos de criação egípcios se contradizem uns aos outros, mas que isso, aparentemente, não incomodava os antigos egípcios. "O egípcio", escreve ele, "aceitava vários mitos e não rejeitava nenhum deles." E mostra que se podem encontrar histórias conflitantes em coexistência pacífica num mesmo documento ou inscrição antiga.[8]

Também na Grécia nos deparamos com histórias conflitantes, mas pertencem elas a diferentes escritores e, normalmente, a tempos diferentes. Um dos primeiros prosadores gregos, Ferécides de Siros, que, segundo consta, teria vivido por volta de 550 a.C. e hoje é elencado entre os filósofos pré-socráticos, escreveu uma história do casamento da Terra com o céu muito parecida com a de Hesíodo, mas em contradição com ela em certos pormenores. "Os deuses Zas e Cronos e Khthonié existiram sempre", escreve ele, usando o nome menos comum "Zas" para o deus do céu Zeus e "Ctônica" para a deusa da Terra, Gaia ou Gé, e prossegue: "Mas a Ctônica foi dado o nome de Gé porque Zas lhe deu a Terra como um dom de honra". Depois disso, Zas, deus do céu, deu a Gé outro presente: deu-lhe de casamento um "amplo e belo" manto celeste, que foi por vezes interpretado

---

7 A ideia de que a atribuição de um nome pode criar um objeto (ou melhor, um pseudo-objeto, um objeto no mundo da aparência) por um ato de convenção linguística foi aventada pela primeira vez por Parmênides; ver os fragmentos de Parmênides em DK 28B8: 38, 53; B9: 3; B8: 17.

8 Wilson, op. cit., p.59. Quanto à pluralidade de teorias cosmogônicas egípcias, ver Ibid., p.59-70. Outros exemplos podem ser encontrados em Iversen, *Papyrus Carlsberg Nr.VII*.

como o céu que envolve a Terra.[9] Aqui, é de especial interesse a separação parcial entre as *divindades pessoais* do céu e da Terra e os *objetos* céu – talvez representado pelo manto cintilante de joias estelares – e terra, que *pertencem* às divindades e também são *personificados* pelas divindades.

Temos aqui o que pode ser descrito como um dos mais antigos modelos cosmológicos: a Terra é um objeto físico que pode tornar-se um divino presente de casamento; e o mesmo acontece com o céu reluzente, o manto ou tenda celestial,[10] que envolve a Terra.

Um modelo cosmológico diferente e, sob certos aspectos, até mais rico pode ser encontrado, muito antes, na *Ilíada* de Homero e na *Teogonia* de Hesíodo. No livro 8 da *Ilíada*,[11] ouvimos como Zeus ameaça lançar todo deus olímpico desobediente e intrometido no mais profundo abismo do Tártaro e somos informados de que o mais profundo abismo do Tártaro está tão distante do Hades como o céu está acima da Terra.

Esse retrato da Terra situada, no meio, entre os céus e o mais profundo Tártaro é esclarecido e elaborado na *Teogonia* de Hesíodo, na qual se diz[12] que "a distância entre o Céu e a Terra é igual à que separa a Terra e o Tártaro, pois uma bigorna de bronze levaria nove dias para atravessar em queda um desses espaços". Essa é uma estimativa da imensidão do abismo entre o Céu e a Terra e também sugere um modelo com a Terra colocada a meio caminho entre o céu e o contracéu.

Fica claro, com tudo isso, que aquilo que temos diante de nós nessas histórias são teorias concebidas para explicar a estrutura do universo. A teoria de que a distância entre o céu e a Terra é igual à distância entre a Terra e o mais profundo abismo do Tártaro não pode ser interpretada de outro modo, senão como a teoria de que à abóbada oca dos céus que vemos luzir sobre a nossa Terra corresponde outro hemisfério oco abaixo da Terra e que esses dois hemisférios se complementam um ao outro, formando uma esfera completa e oca. No meio desse modelo, temos de supor a Terra horizontal, um disco cilíndrico plano, que divide a esfera oca em dois hemisférios, um acima e outro abaixo da Terra.

---

9 Ver DK 7B1 e B2. Em B2, a manta ou manto traz bordados a Terra e o Oceano, mas Eisler, *Weltenmantel und Himmelszelt*, v.2, p.366-7, apresenta razões para identificá-la com os céus.

10 Ibid., p.592-3.

11 Homero, *Ilíada*, 8: 13-16; cf. DK 7B5.

12 Hesíodo, *Teogonia* 720-5.

Considero da maior importância o modelo cosmológico descrito por Homero e Hesíodo. Vejo-o como um dos pontos de partida da ciência física moderna. Homero e Hesíodo, porém, não eram nem cientistas, nem filósofos; são corretamente considerados poetas épicos e religiosos.

3. Os primórdios da filosofia

Supõe-se que a especulação filosófica tenha começado com os jônios; com Tales de Mileto e seu discípulo e parente Anaximandro. E, por certo, algo novo mesmo foi acrescentado por esses dois. Eles adicionaram a abordagem crítica ou a tradição crítica: a tradição de olhar para os mitos explicativos, como o do modelo do universo de Homero e Hesíodo, com olhos *críticos*. Aquilo que a primeira filosofia grega ou a primeira ciência grega adiciona à criação de mitos é, acredito, uma nova postura: uma *postura crítica*, a postura de mudar os mitos explicativos à luz da crítica. A esse exame crítico das histórias explicativas, ou teorias explicativas, operado na esperança de aproximar-se mais da verdade, considero característico do que pode ser definido, um tanto vagamente, como *racionalidade*. Esse exame crítico explica as mudanças nesses mitos e o desenvolvimento surpreendentemente rápido que leva a criação de mitos para algo que se parece muito com a ciência. As teorias continuam especulativas, no entanto, sob a influência de uma crítica severa, mostram um grau cada vez maior de verossimilhança. A única maneira de explicar esse desenvolvimento é pela conjectura de que a atitude crítica se tenha tornado uma tradição na escola filosófica jônica.

Tales, reconhecido por Aristóteles como o fundador da filosofia grega, havia sido influenciado, segundo uma sugestão de Aristóteles,[13] por outra tradição homérica: pelo mito homérico de Oceano. O oceano foi o primeiro pai dos deuses[14] e é por isso, diz Aristóteles, que os deuses juram pela água ou, mais precisamente, pelo rio Estige,[15] pois "o mais antigo", escreve Aristóteles, "é o mais venerado, e a coisa mais venerada é aquela pela qual

---

13 Aristóteles, *Metafísica*, 983b20 ss.
14 Homero, *Ilíada*, 14: 202, 246.
15 Ibid., 2: 755; 14: 271; 15: 37s; Id., *Odisseia* 5: 185s.

se jura". Correta ou não essa explicação, consta que para Tales a água é a origem de todas as coisas e que a Terra flutua sobre a água.[16] Como sabemos, um mito explicativo semelhante era conhecido no antigo Egito.[17]

Interessa-me a teoria de que a Terra repouse sobre a água, ou flutue sobre a água, *como um barco* – teoria que parece ter sido concebida para explicar terremotos, por exemplo.[18]

A teoria de Tales de que a Terra é suportada pelo oceano é interessante e, de um ponto de vista puramente racional, está aberta a uma séria crítica imanente: leva a uma regressão ao infinito, pois conduz à pergunta "o que suporta o oceano?". Como diz Aristóteles,[19] propor tal teoria "é esquecer que a mesma pergunta pode ser posta acerca da água que suporta a Terra, como foi colocada [em primeiro lugar] acerca da própria Terra".

Parece provável que tenha sido exatamente essa a crítica que foi originalmente levantada contra a teoria de Tales por Anaximandro, parente e discípulo de Tales. Também parece provável que a incrivelmente ousada e importante teoria especulativa de Anaximandro fosse, pelo menos em parte, inspirada no modelo do universo de Homero e Hesíodo, que mencionei anteriormente, pois ouvimos que Anaximandro ensinava que "A Terra está suspensa. Ela é sustentada por nada. Ela continua em seu lugar por conta de sua igual distância de todas as coisas".[20]

Anaximandro, pois, como diz Aristóteles, é um "daqueles que dizem que a Terra permanece em repouso por causa da simetria".[21] E Aristóteles prossegue dizendo:

> pois algo estabelecido no centro [do universo], com relações simétricas com os extremos, não tem razão para se mover para cima mais do que para baixo ou [talvez] de lado. E uma vez que não pode seguir direções opostas ao mesmo tempo, é forçado a permanecer em repouso.

---

16 Aristóteles, *Metafísica*, 982b21; Id., *Sobre o céu*, 294a28.
17 Ver Frankfort, H. et al., op. cit., p.54.
18 Cf. Sêneca, DK 11a15; Aristóteles, *Sobre o céu*, loc. cit. Nesse volume, ver o Ensaio 1, Seção III.
19 Aristóteles, *Sobre o céu*, 294a32s.
20 Hipólito, *Refutatio* 1.6.3 (DK 12A11).
21 Aristóteles, *Sobre o céu*, 295b12-16.

Esta teoria de uma Terra sem sustentação e livremente suspensa, mantida no lugar pelo equilíbrio de forças que agem sobre ela à distância, é empolgante em sua audácia. Esse é o primeiro passo na direção da teoria de Newton e, em minha opinião, pode dizer-se que, sem a ousada teoria de Anaximandro, talvez nunca tivesse ocorrido o desenvolvimento do pensamento científico que levou a Newton e para além dele. Tal empolgante passo, porém, no caminho da ciência moderna, não se baseou na observação, como dizem muitos empiristas, mas numa revisão crítica da poesia mítica da *Ilíada* de Homero e da *Teogonia* de Hesíodo, com suas histórias imaginárias acerca da origem da Terra e as intrigas dos deuses olímpicos.

É muito interessante que o novo modelo do universo de Anaximandro atribuísse forma esférica aos céus, mas não à Terra, pois, segundo a teoria de Anaximandro, a forma da Terra "[...] é a de um tambor [ou de um cilindro baixo] cuja altura é um terço da largura" (DK 12A10). (Um relato posterior[22] atribui a Anaximandro a doutrina de que a forma da Terra é esférica, mas hoje é universalmente aceito que tal relato é errôneo.) O grande pensador, que foi o primeiro a aventar a doutrina de que a Terra tivesse a forma, não de um disco mas de uma esfera, e que estendeu essa hipótese à Lua e, talvez, a todos os corpos celestes foi, ao que parece, Parmênides de Eleia.[23]

4. Parmênides como cosmólogo

Tales e Anaximandro viveram em Mileto, uma antiga colônia jônica da Ásia Menor. Parmênides era também cidadão de uma cidade-Estado colonial grega. Sua cidade, chamada Eleia, era uma colônia razoavelmente recente fundada no Sul da Itália; fora fundada em 540 a.C. Parmênides, que provavelmente nasceu em 515 a.C., parece ter pertencido à primeira geração nascida naquela colônia.

Acerca dos primeiros filósofos e cosmólogos, há muitos problemas que não foram resolvidos e parecem insolúveis, em razão do caráter fragmentário de nossas fontes, embora, é claro, sempre haja a possibilidade remota de que

---

22 Diógenes Laércio II, 1-2. Ver os comentários de Kahn, *Anaximander and the Origin of Greek Philosophy*, p.56.

23 Quanto à defesa por Kahn da ideia de que Parmênides tenha sido o primeiro a afirmar a esfericidade da Terra, ver a nota 63 adiante.

a descoberta de novos papiros possa levar a novas soluções. Parmênides, um dos maiores dos antigos gigantes da cosmologia e da filosofia é, ao mesmo tempo, um daqueles cuja obra está repleta de problemas que talvez nunca sejam resolvidos. Isso apesar de possuirmos talvez um terço ou até metade do poema de Parmênides, sua única obra, pois Parmênides não escreveu em prosa, como seus três antecessores imediatos. Como Xenófanes, que leva a fama de ter sido um de seus mestres, Parmênides escreveu em versos.

O poema de Parmênides foi escrito em imitação do estilo de Homero e de Hesíodo, aos quais sempre alude sua linguagem. Ele descrevia uma revelação recebida por Parmênides da deusa Diké.[24] A revelação divide-se em duas partes, como deixa claro a deusa. Na Primeira Parte, a deusa revela a verdade – toda a verdade – acerca do que realmente existe: acerca do mundo da realidade e das coisas como são em si mesmas.[25] Na Segunda Parte, a deusa fala sobre o mundo das aparências, acerca do mundo ilusório do homem mortal. Ela alerta Parmênides, no começo da Segunda Parte, que daí em diante as suas palavras não mais serão verdadeiras, mas enganosas e até fraudulentas, embora venham a ser mais verossímeis do que outros relatos.

Essa divisão da revelação de Parmênides em duas partes, habitualmente diferenciadas como a "Via da Verdade" e a "Via da Opinião", cria o primeiro e maior problema não resolvido acerca da obra de Parmênides. É estranho e difícil explicar por que a revelação da deusa contivesse não só uma explicação verdadeira do universo, mas também uma explicação inverídica, como ela diz explicitamente. Sugiro que isso coloque o problema central para o comentador – para aqueles que desejam entender e, se possível, elucidar a obra de Parmênides.

Para entender esse problema, temos de considerar as duas partes da revelação.

A Segunda Parte, chamada Via da Opinião (também chamada muitas vezes de *doxa*), descrita pela própria deusa como inverídica e composta de

---

24 Para uma defesa dessa ideia, ver Popper, *Conjectures and Refutations*, p.405-6.

25 Que aquilo que Parmênides descreve seja uma revelação que este recebeu, é corretamente ressaltado por Jaap Mansfeld em seu ponderadíssimo *Die Offenbarung des Parmenides und die menschliche Welt*. Acerca das "coisas em si", que são, naturalmente, uma alusão a uma semelhança com Kant, severamente atacada por Burnet como um anacronismo, ver a seguir a análise na nota 76. Concordo plenamente, porém, com a ideia de Burnet, hoje universalmente aceita, de que Parmênides não era um idealista e que suas coisas em si devem ser vistas como corpóreas.

palavras enganosas, oferece a exposição de uma cosmologia e uma cosmogonia do mundo tal como aparece aos homens mortais. Não há dúvida de que seja um trabalho originalíssimo do próprio Parmênides. Foi composta, porém, numa linha mais ou menos tradicional, embora enfaticamente dualista: em vez de supor *um* material de construção, como os filósofos jônicos, Parmênides ressalta que o mundo da aparência, o mundo da mudança constante que é o nosso mundo ordinário, o mundo dos homens mortais, precisa de uma dualidade de materiais de construção: vale dizer, precisa de dois materiais de construção, que são chamados de "luz" e "noite". Como mostrei anteriormente no Ensaio 4, ele supõe que todas as coisas desse mundo de mudanças são geradas por uma mistura de luz e noite. Dessa mistura nascem a Terra e os corpos celestes, supervisionados pela deusa da necessidade, Ananke, da qual se diz que "tudo dirige".[26]

A Segunda Parte da revelação da deusa, a Via da Opinião – das opiniões habituais dos homens mortais – é uma cosmologia mais ou menos ao estilo dos predecessores de Parmênides, como Anaximandro, Heráclito e, talvez, Pitágoras; contém, no entanto, importantes ideias originais, como a doutrina da forma esférica da Terra[27] e uma teoria da Lua. A Primeira Parte da revelação, porém, a Via da Verdade, não é só original, mas também revolucionária. Sua originalidade e ousadia são tais que sua teoria foi descrita por alguns comentadores como algo à beira da insanidade e se pode dizer que seja única na história da filosofia.[28] Assim, alguns comentadores sustentaram que não se devesse considerar que a Primeira Parte pertencesse à tradição cosmológica[29] e que não é uma cosmologia. Isso me parece um equívoco. Se a Segunda Parte, a Via da Opinião, é uma cosmologia, a Primeira também deve sê-lo, pois, sem dúvida, Parmênides considerava essas duas partes da revelação da deusa como dois opostos em confronto um com o outro. Considerava que a Primeira Parte dizia a verdade sobre a realidade, sobre a real ordem do mundo, o cosmos real, e que a Segunda Parte relatasse as opiniões enganosas que descreviam o mundo da aparência – o mundo tal como aparece aos homens mortais.

---

26 *"daimon he panta kubernai"* (DK 28B12: 3; A37: 8-9). Ver também Heráclito, DK 22B41 (*"ekubernese panta dia panton"*) e B64.

27 A atribuição é a seguir defendida na nota 63.

28 Nisso eu concordo com Owen, Eleatic Questions, *Classical Quarterly*.

29 Ibid., p.101. Ver também os comentários de Mourelatos, *The Route of Parmenides*, p.xiv.

Proponho, pois, que a Via da Verdade contém uma cosmologia: revela a verdade real acerca do cosmos real, da ordem real do mundo, ao passo que a Via da Opinião descreve o que se revela como uma semelhança enganosa da verdade, mas que passa longe dela e pode, portanto, ser descrita como *ilusão*.

A cosmologia revelada na Primeira Parte, a Via da Verdade, é simples, mas soturna: trata-se de um mundo morto, um universo sem mudança ou movimento. Tal universo consiste num bloco esférico redondo, completamente homogêneo e desestruturado. Não tem partes: ele é uno. Não tem origem e, portanto, não tem cosmologia e sempre esteve, está e sempre estará em repouso, imóvel e incolor.

A doutrina da Via da Verdade é completamente diferente de todas as cosmologias pré-parmenidianas e também da cosmologia da Via da Opinião, com a qual Parmênides quer contrastá-la. E, no entanto, há alguns aspectos da Via da Verdade de Parmênides que ela compartilha com a tradição cosmológica.

Parmênides foi o primeiro a contrapor conscientemente a realidade e a aparência e a postular conscientemente uma única, verdadeira e imutável realidade por trás da aparência mutável. Seus predecessores, porém, também trabalharam implicitamente com uma distinção muito parecida, embora menos radical e, talvez, não adotada de maneira consciente. Tales dizia que tudo é *água*; dizia Anaximandro que a *arkhé*, a origem ou princípio de tudo, é o *Apeiron*, algo indeterminado e ilimitado; seu sucessor, Anaxímenes, dizia que o princípio é o *ar*; Heráclito dizia que todas as coisas são *fogo*; e Pitágoras parece ter dito que todas as coisas são números e, *talvez*, que o princípio do universo é o Número *Um*.[30] Ao dizerem tais coisas, cada um deles postulava uma realidade verdadeira oculta por trás das aparências. Isso mostra que a Via da Verdade de Parmênides segue o curso da tradição cosmológica, embora Parmênides fosse incomparavelmente mais radical do que os seus antecessores.

---

30 Mas Pitágoras talvez fosse um dualista, pois, segundo alguns relatos, o Número *Um* era por ele considerado ao mesmo tempo par e ímpar; pertencendo o ímpar ao princípio do limitado e o par ao princípio do ilimitado. (Ver adiante a nota 33.) Também se pode considerar que todas as teologias e, em especial, a doutrina de Xenófanes do *Deus Uno*, postulem, evidentemente, uma realidade oculta por trás das aparências.

Pode-se fazer uma observação semelhante acerca do monismo. Todos os antecessores cosmológicos de Parmênides que acabo de mencionar eram monistas,[31] com a possível exceção de Pitágoras, talvez um dualista.[32] Também Parmênides era monista, embora fosse, em seu monismo, muito mais radical do que os predecessores; parece tê-los acusado de não se darem conta de que seus sistemas não eram autenticamente monistas: que, logicamente, estavam fadados a operar com, no mínimo, *dois* princípios – como luz e noite –, como a deusa na Via da Opinião.

Um ponto diferente e, talvez, mais importante, é o seguinte. A deusa, ao revelar a Via da Verdade, oferece implicitamente uma solução ao *problema da mudança*, problema com que se depararam, também implicitamente, os predecessores de Parmênides, e que pode ser descrito como o problema central de Heráclito. O problema pode ser assim colocado: *"Como é possível a mudança, isto é, como é logicamente possível? Como pode uma coisa mudar sem perder a identidade? Se permanece a mesma, não muda, mas se não permanece a mesma, então já não é a coisa que mudou"*.[33] A solução dada por Heráclito ao problema foi de que não há coisas estáveis e que todas as aparentes coisas são, na realidade, processos, como chamas. Na realidade, *só há mudança*. É evidente que Parmênides considerava a solução de Heráclito (logicamente) inadmissível, assim como mais tarde Aristóteles. A solução do próprio Parmênides, muito radical e que lhe foi revelada pela deusa na Via da Verdade, era de que a *mudança é uma ilusão*: na realidade, não há mudança. Assim, a Via da Verdade resolve um importante problema originário da tradição cosmológica. A teoria do universo-bloco imutável é uma cosmologia.

5. Parmênides não era um ontólogo

Hoje em dia, muitos filósofos falam de ontologia, ou teoria do ser, e muitos filósofos atribuem a Parmênides uma ontologia. Não creio que exista algo como uma ontologia ou teoria do ser ou que se possa atribuir seriamente uma ontologia a Parmênides.

---

31 Quanto ao monismo de Heráclito, ver em especial DK 22B50. O monismo de Xenófanes é o que mais se aproxima do de Parmênides, ver em especial DK 21B23-6.

32 Isso é sugerido pela tábua pitagórica de opostos. (Mas ver o texto da nota 31.)

33 A passagem entre aspas é tomada, com uma ligeira variação, do Ensaio 1, fim da Seção VIII; ver também Popper, *Conjectures and Refutations*, p.80.

Sem dúvida, Parmênides tentou *provar* um enunciado não tautológico como "não pode haver mudança" e, sem dúvida, tentou *prová-lo* derivando-o de um enunciado tautológico como "só o que é (existe) é (existe)", mas, hoje, sabemos que tal tentativa é impossível e que um enunciado não tautológico não pode ser validamente derivado de um enunciado tautológico. E, assim, a tentativa de Parmênides não podia ser bem-sucedida.

Assim, se chamarmos de ontologia uma teoria que parta, como a de Parmênides, de uma premissa tautológica acerca da existência, tal ontologia será uma teoria vazia, de que não se pode derivar nada de interessante: a impossibilidade de uma ontologia não vazia é a lição que eu gostaria de aprender da corajosa tentativa de Parmênides.

Mesmo, porém, que não se chegue a essa conclusão, parece-me claro que Parmênides não estava realmente preocupado com um argumento verbal acerca do *ser*, mas com o problema da *mudança*. E o problema da mudança não é, sem dúvida, um problema ontológico, mas um problema cosmológico. Podemos explicar o problema de Parmênides como o problema de se o nosso mundo é um universo em mudança ou um universo do tipo bloco morto. E esse não é um problema do ser ou da palavra "ser" ou da cópula "é", mas um problema referente ao caráter de nosso mundo, de nosso cosmos.

Assim, na minha opinião, Parmênides era, essencialmente, um cosmólogo e, se faz uso de um argumento "ontológico", foi só na tentativa de obter um resultado cosmológico. Que seu instrumento seja incapaz de alcançar este ou qualquer outro resultado apenas ressalta a fraqueza de sua "ontologia", mas mesmo que uma ontologia pudesse chegar a algum resultado interessante, essa não seria uma razão válida para se pensar que seja esse o interesse central de Parmênides: continuaria sendo para ele apenas um instrumento para derivar resultados cosmológicos.

6. A nova teoria do conhecimento de Parmênides

Como argumentou convincentemente Charles Kahn,[34] Parmênides considerava sua principal realização a descoberta de um *novo tipo de conhecimento*. Ou seja, considerava que sua realização pertencesse ao que hoje é chamado

---

34 Kahn, The thesis of Parmenides, *Review of Metaphysics*, p.704-5, 710; Popper, *Conjectures and Refutations*, 1.ed., p.164-5; Ibid., 2.ed, p.405-13.

de teoria do conhecimento ou epistemologia. Também pode ser chamado de teoria do método. A palavra "método" vem, é claro, de *methodos* (composto de *meta* e *hodos*) e significa "uma via de pesquisa" ou "uma via de investigação", que é exatamente o que Parmênides quer dizer com *hodos*, termo que aparece em seu poema pelo menos nove vezes e que sugeriu os nomes de "Via da Verdade" e de "Via da Opinião" para as duas partes da revelação da deusa.

Qual é e como surge o *problema do conhecimento*? Sempre nasce da dúvida, da incerteza em relação às nossas próprias pretensões de conhecimento ou às de outras pessoas: da apercepção de que tais pretensões não estão bem-fundamentadas; de que se baseiam em razões insuficientes. Nasce, em pessoas de espírito crítico, sobretudo quando há uma multiplicidade de pretensões ao conhecimento conflitantes e rivais. Como mencionei antes, podiam existir narrativas conflitantes no Egito, sem a consciência de um choque, mas entre os cosmólogos gregos, de espírito mais crítico, a multiplicidade de afirmações conflitantes e habitualmente dogmáticas dos diversos teóricos da cosmologia levou à questão: como decidir entre essas histórias conflitantes? Qual história preferir?

Há indicações de que Heráclito se preocupasse com esse problema do conhecimento. Parece ter sustentado que o decisivo é a qualidade pessoal da autoridade que apoia a teoria: só os deuses e, depois deles, só os melhores homens – a elite – podem alcançar alguma sabedoria ou conhecimento genuíno, enquanto a maioria dos homens não só agem, mas também pensam "como se estivessem dormindo".

O mais importante teórico do conhecimento anterior a Parmênides, no entanto, foi Xenófanes. Este questionou a teologia popular (também questionada por Heráclito). Mostrou que as pessoas criam seus deuses a sua própria imagem; que transformam os deuses em seres humanos[35] e desenvolveu sua própria teoria monoteísta: uma tentativa de descrever o Deus uno como um ser único, completamente diferente dos homens e dos deuses tradicionais – como uma espécie de motor imóvel, para usar a terminologia de Aristóteles. Ao mesmo tempo, também mostrou que não podemos alcançar nenhuma certeza acerca dos deuses e do mundo e de que todo o nosso conhecimento continua sendo suposição, inclusive seu próprio conhecimento.

---

35 Ver a citação de DK 21B16 e 15 no Ensaio 2, Seção 4, acima, e o Adendo a este ensaio, p.136-5.

Para ressaltar esse ponto importante, talvez possa repetir a minha tradução de alguns dos versos de Xenófanes (DK 21B34).[36]

> Mas quanto à verdade certa, nenhum homem a conheceu,
> Nem vai conhecê-la; nem dos deuses
> Nem de todas as coisas de que falo.
> E mesmo se por sorte proferisse
> A verdade final, ele mesmo não a conheceria,
> Pois tudo é apenas uma urdida teia de conjecturas.

A palavra que traduzi por "conjecturas" é a palavra *dokos*. Essa palavra está intimamente relacionada com o termo *doxa* de Parmênides, que se costuma traduzir por "opinião" e pode muito bem ser traduzido, mesmo no poema de Parmênides, por "suposições" ou "conjecturas".

São de grande importância os versos citados de Xenófanes, não só para o nosso tema, mas para toda a história da filosofia. Pessoalmente, tenho grande consideração por eles, pois neles vejo uma espécie de antecipação de minha própria teoria do conhecimento, segundo a qual todas as nossas teorias científicas são mitos ou, nas palavras de Xenófanes, "urdidas teias de conjecturas". Sustento que as teorias científicas permanecem essencialmente incertas ou hipotéticas, ainda que, sob a influência da crítica, possam, com o tempo, tornar-se cada vez mais verossímeis; ou seja, aproximações cada vez melhores do desconhecido – a realidade oculta. Mesmo essa visão, porém, foi antecipada por Xenófanes, que é lembrado pelos seguintes versos (DK 21B18):[37]

> Os deuses não nos revelaram, desde o começo,
> Todas as coisas; mas ao longo do tempo,
> Pela busca podemos aprender e saber melhor as coisas.

Ora, dado que o ensinamento de Parmênides na Via da Verdade assume a forma de uma revelação divina da verdade perfeita e certa (que Xenófanes considerava inatingível pelo homem mortal), parece que Parmênides, embo-

---

36 Quanto à minha tradução, ver Popper, *Conjectures and refutations*, p.26, 153. Quanto à crítica da teologia popular por Xenófanes, ver DK 21B15 e 16 e, neste volume, Ensaio 1, Seção XII, e Ensaio 2, Seção 4.

37 Quanto à minha tradução, ver, neste volume, o Ensaio 1, Seção XII; Ibid., p.26.

ra, sob muitos aspectos, extremamente crítico, por vezes propendia ao dogmatismo. Talvez até possamos conjecturar que, no começo, ele estava menos inclinado à autocrítica do que Xenófanes. Se associarmos essa conjectura à ideia de que a Via da Opinião de Parmênides contenha uma cosmologia e uma cosmogonia de considerável novidade, parece provável que Parmênides primeiro construiu e aceitou a cosmologia e a cosmogonia da Via da Opinião e, só mais tarde, ficou em dúvida sobre ela; por fim, a rejeitou por ilusória e enganosa. Podemos conjecturar que suas dúvidas o levaram da cosmologia à teoria do conhecimento. Assim, ele se convenceu de que sua cosmologia não passava de opinião e suposição (*doxa*), e começou a buscar a Via da Verdade ou o caminho para o conhecimento autêntico. Tal caminho para o conhecimento autêntico e certo lhe foi, por fim, revelado pela deusa.[38]

Nossa questão é, agora, a seguinte: como a busca da via do conhecimento levou Parmênides à estranha teoria do universo-bloco imóvel?

Creio que podemos reconstituir seus passos principais.

O primeiro passo de Parmênides, segundo essa reconstituição, consiste em fazer a distinção entre o conhecimento autêntico e a mera suposição ou opinião, bem como leva à tese de que o conhecimento autêntico difere radicalmente da mera opinião.[39] A resposta é que o conhecimento autêntico deve ser conhecimento do que é *verdadeiro*: o conhecimento autêntico é

---

38 O argumento que se segue a favor da conjectura de que a Via da Opinião tenha sido concebida por Parmênides antes da revelação é, sem dúvida, fraco, mas talvez não careça de toda força. Parmênides diz de si mesmo, bem no começo do poema, que era, evidentemente antes de receber a revelação, um "homem experiente" (*eidota phota*) (DK 28B1: 3), usando um termo que, com exceção desse caso, parece usar exclusivamente para o (*pseudo-*) *conhecimento a partir da experiência sensível* (comparar a B6: 4; B10: 1 e 5). Poder-se-ia interpretar (em especial com vistas às duas últimas referências) que isso signifique que, antes de receber a revelação, Parmênides tivesse sido experiente na Via da Opinião, ou seja, que tivesse sido um cosmólogo e um cosmogonista de estilo tradicional. Não quero, porém, mencionar esse argumento só para constar, mas pelo fato de haver, em minha opinião, argumentos mais fortes que levam à mesma conclusão.

39 Considero perigosa essa busca das essências, como expliquei alhures (Ver, por exemplo, capítulo 3 de Popper, *Conjectures and Refutations* e o Capítulo 5 de Id., *Objective Knowledge*. No capítulo 2 desse último livro, é feita uma distinção entre "conhecimento" no sentido mais rigoroso, conhecimento certo, e o "conhecimento científico", que é hipotético e pertence à *doxa* ou opinião de Parmênides.) Mas tanto a busca parmenidiana da essência do conhecimento quanto a solução parmenidiana dominaram Platão e, com ele, toda a história da teoria do conhecimento.

crença verdadeira, porém, é mais que isso: trata-se de uma convicção *certa, inabalada, inabalável e justificável* (DK 28B1: 29), em oposição às "opiniões [incertas e abaláveis] dos mortais, em que não há nenhuma verdadeira convicção [justificável e certa]" (DK 28B1: 30).[40] Não falamos de "conhecimento" se toparmos com a verdade por acidente. Nesse caso, dizemos (como sem dúvida disse Xenófanes) que não *a conheceríamos*, apenas conjecturamos a respeito.[41] Só falamos, pois, de "conhecimento" se pudermos dar *razões suficientes* ou *argumentos válidos suficientes* em apoio à nossa asserção;[42] isto é, só falamos de conhecimento se a nossa asserção puder ser *justificada* ou *provada* por argumentos, pela razão. Tal conhecimento genuíno, que deve ser plenamente confiável e certo, tem de ser provado pelo raciocínio a partir de premissas que sejam certas.

Isso equivale ao segundo passo dado por Parmênides, a identificação que ele estabelece da verdade com a verdade demonstrável. (Nisso ele antecipa o intuicionismo moderno, mas se desvia de Xenófanes, que ensinou que podemos topar com a verdade sem conhecê-la.)

O terceiro passo é, então, a clara separação entre o conhecimento racional da verdade demonstrável e todo o restante conhecimento alegado, como o enganoso pseudoconhecimento obtido por meio dos sentidos.[43] Isso estabelece o intelectualismo ou racionalismo de Parmênides e sua rejeição da experiência. A experiência é rejeitada porque só pode levar à mera opinião ou ao hábito: ao pseudoconhecimento, que é inverídico. A experiência, o hábito e a opinião são inverídicos no sentido de jamais poderem produzir a verdade *certa* e *demonstrável*.

Assim, a busca de conhecimento autêntico se torna a busca de um método racional, um método lógico, um método de prova. Parece que Parmênides chegou a essa busca de um método racional por um ato que teve o caráter

---

40 No que diz respeito à inserção "abalável", contrastar a linha 30 com a linha 29 e comparar o pseudoconhecimento "errado" e "não estabelecido" (*plankton noon*) em B6: 6.

41 Ver Xenófanes, DK 21B34, citado no texto da nota 37 deste ensaio.

42 "É necessário que o que pode ser conhecido exista verdadeiramente" (DK 28B6: 1). "Conhecimento não permitirei que conheças ou tornes conhecido por asserção. Nada pode ser conhecido ou tornado conhecido por palavras que não existam verdadeiramente" (DK 28B8: 7-8).

43 Ver DK 28B7 (citado no texto da próxima nota) e em especial B16. O fragmento B16 e sua importância são analisados em Popper, *Conjectures and Refutations*, p.408-13 e neste volume de novo, mais minuciosamente, no Ensaio 3, Seção 6.

de conversão, de revelação. Traduzirei alguns versos dirigidos pela deusa a Parmênides (DK 28B7);[44] versos em que ela lhe diz para não confiar na experiência e nos sentidos (o olho, o ouvido e a língua) e nos quais exalta a razão.

> *[...] não deixes a experiência,*
> *Caminho tão percorrido, constranger-te; não deixes vagar teu cego*
> *Olho ou teu ouvido surdo ou mesmo a língua por esse caminho!*
> *Mas só pela razão decide tu quanto ao muitas vezes contestado*
> *Argumento que aqui a ti expus como contraprova.*

O passo seguinte leva à tese, explicada por Kahn, de que só podemos *conhecer* um estado de coisas se o estado de coisas for um fato real, se ele verdadeiramente existir.[45] Ou, como diz Parmênides:[46]

> Pois o que pode ser conhecido é o mesmo que pode existir (DK 28B3).

---

44 Quanto à tradução, ver Ibid., p.165.

45 Escreve Mourelatos em crítica a Kahn: "Sugiro que o *esti* do fragmento 2 de Parmênides é o 'é' da fórmula 'isto é____' (por exemplo, 'isto é ar', 'isto é fogo', 'isto é número e o ilimitado')" (Mourelatos, Comments on "The Thesis of Parmenides", *Review of Metaphysics*, p.743). Isso não me parece diferir da posição de Kahn. E o principal é que de qualquer asserção como "isto é ar" se segue, em lógica aristotélica ou russelliana, que "isto existe": "*a* é ar" implica "há um *x* tal que *x* é ar", o que depois implica "há um *x* tal que *x* = *x*" e depois "há um *x*" ou "isto existe". Ou seja, o significado existencial se segue (em qualquer lógica "normal" com um universo de discurso não vazio) do que Kahn e Mourelatos chamam de significado verídico, *sem nenhuma confusão*. E tudo isso vale para "Há um *x* tal que *x* é conhecido". Para mim, Kahn pode estar correto ao dizer que o sujeito do "isto é" de Parmênides seja algo como "aquilo que pode ser conhecido", e também Mourelatos pode estar certo, mas a etapa essencial na prova de Parmênides é: "o que não é não pode existir", na qual "o que não é" sem dúvida se identifica com o que mais tarde os atomistas chamavam de "o vácuo", isto é, o espaço vazio, pois só assim poderia Parmênides chegar à conclusão de que o que existe na realidade é corpo pleno individido, imóvel, único e que tudo abrange. Assim, descobrimos enfim, por meios mais lógicos que linguísticos, que "isto é" deve ter significado para Parmênides "isto é corpóreo" (sem dúvida, como "isto é ar" ou "isto é fogo". Tudo isso era compreendido e criticado com muita clareza pelos atomistas.

46 Quanto à tradução, ver Burnet, *Early Greek Philosophy*, 4.ed., p.173 (no qual o fragmento recebe o número 5, como nas edições mais antigas de Diels), em especial a nota de rodapé 2. Afasto-me de Burnet ao traduzir *noein* por "poder ser conhecido" (ao invés de "poder ser pensado"), em conformidade com o importante esclarecimento em Kahn, op. cit., p.703, nota 4, no qual Kahn remete a von Fritz. Sugiro que dois trechos semelhantes podem ser traduzidos da seguinte maneira. Primeiro, o

Podemos, pois, dizer que Parmênides afirma que, em sua essência, o conhecimento genuíno é sempre, necessariamente, conhecimento *de* algo; de algum objeto que verdadeiramente exista.[47]

___

fragmento B2: 1-2: "Vem, pois, e repara bem em minhas palavras, pois agora vou dizer-te / Todas as vias de busca que existem e podem levar-te ao conhecimento". (Mais literalmente, "que há para conhecer".) Em segundo lugar, B8: 34 pode ser assim traduzido: "Conhecer é da mesma coisa em nome da qual existe o conhecimento" (cf. Burnet, op. cit., p.176). Isso talvez possa ser escrito, muito livremente: "Conhecer é sempre o mesmo que conhecer aquilo que existe". Quem reflete criticamente sobre essas últimas formulações é quase imediatamente levado à questão: "Podemos, porventura, conhecer algo que não exista?". Isso é exatamente o que Parmênides nega: ele nega que o não existente possa existir ou ser conhecido ou tornar-se conhecido ou ser descrito. Ele é incognoscível (*anoeton*) (B8: 17; B8: 16; B2: 3-8). Sugiro, assim, que traduzamos B2: 7-8 do seguinte modo: "Pois jamais podes conhecer o que não existe verdadeiramente, / Nem podes descrevê-lo [...]". Quanto a B16 (que trata do pseudoconhecimento), ver, neste volume, o Adendo a este ensaio e o Ensaio 3, Seção 6.

47 Em minha opinião, Parmênides estava longe de ser um pioneiro da análise da linguagem; tampouco quis oferecer uma análise conceitual (como sugere Mourelatos, *The Route of Parmenides*, p.217). Pelo contrário, ele era um cosmólogo e um epistemólogo. Note-se que os verbos relativos ao conhecer (em especial *noein* e *ginōskein*; ver a referência na nota precedente sobre o esclarecimento de Kahn) são usados tanto transitiva, como intransitivamente. E note-se que, em DK 28B16, *noos* e *noēma* não se referem ao conhecimento autêntico e são usados de forma absoluta, sem objeto. Sugiro que Parmênides tenha baseado sua epistemologia na tese de que, em conformidade com seu uso verbal, o conhecer autêntico ou o conhecimento autêntico é sempre *essencialmente* transitivo; sempre *de* algo que, quando quer que há conhecimento genuíno, deve existir verdadeiramente. Acredito que Parmênides sempre use "conhecer", se visar ao conhecimento autêntico, com esse significado em mente; e é claro (cf. Kahn, The thesis of Parmenides, op. cit., p.713, nota 18) que ele usa diversos verbos para falar do dizer (como *phanai* e *phrazein*) de modo muito semelhante: eles podem ser interpretados como "dar nome" [a algo], ou "fazê-[lo] conhecido por meio de palavras" ou "saliéntá-[lo]" ou "descrevê-[lo]"; via de regra, são usados com um sentido essencialmente transitivo. Compare-se a DK 28B1: 23; B2: 6-8 (ver anteriormente a nota 48); B6: 1; B8: 34. Concordo com Kahn (no artigo "The thesis of Parmenides") quando diz que Parmênides permaneça na tradição cosmológica até mesmo na Via da Verdade. Podem-se encontrar excelentes sugestões acerca da relação do poema de Parmênides com as teorias de Anaximandro em Stein, Comments on "The thesis of Parmenides", *Review of Metaphysics*, p.733-4. Pode-se acrescentar que o que talvez tenha levado Parmênides a desistir da cosmologia da Via da Opinião foi uma dúvida relativa à teoria de Anaximandro da posição não sustentada da Terra. Não conseguindo encontrar uma teoria mais satisfatória e pouco disposto a voltar às ideias de Anaxímenes ou Tales ou que tais, talvez tenha decidido que o erro fosse a existência de um vácuo e que só um bloco estivesse de acordo com a razão.

Chegamos, assim, à questão: o que podemos provar pela razão acerca dessa coisa que pode ser conhecida e, portanto, deve necessariamente existir?

Naturalmente, trata-se de fundamental importância descobrir o que Parmênides realmente disse e reconstituir e compreender o texto, mas também é importante reconstituir seu principal argumento a partir das conclusões claras a que chegou e a partir de algumas indicações que dá de seus passos principais. Sugiro que a prova dedutiva da Via da Verdade começa com uma ideia como "isto é" ou "isto é o caso" ou "isto existe", na qual o "isto" é a coisa, provavelmente uma coisa *corporal*, que pode ser conhecida, e fica claro, à luz da conclusão, que o "é" ou "existe" implicam corporeidade. A prova dedutiva de Parmênides pode ser reconstituída enquanto parte de uma tautologia ou de um enunciado analítico[48] (como devido numa prova lógica). A reconstituição é a seguinte.

Premissa: Só o que é verdadeiramente o caso (como o que é conhecido) pode ser o caso e pode verdadeiramente *ser*.

Primeira conclusão: O não existente não pode ser.

Segunda conclusão: O nada, ou o vazio, não pode ser.

Terceira conclusão: O mundo é pleno; ele é um bloco contínuo sem nenhuma divisão.

Quarta conclusão: Uma vez que o mundo é pleno, o movimento é impossível.

Assim, a cosmologia da deusa, a teoria do universo-bloco, é derivada dedutivamente de sua teoria do conhecimento autêntico.

Talvez possa mencionar aqui dois dos princípios da teoria do conhecimento de Parmênides que considero equivocados. Creio que eles não são essenciais a seu argumento, embora desempenhem, de fato, um papel nesse argumento e um papel ainda maior na filosofia de Platão.

---

48 Uma vez que julgo, com Cornford e Guthrie, que Parmênides partiu mesmo de uma tautologia (que adquiria conteúdo pela identificação do que não é com o vácuo), também julgo que Guthrie, *A History of Greek Philosophy*, v.2, p.15-7 está essencialmente correto e que Mourelatos, *The Route of Parmenides*, p.274, nota 19, está errado. Kahn também menciona tautologias, como a lei de não contradição (Kahn, The Thesis of Parmenides, p.708), pelo menos enquanto etapas no argumento. ("Tal enunciado seria em geral tido como incontroverso. Não exige argumentação[...]" [Ibid., p.711])

O primeiro é sua identificação da verdade com a verdade certa e demonstrável. (Parece ser equivalente à *epistemé* de Platão e Aristóteles e à concepção da verdade de Brouwer.) Na minha opinião, isso é um retrocesso em relação à posição alcançada por Xenófanes, que sabia que podemos topar com a verdade acidentalmente, sem ter consciência disso.[49]

O segundo princípio que considero equivocado é o de que, assim como à realidade verdadeira e imutável corresponde o conhecimento autêntico, assim também às aparências mutáveis corresponde a suposição ou a opinião. (Tal doutrina está mais explícita em Platão que em Parmênides.) Creio que, ao contrário, podemos tentar aproximar-nos da verdadeira realidade por trás das aparências pelo método da *doxa* – de suposições, hipóteses (como Platão, por exemplo, no *Timeu*) – e da crítica, ou seja, pelo método de conjecturas e refutações.

À primeira vista, a teoria do bloco imóvel parece ser mesmo uma teoria quase maluca. Vale a pena, portanto, ressaltar que ela exerceu um impacto tremendo sobre a evolução da ciência física.

7. Parmênides e os métodos da ciência

Acho que se podem creditar a Parmênides pelo menos três conquistas duradouras do ponto de vista da moderna ciência física e matemática.

(1) Foi o inventor do método dedutivo de argumentação e, embora indiretamente, até mesmo do método hipotético-dedutivo, como é hoje chamado.

(2) Estava certo em frisar que o imutável e o invariante podem ser tidos como autoexplicativos e ser usados como ponto de partida da explicação. Essa ênfase levou (como observou Mayerson)[50] à busca dos princípios de conservação, como as leis da conservação de energia e de momento e também ao método de apresentação das teorias ou leis da natureza sob a forma de *equações* matemáticas: num processo de mudança, algo permanece igual

---

49 Essa ideia de Xenófanes está implícita em DK 21B34 citado anteriormente.
50 Ver Meyerson, *Identity and reality*, p.231, 233. Nessas duas passagens, Meyerson se refere à causalidade e à identidade em relação a Parmênides. Se substituirmos "causa" por "leis causais" e também por "equações diferenciais" e "leis de conservação", chegaremos, então, a algo parecido com a perspectiva aqui descrita no texto. Ver também Popper, *Conjectures and refutations*, p.80, nota 21.

a algo; alguma magnitude oculta permanece invariante com relação a certas transformações.

(3) A teoria de Parmênides foi o início da chamada teoria continuísta da matéria e, com ela, de uma escola cosmológica e física cuja rivalidade constante com a Escola Atomística na teoria da matéria se mostrou extremamente fértil em soluções para o problema da estrutura da matéria, até Schrödinger e a moderna teoria quântica de campos.

Além disso, é muito importante perceber que as ideias de Parmênides também se mostraram férteis por serem refutáveis, pois, como sugere Aristóteles, é possível considerar Parmênides o precursor indireto da escola cosmológica grega dos atomistas, de Leucipo e de Demócrito, que parecem ter chegado às próprias doutrinas por meio de uma refutação ponto por ponto da conclusão de Parmênides. Assim, eles transformaram o sistema dedutivo parmenidiano num sistema hipotético-dedutivo e o falsearam. Aceitaram a validade da dedução de Parmênides e também parte das suposições implícitas de que o que é, ou o que existe, é de natureza corpórea: aceitaram a doutrina parmenidiana da existência de corpos plenos e indivisíveis, mas corretamente rejeitaram a verdade da conclusão de Parmênides de que o movimento é impossível e apresentaram uma refutação para cada item da prova de Parmênides, inferindo da falsidade da conclusão de Parmênides a falsidade de sua premissa,[51] da seguinte maneira:

(4') É falso que o movimento seja impossível, pois o movimento existe.

(3') Logo, é falso que o mundo seja pleno e que seja um grande bloco indivisível. Logo, há muitas coisas plenas ou corpóreas ou pequenos blocos, que são invisíveis, isto é, muitos átomos.

(2') Uma vez que é falso que só o pleno exista, o vazio, o vácuo também existe.

(1') Logo, o supostamente não existente, o vácuo, existe.

Isso quer dizer: não só o pleno existe, mas também o vazio, e o que existe são *átomos e vácuo.*

---

51 Essa réplica ponto por ponto a Parmênides é preservada em Aristóteles, *Da geração e da corrupção,* 316a14e ss.; compare-se com Popper, *Conjectures and refutations,* p.83, nota 34.

Essa foi a primeira refutação ou falseamento de um sistema dedutivo e pode-se dizer que assinala o início da física teórica ou mesmo da teorização científica em geral.

Assim, é possível afirmar que Parmênides, com sua Via da Verdade, foi não só o pai da teoria continuísta da matéria, mas também o avô da teoria atômica da matéria, a teoria descontinuísta da matéria.

Volto, agora, ao exame do que descrevi anteriormente como o problema central para o comentador do poema de Parmênides.

8. Por que foi incluída na revelação da deusa a enganosa Via da Opinião?

Charles Kahn, um dos mais bem-informados e mais engenhosos comentadores de Parmênides, diz sobre esse problema que "não tentará resolver o difícil problema da [...] cosmologia apresentada na segunda parte do poema" e que acredita que, "com base nos princípios de Parmênides", o problema "não possa mesmo ser resolvido de jeito nenhum".[52]

Apesar dessa observação desanimadora, vou tentar dar uma espécie de solução para o problema.

Por que a deusa, a detentora da chave do reino da verdade, inclui em sua revelação o que é inverídico e mesmo "fraudulento" (como ela mesma diz)? E por que apresenta o "padrão enganoso" da Via da Opinião?[53]

Proponho a essa pergunta três respostas intimamente ligadas.

Minha primeira resposta, muito simples, não tenta explicar por que Parmênides faz da deusa sua porta-voz na Segunda Parte do poema. A resposta é a seguinte. Parmênides não podia abrir o abismo entre *realidade* e *aparência*, ou entre a Via da Verdade e a Via da Opinião, sem dar peso a *ambos* os lados dessa nova distinção. Assim, ele *tinha* de oferecer não só uma distinção do mundo da verdadeira realidade, mas também uma descrição do mundo da aparência enganosa.

A segunda resposta é que essa nova distinção e a descrição inaudita do mundo da realidade feita por Parmênides levantam de imediato uma ques-

---

52 Kahn, The Thesis of Parmenides, op. cit., p.705.
53 A tradução "padrão enganoso" (*kosmon apatēlon*) (DK 28B8: 52) deve-se a Guthrie, *A History of Greek Philosophy*, v.2, p.50.

tão que, sem dúvida, só a deusa podia responder, a saber: se tal bloco imutável é o mundo da realidade, como surge o mundo das aparências ilusórias? É precisamente essa a questão respondida pela deusa na Via da Opinião, por meio de sua cosmogonia.

A terceira resposta, e a mais importante das três, é que a deusa inclui a Via da Opinião por causa do seu alto grau de aproximação da verdade, por causa da sua grande verossimilhança. Essa resposta baseia-se nas próprias palavras dela (e, portanto, nas palavras do próprio Parmênides) acerca da ordem ou arranjo do mundo dos homens mortais, o mundo das aparências, pois assim se refere a deusa à própria intenção de examinar a cosmologia e a cosmogonia do mundo das aparências:[54]

Agora desse mundo de tal maneira arranjado para se parecer plenamente com a verdade, eu devo dizer-te.
Então nunca mais te deixarás desnortear pelas noções dos mortais (DK 28B8: 60-1).

Na interpretação desses versos, tudo depende de se estou ou não com razão ao traduzir as palavras *eoikota panta* por "parece plenamente como a verdade".[55]

Baseio minha interpretação na conjectura de que Parmênides, para usar a terminologia de Xenófanes,[56] faça alusão à *Teogonia* de Hesíodo. Ali,

---

54 Para outra tentativa de tradução, ver o Ensaio 9, Seção 4, no qual também remeto a Xenófanes (DK 21B35), examinado no texto da nota 60, a seguir, e no qual também traduzo algumas outras linhas de Parmênides (DK 28B1: 31-32). À luz da análise do capítulo 8 de Mourelatos, *The Route of Parmenides*, considero hoje que essas traduções necessitam de revisão (em especial, creio agora que "opinião enganosa" deva ser substituído por "aparência enganosa"). A linha B8: 61 poderia ser traduzida mais literalmente, mas, creio, menos homogeneamente da seguinte maneira: "Então em tempo algum pode você ser desnorteado pelas noções dos mortais".

55 Mansfeld, op. cit., p.146-7., cuja análise de *eoikota panta* é particularmente completa e que (como eu) interpreta *panta* como um advérbio de *eoikota*, sugere uma tradução do tipo "inteiramente adequado [aos dois elementos]".

56 Além das referências encontradas em Platão e Aristóteles, o único indício hoje disponível de que Parmênides conhecesse Xenófanes e tivesse sido fortemente influenciado por ele é o seguinte: (a) Xenófanes tinha um Deus esférico e um só Deus; Parmênides tem um "existe" esférico e um só "existe"; (b) há indícios de choque cultural tanto em Xenófanes como em Parmênides: encontramos nos dois um só Deus e muitas histórias de deus, uma só verdade e muitas opiniões; (c) a

as Musas, que desempenham um papel análogo ao da deusa no poema de Parmênides, explicam a Hesíodo que podem não só revelar a verdade, mas também dizer muitas *coisas falsas que se assemelham à verdade* ou são *verossimilhantes*.[57]

O fragmento de Xenófanes que, em sua terminologia, forma uma espécie de ponte entre Hesíodo e Parmênides, pode ser assim traduzido:[58]

Isto, como bem podemos conjecturar, se assemelha à verdade (DK 21B35),

---

terminologia de Parmênides: este se vale de certos termos que Xenófanes não usa como termos técnicos, como se fossem termos técnicos. (Notei que alguns dos meus alunos fazem o mesmo com termos que eu introduzira de maneira não técnica.) Os indícios de que Parmênides conhecia Heráclito são parecidos (ver mais adiante o Adendo a este ensaio).

57 Ver Hesíodo, *Teogonia*, 27, no qual as Musas "dizem francamente" que podem contar muitas mentiras que são *como a verdade* (como histórias imaginárias; compare-se com Homero, *Odisseia*, 19. 203), mas também podem (de maneira mais didática) revelar a verdade. Graças a Mansfeld, op. cit., p.146, nota 3, descobri que a minha sugestão de que DK 28B8: 60 devesse ser comparada não só com Xenófanes B35, mas também à *Teogonia* 27 foi antecipada por Cornford, *Principium sapientiae*, p.119, nota 2 (e o texto relativo a esta). Cornford, porém, não interpreta *eoikota* como "como a verdade", mas como "plausível", e sua interpretação é incompatível com a minha. Argumenta Mansfeld, op. cit., p.146-7, contra Cornford, afirmando que *eoikota* precisa de algum objeto de referência (*Ergänzung*). Isso não me parece muito convincente, dados os indícios examinados neste volume no Adendo 1 do Ensaio 1. Ademais, quanto a um uso absoluto de *eoiken* etc., ver inúmeras passagens platônicas, por exemplo, a passagem típica da *República*, 334a, habitualmente traduzida por "assim parece", com o óbvio sentido de "parece ser como a verdade". Cornford, a que remete Mansfeld, parece ter vinculado *eoikota* em B8: 60 à *Teogonia* 27. Assim, Dolin Junior compara a *Teogonia* 26-8 à Parmênides B1: 24 e 26-30, mas não com B8: 60 (Dolin Junior, Parmenides and Hesiod, *Harvard Studies in Classical Philology*, p.94). O mesmo vale para Schwabl, Hesiod und Parmenides, *Rheinisches Museum für Philologie*. Analogamente, Mourelatos ressalta que a "dupla explicação dada pela deusa de Parmênides parece ter como protótipo a afirmação das Musas hesiódicas de poderem falar tanto a "verdade" como a "mentira" (Mourelatos, *The Route of Parmenides*, p.33), mas Mourelatos não dá ênfase à verossimilhança das mentiras, nem remete ao protótipo do *eikota* de Parmênides em Hesíodo e Xenófanes e, assim, não examina a possibilidade de que possa querer dizer "como a verdade" (cf. Ibid., p.230-1.). Quanto ao problema da verossimilhança como um todo, ver os adendos ao Ensaio 1, o Ensaio 9, Seção 4 e Popper, *Conjectures and Refutations*, p.232-7. Ver também as observações sobre a verdade e a verossimilhança no capítulo 2, seções 6-11, de Id., *Objective Knowledge*.

58 Neste volume, vide o Ensaio 1, e os pontos 4-6 do Adendo 2 a esse ensaio.

no qual "se assemelha à verdade" (ou "é como a verdade") é uma tradução da expressão *eoikota tois etymoisi*, que usa, em parte, a terminologia de Hesíodo e, em parte, a usada mais tarde por Parmênides.

Na minha interpretação, esses dois versos significam que o mundo da aparência que a deusa vai começar a descrever se parece perfeitamente com a verdade, e, portanto, mais com a verdade do que qualquer das narrativas tradicionais (ou mitos) contadas pelos homens mortais – narrativas pelas quais os homens facilmente perdem o rumo. Assim, sugiro que a deusa diz que vai contar a história enganosa, a Via da Opinião, *por causa da sua verossimilhança* – a sua aproximação da verdade, como diríamos hoje. E sugiro que a deusa está totalmente certa: a Via da Opinião de Parmênides é, sem dúvida, uma narrativa, um mito que, como diz a deusa, é *falso, mas verossímil*, em pelo menos três sentidos.

(1) Em primeiro lugar, a aparência é algo que *parece* ser verdade. Assim, a aparência deve assemelhar-se de algum modo à verdade.

(2) Em segundo lugar, a Via da Opinião é falsa, mas verossímil, no mesmo sentido em que quase todas as melhores teorias científicas de qualquer época são falsas, mas verossímeis. A maioria delas é falsa por serem, via de regra, super-simplificações imaginativas que podem ser melhoradas e desbancadas pelo método crítico da ciência. E são verossímeis pelo menos na medida em que são melhores aproximações da verdade do que as teorias anteriores. Tudo isso vale para a cosmologia da Via da Opinião, que desbancou as cosmologias jônicas anteriores, pelo menos no que se refere à teoria da forma da Terra e à teoria das fases da Lua.

(3) O terceiro sentido em que a Via da Opinião é verossímil é mais especificamente parmenidiano. A Via da Opinião de Parmênides assemelha-se em diversos pontos à Via da Verdade e pode-se dizer até que a ela se assemelhe mais do que as cosmologias anteriores, apesar do monismo confesso delas. Embora a Via da Opinião de Parmênides seja um sistema estritamente dualista, aproxima-se mais do monismo estrito da Via da Verdade de Parmênides do que seria possível para qualquer outro sistema pluralista, por exemplo, uma doutrina dos quatro elementos. Devemos lembrar que Parmênides sugere que nenhuma explicação do mundo da aparência pode ser genuinamente monista. (Sob esse aspecto, vale a pena mencionar que um dualismo de campo e matéria, que se assemelha um pouco com o dualismo parmenidiano da luz e da noite, não foi desbancado na física moderna, apesar dos valentes esforços de Einstein.) Outra semelhança entre

as Duas Vias é o papel significativo desempenhado na Via da Opinião pela esfericidade da Terra, da Lua e, em especial, do céu, e, na Via da Verdade, pela esfericidade do universo-bloco de Parmênides. Ademais, tanto o céu esférico quanto o universo-bloco esférico estão presos aos grilhões de Ananke, a deusa da necessidade.[59] Por fim, pode haver alguma verdade na controvertida ideia de Aristóteles de que há uma correspondência entre o papel desempenhado pela luz e pela noite na Via da Opinião e o do ser e o não ser na Via da Verdade.[60]

Creio que o segundo sentido de verossimilhança cria um motivo muito mais poderoso para que Parmênides inclua a Via da Opinião em seu poema do que o terceiro sentido. Sugiro que Parmênides estava certo em considerar suas descobertas científicas, em especial, a esfericidade da Terra e a teoria da Lua, suficientemente importantes e verossímeis para serem incluídas no discurso da deusa.[61]

---

59 Cf., em especial, DK 28B10: 5-6 à B8: 30s e B8: 42-43. Outra semelhança entre as Duas Vias pode ser a seguinte. Giorgio de Santillana sugeriu em brilhante e instigante palestra em homenagem à Louise Taft Sample que as *stephanas* de Parmênides, grinaldas ou coroas (Cícero), podem ser interpretadas como representações espaço-temporais ou diagramas de órbitas estelares (Santillana, *Prologue to Parmenides*, p.18; ver também a nota 76 deste ensaio). Segundo essa interpretação, as diversas ("dispersas") posições observadas das estrelas fixas e também dos planetas eram intuitivamente vistas por Parmênides como contínuas e copresentes. Ora, se isso estiver correto, pode-se talvez fazer a conexão com DK 28B4, no qual a Via da Verdade fornece uma espécie de base epistemológica para A37 e B12: 1, que pertencem à Via da Opinião. B4 pode ser traduzido assim: "Olha, à luz da razão, as coisas muito longínquas como se presentes! / Pois o que é não está ceifado do que é; está junto, / Nem se dispersando pelo mundo, segundo a ordem, / Nem sendo colocado em posições próximas". Se aceitarmos a interpretação de Santillana, como estou propenso, ainda se pode considerar que as coroas ou grinaldas foram sugeridas pelos círculos e rodas de Anaximandro e desenvolvidas a partir deles e como correção ou racionalização dessas rodas à luz da doutrina da esfericidade dos corpos celestes, ou como uma melhor aproximação da verdade. Quanto às rodas ou "anéis", ver Kahn, *Anaximander*, p.57-62, 85-92.

60 Ver Aristóteles, *Metafísica*, 986b34-987a1 (DK 28a24). E a análise em Guthrie, op. cit. v.2, p.71-6.

61 Algumas autoridades atribuem a descoberta da esfericidade da Terra a Pitágoras, mas o argumento de Kahn, *Anaximander*, p.115-8, que defende energicamente sua atribuição a Parmênides, convenceu alguns importantes eruditos, como Guthrie, *History of Greek Philosophy*, v.2, p.65, nota 1. Kahn analisa o testemunho de Teofrasto, preservado em dois trechos de Diógenes Laércio (VIII. 48-9), que afirma que Teofrasto disse ter sido Parmênides "o primeiro a aplicar o nome 'cosmos' aos céus

A solução aqui sugerida para o problema da razão pela qual a Via da Opinião foi incluída na revelação da deusa não vai ao encontro da sua rejeição da Via da Opinião por inverídica, falsa e enganosa. Tampouco a Via da Opinião (mesmo tal como a interpreto) contém muito que seja mesmo *factualmente falso*, o que poderia torná-la, enquanto discurso divino, perigosamente enganosa, mas mesmo supondo que ela tivesse sido bem-sucedida em oferecer uma teoria do mundo da aparência *factualmente verdadeira*, obviamente ela estaria muito longe de ser *lógica* ou *racional* ou *demonstravelmente* verdadeira, isto é, verdadeira no sentido parmenidiano. Ela, pois, está em contraste ainda mais forte com a verdade tal como concebida por Parmênides – ou seja, a verdade demonstrável – do que, digamos, com a visão aristotélica e moderna da verdade.[62] (Tal visão, segundo a qual a verdade é simplesmente a correspondência com os fatos, era, ao que parece, também implicitamente sustentada por Xenófanes, que, numa passagem citada anteriormente[63] julgou possível que um homem topasse com a verdade perfeita sem conhecê-la.)

---

e o nome 'esférica' à Terra". Observa Diógenes que algumas outras autoridades (sem dúvida, menores, uma delas parece ter sido Favorino) atribuíam a prioridade a Pitágoras. Num trecho posterior, Diógenes Laércio (IX. 21) simplesmente diz, sem dúvida sob a influência de Teofrasto, que Parmênides "foi o primeiro a afirmar que a Terra é esférica". (E acrescenta: "e situada no centro do universo", mas isso foi, é claro, afirmado antes, por Anaximandro.) Seja como for, não sabemos quase nada sobre a cosmologia de Pitágoras e quase não há dúvida de que Parmênides foi o primeiro a anunciar publicamente a esfericidade da Terra (talvez influenciado por Xenófanes, ver o tratado pseudo-aristotélico *Sobre Melisso, Xenófanes, Górgias*). Quanto à teoria da Lua e sua luz tomada de empréstimo, DK 28B14 e 15 me parecem decisivos e transmitidos por uma boa autoridade (Plutarco): "A brilhar na noite com luz forasteira ao redor da Terra ela erra, / Sempre a olhar ardentemente para os raios do Sol". Além disso, a repetição da descrição de Parmênides por Empédocles (DK 31B45) é um bom indício. Assim, a atribuição da descoberta a Anaxágoras parece ser equivocada: o equívoco pode ser facilmente explicado, se atribuirmos a Anaxágoras a teoria dos eclipses. É possível, aliás, mencionar que a esfericidade da Lua (mencionada em DK28B10: 4) se segue quase de imediato (pela observação das formas das fases) uma vez que se percebe que a Lua está sempre olhando na direção do Sol (B15) e brilha com uma luz emprestada (B14). A importância dessa descoberta para as Duas Vias de Parmênides é também exposta nos Ensaios 3 e 4, acima.

62 Quanto à teoria da verdade de Tarski, ver, por exemplo, Popper, *Objective Knowledge*, p.44-7.

63 Ver, neste ensaio, o texto relativo à nota 37.

Essa visão moderna difere da de Parmênides, para quem verdade significava conhecimento verdadeiro e certo, conhecimento plenamente confiável e justificável. Como disse antes, fica claro que, para Parmênides, a verdade se restringe à verdade demonstrável.[64] Assim, conjecturas injustificáveis não são conhecimento para Parmênides, mas mera opinião e, portanto, também tudo o que podemos descrever com a expressão "conhecimento científico": o que não pode ser provado é inverídico no sentido de Parmênides e é enganosa toda reivindicação de que seja *conhecimento*. Ora, afirmo que tudo o que precisamos supor é que ele se deu conta de que esse tipo de mera opinião pode estar mais perto ou mais longe da verdade, ser mais ou menos verossímil.[65] Essa apercepção, sugiro, animou-o a deixar que a deusa revelasse seu novo mito, suas importantes descobertas científicas – mas com um alerta.

Em apoio à interpretação que propus do poema de Parmênides, devo fazer referência, talvez, a alguns casos paralelos. O primeiro e mais óbvio delas é Platão, o autor de diversos mitos, como o Mito de Er e o *Timeu*, que afirmava serem esses mitos, na melhor das hipóteses, verossímeis. Há também, no entanto, alguns grandes cientistas modernos, autores de importantes descobertas, que acreditavam fossem elas indefensáveis na realidade, mas não as rejeitaram. Mencionarei Newton, Einstein e Schrödinger. A teoria da gravidade de Newton é uma teoria da ação à distância. O próprio Newton, porém, rejeitava a ação à distância como "um absurdo tão grande que, creio, ninguém dotado, em matéria filosófica, da faculdade de pensar pode jamais cometê-lo".[66] São palavras fortes – ainda mais fortes, talvez, que as usadas pela deusa ao condenar as descobertas de Parmênides. (Creio que Newton adotou a teoria da divindade e onipresença do espaço – ideia talvez não tão distante da Via da Verdade – para superar essa dificuldade.) Einstein considerava a sua teoria da relatividade geral uma mera aproximação de uma teoria mais satisfatória: "Na realidade", escreve ele, "a atual teoria [...] [é] válida só como um caso-limite".[67] Schrödinger, o descobridor *tanto* das equações de onda independentes do tempo *quanto* dependentes do tempo, acreditava, sob a influência de Schopenhauer, que o tempo fosse uma ilusão e com ele o mundo da mudança e da morte e que o mundo da

---

64 Ver, neste ensaio, o texto relativo à nota 48.
65 Que Parmênides tenha percebido isso é algo que se segue claramente de DK 28B8: 61, citado anteriormente no texto relativo à nota 56.
66 Apud Popper, *Conjectures and Refutations*, p.106-7, notas 20 e 21.
67 Ver Einstein, *The Meaning of Relativity*, p.123.

verdadeira realidade fosse uma unidade espiritual atemporal e imortal.[68] Nem Newton nem Einstein nem Schrödinger, porém, rejeitaram essas descobertas científicas, que Newton considerava absurda; Einstein, uma mera aproximação e Schrödinger, algo pertencente a um mundo parmenidiano de ilusão.

Sugiro que suas razões fossem semelhantes às que impediram Parmênides de suprimir as descobertas descritas em sua Via da Opinião. A diferença entre Parmênides e, digamos, Schrödinger, é *apenas*, sob esse aspecto, que desde Newton a ciência (= opinião) se tornou bem-sucedida e, portanto, menos fácil de rejeitar.

Passo agora da interpretação filosófica de Parmênides a uma conjectura psicológica menos importante acerca dele e concluirei com um breve exame de uma das várias possíveis fontes de inspiração do seu poema.

9. Uma conjectura psicológica acerca de Parmênides

Mesmo se minha sugestão de solução para o problema central "por que foi incluída na revelação a Via da Opinião?" seja aceita, permanecem bom número de dificuldades por resolver. Uma delas é que, na Via da Opinião, Parmênides escolhe a luz e a noite como princípios ou elementos a partir dos quais tudo é gerado por mescla. Isso parece implicar, em especial, que as cores são mesclas ou misturas de luz e noite; isto é, de branco e preto, como na teoria das cores de Goethe. Outro problema intimamente relacionado é a interessante sugestão de Parmênides de que o mundo da aparência, o mundo dos homens mortais, surja de uma convenção linguística.[69] Ora, a oposição entre *natureza* e *convenção* e sua equação com a oposição entre *verdade* e *falsidade* é tradicional no pensamento grego e, embora sua formulação autoritativa tenha sido recebida de Píndaro,[70] contemporâneo de Parmênides, pode muito bem ter surgido com o próprio Parmênides, apesar de a terminologia de Parmênides ser completamente diferente e embora os opostos com que ele opera (verdade demonstrável e opinião) se oponham mais radicalmente um ao outro do que os opostos tradicionais de "natureza" e "convenção".

---

68 Ver Schrödinger, *My View of the World*, p.92 e ss.
69 Ver DK 28B8: 38 e 53, B9: 1 e B19: 3. Ver também Ensaio 9, Seção 4.
70 Compare-se com o capítulo 5 (e notas 3, 10, 11, 12 e 28 a esse capítulo) de Popper, *Objective Knowledge*, v.1.

Eu estou tentando dizer que são estranhos os opostos de Parmênides. Ele opera com a oposição entre um mundo de verdade e realidade e um mundo de aparência que é um mundo falso, inventado nem sequer pelos sentidos, mas pela língua:[71] pela atribuição de nomes pelos humanos, pelas amplamente arbitrárias convenções que constituem a linguagem humana.

Esse aspecto estranho da teoria de Parmênides e o problema relacionado a respeito de suas dúvidas acerca da realidade do nosso mundo, o mundo de nossa experiência, parecem exigir uma explicação psicológica. Parecem apontar para o que Freud poderia descrever como uma neurose – como uma rejeição do que Freud chamava de "princípio de realidade". Aliás, não sou freudiano e até acho que se pode considerar que a descrição feita por Freud do mundo da mente humana se deva em larga medida a uma convenção ou invenção – uma convenção muito influente, sem dúvida.

Não sou favorável ao ainda em voga método de psicanalisar filósofos ou poetas (embora não me oponha a psicanalisarem os psicanalistas); mas fiquei impressionado com uma sugestão sobre Goethe que me foi comunicada em 1969 por um ex-aluno meu de graduação em Canterbury, o dr. Noel Bradley, que encontrei pela primeira vez em Christchurch, em 1937. Ele sugeriu que Goethe talvez fosse completamente cego para cores e que isso talvez explique a estranha teoria da sua *Teoria das cores*, segundo a qual as cores são misturas de branco e preto – isto é, todas as cores são tons de cinza. Bradley também me informou que descobrira, em sua experiência como psicólogo clínico, que a cegueira às cores pode levar à adoção de uma atitude cética acerca da realidade de nosso mundo ordinário; à descrença na veracidade dos homens e à crença de que o que os homens nos contam contenha boa dose de convenções arbitrárias.

Tudo isso parece bem plausível; e me sugeriu que também Parmênides pudesse ser completamente cego às cores. Tal conjectura não só é aventurosa, mas, evidentemente, intestável. Nem é necessária para resolver nenhum dos problemas de interpretação de Parmênides. No entanto, ela me parece casar com o poema e ser inesperadamente persuasiva. Parmênides só menciona a cor uma única vez, na Via da Verdade, na qual diz que a mudança de movimento e a mudança de cor são irreais e são invenções, ou melhor,

---

71 Em DK 29B7: 5, Parmênides talvez se refira à língua, no primeiro caso, como órgão de sentido, mas dada a importância da atribuição de nomes, em B8: 38 e 53; B9: 1 e B19: 3, a referência talvez seja à fala.

convenções humanas, suscitadas pela atribuição convencional de nomes, do uso convencional das palavras (DK 28B8: 41).[72] Além disso, a teoria do conhecimento de Parmênides implica, é claro, que a cor seja irreal, no sentido de pertencer ao mundo da aparência visual, que para o filósofo é um mundo irreal de convenções linguísticas. Assim, a tese de Parmênides, bem no começo da sua Via da Opinião, de que o mundo da ilusão seja o produto da luz e da noite (da aceitação ou convenção humana de considerar as *duas* como reais, quando apenas *uma* – o mundo escuro da matéria pesada – é real) implica que as cores são (se é que são alguma coisa) misturas ou mesclas de branco e preto, como se mostrariam a um homem cego às cores.[73]

Talvez o aspecto mais sugestivo dessa conjectura psicológica, ou melhor, fisiológica, é que ela explicaria o pano de fundo psicológico da atitude ambivalente de Parmênides em relação ao mundo da experiência: sua total rejeição dele, combinada com a inclusão dele na revelação da deusa, a qual, por sua vez, alerta solenemente que se vale de palavras enganosas.

10. Sumário dessas notas sobre o poema de Parmênides

Parece-me Parmênides um dos mais estranhos, mas também um dos maiores de todos os filósofos. Considero-o um cosmólogo, o autor da teoria da esfericidade da Terra, que corrigia e completava o modelo do universo de Anaximandro, e o autor da teoria da esfericidade da Lua e de que ela toma emprestado a luz com que brilha, de suas fases. Tais descobertas são marcos de importância crucial na via de investigação que leva a Aristarco, Copérnico, Newton e Einstein. São, porém, superadas em muito pelas descobertas de Parmênides na teoria do conhecimento. Ele foi o fundador da tradição

---

72 Traduzo B8: 38-41 (Cf. a Mourelatos, *The Route of Parmenides*, p.181, nota 37): "Íntegro é e imóvel. A ele foram dados todos os nomes / Que os homens estabeleceram por acordo, confiando que fossem verídicos. / 'Vir a ser' ou 'deixar de ser' ou 'ser e não ser', / Nomes como 'mudança de lugar' ou 'mudança de cor visível'. A palavra aqui traduzida por "visível" também pode significar "brilhante" e talvez até "luminosa", mas como está intimamente relacionada com *phainein*, parece possível que a locução seja usada de modo ambíguo ou contenha uma alusão a "cor aparente".

73 O mundo assume, então, o caráter de uma fotografia em branco e preto que contém, é claro, sombras intermediárias. Esse mundo é uma ilusão, como a história de amor do cinema (branco e preto) é uma ilusão: só há a tela material.

de que toda cosmologia e toda ciência são uma busca da realidade oculta, a coisa em si por trás do mundo das aparências (tradição que pode ser descrita como antipositivista).[74] Edificou o primeiro sistema dedutivo que descreve o universo, cuja refutação levou à fundação da física. Seja como for, essa foi a mais importante contribuição para a física teórica de todos os tempos, pois se tornou a base do trabalho com *equações* matemáticas na física. Também inaugurou a teoria continuísta da matéria e se tornou, mais indiretamente, responsável pela teoria dos "átomos e o vácuo", que levou à moderna teoria atômica.[75]

---

74 Burnet descreve tal alusão a Kant como um "anacronismo". (Burnet, *Early Greek Philosophy*, p.183-4., inclusive as notas de rodapé.) Sugiro, pelo contrário, que com essa clara oposição entre *aparência* e *realidade*, Parmênides possa ser descrito como precursor de Kant, pois, com essa oposição, Parmênides criou uma tradição que foi desenvolvida por Platão e a qual Kant alude toda vez que se vale da oposição platônica entre *phainomena* e *noumena*. São duas as principais diferenças entre a posição de Kant e a de Parmênides. (1) Kant considera que os *noumena* não estão nem no espaço, nem no tempo, ao passo que a coisa em si de Parmênides está no espaço: ela preenche o espaço *finito* (em contraposição ao espaço infinito de Melisso atribuído a Parmênides por De Santillana, op. cit.). (2) Depois de Newton, não se pode negar às teorias do mundo fenomenal o *estatuto de ciência* (*epistēmē* – termo introduzido por Platão como um equivalente próximo da Via da Verdade de Parmênides: o termo *doxa*, de Platão, é o mesmo que o de Parmênides.) Foi por isso que Kant tentou uma prova *a priori* da teoria de Newton do mundo fenomenal, mas nisso ele estava errado: a teoria de Newton, como a ciência natural inteira, pertence à *doxa* de Parmênides, e não à *epistēmē*. (Popper, *Conjectures and Refutations*, p.93-5.) Como viu Xenófanes, porém, nossas suposições, nossa *doxa*, podem ser verdadeiras, ainda que não demonstravelmente verdadeiras. Sob esse aspecto, é interessante que Aristóteles, *Sobre o céu*, 298b22 e ss., atribua a Parmênides um argumento tipicamente kantiano ("transcendental") quando escreve que Parmênides e Melisso estavam "dando-se conta pela primeira vez que tais entidades [imutáveis] têm de ser postuladas para que o conhecimento e o entendimento sejam possíveis".

75 Cabem duas observações aqui: (1) a teoria de Leucipo e Demócrito de *átomos e o vácuo* é deliberadamente dualista, como a Via da Opinião; sem dúvida, Leucipo (para cuja relação com Parmênides, ver em especial DK 67a8, um dos raros relatos que o distinguem de Demócrito) aceitava o argumento de Parmênides de que um mundo de mudança não podia ser monista. (2) Tal dualismo permaneceu característico da teoria atômica: sob a influência de Faraday e Maxwell, passou a ser um dualismo de campos e partículas. Pode-se dizer que a teoria continuísta, que toma a Via da Verdade como ponto de partida, tem tendências *monistas*. Descartes julgava que o mundo físico estivesse cheio de matéria em movimento; Einstein, como um campo quadridimensional sem descontinuidades – como uma espécie de universo--bloco parmenidiano quadridimensional.

Com a cosmologia da Via da Opinião e até mesmo com sua cosmogonia, Parmênides exerceu grande influência sobre Platão, em especial no Mito de Er, na *República*, e também no *Timeu*, que se tornou uma das obras a marcar época na cosmologia. Foi imensa sua influência sobre a teoria platônica do conhecimento. Na insistência na prova racional, talvez tenha ido longe demais. Estava certo, porém, em realçar o pensamento racional crítico[76] e na crítica da teoria de que os sentidos são fontes de conhecimento autêntico.

11. Observações finais

Sugiro que as teorias científicas sejam invenções que diferem dos mitos sobretudo na adoção pela ciência da abordagem crítica. Esse tipo de abordagem exerce uma espécie de pressão de triagem evolutiva sobre as teorias e, assim, encoraja a evolução delas no sentido da maior verossimilhança. Essa ideia é parte da teoria do conhecimento que tento defender. Ela me levou a prestar atenção nas semelhanças entre mitos e teorias, sobretudo entre os primeiros cientistas e também nas marcas da abordagem crítica tão desenvolvida em Parmênides (embora, sob certos aspectos, ele fosse um dogmático).

A postura crítica é característica do que foi tão bem descrito como o milagre grego. Como nasceu esse milagre?

Creio que um milagre como esse jamais possa ser totalmente explicado. Não pode haver uma explicação satisfatória para a criatividade, mas acredito ser possível, e de considerável interesse, uma explicação muito parcial da atitude crítica. Sugiro que a postura crítica seja, em parte, o produto do *choque entre diferentes culturas*.

Descreve Homero o choque de culturas, embora não conscientemente. Alguns dos primeiros filósofos, como Tales e Pitágoras, foram, como nos diz a tradição, grandes viajantes e estudiosos da sabedoria egípcia e oriental. Os filósofos jônicos da Ásia Menor estavam em contato com as civilizações da Fenícia e da Mesopotâmia, e alguns dos grandes homens da

---

76 Se eu estiver certo, Parmênides teria dirigido sua crítica à pretensão dos cosmólogos – inclusive, provavelmente, ele mesmo – de terem descoberto a verdade (por ele interpretada como a verdade certa e demonstrável). Estava ciente do fato de que seus argumentos contra o sensualismo eram críticos – uma "muito contestada refutação" crítica. Ver DK 28B7, em especial a linha 5, traduzido em Popper, *Conjectures and Refutations*, p.165; ver o texto da nota 46, neste ensaio.

Grécia, em especial Heródoto, tinham plena consciência da significação do choque de culturas.[77] O viajadíssimo Xenófanes, nascido na cidade jônica de Cólofon, usa conscientemente o choque entre as teologias de diferentes tribos ou nações para explicar sua abordagem crítica da teologia tradicional e também sua própria teologia monoteísta, que se afasta tão acentuadamente de todas as tradições.

ADENDO
UMA CONJECTURA HISTÓRICA ACERCA DA ORIGEM DA COSMOLOGIA DE PARMÊNIDES[*]

Sugiro que a razão pela qual Parmênides fez sua deusa somar uma elaborada cosmologia a sua Via da Verdade é que era ele mesmo o autor dessa interessante e originalíssima versão de uma cosmologia de estilo tradicional, que remonta a Anaximandro, Heráclito, Xenófanes e outros.

Minha conjectura é que Parmênides tenha conhecido Heráclito só depois de ter mais ou menos completado sua própria cosmologia, pois a cosmologia de Parmênides parece ser uma espécie de cosmologia de Anaximandro completada.

Resta resolver um problema: estava a cosmologia de Parmênides isenta de influências de Xenófanes? Não creio: é possível que ambos tenham começado a sentir o impacto pleno do ceticismo de Xenófanes só depois de terem os dois concebido a teoria esférica.

Eis aqui uma reconstituição:

1. Parmênides escreve os fragmentos de B10 em diante (sem B16);[78]
2. Xenófanes desenvolve sua teologia sem esfericidade; discussões com Parmênides;

---

77 Ver Heródoto III.38, a que se refere na nota 3 do Capítulo 5 de Popper, *The Open Society and Its Enemies*, p.233.

* Baseia-se o adendo em duas cartas escritas a Arne F. Petersen, enviadas da Universidade Brandeis nos dias 12 e 24 de novembro de 1969. As observações críticas sobre a datação feita por Karl Reinhardt de Xenófanes, Heráclito e Parmênides, agora incluídas na Seção 2 do presente texto, vêm de uma nota de rodapé não anotada, talvez preparada para, mas não incluída na 3ª edição revista de Popper, *Conjectures and Refutations*.

78 O fragmento B16 deve ser colocado o mais rápido possível depois do fragmento B8, talvez após o fragmento B9, talvez até antes de B8.

3. Parmênides é influenciado pelo ceticismo de Xenófanes;

4. Xenófanes aceita a teoria esférica da Terra e dos corpos celestes de Parmênides e a aplica à teologia;

5. Parmênides se dá conta de todas as consequências do ceticismo;

6. Parmênides é influenciado pelo problema da mudança de Heráclito;

7. Auge da crise de Parmênides;

8. Conversão ao racionalismo: "tudo o que é existe verdadeiramente" é uma proposição irrefutável.

A origem histórica da cosmologia de Parmênides talvez possa ser assim esboçada.

(1) Uma de nossas principais, mas não muito confiáveis, fontes, Diógenes Laércio, chama Parmênides de discípulo de Xenófanes. Diógenes acrescenta, porém, que "Parmênides não seguia Xenófanes docilmente" (ou que "não confiava em Xenófanes"), mas que "segundo Sótion, também se associou a Ameinias, o pitagórico". Talvez tenha sido com Ameinias que Parmênides estudou primeiro. (À morte de Ameinias, Parmênides "construiu um templo a ele dedicado [...] foi Ameinias, e não Xenófanes, que o levou a adotar uma postura contemplativa", escreve Diógenes.)[79]

Assim, sob a influência desse primeiro mestre, Ameinias, Parmênides talvez tenha escrito a primeira versão de uma cosmologia que combinava e transcendia ideias de Anaximandro, Pitágoras, Ferécides e, talvez, Hesíodo. Era uma obra muito importante e original, uma vez que Parmênides fez o que Anaximandro deixara por fazer.

Embora tenham chegado até nós apenas uns poucos fragmentos da sua cosmologia e alguns relatos não muito confiáveis, parece claro que ela deve ter contido algumas hipóteses cosmológicas novas e importantes. Sugiro que a mais importante delas foi formulada nos fragmentos B14 e B15 acerca da Lua, que Jean Beaufret chamou de "uma das mais belas *stanzas* gregas":[80]

A brilhar na noite com sua luz estrangeira,
Erra ao redor da Terra.
Sempre voltando o olhar ardente
Para os raios do Sol.

---

79 Diógenes Laércio, IX. 21.
80 Beaufret, *Le Poème de Parménide*, p.8.

Nessas linhas, é claramente formulada a teoria de que as fases da Lua devem ser explicadas por sua luz emprestada, também se explica que a Lua é um corpo esférico, pois só assim podem ser explicadas suas fases. (Isso pode ser verificado facilmente com um modelo esférico em argila.)

Essa teoria da forma da Lua e de suas fases foi um dos grandes marcos na história da astronomia: Anaximandro estava longe dela. Ela levou à teoria de que o Sol também seria um corpo esférico (e não um buraco numa roda de carro tubular cheia de fogo, como pensava Anaximandro). O movimento circular ao redor da Terra era explicado por Parmênides de modo semelhante ao de Anaximandro: a roda tubular era substituída por uma coroa ou grinalda, escura (ou transparente) demais para ser visível, sobre a qual o corpo celeste giratório estava preso (DK12 A18; A11 e A21).

(2) Por aqui que a influência do monoteísmo de Xenófanes pode ter entrado, pois me parece muito provável que tenha havido tal influência (entre outras coisas, pelas impressionantes semelhanças terminológicas). Enquanto Heráclito era o que hoje chamamos um relativista, Xenófanes cria na verdade absoluta. Julgava (no fragmento B34), porém, que a certeza – a verdade certa – não era para os homens mortais:

> Mas quanto à verdade certa, nenhum homem a conheceu,
> Nem vai conhecê-la; nem dos deuses
> Nem de todas as coisas de que falo.
> E mesmo se por sorte proferisse
> A verdade perfeita, ele mesmo não a conheceria,
> Pois tudo é apenas uma urdida teia de conjecturas.

Esses versos significam que a verdade é absoluta e objetiva, mas a certeza, a verdade certa, não pode ser alcançada por nós e, assim, jamais podemos conhecer, pois conhecimento implica certeza. Segundo Xenófanes, tudo o que parece ser conhecimento humano não passa de suposição; é conhecimento conjectural.

Os versos de Xenófanes aqui citados são, creio eu, seus próprios comentários sobre sua novíssima e originalíssima teologia. Creio que eles mostram um grau extraordinário de autocrítica racional, pois sua nova teologia deve tê-lo impressionado inicialmente como uma revelação, uma mensagem autorizada por Deus mesmo. Dar-se conta de que se tratava apenas de uma suposição era um ato único de autocontrole no interesse da verdade. Eis aqui os fragmentos (B23; B26; B25 e 24) de Xenófanes, numa tradução quase literal:

> Um só Deus, sozinho entre os deuses e sozinho entre os homens, é o maior.
> Nem pelo corpo nem pela mente se assemelha aos mortais.
> Permanece sempre num só lugar, sem nunca mover-se,
> Nem lhe cabe vagar ora aqui, ora acolá.
> Sem esforço ele agita o Todo, só pelo pensamento e pela intenção.
> Todo ele é visão, todo saber e todo audição.

Com frequência se conta que Xenófanes identificava Deus com o universo, e parece que tal relato remonte a uma observação presente na *Metafísica* de Aristóteles (986b20-5). Não creio que Xenófanes tenha feito essa identificação, pois, como vimos,

> Sem esforço ele agita o Todo, só pelo pensamento e pela intenção.

Aqui, a palavra que traduzi por "o Todo" significa, sem dúvida, "os céus" ou "o universo" e como, obviamente, ele o agita em relação à Terra, que não se move, como ele mesmo não se move, não pode ser identificado com o Todo móvel, os céus. (Os versos, porém, também já foram interpretados de uma maneira diferente e, a meu ver, inaceitável.)

Em seu livro *Parmenides*, Karl Reinhardt defende a (revolucionária) teoria de que Heráclito fosse mais jovem que Parmênides e tivesse sido influenciado por ele. Também conjectura que Xenófanes fosse um divulgador das ideias de Parmênides.[81]

Mesmo que Reinhardt exponha seu argumento com grande força, não leva em conta os contra-argumentos, que são igualmente poderosos, pois, assumindo-se que sua conjectura seja verdadeira, se deve creditar a Xenófanes (nascido em 570 a.C.) (a) numa época em que estaria bem velho, o entendimento e a apreciação do modo de pensar completamente revolucionário de Parmênides; (b) uma aplicação totalmente independente e inédita

---

81 Reinhardt, *Parmenides*, p.221-2.

dessa nova teoria a novos problemas de cosmologia e teologia e (c) a produção de uma originalíssima variação cético-crítica nessa nova teoria.

Tudo isso contradiz o argumento central de Reinhardt, que consiste em indícios elaborados e quase circunstanciais, apresentados de modo convincente, na tentativa de provar que Xenófanes não poderia ter sido um pensador nem sério, nem original. O contra-argumento anteriormente esboçado parece-me destruir inteiramente a tese de Reinhardt e restabelecer a visão tradicional com nova força: a existência de uma Escola Eleática fundada por Xenófanes, pois é irretorquível a argumentação de Reinhardt de que os dois, Parmênides e Xenófanes, estivessem intimamente relacionados.

Aquilo que ficou dito até agora tem implicações importantes para a tentativa feita por Reinhardt de inverter a visão tradicional de que Heráclito tenha antecedido Parmênides; um segundo argumento que Reinhardt propõe com muita força, talvez com mais força do que o primeiro que acabamos de mencionar, afirma que Xenófanes era mais velho que Parmênides, mas há, sem dúvida, algumas notórias dificuldades para a datação precoce de Heráclito. Não só a data conhecida da fundação de Eleia em 540 a.C., mas também o modo como Platão compara Heráclito e Empédocles (que era, por certo, mais jovem que Parmênides) no *Sofista* 242d, favorecem a ideia de que estes dois fossem quase contemporâneos. No entanto, se supusermos que os últimos fragmentos de Heráclito foram escritos quando velho, em, digamos, 473 a.C. (três anos antes do nascimento de Sócrates) e o poema de Empédocles, digamos, por volta de 445 a.C., a observação de Platão (que faz Empédocles vir logo depois de Heráclito) teria sido ainda mais natural do que uma observação atual que compare Descartes a Locke.

Reinhardt mostrou claramente que há certa dependência entre as ideias de Heráclito e Parmênides. Faz, porém, Heráclito depender de Parmênides. Se dissermos, porém, que Sócrates tinha 22 anos quando Parmênides veio a Atenas, isso significaria que Parmênides nasceu em, digamos, 513 a.C., e chegou à idade de 35 anos na época em que Heráclito escreveu seu livro. Então, é muito possível que tenha argumentado contra Heráclito: apesar do que diz no poema, certamente não era obra de um homem muito jovem. (Naturalmente, a revelação por ele descrita no poema pode ter antecedido seus escritos.)

(3) Assim, Xenófanes convenceu Parmênides de que seus esforços anteriores dirigidos ao desenvolvimento de uma nova cosmologia não poderiam produzir verdade, mas só opinião ("urdida teia de conjecturas", como dizia

Xenófanes) e isso foi um grande choque para Parmênides, que provocou uma crise em seu pensamento e durante algum tempo afastou seu interesse da especulação cosmológica (ou científica) para a especulação epistemológica: *que podemos saber?*

Isso o levou a uma aguda distinção entre a razão e os sentidos: suas especulações cosmológicas eram, com certeza, tentativas de *explicar* (racionalmente) o mundo dos nossos sentidos. A razão, portanto, deve ser um instrumento melhor do que os sentidos, pois podemos (como Xenófanes) desafiar nossas especulações cosmológicas e teológicas, concebidas para explicar o mundo de nossos sentidos.

Tal crise é resolvida por uma revelação: basta decidirmo-nos a aderir apenas à orientação da razão – da argumentação racional – para obtermos conhecimento acerca do mundo real; acerca da existência. Temos, porém, de renunciar a esse pseudoconhecimento, a essa opinião que nos diz como *o mundo de nossos sentidos* se organiza; deve-se renunciar a ele, mesmo sob sua melhor forma; mesmo sob a forma pela qual o mesmo Parmênides articulara sua cosmologia.

(4) Parece que Xenófanes também ensinou ser esférica a forma desse único Deus: há quase unanimidade sobre esse ponto entre as testemunhas tradicionais.[82] Se isso for verdade, podemos conjecturar que chegou a essa ideia ao ser informado da primeira descoberta feita por Parmênides da forma esférica da Terra. Xenófanes, por certo, ensinou que "os deuses não nasceram" (B14), o que, no contexto, significa "não foram criados".

(5) Uma vez abalada essa fé ingênua em suas primeiras descobertas, Parmênides não podia proclamá-las como ciência ou conhecimento ou verdade, mas era um cientista bom demais para deixá-las completamente de lado. Sabia que chegara mais perto da verdade do que outros mortais antes dele ou em sua época. Forneceu, pois, uma exposição completa de sua cosmologia descartada, rejeitada – como um exemplo, como o exemplo melhor possível da Via da Opinião – a cosmologia falsa que mais se aproximava da verdade; que chegava mais perto dela que qualquer outro mortal até então.

Explica a deusa que tudo isso se deve a um único equívoco vital: enquanto na Via da Verdade ela nos diz que a existência deve ser *una* e indivisa, mostra agora que ao se colocarem *duas* realidades (coisa reais) em vez

---

82 Ver Guthrie, *A History of Greek Philosophy*, v.1, p.376-7.

de uma, e ao se darem nomes a elas (como "luz" e "noite", ambas não reais, como a matéria) – a atribuição de nomes é, evidentemente, convencional – já estamos no caminho errado, na ladeira escorregadia rumo ao sensualismo, ao convencionalismo e à inverdade.

Juntamente com Píndaro, seu contemporâneo, Parmênides introduziu no pensamento grego a famosa oposição:

Natureza ou Verdade *versus* Convenção ou Inverdade.[83]

Essa distinção importante é o resultado do *choque cultural*. A referência de Xenófanes nos fragmentos B16 e B15[84] torna bem claro o grande papel desempenhado pelo choque cultural no despertar do pensamento crítico, isto é, argumentativo. Descobre-se primeiro que as leis e os deuses dos diferentes povos são um pouco diferentes: são *convencionais*; não são a verdade (que deve ser *uma só*), mas consiste em *muitas* convenções diferentes.

Desse modo, a multiplicidade ("variedade", por assim dizer) torna-se um indicador de inverdade e convencionalidade. Analogamente, povos diferentes sustentam muitas opiniões diversas acerca de quase todos os assuntos sob o Sol – propensos que estão a ocupar-se do mundo fenomenal, do mundo dos sentidos – mas tudo isso é só opinião, mera convenção. E a *atribuição de nomes* é convencional. (Podemos interpretar que isso signifique que seja convencional o vocabulário das diversas línguas dos diversos povos.)

Ora, a "variedade" mínima é dois: assim, um retrato dualista do mundo é convencional *e* é o primeiro passo na direção do abismo da inverdade. Assim, ao nos desviarmos mesmo um só passo da via (monista) da verdade, estamos fadados a acabar na opinião inverídica. O primeiro passo de nossa queda intelectual é descrita e analisada pela deusa, que nos diz "como estava *fadado* a acontecer" – isto é, "como a opinião enganosa (ou convencional) estava fadada a ser vitoriosa" uma vez feita a menor concessão ao convencionalismo.

Isso significa deixar para trás todo o pensamento convencional, que está infectado pelos sentidos e pela convenção. Significa elevar-se a um plano superior, a um nível sobre-humano. Descreve ele, assim, sua reve-

---

83 Ver Heinimann, *Nomos und Physis*, p.10-1, no qual se oferece apoio à sugestão de Karl Reinhardt de que a oposição entre *nomos* ("convenção") e *physis* ("natureza") remonte à antítese de Parmênides entre *doxa* e *verdade bem-redonda*.

84 Ver Ensaio 1, Seção XII.

lação como uma jornada até a deusa Diké, que então lhe revela a verdade. Ela também lhe conta a história da queda intelectual do homem, pois não pode contar simplesmente enquanto tal a história a que se deve renunciar: deve revelar a verdade e, assim, conta a história de "*como* foi que a opinião enganosa foi confundida com a verdade e com isso se tornou vitoriosa e penetrou em toda parte". Desse modo, ela pode, então, contar a primeira cosmologia do mesmo Parmênides – não como verdade, é claro, mas como forma superior de opinião humana: trata-se de uma melhor *aproximação* da verdade – mais *verossímil* – que todas as outras concepções dos mortais, mas, mesmo assim, é falsa.

Durante a crise epistemológica, como foi dito aqui em (3) e (4), acima, conjecturo que Parmênides tenha lido Heráclito (ou dele tenha ouvido falar) e, desse modo, conheceu o *problema da mudança*. Assim, seu racionalismo resolveu dois problemas – o da verdade e o problema *cosmológico* da mudança; o que contribuiu para seu caráter de revelação.

(6) Para reconstituir a situação-problema em que Parmênides devia estar ao vivenciar a revelação da deusa, descrita em seu poema, deveríamos partir do pressuposto de que todos os seus pontos principais devem ter sido respostas reveladoras a um grande enigma. Suponho aqui que o enigma fosse puramente intelectual. Deve ter tido, porém, um aspecto emocional.

Sugiro, provisoriamente, que o enigma seja expresso pelo que podemos chamar de "problema heraclitiano":

Como é possível *a mudança?*

Isso também pode ser colocado assim: se alguma coisa muda, ela é, por certo, uma coisa diferente, depois da mudança, do que era antes da mudança. E, no entanto, ela deve ser *a mesma* coisa: deve permanecer até identicamente a mesma coisa, pois senão não poderíamos dizer que ela tivesse mudado. Assim, a possibilidade mesma do movimento envolve a contradição de que a coisa depois de mudada é, ao mesmo tempo, idêntica e não idêntica à coisa antes da mudança. Por outro lado, qualquer mudança transforma a coisa em seu oposto. Logo, os opostos são idênticos, como ensina Heráclito:

São todos os mesmos, o vivo e o morto, os despertos e os que dormem, o jovem e o velho. Pois estes se tornam aqueles e aqueles, estes. (B88)
Torna-se o frio quente, o quente frio; o úmido seco, o queimado molhado. (B126)

A ideia da identidade dos opostos é aplicada aqui por Heráclito para obter outros paradoxos:

Deus é dia e noite, inverno verão, guerra paz, saciedade fome. (B67)
Relacionados estão íntegros e não íntegros, homogeneidade e heterogeneidade, unidade e dualidade, tudo se torna um e um se torna tudo. (B10)
Somos e não somos. (B49a)
O caminho que sobe e o que desce são um e o mesmo. (B60)
Bem e mal são o mesmo. (B58)

Ora, acredito que esses paradoxos de Heráclito pareceram a Parmênides logicamente inevitáveis e, no entanto, intoleráveis. Teve, porém, uma súbita iluminação: outro paradoxo, mas desta vez logicamente defensável, ainda que se choque com tudo o que parecemos saber por experiência:

Os opostos não precisam existir e não existem.
O movimento não existe.
Tudo é um, uma unidade imutável e indiferenciada.

Tudo o mais é ilusão, devida aos muito equivocados sentidos dos homens mortais, ou uma invenção (ou, porventura, uma convenção linguística) estabelecida por eles; de qualquer modo, trata-se de uma Opinião Enganosa dos mortais. Os sentidos são o que nos seduzem e desorientam: fazem-nos ver duplo, ouvir duplo e pensar duplo. E nos fazem tomar erradamente os nossos sentidos muito equivocados e a confusão que produzem por pensamento autêntico, por verdadeira razão.

Creem os mortais, é claro, que todo o seu conhecimento se deva à percepção sensível, e esta era até, em parte, a visão de Xenófanes, como se vê no fragmento B34. A deusa, porém, alerta Parmênides (B7) a que não se deixe seduzir por essa trilha bem-batida:

Nunca será isto estabelecido: que as coisas que não são existem.
Afasta o pensamento dessa via de investigação; não deixes a experiência,
Caminho tão percorrido, constranger-te; não deixes vagar teu cego
Olho ou teu ouvido surdo ou mesmo a língua por essa via!
Mas só pela razão decide tu quanto ao muitas vezes contestado
Argumento que aqui a ti expus como refutação.

Embora o conhecimento autêntico não seja o produto da percepção sensível, para os muito equivocados mortais vale, decerto, que nada esteja em seus intelectos muito equivocados que não tenha estado antes em seus muito equivocados sentidos. Como diz a deusa acerca dos mortais:

Aquilo que está, a qualquer momento, na mistura muito errante dos órgãos dos sentidos,
Isso aos homens parece conhecimento estabelecido. Pois tomam como mesma coisa
A mente intelectual do homem e a natureza ou conteúdo de seus órgãos dos sentidos.
"Pensamento" chamam eles ao que nessa confusão prevalece, em todos os homens e cada um deles (DK 28B16).

Esse fragmento, B16, é, a meu ver, um dos mais importantes do poema.[85] Ridiculariza e ironiza a ideia empirista de que *"Nada está no intelecto que não tenha estado antes nos sentidos"*. E sugiro que uma fórmula empirista, um sumário empirista como este, ou precedeu Parmênides, ou surgiu (talvez sob a forma do princípio *homo mensura* de Protágoras) por oposição à zombaria de Parmênides ou por não entendê-la.

(7) Se eu estiver errado e Xenófanes tiver mesmo identificado o universo com Deus, não pode haver dúvida de que Parmênides também tenha sido influenciado pela ideia, pois então a muito estranha e abstrata doutrina

O universo é imóvel, não gerado, esférico e enfaticamente UM,

a que chegou no auge de sua crise podia ser encontrada não só na Via da Verdade de Parmênides, mas também em Xenófanes. Seja como for, creio – e o mesmo criam muitos filósofos gregos, de Platão (*Sofista* 242c-d) em diante – que a semelhança entre o ensinamento de Parmênides e o de Xenó-

---

85 É impressionante como esse fragmento foi malcompreendido pelos comentadores (salvo, talvez, Karl Reinhardt) e como os tradutores não conseguiram entender seu sentido. (Ver o Ensaio 3, Seção 6.) Avento a conjectura de que Xenófanes conhecesse a cosmologia de Anaximandro e que até a tivesse defendido contra Anaxímenes, quando escreveu o que hoje se preserva como fragmento B28. [Ver o Ensaio 2, Seção 2. (N. O.)]

fanes é mesmo muito impressionante, e ainda mais se Xenófanes não tiver ensinado a doutrina que lhe atribuí em (2), acima, mas outra em que "o universo" é identificado com "Deus".

Assim, pode muito bem ser que Parmênides tenha encontrado sua nova mensagem, sua Via da Verdade, na teologia monoteísta de Xenófanes, ou ao lê-lo, ou, mais provavelmente, ao ouvi-lo ser recitado.

O que o impressionou, porém, por sua absoluta novidade e, sem dúvida, como revelação divina, não foi tanto a mensagem, mas a ideia de que *essa nova mensagem pudesse ser provada simplesmente pela razão*, pelo menos a parte que diz que ser impossível a mudança.

Ela pode ser provada dedutivamente da natureza do ser, da natureza da existência.

Pelo que sei, essa foi a primeira teoria dedutiva do mundo, a primeira cosmologia dedutiva: um passo ulterior levou à física teórica e à teoria atômica.

(8) Se eu estiver certo, o problema central de Parmênides é o da mudança. Essa perspectiva está em conflito com a doutrina predominante, pois costuma-se considerar que seu problema seja o problema do ser. Não acho que assim seja. Creio que o problema do ser é apenas uma consequência de ter de defender a impossibilidade da mudança. Isso leva, primeiro, à rejeição da experiência sensível e, em seguida, à necessidade de confiar em argumentos puramente racionais. Essa necessidade, por sua vez, leva à teoria de que "*só o que é, é*": a teoria a partir da qual se obtém uma prova racional de um universo-bloco imutável.

Se minha concepção estiver certa, Parmênides é fundamentalmente um cosmólogo, como seus antecessores, e não um "ontólogo"; um cosmólogo, como ele mesmo era quando desenvolveu uma teoria que ia muito além da de Anaximandro (que ele pode ter conhecido em relatos de Xenófanes);[86] um cosmólogo, como foi Heráclito, que o desafiou ao lhe propor o problema da mudança. E um cosmólogo como Xenófanes, que, com seu monoteísmo inaudito, seu Deus globular que jamais se move, pode ter-lhe dado uma pista para a inédita solução do seu problema central.

---

86 Avento a conjectura de que Xenófanes conhecesse a cosmologia de Anaximandro e que até a tivesse defendido contra Anaxímenes quando escreveu o que hoje se preserva como fragmento B28. [Ver o Ensaio 2, Seção 2. (N. O.)]

Só se Parmênides considerasse a Via da Verdade como uma cosmologia – uma cosmologia inaudita – pode ser compreendida sua ligação com a Via da Opinião Enganosa, falsa, mas a segunda melhor. E só se essa Via da Opinião Enganosa fosse mesmo sua própria teoria – rejeitada por ele, mas antes proposta seriamente – haveria razões para que a deusa a preservasse, tanto como a segunda melhor teoria, quanto como um alerta.

Isso é o que me parece, mas, é claro, isso tudo também não passa de uma "urdida teia de conjecturas".

Comentário sobre a conjectura histórica

Disse Burnet certa vez (vide o Ensaio 4, Seção II) que não devemos (como Gomperz) interpretar Parmênides como um Kant antes de Kant: não devemos interpretar as Duas Vias como *Realidade versus Aparência*; mas é exatamente isso que devemos fazer. A diferença é, fundamentalmente, que Kant era um Parmênides pós-newtoniano, e depois de Newton já não se podia renunciar ao mundo da aparência ou denunciá-lo como mera ilusão: o mundo da *doxa*, da aparência, tornara-se o reino da "verdade" científica.

Uma vez abalada a fé ingênua em suas primeiras descobertas, Parmênides não podia proclamá-las como ciência ou conhecimento ou verdade, mas era um cientista bom demais para desfazer-se delas por completo. Sabia ter chegado mais perto da verdade do que os outros mortais.

Há muitos exemplos de atitudes semelhantes na história do pensamento (e da ciência): os argumentos de correspondência de Bohr; o schopenhauerismo de Schrödinger; a atitude de Einstein ante a relatividade geral (da qual era extremamente crítico); até mesmo a atitude de Newton ante a ação à distância e a antipatia de Kepler pela lei da área, todos eles podem ser citados como casos em que grandes cientistas publicaram trabalhos em cuja verdade não criam, embora sentissem corretamente que haviam dado um passo adiante na direção da maior verossimilhança.

Se tomarmos *eoikota* em Parmênides (DK B8: 60) como um termo usado antes no sentido de "verossímil" por Xenófanes, como aleguei acima, o que Parmênides (ou a deusa) diz é que uma das razões para escrever a Via da Opinião é a maior verossimilhança de sua cosmologia.

Devemos, porém, aceitar que Parmênides renunciou sinceramente à Via da Opinião e a sua primeira cosmologia – como Schrödinger renunciou ao mundo da aparência – o mundo descrito pela ciência natural, apesar de suas grandes contribuições à ciência e seu grande interesse por ela. Como acabo de observar acerca de Kant, a minha tese é que a diferença entre Parmênides e, digamos, Schrödinger seja, sob esse aspecto, *somente* que, a partir de Newton, a ciência (= opinião) tornou-se bem-sucedida e, assim, menos fácil de descartar.

Fiquemos por aqui, por enquanto, no que se refere à relação entre as duas Vias de Parmênides. Creio que minha conjectura lance certa luz sobre a Via da Verdade (em que há alusões a uma Terceira Via). O ponto principal é a tese de que "há apenas *uma* verdade", que pode ter desorientado Parmênides, mas, quanto ao principal, há mais na Via da Opinião – isto é, mais verdade – do que a maioria das pessoas imagina. Seja como for, essa foi a mais importante contribuição à física teórica de todos os tempos, pois se tornou a base do trabalho com *equações* matemáticas na física.

Ensaio 7
Para além da busca de invariantes*

Aquilo que une filósofos da ciência – se é que alguma coisa os une – é um interesse insaciável pelas ideias e a história destas. Refiro-me, é claro, a *ideias abstratas*: aquelas coisas em cuja existência Berkeley não cria, embora, como grande filósofo da ciência que era, estivesse tão fascinado por elas quanto qualquer um de nós. Aquilo que nos alimenta e nos faz crescer são as ideias abstratas, isto é, teorias, hipóteses, conjecturas e outras "noções", em qualquer estado de desenvolvimento, desde ideias tateantes e confusas até ideias clara e nitidamente formuladas.

O problema desse ensaio deriva de uma ideia realista da ciência como tentativa de entender o mundo em que vivemos, com a ajuda do pensamento crítico – de conjecturas e refutações. Minha questão é se ainda não está viva uma tradição insuficientemente criticada na ciência moderna – a tradição de que a razão é a busca de invariantes e de que tudo que não pode ser entendido em termos de invariantes é irracional ou ilusão. Procuro desafiar essa tradição, em parte desacreditando-a, em parte, por meio de crítica direta.

---

* Discurso de abertura do Colóquio Internacional de Filosofia da Ciência, Bedford College, Londres, 11 de julho de 1965. O título original era "Racionalidade e a busca de invariantes". [Os títulos das seções do presente ensaio foram propostos pelo sr. David Miller, que também fez diversas sugestões para o melhoramento estilístico do texto em toda esta coletânea. (N. O.)]

Meu método para desacreditá-la consiste em esboçar sua história espantosa, que pode ser rastreada até as Duas Vias de Parmênides. Procuro mostrar o quanto a ciência contemporânea é estranhamente dependente dessas velhas ideias, algo de que pouquíssimos cientistas contemporâneos estão cientes. Emile Meyerson tinha consciência disso e erigiu sua teoria do conhecimento e da racionalidade sobre esse fato. Em oposição a Meyerson, pergunto se não podemos transpor a busca de invariância sem com isso abandonar a racionalidade – que Meyerson igualava à busca de invariantes ao passo que eu a equaciono ao método da discussão crítica.

Para Meyerson e para muitos cientistas (incluídos os biólogos moleculares) a explicação da mudança – mudança qualitativa, novidades – significa livrar-se dela [explain it away] (como disse o próprio Meyerson). Por oposição, quero sugerir que, se eliminamos aquilo que procuramos explicar, assim o fazemos a expensas de deixar de ser realistas e de nos envolver em absurdos."

1. Parmênides e a ciência moderna

As ideias, os produtos e os conteúdos dos pensamentos exercem uma influência *quase* onipotente[1] sobre as mentes humanas e sobre a direção que a evolução das ideias pode ulteriormente tomar. No que se refere às ideias religiosas, isso é muito óbvio: as ideias do budismo ou do cristianismo podem reger-nos, colorindo não só nossa linguagem, mas também nosso pensamento, todo passo que damos e até mesmo toda observação. Poucos filósofos ou cientistas, porém, estão cientes (apesar do trabalho de Émile Meyerson ou do *Anaximandro*, de Charles Kahn) acerca da influência exercida por algumas das mais antigas ideias da filosofia e da ciência gregas sobre nossas mais avançadas teorias científicas – sobre a física e a química clássicas, a relatividade, a teoria quântica, a genética e até a biologia molecular.

Tentarei, aqui, mostrar a vocês o poder quase ilimitado que ainda exercem sobre o pensamento científico ocidental as ideias de um grande homem que viveu cerca de dois mil e quinhentos anos atrás: Parmênides de Eleia.

---

1 Refiro-me à teoria da "onipotência do pensamento" de Freud, com a qual, porém, ele se referia à onipotência dos desejos. Eu, pelo contrário, refiro-me à onipotência das teorias; por vezes, até daquelas teorias em que ninguém crê de fato.

Essas ideias de Parmênides determinaram o objetivo e os métodos da ciência como busca de invariantes. Tentarei, porém, mostrar a vocês que essas ideias de Parmênides, realmente portentosas, sofreram uma espécie de desmoronamento [*breakdown*] tão logo foram concebidas – o que levou ao que chamarei de *apologia parmenidiana* [*apology*] – e que tal desmoronamento também foi portentoso, pois as ideias parmenidianas também desmoronaram na ciência moderna, repetidas vezes, e esse processo levou a típicas apologias parmenidianas. E tentarei mostrar a vocês que desde, digamos, 1935, essas ideias vêm de novo desmoronando, talvez mais radicalmente do que nunca. No entanto, elas levam em conta tão profunda e inconscientemente nossos modos de pensar que muito pouca gente (o único que conheço é David Bohm)[2] se empenhou de alguma forma em substituí-las.

Uma vez que, segundo a minha narrativa, as ideias de Parmênides exerceram uma influência tão forte sobre a evolução das ideias científicas, nem é preciso dizer que sou, não só um admirador de Parmênides, mas também (como Meyerson) um grande apreciador de sua influência. Sem dúvida, admirar e apreciar as ideias tanto da física "clássica" como "moderna" é, segundo minha narrativa, quase o mesmo que apreciar a influência das ideias parmenidianas.

Tentarei, contudo, ao longo desta narrativa, falar criticamente dessa influência e tentarei ajudar a transcendê-la. Pois estou profundamente convencido de que, na ciência, a crítica das ideias só perde em importância para a produção de novas ideias e que a atitude crítica ante suas ideias mais prezadas – sua crítica *sub specie veritatis* – distingue a ciência da maioria das outras atividades intelectuais.

Sugiro que, como filósofos, temos uma tarefa crítica muito especial – a tarefa de nadar contra a corrente. Assim, deveríamos tentar, apesar de nossa atitude crítica, auxiliar e apoiar toda ideia desdenhada, por menos promissora que seja e, em especial, toda ideia *nova*, pois *as ideias novas são raras* – mesmo se houver só um pouquinho de verdade em algumas delas, talvez elas possam indicar uma necessidade intelectual ou quem sabe alguma confusão dentro do conjunto de ideias que aceitamos até agora de modo não crítico.

---

2 Bohm, Space, time, and quantum theory, understood in terms of discrete structural processes. In: VV. *Oxford International Conference on Elementary Particles, 19/25 September 1965*.

E sugiro que devamos tentar continuar nadando contra a corrente, mesmo depois que a nova ideia tiver sido aceita e, em particular, se ela se tornar um dogma poderoso, uma ideologia dominante, ou seja, devemos estar prontos para criticar quase todas as ideias que tiverem sido aceitas e devemos combater a tendência tão disseminada de seguir as modas dominantes, seja ela uma moda intelectual, um dos chamados paradigmas ou uma influente moda científica.

2. Investigação científica – uma busca sem fim

A tentativa de nadar contra a corrente pode, por vezes, levar a situações inesperadas. Por exemplo, um filósofo ou cientista pode topar com a calamidade de suas próprias ideias virarem moda. Um nadador com experiência em nadar contra a corrente, porém, saberá o que fazer se se achar nessa desejada, mas indesejável posição. Simplesmente prosseguirá em seu exercício favorito, mesmo se isso significar nadar contra a corrente de seus próprios seguidores. Assim, Isaac Newton, como todos sabemos, descreveu a ação à distância, talvez de modo demasiado severo, como uma teoria que só um pateta em filosofia poderia aceitar[3] – a despeito de seu leal seguidor, Roger Cotes. Atribui-se a Karl Marx esta esplêndida observação: *"Moi, je ne suis pas marxiste!"* [Eu não sou marxista!] – se foi ele mesmo que a fez, foi com certeza a melhor das observações. Charles Darwin nunca deixou de intervir a favor da doutrina da evolução, mas também jamais deixou de ressaltar que a variabilidade e a seleção eram apenas dois dos fatores mais importantes que contribuíam para sua explicação. Disse Albert Einstein que não conseguia imaginar para a relatividade "nenhum destino mais justo [...] do que o de apontar o caminho para uma teoria mais abrangente".[4] E Dirac conclui o seu livro *The Principles of Quantum Mechanics* [Princípios de mecânica quântica] com o seguinte parágrafo sobre as dificuldades de sua teoria:

---

3 Ver as cartas de Newton a Richard Bentley de 17 de janeiro de 1693 (1692-3) e sobretudo a de 25 de fevereiro do mesmo ano, na qual escreve: "[...] que um corpo possa agir à distância sobre outro [...] é para mim um absurdo tão grande que [...] ninguém que tenha a capacidade de pensar validamente sobre questões filosóficas [...] jamais incorrerá nele". Ver também Popper, *Conjectures and Refutations*, p.106-7. (Em outras ocasiões Newton se exprimiu de modo um tanto diferente.)

4 Einstein, *Relativity*, p.77.

Sendo de natureza profunda, as dificuldades só podem ser vencidas com uma mudança drástica nos fundamentos da teoria, provavelmente tão drástica como a passagem da teoria orbital de Bohr para a atual mecânica quântica.[5]

3. O ensinamento das Duas Vias de Parmênides

Mesmo Parmênides, que poderia facilmente levar à impressão errada de ser o mais dogmático de todos os grandes filósofos (como corretamente frisa Charles Kahn, ele reivindica a "certeza absoluta" para sua doutrina), adota, talvez inconscientemente, uma atitude um tanto parecida, pois seu poema é escrito em *duas* partes. Na primeira parte, a Via da Verdade (ou mais integralmente, a Via de Investigação que é a Única a Levar à Verdade), ele apresenta a revelação, recebida da "deusa", sobre o mundo real, o mundo do conhecimento e da verdade, mas esta é seguida de uma segunda parte, a Via da Ilusão (a *Doxa* ou a Via da Opinião Enganosa), em que acrescenta a revelação pela deusa da origem do erro, do erro fatal cometido pelos mortais e da consequência necessária deste: o surgimento de um mundo inteiro de ilusão.[6]

---

5 Dirac, *The Principles of Quantum Mechanics*, p.310. De lá para cá, Dirac tem-se expressado de modo ainda mais radical.

6 Referindo-se a DK 28B6: 2-3, sugeriu Karl Reinhardt em seu fascinante (embora, a meu ver, muitas vezes inaceitável) *Parmenides*, que aí pode ter havido mais de duas "vias de investigação" (*uma* via de verdade e duas vias de engano). Tal sugestão é rejeitada por Leonardo Tarán (a esse respeito ver em especial sua análise minuciosa em Tarán, *Parmenides*, p.59-61). Creio, porém, que a sugestão do mesmo Tarán não consegue reconciliar DK 28B6: 3 com a linha seguinte que chegou até nós, B6: 4, pois esta última só pode significar, no contexto, "mas [eu] também [afastei você] desta [outra via de investigação]" e é seguida sem nenhuma ambiguidade por uma breve antecipação da Via da Ilusão. Assim, a frase "Eu afastei você" em B6: 3 deve ter o mesmo significado que sua continuação implícita em B6: 4: é impossível que signifique em 6: 3 "Eu afasto você momentaneamente" (Tarán, op. cit., p.61) e em 6: 4... permanentemente. A tentativa feita por Tarán de evitar essa conclusão não tem nenhuma base no texto; na realidade, o texto a contradiz. Uma solução muito satisfatória (que implicitamente resolve a dificuldade de Tarán e adota essencialmente as três vias de Reinhardt) é dada por Guthrie, *A history of Greek philosophy*, v.2. Ele mostra que "o pensamento [DK 28B6: 2-3] é incomodamente condensado" (Ibid., p.21) e que a segunda das três vias (que é aqui a primeira via falsa), embora não explicitamente afirmada por Parmênides, está implícita. (Ela é claramente afirmada em B7: 1.) Assim, quando a deusa afirma, em B6: 2 "[o] nada não é" ou "o nada não existe" (Kahn traduz: "não há nada que não é"; suponho que a interpretação

Assim, recebemos primeiro a verdade certa, a única verdade e a verdade inteira. (Como Wittgenstein no fim do prefácio ao *Tractatus*, Parmênides poderia ter escrito: "a *verdade* dos pensamentos aqui comunicados parece-me inatacável e definitiva".) Tal verdade se baseia na tese *"isto* [o cognoscível, o objeto de conhecimento, o mundo real] *é ou existe"* (DK 28B2: 3), de forma tal que não pode não existir.[7] Parmênides (ou a deusa) afirma que para além de falar[8] do que existe e de conhecê-lo,[9] nenhum conhecimento

---

mais clara é "não há absolutamente nada que não é" e, em seguida, nos alerta em B6: 3 contra "essa primeira via [errônea]", temos, como mostra Guthrie, de tomar "essa via... *ad sensum* como a maneira de pensar que [o] 'nada' pode existir". (Aliás, a possível, mas improvável omissão depois da linha 3 poderia, sem dificuldade, ter dito algo deste tipo: "Pois esta primeira via errônea é a opinião impossível de que o nada pode existir"; mas não há necessidade de postular isso.) A segunda das vias errôneas seria, então, aqui, a opinião (B6: 8; comparar com B8: 40) de que "ser e não ser são o mesmo", mas já que se segue disso que "o não existente existe" ou talvez "algum não existente é" (B7: 1), a primeira via errônea pode ser reduzida à segunda; o que explica por que Parmênides pode distinguir, fundamentalmente, entre apenas duas vias, a primeira via (certa) e a segunda via (errada), como em B2: 5 ou B8: 15-18.

7 A asserção é repetida em B6: 1; 8: 2; 8: 15-18 e 8: 36. Derivei a sugestão de que o sujeito (semântico ou extralinguístico) de "é" (= "existe") é "o cognoscível, o objeto de conhecimento", de um artigo interessantíssimo, mas ainda inédito acerca de Parmênides, de autoria de Charles H. Kahn, do qual ele gentilmente me permitiu fazer uso e no qual essa sugestão é apoiada por uma análise textual minuciosa e crítica. Ele também me ajudou com alguns comentários críticos (trata-se de Kahn, The thesis of Parmenides, *Review of Metaphysics*, publicado em 1969).

8 Parmênides usa essencialmente três termos para falar de "falar sério" (isto é, em oposição a meramente usar a língua, DK 28B7: 5): um é *legein* (DK 28B6: 1), com suas formas supletivas de *eirein* (B2: 1; 7: 6); as outras são *phrazein* (B2: 6; B2: 8; B6: 2) e *phanai* (B1: 23; B8: 8). Ora, é importante notar que todos esses termos são usados por Parmênides no sentido (transitivo) de falar de ou sobre algo; relatar algo (comparar a Xenófanes DK 21 B8: 4); narrar algo (comparar a *Odisseia* 14: 197); ou apontar para, mostrar, referir-se a algo (comparar a *Ilíada* 23: 138 e a *Odisseia* 11: 22) e, portanto, fazer que algo seja conhecido (B8: 8). Isso explica por que, já que temos de falar de algo, não podemos falar de nada: o nada é inefável. (Uma exceção não muito significativa parece ser B1: 23, no qual *phato* (de *phanai*) aparentemente é usado no sentido de "falou do seguinte modo" [Kahn], embora possivelmente o sentido seja "tornou conhecidas, revelou as seguintes palavras [e a verdade!] a mim".) Acerca de *logein* e *phrazein*, ver também Guthrie, *A history of Greek philosophy*, v.2, p.19-20.

9 Kahn mostra de maneira convincente (ver a nota 7 deste ensaio) que o verbo muitas vezes traduzido como "pensar" (*noein*) tem no poema de Parmênides e no primitivo uso grego em geral, um sentido de apreender algo, o que está perto da palavra inglesa *"knowing"* [saber]: sabemos (de) algo – o algo que para começar é o comple-

(isto é, pensamento) é possível: "Aquilo que pode ser dito e aquilo que pode ser conhecido deve ser o que *é* (o que é o caso, o que existe, o que é real) (DK 18B2: 7).[10] Sem dúvida, poderia muito bem ter citado Wittgenstein: "Sobre aquilo de que não se pode falar [e, portanto, não se pode pensar], deve-se calar".[11] Como Wittgenstein, porém, ele se vê falando do inefável.

Depois de ter provado, na Via da Verdade, que era impossível que o existente mudasse ou evoluísse,[12] tratou de, na Via da Ilusão, a segunda parte do poema, examinar em pormenor a ordem do mundo (*diakosmos*) da mudança, a ordem do mundo que não existia – salvo nas ilusões dos equivocados mortais.[13] Assim, ele avidamente comunicou ao seu público que a deusa também lhe revelou

---

tamente não especificado objeto de discurso, em suma, o cognoscível. (Isso corresponde muito de perto ao que digo na nota 8 deste ensaio acerca de falar de algo, e se usarmos "pensar", deve ser no sentido de "pensar em algo".) Ver também a nota 19 a seguir e a minha tradução de *gnomē* em B8: 61 por "noção" ou "conhecimento (alegado)" (comparar a Fritz, *Nous, noein, and their derivatives in pre-socratic philosophy (excluding Anaxagoras)*: part 1; part 2). Hoffmann diz que Parmênides jamais usa *noein* (saber) sozinho, mas sempre conjuntamente com *legein* (dizer) (Hoffmann, E. *Die Sprache und die archaïsche Logik*, p.11). (Isso foi admitido por Georg Misch, *The dawn of philosophy*, p.318.) Todavia, isso não é válido para os fragmentos B3: 1 e B4: 1, mas vale para B6: 1, no qual a ênfase recai em *legein*: "Deve-se dizer e pensar que só o ser existe".

10 Comparar também a B6: 1; B3; e B8: 34. A paráfrase "o que é o caso" tem origem numa sugestão de Kahn.

11 Ver a última sentença do *Tractatus*, de Wittgenstein e o segundo e o terceiro parágrafos do seu prefácio. Parmênides concorda com Wittgenstein que só se pode falar com sentido *acerca de algo*, mas Parmênides difere dele ao identificar esse algo com o "estado de coisa" real ou existente (como mostra Kahn). Consequentemente, só se pode *falar a verdade*.

12 Esse é o principal argumento de DK 28B8: 13-38; ver também a nota 41 deste ensaio.

13 DK 28B6: 4-9; B7: 39-41 e 51-61 (o enganosamente verossímil *diakosmos* da mudança é mencionado em B8: 60; ver também a nota 24 a seguir); e os fragmentos B9-B19. Ver, em especial, a dupla ocorrência da ideia de que os mortais adotaram a convenção ou hábito (*katatithēmi*) de inventar nomes de opostos; em B8: 38-40, eles fazem isso com os nomes de "vir a ser" e "perecer", baseando-se na opinião errada de que tais (meros) nomes denotam alguma verdade e, em 8: 53, fazem isso com o nome "fogo" (ou "luz") e "noite", baseando-se na opinião errada de que esses dois nomes denotem opostos que sejam, necessariamente, uma unidade (de acordo com a identidade dos opostos afirmada por Heráclito). O erro cometido, como está implícito nos dois trechos, é que os opostos possam existir e, portanto, sobretudo que o ser e o não ser possam ambos existir (comparar B6 e 7). Disto se seguiria, para

[...] como foi que a opinião enganosa,
forçando a passagem por todas as coisas, estava fadada a ser admitida como o real (DK 28B1: 31-2).

Oferece Parmênides desse mundo de ilusão uma descrição maravilhosa e originalíssima, incorporando pela primeira vez (até onde sabemos) a luz emprestada da Lua, a identidade da Estrela da Manhã e da Estrela Vésper e, ao que parece, a forma esférica da Terra.

Por que Parmênides (ou a deusa) incluiu essa segunda parte, a revelação do erro cometido pelos mortais equivocados, engano que os conduziu necessariamente pela estrada do erro e da ilusão à crença em algo não existente, uma ordem do mundo de ilusão dos sentidos, de mudança, de gênese e destruição? (DK 28B6: 4-9; B7; B8: 53-5; B16)

A deusa dá duas razões.

A primeira razão é que deseja dar a verdadeira explicação lógica desse erro fatal: como surge e como produz necessariamente a ilusão da gênese ou a cosmogonia de uma ordem do mundo que, na verdade, é não existente, embora sua enganosa descrição soe perfeitamente semelhante à verdade (DK 28B1: 31-2; B8: 51-2, 60).[14]

A segunda e igualmente importante razão é que, com sua explicação, deseja fortalecer a fé, a convicção do receptor da revelação contra o perigo de ser pervertido pelas infundadas pretensões usuais acerca do conhecimento: a pretensão de que conhecemos a partir de nossos sentidos (DK 28B7; B16); que este mundo de mudanças existe e que ele é a sede de terríveis poderes demoníacos ou divinos (DK 28B10; B12). Contra essas teses sedutoramente enganosas ela quer proteger o discípulo, para que não se impressione indevidamente e erradamente se desnorteie com falsas pretensões ao conhecimento, mas possa entender porque elas são errôneas e, no entanto, enganosamente verossímeis. Assim ele

---

Parmênides, que ambos existem e não existem: a não existência do ser segue-se da existência do nada, uma vez que "isso [= cognoscível] não é" significaria "absolutamente nada existe" e vice-versa, a não existência do nada segue-se da existência do ser, já que "isso é" significa "é total e completamente". (Comparar com o fim da nota 6 deste ensaio.)

14 Ver a nota 14 deste ensaio. Comparar também ao Ensaio 9, nota 10 e o Adendo 1 ao Ensaio 1 neste livro.

[...] nunca mais se deixará desnortear pelas noções dos mortais (DK 28B8: 61).[15]

Por "noções dos mortais", Parmênides pretendia aludir, um tanto desdenhosamente, a reivindicações de conhecimento de tradições e convenções: do senso comum, da religião grega, de cosmogonias como a de Hesíodo.[16] Muito provavelmente, também tinha em mente as cosmologias dos filósofos jônicos e dos primeiros filósofos italianos e, quase com certeza, em minha opinião, a cosmologia (e a lógica) de Heráclito.[17]

---

15 De um modo mais literal, talvez, devamos traduzir: "De modo que nenhuma noção [nenhum alegado conhecimento, nenhuma convenção, nenhum atribuir nomes] dos mortais arraste-te para além da verdade". (Cf. Homero, *Ilíada*, 5: 236; Id., *Odisseia*, 12: 353) (e acrescenta o prefixo "para" ao significado, no sentido de "através" ou "além" ou "erroneamente".) Contudo, mesmo o modo habitual de interpretar *parelasso* como "enganar" ou "passar a perna indevidamente (ou erradamente) em" (como em Id., *Ilíada*, 1: 132) é bastante aceitável, contanto que se tenha em mente que a deusa não tem o mínimo interesse em instruir Parmênides sobre como vencer um torneio intelectual. (Ver também a nota 20.) Está interessada apenas na questão puramente epistemológica do conhecimento certo e seguro, que ela quer garantir contra a excessiva persuasão e contra argumentos inválidos e muito enganosos, derivados dos sentidos, do senso comum, da convenção e da descrição de uma ordem verossímil do mundo.

16 Com referência ao elemento religioso que pode estar contido no termo *doxa* e contra o qual (segundo a minha interpretação) a deusa alerta Parmênides, julgo interessantíssimo o seguinte trecho de Empédocles em DK 31B132 (quanto a ideias semelhantes, ver B2, 3, 23 e 114): "Miserável (ou temido) é aquele cujo coração é oprimido [cf. Homero, *Ilíada* 18: 463] por uma superstição sinistra [ou por alguma ilusão de pesadelo] acerca dos deuses". Aqui, o contexto torna claro que o sentido não muda se traduzirmos *doxa* de modo mais neutro por "opinião" ou "crença" ou "noção", ao invés de "superstição" ou "ilusão".

17 Quanto mais leio Parmênides, mais me impressiono com a extrema proximidade entre seus fragmentos e os de Heráclito; diria até, em quase toda palavra que escreve. Não há outros filósofos que tratem quase continuamente do círculo de problemas: mudança; mudança implica a existência de opostos; também a identidade dos opostos; o mundo é uma única unidade. Na Via da Ilusão (DK 28B8: 50-60), Parmênides parece alegar: se o fogo, que é o mesmo que luz, deve desempenhar o papel quase divino que lhe atribui Heráclito, deve ter *noite* como oposto (noite = escuro = denso e pesado = terra [= cinzas?]). Se concordarmos em nomear (e, portanto, aceitarmos erroneamente a existência de) esses dois opostos, luz e noite (dos quais incorretamente Heráclito nomeia um só e para os quais uma identidade heraclitiana dos opostos, ou seja, "uma unidade", não tem um estatuto justo e correto, embora a luz possa "mesclar-se" com a noite), somos forçados a aceitar a mudança, o vir a ser e toda a cosmogonia de um mundo de ilusão.

4. Uma antecipação parmenidiana do racionalismo crítico

Assim interpretada, a função da segunda parte do poema de Parmênides é reforçar o impacto da primeira. E, no entanto, creio que ela revele um constrangimento, uma falta de certeza: Parmênides *sentiu a necessidade* de explicar nosso mundo de erro e ilusão, ainda que só para combatê-lo e transcendê-lo; *sentiu e reconheceu a necessidade* de proteger o leitor contra falsas pretensões acerca do conhecimento. Sem dúvida, ele não admitia (antecipando o dizer de Marx) ser parmenidiano, mas sentiu a necessidade de reforçar sua tese com o que talvez possamos chamar de *"ataque defensivo"*. Creio que isso só possa significar que sentiu, embora inconscientemente, haver algum ponto fraco em sua Via da Verdade, não obstante sua grande força lógica. Esse diagnóstico da Segunda Via de Parmênides como ataque defensivo, como uma apologia – uma *"apologia parmenidiana"*, como a chamarei – é reforçado pelo fato de que seu grande discípulo, Zenão, também lançou mão de ataques defensivos – de fato, talvez os mais profundos e engenhosos ataques defensivos conhecidos na história da filosofia.

A relação entre as duas Vias de Parmênides sempre deixou perplexos os filósofos. Creio que ela seja, à primeira vista, perfeitamente simples: a deusa sempre fala a verdade, mesmo quando alerta o ouvinte que encerrará aqui sua explicação verdadeira da existência (DK 28B8: 50-51)[18] para lhe contar como o erro e a ilusão estão fadados a surgir (DK 28B8: 51-52 e 60);[19] continua falando a verdade quando o alerta explicitamente de que será muito enganosa e verossímil sua explicação do mundo que surge do erro e consiste em ilusões, porque vai mostrar como ele surgiu, a partir de um erro básico, quase que por necessidade lógica (DK 28B6: B8: 53-54).[20]

Embora não haja dúvida de que seja isso que as palavras do poema nos dizem, permanece o sintoma que descrevi como "ataque defensivo" ou "apologia parmenidiana": *a tentativa, em suma, de reconciliar um mundo de apa-*

---

18 Aquilo que pode ser uma repetição de um jogo de palavras talvez mereça atenção, uma vez que "se acumulam os indícios de que Parmênides [...] tivesse em mente sobretudo Heráclito", como diz Guthrie, *A History of Greek Philosophy*, v.2, p.32. Heráclito, num fragmento em que a Diké desempenha um papel importante – B28 – vale-se de um jogo de palavras *"dokeonta [...] dokimotatos"*. Parmênides usa em B1: 31-2 *"dokounta [...] dokimos"*, num trecho que pode ser uma réplica ao apelo a Diké de Heráclito.

19 Ver também B1: 31-2; B6; B7 e B16.

20 Ver Popper, *Conjectures and Refutations*, p.236-7, bem como o Ensaio 9, Seção 4.

rência com o mundo da realidade, explicando o mundo da aparência ou, mui literalmente, rejeitando-o pela explicação de que seja uma ilusão. Afirmo que isso é sintoma de fraqueza. A admissão implícita de que seja necessária uma apologia é concessão não intencional e provavelmente inconsciente de que há mais do que parece nesse mundo de ilusão.

Era esse sintoma que eu tinha em mente quando disse anteriormente que as ideias de Parmênides sofreram uma espécie de desmoronamento tão logo foram concebidas.

Tentarei mostrar que esse desmoronamento não é só sintomático, mas típico e que, na longa série de ideias filosóficas e teorias físicas geradas por Parmênides, até hoje, há também uma longa série de desmoronamentos semelhantes. Se estiver certo nisso, a história que vou contar pode lançar certa luz adicional sobre o problema da relação entre as duas Vias de Parmênides – e, ao mesmo tempo, sobre a grandeza desse grande espírito, pois mostra, a meu ver, que Parmênides era menos dogmático e, pelo menos inconscientemente, mais autocrítico do que estaríamos dispostos a reconhecer inicialmente. É óbvio que Parmênides era um *racionalista* – que cria no uso crítico da argumentação lógica, isto é, no uso da refutação (DK 28B7: 5).[21] Se eu estiver certo, ele não estava, apesar da abordagem fundamentalmente dogmática, tão longe de ser um *"racionalista crítico"* como se poderia supor.

Giorgio de Santillana, em seu intrépido livro *The Origins of Scientific Thought* e numa fascinante conferência, "Prologue to Parmenides", apresentou argumentos fortes e atraentes em apoio a duas interessantes teses que, apesar do muito que se possa dizer em seu louvor, não me parecem, afinal, aceitáveis.[22]

A primeira dessas duas teses é que o "ser" de Parmênides é (sua versão de) o espaço euclidiano tridimensional – na realidade, espaço puro (e, portanto, vazio). Concordo que o ser de Parmênides é espacialmente extenso e me parece sedutor o argumento de Santillana de que seja uma tentativa de corrigir a geometria pitagórica discreta, de pontos, mas Parmênides diz que o mundo é *pleno* e até que ele tem um *meio* e se mantém firmemente entre *limites* ou preso a muito vastos (*megalōn*) (B8: 26; comparar B1: 13) grilhões. Isso me parece decisivo – embora esteja ciente do fato de que o texto possa ser explicado satisfatoriamente de outro modo.

---

21 Ver a nota 49 a seguir.
22 De Santillana, *The origins of scientific thought*; Id., *Prologue to Parmenides*.

A segunda tese de Santillana, que também parece difícil de aceitar, é ainda mais sedutora que a primeira, e os indícios contra ela me parecem menos fortes. Diz respeito à relação entre a Via da Verdade e a Via da Opinião e pode ser assim resumida. A Via da Verdade é matemática (geometria), é certa; a Via da Opinião é física, é *opinião conjectural*. A visão tradicional de que em Parmênides *doxa* (ou *dokeō*) significa "ilusão" e não "conjectura" (como em Xenófanes) deve-se, segundo de Santillana, aos "filósofos idealistas", em especial Platão e Aristóteles.

Gostaria de poder aceitar essa concepção: ela se encaixaria na minha ideia de que Parmênides fosse uma espécie de racionalista crítico, no entanto, creio que dois argumentos se oponham, afinal, contra ela, embora eu mesmo possa enfileirar diversos empregos apropriados das palavras *dokeō* e *doxa*. Um dos argumentos é que esses empregos, afora os de Xenófanes, vêm de Platão (que, segundo Santillana, é o principal responsável pela má interpretação a respeito de Parmênides), no entanto, em especial no *Timeu* (vide, por exemplo, 27d-29d), o mesmo Platão propôs, numa clara alusão a Parmênides, uma visão epistemológica acerca do mundo físico que é quase idêntica à que Santillana atribui a Parmênides. Platão, porém, parece defender essa visão como um *ajuste* urgentemente necessário da interpretação demasiado rígida dada por Parmênides à *doxa*. Isso torna difícil explicar a visão que Platão tem de Parmênides por meio do desvio idealista do próprio Platão em relação ao realismo parmenidiano, como sugere Santillana.

O ponto principal é, de novo, o texto de Parmênides. Parece mais do que claro que a oposição de Parmênides entre Verdade e *doxa* (*dokeō*) é muito mais severa que a de Xenófanes (B34-35): ele contrapõe constantemente a *doxa* à *crença verdadeira* (ao passo que Xenófanes admite que os mortais possam ter, acidentalmente, alguma opinião verdadeira, embora não o *saibam*) e declara enfaticamente que, segundo a verdade, é *impossível* um mundo de movimento, de mudança e de pluralidade. Assim, ao ser explicada a gênese desse mundo impossível, ela é explicitamente descrita como *devida a um erro*. Essas passagens são, a meu ver, decisivas, e não há necessidade de discutir sobre a questão de se a deusa caracteriza sua própria descrição desse mundo impossível da mudança como "uma ordem *enganosa* das minhas palavras" (que me parece a versão correta) ou como "uma ordem *astuciosa* de minhas palavras" (como sugere Santillana). Não posso deixar de sentir que a tendência do texto é inequívoca: as *doxa* são as ilusões dos mortais, as quais devem ser explicadas (e rejeitadas por meio dessa explicação). Assim como a Razão se opõe aos sentidos (que são inteiramente rejeitados em B7), assim também a Verdade se opõe à *doxa*. Assim, as *doxa* também são rejeitadas – e de maneira inequívoca. Em Parmênides e seus sucessores imediatos, são ilusões, e não conjecturas, e seu estatuto de conjecturas é restaurado pelo idealista Platão.

Um uso do termo *doxa* que é claramente parmenidiano nesse sentido, juntamente com o que creio ser uma alusão a Parmênides (B8: 60-1), pode ser encontrado em Empédocles (B132), que não pode ser desqualificado como um idealista platônico. (Vide a nota 20 a seguir, na qual é citado e discutido o trecho de Empédocles.)

(Depois de descobrir – em 1986[23]– que a palavra ἀπατηλὸν = "enganoso" é muito provavelmente um erro de cópia por ἀπάτητον = "não trilhado", "novíssimo" etc., minhas ideias sobre a *doxa* aproximaram-se, até certo ponto, das de Santillana.)

5. Conhecimento sem fundações

Aquilo que chamo de *atitude do racionalista crítico* vai algo além da atitude de apreciar as ideias e seu exame crítico: o racionalista crítico está (ao contrário de Parmênides) ciente de jamais poder *provar* suas teorias, mas de poder, na melhor das hipóteses, refutar alguns de seus rivais. Assim, o racionalista crítico jamais tenta *estabelecer* uma teoria acerca do mundo: não crê em "fundações". Pode, porém, crer – como eu – que se produzirmos muitas ideias rivais e as criticarmos com severidade, *podemos*, se tivermos sorte, aproximar-nos da verdade. Esse é o método de *conjecturas e refutações*; é o método de assumir muitos riscos, produzindo muitas hipóteses (rivais); de cometer muitos erros; de tentar corrigir e eliminar alguns desses erros por meio da discussão crítica das hipóteses em competição. Creio que esse é *o* método das ciências naturais, inclusive a cosmologia, e julgo que também pode ser aplicado a problemas filosóficos; antigamente, porém, eu achava que a aritmética fosse diferente e tivesse "fundações". No que se refere à aritmética, meu antigo colega, Imre Lakatos, converteu-me à visão oposta quatro ou cinco anos antes de ser escrita a primeira versão deste ensaio: devo a ele a minha atual visão de que carecem de fundações não só as ciências naturais (e, é claro, a filosofia), mas também a aritmética. Isso,

---

23 Comparar ao adendo ao Ensaio 4 neste volume.

porém, não nos impede de sempre tentar, como sugeria Hilbert,[24] "lançar as fundações num nível mais profundo, como se faz necessário para qualquer edifício quando se eleva mais para o alto", contanto que entendamos por "fundações" algo que não garanta a segurança do edifício e que possa mudar de maneira revolucionária – como acontece nas ciências naturais.[25]

Apesar da falta de fundações (seguras), nosso conhecimento pode *crescer* – e só pode crescer em altura se crescer em profundidade: cresce produzindo novos problemas, de nova profundidade, que estimulam novas soluções provisórias, ou seja, novas ideias; cresce pela discussão crítica dessas ideias. Em nossa vida intelectual, nada está isento desse processo de crítica e eliminação de erro.

E embora eu chame essa perspectiva de "racionalismo crítico" ou, por vezes, apenas "racionalismo", estou ciente, é claro, de que há muitas outras perspectivas que podem ser chamadas de "racionalismo" e também darei esse nome a perspectivas que diferem consideravelmente da minha; por exemplo, a doutrina de Parmênides, algo menos crítica. Digo isso, em parte, para evitar equívocos e, em parte, para indicar que não me preocupo com uma "terminologia precisa". As palavras não importam. Como Parmênides, o que devemos discutir não são palavras, mas *problemas e teorias acerca do mundo*.

6. Realismo

Como Parmênides, sou realista: estou interessado em *problemas e teorias acerca do mundo*. Se, além do racionalismo crítico, posso confessar uma segunda fé, esta é o *realismo*.

Minha fé no realismo e minha fé no racionalismo crítico não são, porém, compromissos, mas meras conjecturas, pois estou pronto para abrir mão deles sob a pressão de críticas sérias, no entanto, no que se refere ao

---

24 Ver Hilbert, Axiomatisches Denken, *Mathematische Annalen*; Id., *Gesammelte Abhandlungen*. Deve-se mencionar, porém, que Hilbert vinculava esse processo de lançamento de fundamentos mais profundos à exigência de se tentar garantir a segurança do edifício. Não concordo com tal exigência: creio que a segurança e a certeza sejam falsos deuses e que a busca da certeza (se levada a sério) deve levar-nos a abandonar a ciência e a nos limitar a tautologias – como Parmênides (em sua Via da Verdade), se a minha análise a seguir estiver correta.

25 Comparar ao último parágrafo da Seção 30 de Popper, *The Logic of Scientific Discovery*, p.111.

realismo, sinto-me muito próximo de Parmênides, pois, se tiver de abrir mão do realismo, creio que perderia todo interesse nas ideias, já que a única razão para meu interesse é o desejo de aprender algo sobre o mundo e, para isso, precisamos de ideias, sobretudo teorias acerca do mundo. Parece-me quase um milagre que tenhamos aprendido tanto sobre o mundo, embora todo esse conhecimento seja conjectural e cercado de problemas não resolvidos, que constantemente nos lembram de quão pouco sabemos. Depois da arte, ou até em igualdade com ela, creio que a ciência – isto é, produzir e testar teorias *acerca do mundo, acerca da realidade* – é o maior empreendimento criativo de que os homens são capazes.

7. Racionalidade e busca de invariantes

Até agora, a minha confissão pessoal de uma fé conjectural pode ser resumida em dois lemas: "racionalismo crítico" e "realismo". Sinto que deva declarar isso em primeiro lugar, para evitar todo equívoco, pois, como disse, meu tema é nada menos que uma tentativa de criticar uma versão intimamente relacionada do racionalismo; uma versão do racionalismo que tem determinado os limites da ciência ocidental e em especial da ciência física ocidental nos últimos vinte e quatro séculos; limites que muitos racionalistas creem ser efetivamente os limites próprios a toda ciência racional.

Os limites do racionalismo que tenho em mente são traçados pela doutrina pós-parmenidiana de que *a ciência é estritamente limitada pela busca de invariantes: a busca do que não muda durante a mudança:* do que permanece constante ou invariante sob certas transformações.

Contra essa versão do racionalismo, proporei, *muito* provisoriamente, a conjectura de que, embora a busca de invariantes seja, sem dúvida, uma das tarefas mais importantes da ciência, não constitui ou determina os limites da racionalidade ou do empreendimento científico.

Meus planos para este ensaio, porém, vão além disso. Após minhas observações acerca da história do problema, tentarei argumentar que havia, e ainda há, algo valioso em pelo menos alguns dos ataques irracionalistas contra o racionalista; algo importante foi visto por esses irracionalistas que falam de evolução "criativa" ou "emergente". Não tenho intenção de fazer nenhuma concessão ao irracionalismo e, por certo, tampouco ao vitalismo, mas creio que devamos estar sempre prontos a aprender e aceitar sugestões – em especial do campo de nossos inimigos.

Isso basta quanto à introdução. Passo agora a minhas observações históricas.

8. Ideias antigas sobre os opostos e a mudança

A seguinte visão ingênua e de senso comum encontramos em Homero ou Hesíodo e que, diria eu, ainda é amplamente aceita: acontece todo tipo de mudança em nosso mundo, mas algumas coisas, como montanhas ou estrelas, são bastante estáveis. Outras coisas, como as fases da Lua ou as estações, mudam *regularmente*. Naturalmente, há inúmeras coisas que mudam irregularmente, as quais podem ser explicadas pelos caprichos ou pelo temperamento de algum demônio ou divindade. Na antiga religião oriental e grega, no entanto, os caprichos dos deuses mostram uma tendência a se sujeitarem à lei, à justiça, à regularidade: o caos dá lugar ao cosmos, a uma ordem do mundo; as estações passam a vincular-se às regularidades dos céus estrelados e suspeita-se que mesmo os caprichosos planetas, deuses errantes, estejam sujeitos à lei.

Em seu maravilhoso livro *Anaximander and the Origins of Greek Cosmology*, Charles Kahn mostrou muito detalhadamente como a cosmogonia e a cosmologia de Anaximandro se desenvolveram e transformaram essas velhas ideias. O ilimitado e inexaurível *Apeiron* de Anaximandro é a origem e o ponto de partida, o "princípio" (*archē*) do mundo, o imperecível poder que gera todas as coisas. (O mapa dos céus de Anaximandro, como seu mapa da Terra, deve ter retratado um universo organizado num sistema de círculos concêntricos.)[26] Do *Apeiron* "surgem os princípios opostos cuja interação constitui o mundo".[27]

---

26 O Planisfério de Bianchini (Prancha II A em Kahn, *Anaximander and the Origins of Greek Cosmology*) apresenta um simbolismo posterior e eclético e um sistema elaborado de referência celeste que era provavelmente desconhecido dos astrônomos gregos, mas o esquema geral de círculos concêntricos e raios em interseção, com foco nas constelações polares do Dragão e das Ursas, deve ter sido característico de todos os planisférios e globos gregos, inclusive o de Anaximandro. Tal padrão de anéis e raios é idêntico à seção transversal do cosmos de Anaximandro esboçada por Hermann Diels em seu artigo sobre o cosmos de Anaximandro, e o próprio Diels frisou o paralelo entre esse plano e o mapa da Terra de Anaximandro (Diels, Über Anaximanders Kosmos. In: _____. Diels, *Kleine Schriften zur Geschichte der Antiken Philosphie*, p.21). (Para um exame minucioso do Planisfério de Bianchini, ver F. Boll, *Sphaera*, p.299-346.) Esquemas zodiacais comparáveis também são conhecidos em monumentos egípcios e em manuscritos astronômicos gregos.

27 Ver Kahn, *Anaximander*, p.36. Quanto aos opostos, ver também Ibid., p.130 e ss.

A ideia de *opostos ou contrários* é muito antiga: quente e frio, úmido e seco, dia e noite, verão e inverno e muitos outros são concebidos como poderes ativos em combate uns com outros. Os opostos desempenham um papel importante em muitas visões primitivas do mundo. Seu confronto é luta ou *guerra*. Isso mostra que o papel desempenhado pelos opostos, os poderes em oposição, está intimamente ligado à teoria social ou política do mundo natural ou com a velha identificação entre a ordem social e a ordem da natureza ou entre as leis normativas e as leis naturais.[28]

Tudo isso pode ser encontrado em Anaximandro e, sob sua influência, a ideia de opostos desenvolveu-se numa primitiva *teoria da mudança*: a mudança é concebida como mudança qualitativa, como a vitória temporária de um membro de um par de poderes opostos sobre o outro.

Assim, já existia antes de Heráclito a ideia de mudança e até mesmo de uma teoria da mudança vinculada à doutrina dos opostos, mas creio que foi Heráclito o primeiro a ver, ainda que só intuitivamente, o que pode ser chamado de paradoxo da mudança ou, simplesmente, o *problema da mudança*.

9. O problema da mudança

O problema da mudança e da compreensão da mudança é um problema estranho, que provoca perplexidade, e é difícil fazer que as pessoas tenham consciência dele. Para físicos ou filósofos, ele já foi resolvido há tanto tempo,

---

28 Comparar ao capítulo 5, especialmente a seção 2, de Popper, *Objective Knowledge*. A linguagem da teoria da natureza é, muito obviamente, tomada em boa medida da linguagem da sociedade e em especial da linguagem da guerra. *Archē*, "princípio" ou "origem" vem de *archō* ("conduzir, governar, comandar"); *kosmos* significa "ordem" (ordem como um todo atraente ou interessante, inclusive uma ordem de batalha); *kata kosmon* significa "segundo a ordem", que pode ser uma lei humana ou cósmica; *khreon* = aquilo que um oráculo declara (ou decreta) como "o que é necessário"; assim, *kata to khreon* = "segundo o que é certo e justo" ou "segundo o destino" ou ainda "segundo a necessidade (natural ou cósmica)": a descoberta da distinção entre "natureza" (identificada com a verdade objetiva) e a convenção humana (hábito, ordem social criada pelo homem, opinião criada pelo homem, ficção, ilusão), distinção que aparece também no poeta Píndaro, contemporâneo de Parmênides, é em boa medida o resultado da distinção estabelecida por Parmênides entre, por um lado, a verdade e, por outro, o erro convencional humano, que gera ilusões.

que consideram óbvio não poder haver grande coisa nele. (Tampouco estão cientes de que as diversas soluções são incompatíveis.)

O problema pode ser colocado do seguinte modo. Toda mudança é mudança de algo. Deve haver uma *coisa* que muda e essa coisa deve permanecer, enquanto muda, *idêntica a si mesma*. Se, pergunta-se, ela permanece idêntica a si mesma, como pode mudar?

A pergunta parece reduzir ao absurdo a ideia de que qualquer coisa particular possa mudar.

Muda a folha verde quando se torna marrom, mas não se a substituirmos por uma folha marrom: é essencial para a mudança que a folha que muda permaneça a mesma durante a mudança, mas também é essencial que se torne algo mais: "era verde e ficou marrom; era úmida e ficou seca; era quente e ficou fria".[29]

Muito depois, disse Aristóteles que o que permanece idêntico é a matéria (*hylē*) ou a substância (*ousia*).[30] Nosso problema também se coloca, porém, para as "coisas" imateriais e abstratas, como situações – digamos, na guerra. Na guerra, "a situação mudou" pode (por exemplo) significar que o avanço do inimigo se transformou numa retirada. Não há "matéria" ou "substância" aqui para servir como sujeito da mudança.

Creio que foi um pensamento desse tipo que levou Heráclito a sua solução do problema da mudança.

Eis a solução de Heráclito: "Tudo flui e nada está em repouso".[31] Trata-se de uma negação de "coisas" que mudem (ou, pode-se dizer, é a colocação de "coisas" entre aspas). *Não há coisas – há apenas mudanças, processos.* Não

---

29 Ver o Ensaio 1, Seção IX.
30 Cf. Aristóteles, *Metafísica* 1069b3 e ss.; 1070a5.
31 Estou bem-ciente do fato de que esse trecho do *Crátilo* de Platão, 402a (cf. DK 22A6), vem há muito sendo alvo de críticas, em especial, de Kirk, mas acho inconvincentes as razões. Ainda acho que a interpretação da teoria da mudança de Heráclito que apresentei no capítulo 2 de Popper, *Objective Knowledge*, 1.ed. (comparar com Ibid., 5.ed., p.11 e ss.; p.20 e ss.) está certa, embora, é claro, minhas ideias tenham evoluído desde então; essencialmente, dando ênfase à conjectura de que o problema da mudança é o problema central de Heráclito. (Ver Ensaio 1, Seção IX neste volume; Id., *Conjectures and Refutations*, p.159, com a nota 5; p.79, com a nota 19; etc.) Tal ênfase talvez seja o único ponto em que discorde um tanto das interpretações belas e convincentes de Guthrie, *A History of Greek Philosophy*, v.1, p.403-92 ou de Fränkel, *Wege und Formen frühgriechischen*, p.237-83.

há folha enquanto tal, nenhum substrato imutável que seja primeiro úmido e depois seco; há, sim, um processo, a folha em secagem. As "coisas" são ilusão, uma errônea abstração da realidade. Todas as coisas são como chamas, como fogo. *A chama pode parecer uma coisa; sabemos, porém, que não é uma "coisa", mas um processo.*

Assim, o que se mostra aos nossos sentidos com uma coisa é um processo comparativamente lento ou (como diz Heráclito) "medido"; como uma situação de guerra que não muda, em razão do equilíbrio (da "tensão") das forças em oposição.

Tudo isso se aplica a nós mesmos. Podemos parecer a nós mesmos como coisas, se nos olharmos superficialmente, mas se nos olharmos com mais profundidade, descobrimos que somos processos e que, se o processo parar, é o nosso fim. Era esta, ao que parece, a intuição original que levou à descoberta de Heráclito: "Busquei a mim mesmo" (DK 22B101),[32] diz-nos ele. E o que descobriu não foi uma coisa, mas um processo: um fogo ardente, uma chama. Quanto mais vivos, quanto mais plenamente somos nós mesmos, mais estamos *despertos*. Se estivermos *adormecidos*, se nossos processos vitais se reduzirem, nossas almas já não serão um fogo vivo – estaremos quase mortos.

Não há, pois, coisas, só processos, ou melhor, *um único processo de mundo* em que se fundem todos os processos individuais: "Tudo é um" (DK 22B50), diz Heráclito, e "Deus é dia e noite, verão e inverno, paz e guerra, saciedade e fome" (DK B67) – quer dizer, todos os opostos – "e Ele muda [...]".[33]

Assim, para Heráclito, o repouso é um estado de mudança: "O que muda está em repouso" (DK 22B84a), diz ele, mas este é somente um caso – embora extremo – da doutrina de que o dia e a noite, o verão e o inverno – em suma, todos os opostos – são idênticos. São apenas os aspectos constitutivos do *processo ou mudança idêntico a si mesmo* que substitui a coisa idêntica a si mesma e consiste em vincular um dos membros de um par de opostos ao outro. Nenhum deles pode existir sem o outro ou sem o processo, a mudança, que os une.

---

32 Whithrow diz (depois de uma pertinente referência a Descartes): "a mente [...] é puramente um 'processo' e não uma 'coisa'" (Whithrow, *The Natural Philosophy of Time*, p.113).

33 Sobre esse último fragmento e especialmente sobre seus versos finais (não citados aqui), ver Fränkel, op. cit., p.237-50.

10. A solução lógica de Parmênides para o problema da mudança

Voltemos agora a Parmênides, pois foi ele que replicou a Heráclito e, com essa réplica, apresentada na Via da Verdade, estabeleceu o quadro metafísico para quase todo pensamento sério na ciência e na filosofia ocidentais.

Parmênides respondeu a Heráclito simplesmente aplicando o argumento original ao mundo inteiro (que, segundo Heráclito, era *um único* processo-mundo). O mundo, a realidade que queremos entender, o assunto de nosso discurso, *existe na verdade*.[34] Qualquer que seja a realidade, uma vez que há apenas *uma* realidade – ou, como diz Heráclito, uma vez que a realidade é *una* – ela deve permanecer idêntica a si mesma durante a mudança. Surge, pois, de novo, o velho problema: *a mudança é paradoxal*.

Segundo Parmênides, esse paradoxo constitui uma impossibilidade *lógica. A existência da mudança pode ser logicamente refutada*. A refutação segue-se da premissa: "Isto é".[35] Que pode ser interpretada: "O cognoscível existe". Ou, em forma tautológica: "O que é, é". Ou ainda, de modo igualmente tautológico: "O que existe, existe". Tal é a premissa. O argumento pode ser colocado de diversas maneiras, pois, como observa o mesmo Parmênides:[36]

Onde começar é sempre o mesmo para mim:
Para lá, a tempo, de novo voltarei (DK 28B5).

Vou aqui tornar a enunciar, quase literalmente, alguns dos argumentos de Parmênides:[37]

---

34 Comparar a Kahn, The thesis of Parmenides. *Review of Metaphysics.*

35 Posso agora fazer certo uso do excelente Kahn, *The verb "be" in ancient Greek* – infelizmente, não pude reescrever todos os meus trabalhos sobre Parmênides à luz dessa grande obra. [Acrescentado em 1982. (N. A.)]

36 Essa observação demonstra grande compreensão intuitiva do caráter tautológico visado da premissa de Parmênides.

37 Os teoremas e as provas aqui numerados (1)-(8) são tomados de DK 28B8. Eles serão encontrados nas seguintes linhas de B8: (1) nas linhas 15-6; (2) em 16-8; (3) em 8-9; (4) em 4 e 24; (5) em 5, 24 e 25. O argumento de que o existente é não gerado, imperecível e inviolado pode ser encontrado nas linhas 3-15 e 46-8; algum esteio para (6) está nas linhas 22-4; e para o argumento inteiro nas linhas 42-4 e 49; (7) nas linhas 26-33; (8) nas linhas 3-3 e 42-9.

(1) Partimos da premissa *"Isto é"*.

(2) Deparamo-nos agora com a *"decisão"* (*crisis*): *"Isto é ou não é"*. (O "ou" deve ser interpretado como *excludente*, e não há terceira possibilidade.)[38]

(3) "Isto não é" é impossível, como se segue de (1) e (2) e também pode ser expresso como: *O nada não pode existir*.

(4) Tudo está repleto do existente.

(5) Tudo é contínuo e uno, pois o existente está em toda parte em perfeito contato com o existente. (Não pode haver "poros".)[39]

(6) O existente é por toda parte um e o mesmo (*homoion*) e indivisível. Isso leva ao que considero o teorema principal:

(7) O existente é imóvel: idêntico a si mesmo e em repouso em si mesmo, permanece firmemente onde está.

Prova: Uma vez que o existente é indivisível (6) e tudo está cheio dele (4), não há espaço para o movimento.

O argumento pode ser assim resumido:[40]

---

38 É importante perceber, como em Kahn, "The Thesis of Parmenides", que as duas sentenças de Parmênides "Isto é" e "Isto não é" (Ou "O existente existe" e "O existente não existe") são, sem dúvida, contraditórias e não contrárias. "Isto é" e "Isto não é" não podem ser ambas verdadeiras ao mesmo tempo, nem tampouco ambas falsas: exatamente uma delas deve ser verdadeira e a outra, falsa. Isso é indicado pela insistência de Parmênides em que temos aqui uma "crisis" ou "decisão". O argumento de Parmênides foi recentemente criticado como inválido por Lloyd, sobretudo porque as "sentenças" que Parmênides formula não são contraditórias, mas contrárias (Llody, *Polarity and Analogy*, p.103-7). Ora, é bem verdade que "opostos" são normalmente contrários, e não contraditórios, mas não há razão para que isso valha também para os opostos ontológicos de Parmênides, "Isto é" e "Isto não é", embora Parmênides não fosse, é claro, um lógico, a lógica intuitiva implícita de seu argumento é, pelo menos nesse ponto, inatacável.

39 "Não pode haver nenhum 'poro'" não está, é claro, em Parmênides: os "poros" são minha própria alusão a Empédocles. O fato, porém, de que em B8: 45 (comparar a B8: 23-5) Parmênides faça alusão a algo como pontos fracos (ou "poros") dentro do existente (que ele diz não poderem existir) serve de esteio, creio eu, à minha interpretação do teorema (8).

40 Comparar a Popper, *Conjectures and Refutations*, p.80. É de observar que embora em B8: 41 a mudança que não seja o movimento (mudança de cor) seja explicitamente distinguida da mudança de lugar (movimento), não parece ocorrer nos fragmentos que chegaram até nós um argumento separado que refute a possibilidade de tal mudança. Ver também a interessante nota 2 de Fränkel, op. cit., p.206.

Só o que é, é.
O nada não pode existir.
O mundo é repleto.
O movimento é impossível.

(8) O mundo pleno de Parmênides era, segundo o que diz o poema, corpó-reo.[41] Era um universo-bloco imóvel.

11. A crítica atomista da solução de Parmênides

A teoria do universo maciço de Parmênides foi a primeira cosmologia dedutiva. Podemos até chamá-la de o primeiro sistema dedutivo da física teórica. Não quero examinar aqui a questão puramente verbal de se o pró-prio Parmênides deve ou não deve ser considerado o primeiro físico teórico. Basta que ele se torne o pai, ou talvez o avô, de toda física teórica e, de modo mais especial, da teoria atômica.

Surgiu a teoria atômica, como acontece com quase toda teoria empírica, de uma refutação empírica de sua antecessora.[42]

Parmênides chegara a uma conclusão *empiricamente testável*: a conclusão de que o movimento é impossível.

---

41 Os indícios em favor do teorema (8), "O mundo pleno é corpóreo" (ou "material", ainda que não no sentido aristotélico de "matéria"), além de uma observação na nota 43 deste ensaio correspondente ao argumento de Parmênides (da expressão "uma vez que" em diante, encontram-se em B8: 30-3 e 42-9. (Cabe observar que B8, linha 45, mencionado na nota 43, faz parte desta passagem.) E, no entanto, a não corporeidade do "ser" ou "existente" de Parmênides parece ser amplamente aceita, por exemplo, por Tarán, *Parmenides*, p.193-4. (Se isso não fosse fugir à questão, eu estaria propenso a chamar de a-histórica a tendência de atribuir não corporeidade ao "ser" de Parmê-nides. Houve Melisso, podem retorquir, mas me parece decisivo que Melisso tenha surgido depois de Parmênides e, muito provavelmente, depois até de Zenão.)

42 A história é bem-contada em Aristóteles, *Da geração e da corrupção*. A meu ver, tal desenvolvimento não é consequência da minha tese geral de que o nosso conheci-mento cresce, via de regra, pela descoberta de ter cometido um erro ou de ter incons-cientemente aceitado uma teoria errônea, pois a minha teoria é uma teoria lógica ou uma regra metodológica (uma teoria normativa) de que devemos procurar casos que possam valer como refutações. Assim, a minha metodologia não reivindica ser uma teoria empírica; embora possa ser criticada, naturalmente ela não é, por sua vez, empiricamente refutável. (Ver Popper, *Realism and the Aim of Science*, p.xxxi-xxxv.)

Tal conclusão, porém, é claramente refutada pela experiência e, assim, a refutação da conclusão pode ser usada, passo a passo, para refutar parte da posição original. Como de hábito em tais refutações empíricas, o sistema refutado é conservado na máxima medida possível.

A refutação pode ser assim colocada:

O movimento é um fato. Desse modo, o movimento é possível. Assim, o mundo não pode ser *um só* bloco maciço, ao contrário, deve *tanto* conter muitos blocos – deve ser divisível – *quanto* nada, isto é, espaço vazio.

Os blocos permanecem parmenidianos, ou seja, plenos e *imutáveis*. Foram primeiro chamados de "o existente" ou "o pleno" e, logo depois, de "indivisíveis" ou "átomos". O espaço vazio era chamado de "o inexistente" e depois "o vácuo". Chegamos, assim, a um mundo que consiste em *átomos e vácuo*.

Foi assim que surgiu o atomismo. Sabemos o grande sucesso que alcançou; mas seu maior sucesso, de longe, foi poder oferecer uma solução para o problema original de Parmênides: o atomismo deu uma *solução direta ao problema da mudança – uma teoria racional da mudança*. E a solução foi esta.

Toda mudança, inclusive a mudança qualitativa, se deve ao movimento espacial, mais especialmente, ao movimento dos átomos plenos e imutáveis no vácuo imutável.

Assim, toda mudança é mero rearranjo. Foi aceito o ensinamento de Parmênides pelo menos em dois pontos importantíssimos: o realmente existente, os átomos, nunca mudam, consequentemente, não pode haver nenhuma mudança intrínseca, nenhuma novidade intrínseca. Só pode haver *novos arranjos* do que é intrinsecamente sempre a mesma coisa. Kahn viu isso com muita clareza. Segundo Parmênides, escreve Kahn, "a geração de algo essencialmente novo era considerada uma impossibilidade".[43]

Tal teoria da mudança, de que toda mudança é movimento – teoria de autoria de Leucipo e de Demócrito – continuou sendo a base da física teórica por mais de dois mil anos, sobretudo – mas de modo algum exclusivamente – sob essa forma, o racionalismo de Parmênides não só sobreviveu, como continuou a dominar a ciência ocidental. E ainda a domina.

---

43 Ver Kahn, *Anaximander*, p.236. Aristóteles atribui a Parmênides um típico argumento "transcendental" kantiano, quando escreve de Parmênides (e Melisso) que "eles estavam [...] percebendo pela primeira vez que se tinha de postular tais entidades [imutáveis] para que fossem possíveis o conhecimento e o entendimento" (Aristóteles, *Sobre o céu*, 298b).

12. O programa racionalista de pesquisa de Parmênides

Antes de prosseguir, quero levantar uma questão importante.

O resultado da teoria de Parmênides – que a realidade é um bloco maciço e imutável e que o mundo mutável dos mortais é uma ilusão – não é só inaceitável. Não só se choca com o senso comum, é claramente absurdo. Assim, os poucos que tomaram conhecimento de sua ousada teoria zombaram de Parmênides. Alguns, segundo dizem, até o chamaram de louco. E, no entanto, esse louco conseguiu lançar um feitiço sobre nós, racionalistas relutantes e céticos, sobre os teólogos ocidentais, assim como sobre os cientistas ocidentais. Como explicar isso? Onde se situa a façanha de Parmênides?

Creio que Parmênides era um *cosmólogo* e um *realista metafísico*. Herdou essa postura fundamental de seus antecessores, principalmente de Anaximandro. Também herdou a importantíssima atitude de buscar *um mundo por trás deste mundo* – um mundo real por trás deste mundo de aparência.

O que, no entanto, havia de novo em sua abordagem? Tratarei dessa questão sob dois títulos: (1) Epistemologia e lógica; (2) Consequências metodológicas.

(1) Epistemologia e lógica

Não foi Parmênides o criador do pensamento epistemológico: foi precedido por Xenófanes, Alcméon e Heráclito.[44] Como Alcméon, Heráclito começou seu livro com uma espécie de prefácio ou proêmio epistemológico, embora bem menos elaborado do que o de Parmênides. (Assim teve início uma tradição de prefácios epistemológicos que ainda está viva; muito provavelmente por ter sido reforçada pelo prefácio epistemológico escrito por Platão para o *Timeu*, em que é grande sua dívida para com Parmênides.)

---

44 A epistemologia de Xenófanes parece anteceder Heráclito. Se assim é, parece ser a primeira já tentada. (Ver ensaio 2.) Seu pensar é não só o mais original de todos, mas me parece totalmente aceitável. O alvo é a verdade, que é correspondência com os fatos, mas ninguém que tenha encontrado a verdade – até mesmo a mais perfeita teoria – pode saber com certeza que a encontrou: todo o nosso conhecimento "é apenas uma urdida teia de conjecturas". Diz Alcméon que só os deuses sabem com certeza: os homem estão limitados a fazer inferências [incertas], ou seja, suposições, embora sejamos os únicos capazes não só de perceber, mas também de entender (DK 24B1-1a). Também Heráclito nega que o homem por si só possa alcançar a verdade – mesmo se lhe for revelada por alguém que a tenha alcançado (DK 22B1).

Desse modo, embora Parmênides não tenha criado a Epistemologia, foi o primeiro a torná-la *o centro do pensamento filosófico*. Foi o primeiro a anunciar um programa racionalista. *Razão, ao invés de sentido*. Pensamento puro, argumentação crítica lógica, ao invés de senso comum, plausibilidade, experiência e tradição.[45]

Havia argumentação antes de Parmênides, mas, ao que sabemos, era pouco articulada. Estava implícita nas tentativas de aperfeiçoar as teorias propostas pelos antecessores ou pela tradição. Por exemplo, a crítica feita por Xenófanes do pensamento antropomórfico na teologia é, sem dúvida, muito argumentativa. E, no entanto, não conhecemos nenhum argumento plenamente articulado antes de Parmênides. Seu racionalismo produziu o primeiro raciocínio lógico discursivo. E foi um raciocínio crítico – uma refutação. Suas provas são provas por *reductio ad absurdum*: reduzem as suposições ao absurdo.[46]

Assim, ele inspirou a Zenão: levou só uma geração para que o raciocínio lógico alcançasse a máxima altura e profundidade na sutileza. E embora não ache que o "ser" de Parmênides seja o espaço euclidiano (ou qualquer outro espaço),[47] concordo plenamente com Szabó[48] que a origem do método que culminou na axiomática de Euclides pode ser encontrada na dialética da Escola Eleática.

Afora o feito de Anaximandro (e possivelmente o de Tales), não há nada tão significativo na história do pensamento ocidental como essa ruptura das trevas para a luz (como a descreve Parmênides em seu proêmio), a invenção da argumentação crítica articulada.

(2) Consequências metodológicas

As consequências dessa ruptura foram enormes, em especial as consequências metodológicas.

---

45 Ver em especial B7, que traduzi, neste volume, no Ensaio 6, Seção 6.

46 O texto relativo às notas 41 a 45 exibe o método de prova indireta (ou prova por *reductio ad absurdum*).

47 Sugiro que ele pensava em termos de corpos, mais do que de espaço. Pode-se admitir que seus corpos fossem tridimensionais, mas isso não significa que preencham um nada tridimensional. (Ver também a minha referência a Giorgio de Santillana na Seção 4 deste ensaio.)

48 Ver o Ensaio 9, Seção 6.

Foi Parmênides o primeiro a asserir explicitamente a existência de um mundo teórico de realidade por trás do mundo fenomenal da aparência; uma realidade criada pela argumentação e completamente diferente do mundo fenomenal. E foi o primeiro a formular algo como um critério de realidade. (Estabeleceu a equivalência entre o real e o invariante, o imutável.)

Além disso, foi o primeiro a formular, embora (a meu ver) por meio do ataque, o dogma empirista: "Nada há no intelecto dos mortais que não tenha estado antes nos sentidos".[49]

Também ofereceu algo como a primeira formulação da distinção (na minha opinião, inválida) entre qualidades primeiras e segundas.

Na metodologia propriamente dita, ele inventou o primeiro sistema dedutivo e introduziu o método de várias teorias rivais e também o método de avaliação de teorias rivais pela discussão crítica.

Introduziu o determinismo (numa forma extremamente severa) e vinculou a explicação à dedução lógica.

Mais ou menos sem querer, introduziu a primeira teoria dedutiva falseável. De qualquer modo, decerto reconheceu a tarefa de explicar as aparências e viu a necessidade de vincular a explicação das aparências à teoria da realidade escondida nas aparências.

Por trás disso tudo, ocultam-se as seguintes ideias do método científico, mais especializadas:

O invariante não necessita de explicação: pode ser usado como *explicans*.

A ciência racional é a busca de invariantes.

Do nada, nada vem.

A imensa variedade de aparências deve ter *uma só* realidade (ou pelo menos muito poucas formas de realidade) por trás dela. Chegamos, assim, às leis de conservação (e a ideias como "substância", "massa" e "energia").

Uma vez que o real permanece idêntico a si mesmo, a ciência pode ser expressa em termos de equações. A mudança de aparência é regida pela realidade imutável.

Pode-se dizer (um pouco arbitrariamente) que a cosmologia de Parmênides, com sua epistemologia, lógica e metodologia, encarne um *programa metafísico de pesquisa*. A expressão serve para nos lembrar de que tudo flui

---

49 Ver o texto da nota 55. Ver também, Popper, *Conjectures and Refutations*, p.165, segunda citação, que (como sugere Reinhardt, *Parmenides*, p.77) pode ter tido uma intenção um tanto irônica. (Cf. Ensaio 3, Seção 6.)

de, ou está implícito em, sua cosmologia metafísica mais ou menos intuitiva, sua visão metafísica do mundo. Pode ser descrito como um programa de pesquisa porque sugere não só novos problemas para a investigação, mas também que tipo de solução a esses problemas será tido como satisfatória ou aceitável.

A função de um programa de pesquisa tão abrangente é, sob certos aspectos, muito semelhante à função que Thomas Kuhn atribui a essas teorias científicas dominantes a que deu o infeliz nome de "paradigmas": se um programa de pesquisa se tornar dominante, exercerá uma influência diretora sobre a pesquisa científica, no entanto, os programas de pesquisa não fazem parte da ciência da mesma maneira que as teorias dominantes de Kuhn fazem. Elas têm caráter metafísico, epistemológico e metodológico.

O programa de pesquisa parmenidiano tornou-se, com o tempo, cada vez mais articulado. Desse modo, ele primeiro cresceu e se transformou, ao suscitar oposição, no programa atomista de pesquisa e, em segundo lugar, novamente ao suscitar oposição, no programa de pesquisa da teoria continuísta da matéria. Por fim, desenvolveu-se como teorias científicas da estrutura da matéria, em especial na moderna teoria atômica.[50]

13. O legado da busca parmenidiana da verdade

Se o que disse até aqui oferece um retrato mais ou menos adequado das realizações de Parmênides e de sua influência imediata, podemos compreender sua ascendência sobre seus sucessores, desde Zenão e a Escola Eleática até Empédocles, os atomistas e Platão. Como disse, Parmênides era um racionalista, mas era também homem de intuições; como muitos cientistas, combinava "misticismo e lógica".

---

50 Meu texto aqui se refere às duas grandes tradições na cosmologia e na teoria da matéria: a teoria descontinuísta do atomismo ("átomos e o vácuo") e a teoria continuísta ("não há vácuo"), fundada por Parmênides e prosseguida por Empédocles. Essas duas tradições levaram a Heisenberg e Bohr, por um lado, e a Descartes, Faraday e Einstein, de Broglie e Schrödinger, por outro. (O grande combate só terminou quando foi superado pela "confusão quântica", como a chamei.) A existência lado a lado dessas duas tradições mostra a inadequação da tese em moda de Kuhn de que haja, em um dado momento, apenas um paradigma na ciência (definido, por assim dizer, por uma unidade parmenidiana). Ver também o texto relativo à nota 60.

Os atomistas, de modo mais especial, adotaram muito do pensamento parmenidiano. Adotaram até sua doutrina de que são ilusões a mudança qualitativa e as novidades intrínsecas ou essenciais: ilusões de homens mortais, constituídos de tal forma que são enganados por confiarem em seus órgãos dos sentidos e, seduzidos, tomam erradamente o conteúdo dos sentidos (ou seja, de seus órgãos dos sentidos) por "pensamento intelectual" e "conhecimento". Parmênides formula essa ideia num ataque irônico devastador contra a teoria sensualista do conhecimento:[51]

> Aquilo que está, a qualquer momento, na mistura muito errada dos órgãos dos sentidos,
> Isso aos homens parece conhecimento genuíno. Pois tratam como a mesma coisa
> A mente intelectual do homem e a natureza ou mistura de seus órgãos dos sentidos.
> "Pensamento" chamam eles ao que nessa mistura prevalece, em todos os homens e em cada um deles (DK 28B16).

Conjecturo que esse fragmento antiempirista tenha sido o estímulo que criou, como resposta, o famoso ditado empirista: "Nada há em nosso intelecto (ou na mente humana) que não tenha antes estado em nossos sentidos". Porque, segundo certa interpretação, o fragmento de Parmênides diria que o chamado "conhecimento humano" é errôneo, pois "Nada está

---

51 Ver Popper, *Conjunctures and Refutations*, p.409-13, bem como, neste volume, o Ensaio 3 para uma defesa elaborada da tradução de *melea* por "órgão dos sentidos", ao invés de "corpo" (Guthrie usa "membros"; Tarán usa "corpo"), que foi chamado até por Xenófanes (mas também por outros) de *sōma* (B15: 4) e *demas* (B15: 5 e B23), ao passo que Aristóteles, em *Das partes dos animais*, 645b36-646-a1, chama de *melos* cada um dos diversos órgãos dos sentidos: "São exemplos de partes: Nariz, Olho, Rosto; cada uma delas é chamada de 'membro'" (Aristóteles, *De partibus animalium*, p.104 e ss.). A partir dessa tradução (*melea* = órgãos dos sentidos) e do antissensualismo muitas vezes repetido de Parmênides, bem como do contexto em que Teofrasto cita o fragmento, tudo o que afirmo desse fragmento se segue quase "necessariamente". Prefiro interpretar o sentido de *ekastos* como "a cada vez" (*ekastote* em Heródoto I. 128), já que o conteúdo dos órgãos dos sentidos não é só muito equivocado, mas pode mudar a qualquer momento. Karl Reinhardt observou que o fragmento B16 foi concebido como um ataque mordaz contra o conhecimento meramente humano. (Ele traduz *meleōn polyplanktōn* por "*de vieilirrenden Organen*" = "os muito equivocados órgãos".) (Reinhardt, *Parmenides*, p.77).

no (muito errado) intelecto dos mortais que não tenha estado antes em seus muito errados sentidos". A primeira resposta empirista talvez tenha vindo de Protágoras, pois a sua doutrina de "O homem é a medida" (*homo mensura*) era dirigida contra todos aqueles (Heráclito, Xenófanes, Parmênides) que reconheciam apenas aos deuses o conhecimento, mas insistiam que o homem podia apenas supor (Xenófanes) ou errar (Parmênides). Contra eles, Protágoras mostrou que temos de tomar o conhecimento humano como nossa medida, no que se refere ao saber.

Em contrapartida, Empédocles e, sobretudo, os atomistas aceitaram a visão de Parmênides: nossos órgãos dos sentidos, diziam eles, são obtusos demais para nos permitirem observar os movimentos e os rearranjos espaciais das coisas reais – que, para os atomistas, eram o não observável, os átomos. Devido à obtusidade de nossos sentidos, diziam os atomistas, a maioria desses movimentos e rearranjos se nos mostram apenas como mudança *qualitativa*, a qual, como em Parmênides, é uma ilusão. Só o pensamento racional parmenidiano pode ajudar-nos a transcender essa ilusão e interpretá-la como o resultado de átomos em movimento no vácuo.

Assim, os primeiros atomistas se opuseram, como Parmênides, à nossa confiança nos sentidos. Também assumiram a teoria de Parmênides, na Via da Opinião, segundo a qual o que acontece aos nossos órgãos dos sentidos é que se misturam com o nosso meio ambiente. (Não, é claro, com a "luz e o escuro" ou "o quente e o frio", como na Via da Opinião de Parmênides, mas com átomos que emanam das coisas que deles se compõem.)

Demócrito, porém, (segundo Galeno)[52] se deu conta de que, sem a experiência sensível, o problema de superar Parmênides jamais teria surgido e, assim, jamais teria nascido uma teoria atômica que refutasse a cosmologia de Parmênides e explicasse o movimento dos átomos que Parmênides considerava ilusório. Isso o levou ao famoso diálogo entre a Razão e os Sentidos, como foi transmitido por Galeno:

> *Colorido – por convenção; doce – por convenção; amargo – por convenção.*
> *Mas na verdade – átomos e vácuo.*

---

52 Cláudio Galeno, *Sobre a medicina empírica* (DK B125), um fragmento editado por Schöne, "Eine Streitschrift Galens gegen die empirischen Ärzte", *Sitzungsberichte der königlichen preussischen Akademie der Wissenschaften*, p.1259. (Alguns eruditos julgam que o diálogo, atribuído por Galeno explicitamente a Demócrito, seja de autoria do próprio Galeno.)

Contra tal raciocínio, ele – Demócrito – imaginou que os sentidos nos dissessem:

Pobre intelecto! Recebes de nós tuas credenciais, mas queres nossa desgraça?
Ao nos derrubar, tu mesmo cais!

Assim, as Duas Vias de Parmênides se tornaram a via da razão e a via dos sentidos: racionalismo e empirismo. Também deram origem à distinção entre qualidades primeiras e segundas – entre forma ou extensão espacial (que é real e objetiva) e cor e som (que são subjetivas e pouco mais de ilusórias); uma distinção que desempenha um papel tão importante em Galileu e seus sucessores.

14. A teoria atomista da mudança

Se avaliarmos o sucesso das teorias físicas pelo tempo que duram, o atomismo e sua teoria da mudança serão por certo a mais bem-sucedida de todas as teorias físicas, pois o atomismo, com sua teoria da mudança, sobreviveu na física até cerca de trinta anos atrás.[53] (Na Química e na Biologia Molecular ele ainda está vivo.) Sobreviveu à distinção entre átomos e moléculas; sobreviveu à fragmentação dos átomos em partículas elementares, elétrons e prótons. Sobreviveu à transmutação dos átomos e à descoberta do neutrino e do pósitron. Sobreviveu até mesmo à tentativa feita por Schrödinger de explicar a matéria como um movimento ondulatório. E só começou a ser seriamente ameaçada com a criação e a destruição de pares e com a descoberta de muitas partículas elementares novas que mudam *intrinsecamente*, transformando-se umas nas outras e, assim, exemplificando o que, neste momento, ainda parece ser uma mudança intrínseca ou essencial.

Quando isso aconteceu, porém, a equação de Einstein, $E = mc^2$, já nos tinha dotado de uma defesa poderosa contra a derrota intelectual, embora a física, pela primeira vez desde Leucipo, não dispusesse de nenhuma teoria da mudança, podíamos consolar-nos com o pensamento de que, em todas essas mudanças e transmutações intrínsecas, a energia, que era o mesmo que a massa inerte e pesada, se conservasse (juntamente com o momento).

---

53 Contados a partir de 1965, a data aproximada deste Ensaio. (N. O.)

Há, assim, algo que permanece idêntico a si mesmo durante as mudanças intrínsecas – a quantidade de energia e de momento – que é a invariante essencial de mudança. Esse fato tornou-nos um tanto insensíveis a um golpe intelectual que, a não ser por isso, poderíamos ter sentido profundamente a ameaça de desintegração da teoria da mudança dos atomistas, da solução para o grande problema colocado por Heráclito e Parmênides.

15. A teoria parmenidiana dos invariantes

Enquanto isso, o legado parmenidiano e seu correspondente programa de pesquisa cresceram, embora talvez de maneira invisível: o programa foi colocado no altar de certos princípios gerais, que eram considerados trivialmente verdadeiros. Assim, surgiu o princípio de que uma coisa real jamais pode vir do nada – *ex nihilo nihil fit*; princípio que logo se tornou uma *teoria da causalidade* ou do *determinismo causal*: tudo deve ter uma causa adequada ou igual – *causa aequat effectum*.

Tais princípios significam novamente, é claro, que não há mudança real. Se a causa é igual ao efeito, tal igualdade mostra que não há, na realidade, mudança, não há variação intrínseca, mas algo permanece idêntico a si mesmo ao longo de todo o processo causal. Foi assim que o racionalismo parmenidiano levou à teoria dos invariantes e à teoria de que toda explicação da mudança deva *justificar a mudança* (como dizia Émile Meyerson),[54] não necessariamente como uma ilusão, mas, pelo menos, indicando aquela realidade que não muda durante a mudança. Consequentemente, a realidade imutável, em si mesma não precisa de explicação. Deve, pois, haver leis para toda mudança, e tais leis devem poder exprimir-se sob a forma de igualdades, isto é, como *equações*. E só há *uma* realidade por trás – e explicando-a – da imensa variedade de experiências (ou, pelo menos, pouquíssimas formas de realidade).

No campo da ciência, isso leva, entre outras coisas, às leis de conservação (e a ideias como *substância* e *massa* e *energia*) e, na filosofia da ciência, somos levados aos chamados *princípios* de *causalidade* e da *uniformidade da natureza* (e ao que chamamos de *determinismo filosófico*).[55] Antimilitaristas,

---

54 Meyerson, *Identité et réalité*, p.250, 470.
55 Ver Popper, *Objective Knowledge*, p.219-22.

anticonformistas e empiristas, como John Stuart Mill, tentaram uniformizar à força a natureza, contra toda evidência experimental, que nos dizia que, embora duas sentinelas possam parecer indistinguíveis, duas vacas e dois cães costumam ser facilmente distinguíveis para seus donos e que o nascimento de gêmeos idênticos é mais uma raridade do que um fato ordinário. No entanto, muito antes de o princípio de que a causa deva igualar-se ao efeito ser aceito pelos cientistas ocidentais (e pelos filósofos empiristas ocidentais), ele foi aceito, com pequenas mas significativas modificações, pelos teólogos ocidentais.

16. As raízes parmenidianas das teorias continuísta e descontinuísta da física moderna

O programa parmenidiano de pesquisa cedo se dividiu em *duas formas principais*: a teoria *descontinuísta* dos atomistas – átomos separados pelo vácuo – e a teoria *continuísta* de um mundo pleno (embora mutável), de autoria de Empédocles, Platão e Aristóteles.[56] Em sua forma original e mais simples, a teoria continuísta, ou teoria do vórtice, explicava todo movimento como semelhante ao das folhas de chá arrastadas pela água numa xícara. Sempre permaneceu como um forte rival do atomismo. Descartes e Huyghens eram teóricos da continuidade, ao passo que Gassendi e Newton pertenciam à tradição atomista. Essas duas teorias dominantes rivais permaneceram quase iguais quanto ao poder, e houve quem tentasse fundi-las, desde Leibniz até Faraday e Maxwell, Lorentz, Einstein e Schrödinger, com o atomismo um pouco à frente. Durante a Idade Média, a teoria continuísta de Aristóteles dominava a teologia ocidental, no entanto, mais importante do que esse aspecto um tanto técnico da teoria física parmenidiana era o princípio metafísico, aceito apesar de suas dificuldades para a teologia, de que a causa deve igualar-se – ou *pelo menos* igualar-se – ao efeito.

---

56 Ver, neste ensaio, nota 54. Aristóteles criticou Platão por defender uma teoria continuísta (uma teoria de um mundo pleno), ainda que a forma de seus átomos os impedisse de se unirem firmemente, sem buracos entre eles (Aristóteles, *Sobre o céu*, 306b5); passagens estas mencionadas em Popper, *Conjectures and Refutations*, p.88, nota 44. Essa crítica parece-me válida, mas, por outro lado, deveríamos pagar tributo ao atomismo de Platão, por abrir caminho tanto para a teoria molecular como para a teoria das estruturas subatômicas.

Posso, talvez, citar Arthur Lovejoy,[57] embora ele não mencione Parmênides, diz que

> a doutrina da maioria dos metafísicos medievais europeus era a de que todas as "perfeições" ou atributos positivos das criaturas devem ser possuídas pela Causa Primeira – ainda que se julgasse necessário afirmar com igual ênfase que essa Causa e suas criaturas não tivessem atributos em comum [...]; o princípio preformacionista [...] não reduzia a abundância e a diversidade da natureza e não excluía da ordem natural a mudança quantitativa e qualitativa, mas colocava por trás delas uma causa suprassensível na qual declarava que toda essa abundância e diversidade estavam de algum modo contidas, prévia e eternamente.

Segundo essa teoria, tudo o que existe existiu, sob uma ou outra forma, em Deus, como uma de suas "perfeições". Assim, até mesmo a criação não provocou nenhuma mudança essencial: apenas transformou em sua criação *algumas* das perfeições intrínsecas do Criador, portanto, a causa ou se iguala ao efeito ou é maior que o efeito (e, nesse caso, ela é não só anterior ao efeito, mas dura mais do que ele); o efeito, porém, está sempre presente na causa. Isso quer dizer que, na realidade, nada acontece, ou, pelo menos, nada que faça alguma diferença essencial: não pode surgir nenhuma novidade intrínseca. Assim, com toda a sua abundância e diversidade, o mundo medieval ainda descende do universo maciço de Parmênides.

Sua descendência parmenidiana também está muito evidente na doutrina cartesiana de um mundo cheio de matéria contínua em movimento (*vortices*), em que a quantidade de movimento é preservada, e está claríssima na maior parte das formas de determinismo, por exemplo, em Spinoza ou, sob uma forma algo diferente, em Leibniz. Tomemos a harmonia preestabelecida de Leibniz; tudo é trazido ao mundo por Deus, desde o começo. Perguntamo-nos para que servem esses relógios preestabelecidos; seu Criador, teme alguém, deve se aborrecer ao vê-los comportarem-se *exatamente* como os fez comportarem-se.

Creio que a ideia de Parmênides, porém, alcançou sua mais alta realização na teoria continuísta de Einstein. (Talvez possa mencionar que discuti

---

57 Ver Lovejoy, The Meanings of "Emergence" and its Modes. In: Brightman (ed.), *Proceedings of the Sixth International Congress of Philosophy.*

esse ponto com Einstein e que ele concordou com minha caracterização de sua teoria como parmenidiana.) A cosmologia determinista de Einstein é a de um universo maciço quadridimensional parmenidiano.[58]

O contínuo espaço-temporal da relatividade geral (talvez ainda mais do que o da relatividade restrita) tem sido, às vezes, interpretado como um espaço, uma geometria, que incorpora o tempo. Tem-se dito que o tempo objetivo, físico, foi assimilado às coordenadas espaciais. Juntamente com elas, ele exibe o conteúdo e a história inteira do universo de uma só vez, por assim dizer. Ele forma, como diz Hermann Weyl,

> [...] um mundo quadridimensional em que o espaço e o tempo estão indissoluvelmente ligados [...] [Apenas nossa] consciência segue seu caminho numa parte deste mundo [e] vivencia a [...] parte que vem a seu encontro e passa por trás dela como *história*, isto é, um processo que segue adiante no tempo.[59]

Em outro lugar, escreve Weyl: "O mundo objetivo simplesmente *é*, não *acontece*. Só aos olhos da minha consciência [...] uma parte deste mundo ganha vida como imagem fugaz no espaço que muda continuamente com o tempo".[60]

Assim, a mudança é uma ilusão, segundo essa descrição de Weyl. Não há mudança na realidade objetiva quadridimensional, mas só na maneira como nossa consciência – a opinião dos mortais – vivencia as coisas. Ela é uma ilusão atribuível ao fato de que os eventos ordenados ao longo de cada uma de nossas linhas (temporais) de mundo são vivenciados consecutivamente por nossa consciência.

17. A realidade do tempo: observações sobre uma versão moderna do problema da mudança

Chego aqui a um ponto crucial: a forma moderna do problema da *realidade da mudança*, que também pode ser chamado de problema da *realidade*

---

58 Ver Popper, *Open Universe*, p.89-92.
59 Weyl, *Space-time-matter*, p.217.
60 Id., *Philosophy of Mathematics and Natural Science*, p.116.

do tempo (e que está intimamente relacionado com o da *seta do tempo* ou da *direção do tempo)*. Trata-se de um problema em que sinto estar nadando contra uma forte maré. Creio que, com exceção de Whitrow, os mais influentes filósofos da física que escreveram recentemente sobre esse assunto devem ser procurados num campo completamente diferente, embora defendam posições muito diversas uns dos outros. Há alguns dos maiores físicos nesse outro campo: Boltzmann, Weyl, Schrödinger e o maior de todos, Einstein. A principal questão da realidade do tempo é a questão de se as relações temporais fundamentais de antes e depois são objetivas ou meras ilusões.

Estou profundamente convencido de que (a) a mudança e, portanto, o tempo (que está implicado na teoria física da mudança) são objetivos; (b) não foi apresentado nenhum bom argumento contra essa tese (a construção de Gödel de uma máquina do tempo seria um argumento fortíssimo, se as suas premissas fossem válidas); (c) a teoria idealista do tempo é irrefutável, mas criticável.

Para expor o problema do modo mais simples possível, podemos partir da mecânica newtoniana. Temos aqui um espaço tridimensional, que pode ser caracterizado por três coordenadas espaciais, e um tempo unidimensional, caracterizado por uma coordenada temporal. Juntos, eles formam uma multiplicidade quadridimensional.

Um realista pode ter dúvidas quanto a chamar de "real" essa multiplicidade, pois, sem dúvida, o espaço e o tempo são abstrações. Dirá, porém, serem reais as *relações* espaço-temporais entre eventos e dirá que o sistema teórico – geometria mais cronometria – das relações potenciais ou virtuais entre eventos possíveis pode ser chamado parte da física, isto é, parte de nossas teorias conjecturais da realidade.

Tais teorias conjecturais são feitas por nós mesmos (e enquanto tais são "ideais"), mas o realista insistirá em que são parte de nossa tentativa de descrever e entender, da melhor maneira possível, a realidade física, o sistema de eventos, o sistema de mudanças.

Ora, é muito conveniente, mesmo na mecânica newtoniana, *representar* a coordenada temporal por uma coordenada espacial. (Isso é feito em qualquer curva de temperatura ou pressão.) Tal representação espacial da coordenada temporal não tem, porém, direção – como tampouco as coordenadas espaciais a têm – a menos que lhe dermos uma direção, marcando uma seta que aponte, digamos, na direção do "passado" para o "futuro".

Consideremos, agora, a representação espacial de uma coordenada temporal antes de ser assim marcada (vide a Figura 1).

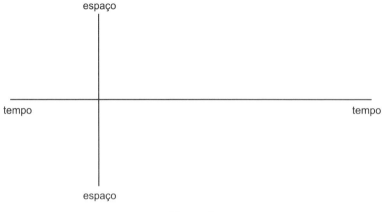

Figura 1

Foi sugerido por Clausius e outros que há uma lei universalmente válida, a lei do aumento da entropia (ou a "segunda lei da termodinâmica"), que pode ser representada por uma curva como na Figura 2, *contanto que primeiro marquemos a direção do tempo*, correndo da esquerda para a direita.

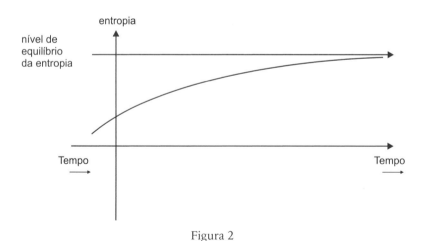

Figura 2

Mais tarde, sugeriu Eddington que podemos considerar o aumento universal de entropia como um indicador objetivo, físico, da direção do tempo ou da seta do tempo. É interessante que Eddington tenha feito essa sugestão muito depois da grande batalha entre Boltzmann e Zermelo, que se encerrou com a admissão, por parte de Boltzmann, de que a curva da mecânica estatística tinha uma forma bem diferente – a de raras flutuações estatísticas ocasionais descendentes a partir de uma entropia máxima ou de um valor máximo de equilíbrio de probabilidade (vide a Figura 3).

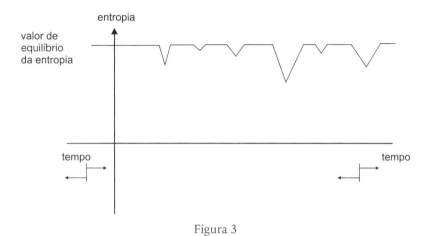

Figura 3

Essa curva de entropia não muda de natureza se invertermos a direção do tempo: ela não indica para onde a "seta do tempo" deve apontar.

Ludwig Boltzmann, o grande físico e realista, durante certo tempo, acreditou ter conseguido deduzir, a partir da teoria molecular dos gases, uma curva de aumento de entropia como a nossa primeira curva. Sob críticas de Loschmidt, Poincaré e, sobretudo, Zermelo, abriu mão de sua teoria e admitiu que a curva se assemelhava mais à nossa segunda curva, isto é, simétrica e indiferente em relação à inversão da direção do tempo.

Correspondentemente, ainda permanecia por explicar a lei do aumento da entropia. Nessa situação desesperada, Boltzmann sugeriu muito hesitantemente, como saída, uma teoria terrivelmente audaciosa, descrita por ele mesmo como uma especulação. A teoria pode ser expressa, distorcendo-se levemente a nossa segunda curva, como na Figura 4.[61]

---

61 As setas indicam regiões em que pode ocorrer a vida e o tempo pode ser vivenciado como tendo a direção indicada. Ver também Popper, *Unended quest*, p.159.

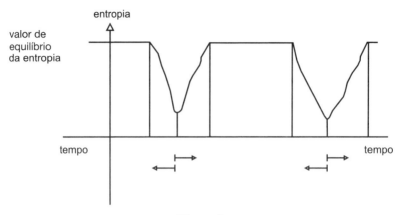

Figura 4

Vale dizer, a coordenada temporal não tem em si mesma uma seta, uma direção; mas toda vez que houver uma flutuação importante em alguma parte do mundo, todo organismo, todo observador *vivenciará* uma direção temporal: vivenciará que o futuro está na direção do aumento de entropia. Isso explica a "segunda lei".

Para citar o próprio Boltzmann:

Para o universo como um todo, as duas direções do tempo são indistinguíveis, da mesma forma que, no espaço, não há o acima e o abaixo. Todavia, como em certo lugar da superfície da terra chamamos de "embaixo" a direção que aponta para o centro da terra, assim também um ser vivo que se vê [...] num [a região de não equilíbrio do] mundo [...] pode caracterizar a direção do tempo como indo de estados menos prováveis para outros mais prováveis [os primeiros serão o "passado" e os últimos serão o "futuro") e, em virtude dessa caracterização, descobrirá que essa [...] região, isolada do resto do universo, está "inicialmente" sempre num estado improvável.[62]

À primeira vista, pode-se facilmente pensar que essa teoria de Boltzmann é incoerente. Só se torna coerente se considerarmos que a coorde-

---

62 Boltzmann, *Vorlesungen über Gastheorie*, v.2, p.257.

nada temporal, como qualquer coordenada espacial, *não tem objetivamente direção*. Não há nada parecido com um passado objetivo ou um futuro objetivo; não há "antes" e "depois" objetivos. O tempo, seja ele o que for, torna-se como o espaço, pelo menos à medida que forma apenas uma dimensão numa multiplicidade quadridimensional que pode ser chamada de "objetivamente copresente", no sentido de que nenhuma de suas partes vem objetivamente antes ou depois de outra. (É claro, a expressão "objetivamente copresente" é apenas outro termo para "objetivamente atemporal", no sentido de que as relações de "antes" ou "depois" já não são vistas como objetivas. Talvez seja útil introduzir "provisoriamente" a ideia de outra dimensão de tempo "genuinamente temporal" – uma quinta dimensão – e considerar a multiplicidade espaço-temporal quadridimensional como *em repouso* e, portanto, *"copresente"*, nesse mundo pentadimensional; logo poderemos livrar-nos dessa quinta dimensão auxiliar.) Chamarei essa ideia de Boltzmann, para abreviar, de *"geometrização do tempo"* (ou "espacialização do tempo"), sem implicar que não resta nenhum tempo na teoria, só espaço: *há* uma coordenada que é uma coordenada *temporal*, mas não há "antes" ou "depois" objetivos.

É admirável e espantosa em sua audácia a sugestão de Boltzmann, mas implica que, objetivamente falando, *a mudança é uma ilusão*. Equivale, portanto, a abrir mão de seus dois princípios: o realismo filosófico e a explicação, por meio da mecânica estatística e da teoria da probabilidade, do aumento da entropia com o aumento do tempo, pois, explicando a direção do tempo como a direção do aumento da entropia, o aumento da entropia torna-se, com o tempo, uma tautologia que não precisa de explicação física, nem está aberta a ela. Assim, a sugestão de Boltzmann, com toda sua ousadia, é *ad hoc*. Não é só *ad hoc* – equivale a um suicídio teórico.

O próprio Boltzmann disse de sua teoria: "Obviamente, ninguém consideraria tais especulações como descobertas importantes". A minha impressão é que ele não estava contente com essa especulação porque sentiu – com razão, sem dúvida – que era *ad hoc*. Trata-se de uma apologia parmenidiana a teoria de que a mudança seja uma ilusão.

Não é de surpreender que poucos físicos tenham levado a sério a suicida especulação *ad hoc* de Boltzmann: aqueles que estavam dispostos a aceitar a derivação de Boltzmann da lei da entropia sentiram que era suficiente um pressuposto mais fraco que o de Boltzmann (por ele chamado de "pressuposto A"):[63] que o nosso próprio mundo, ou parte do mundo, encontrava-se, tempos atrás, num estado de grave desequilíbrio; tão grave que ainda está muito longe do equilíbrio, embora caminhe para ele. Essa suposição de um estado inicial de nossa parte do mundo, juntamente com a teoria de Boltzmann, explicava a tendência observada para um aumento da entropia e, assim, a "segunda lei".

Essa foi também a posição adotada na famosa monografia acerca da mecânica estatística de Boltzmann de autoria de Paul e Tatiana Ehrenfest. Como diz Tatiana Ehrenfest em seu prefácio à tradução inglesa (de 1959):

> A importantíssima irreversibilidade de todos os processos observáveis pode encaixar-se com os fatos da seguinte maneira. O período de tempo em que vivemos é um período em que diminui a função H da parte do mundo acessível à observação [isto é, a função de entropia aumenta]. Essa coincidência não é, na realidade, um acidente, uma vez que a existência e a função de nossos organismos, tais como são hoje, não seriam possíveis em nenhuma outra época. A meu ver, fracassará necessariamente qualquer tentativa de explicar essa coincidência por algum tipo de consideração probabilista.[64]

Veremos que nem Boltzmann nem os Ehrenfests ofereceram nada que se assemelhe a uma explicação mecânica ou estatística da segunda lei. Aquilo que apresentaram foram tentativas *ad hoc* de justificar o fracasso da empreitada. É interessante que a especulação ousada, "suicida" e *ad hoc* de Boltzmann, que declarava ser ilusão toda mudança, não foi sequer mencionada pelos Ehrenfests, sem dúvida porque sua própria "explicação" (que também remonta a Boltzmann) obtinha o mesmo sucesso com recursos menos radicais. Na realidade, a apologia parmenidiana de Boltzmann e até mesmo o colapso teórico que deu origem a ela – o colapso de sua tentativa de apresentar uma teoria mecânica da "segunda lei" – ficaram muito esquecidas, por exemplo, por Born (vide a seguir).[65] Schrödinger, que, por moti-

---

63 Boltzmann, Zu Hrn. Zermelo's Abhandlung "Ueber die mechanische Erklärung irreversibler Vorgänge", *Annalen der Physik*, p.392.

64 Ehrenfest; Ehrenfest, *The Conceptual Foundations of The Statistical Approach in Mechanics*, p.xi. O prefácio de Tatiana Ehrenfest foi escrito muito depois do suicídio de Paul Ehrenfest.

65 Born, *The Natural Philosophy of Cause and Chance*, p.59. (Ver também a nota 123.)

vos metafísicos, acreditava na idealidade do tempo, foi um dos poucos que não só a lembrou como nela viu um resultado filosoficamente importantíssimo da física teórica – sem dúvida, a filosoficamente mais importante e intrinsecamente mais bela de todas as teorias físicas.[66]

18. O espaço tridimensional parmenidiano e a moderna teoria da relatividade

A ênfase dada por Minkowski à indissolúvel unidade do espaço e do tempo colocou essa parte da especulação *ad hoc* de Boltzmann que geometriza ou espacializa o tempo no centro da teoria da relatividade, assim, muitos físicos, mas não todos, acreditavam que fosse uma parte intrínseca da teoria. A copresença objetiva da multiplicidade espaço-temporal foi aceita como parte da relatividade por Hermann Weyl e Kurt Gödel, por exemplo; Schrödinger acreditava apaixonadamente nela, e Einstein estava, por certo, muito inclinado a adotar a mesma interpretação, embora estivesse longe de ser dogmático quanto a isso.

Assim, depois de vinte e quatro séculos, ainda temos as Duas Vias de Parmênides – a via da verdade bem-redonda e a via da aparência ou ilusão. A verdade bem-redonda do próprio Parmênides parece ter sido algo como um universo curvo tridimensional riemanniano; o de Einstein, naturalmente, é quadridimensional.

Os historiadores da ciência ou da filosofia que relutam em atribuir a um grande pensador como Parmênides uma doutrina tão rigorosamente não empírica como o caráter ilusório do mundo da mudança (e uma doutrina de tão difícil aceitação como a de que a consciência é a única coisa no universo que realmente sofre mudança) talvez se tornem menos relutantes ao verem que grandes cientistas, como Boltzmann, Minkowski, Weyl, Schrödinger, Gödel e, sobretudo, Einstein, viam as coisa de um modo parecido ao de Parmênides e se exprimiram em termos estranhamente semelhantes.

---

66 Schrödinger, Irreversibility, *Proceedings of the Royal Irish Academy*, p.191. Critiquei as posições de Schrödinger numa conferência na Oxford University Science Society (em 20 de outubro de 1967). Ver também nota 263 bem como texto relativo a esta de Popper, *Unended quest*.

19. Há limites para a racionalidade?

Assim, Einstein, um dos maiores e mais revolucionários pensadores de todos os tempos, era parmenidiano. Muitas vezes se declarou espinosano, o que não é lá muito diferente e, quando questionado, admitiu sua – provisória – fé parmenidiana.

Einstein estava certo? Será essa a verdadeira fé? São os limites parmenidianos do pensamento os verdadeiros limites da racionalidade? Estaria Meyerson certo ao dizer, como mencionei acima, que "explicar é justificar" e que toda explicação consiste em encontrar a realidade oculta imutável que estabelece a identidade entre causa e efeito?

Deve ser levada a sério a possibilidade de que a ideia aparentemente maluca de Parmênides, a negação da realidade da mudança, possa mesmo definir os verdadeiros *limites de toda racionalidade e de toda ciência* e nos restringir a buscar o que é invariante. Deve ser levada ainda mais a sério por ter sido, com frequência, atacada por todo tipo de inimigos do racionalismo, que falavam em evolução dialética, ou em evolução criativa, ou em evolução emergente, ou em "devir", sem, porém, apresentarem nenhuma teoria séria do "devir" – uma teoria que pudesse ser discutida racionalmente, isto é, criticamente.

Creio que levar essa abordagem parmenidiana a sério significa criticá-la com seriedade.

Para isso, pretendo proceder do seguinte modo. Vou primeiro dizer algumas palavras acerca das interpretações alternativas da teoria da relatividade; tentarei, então, mostrar que a abordagem parmenidiana desmoronou repetidas vezes em outras partes da física, sem destruir a racionalidade da ciência. Por fim, tentarei defender um programa não parmenidiano de pesquisa.

20. A teoria da relatividade e o indeterminismo

Tem-se negado, por vezes, que algum físico sério tenha, em algum momento, defendido a teoria do universo maciço e se tem afirmado que combater tal teoria é combater moinhos de vento. O principal valor de nossa discussão do citado trecho de Boltzmann é mostrar que esse não é o caso: como mostramos acima, a especulação *ad hoc* de Boltzmann só é coerente se supusermos que uma coordenada temporal física objetiva, em si mesma sem direção, possa, em diferentes partes do universo, ser *vivenciada* como tendo diferentes direções, mas isso implica não só o caráter subjetivo da direção do tempo, como também que a coordenada temporal é, em *certo* sentido, ou "atemporal" ou "copresente". Em suma, ela geometriza ou espacializa o tempo, no sentido acima explicado.

Tenho certeza de que Schrödinger acreditava apaixonadamente na especulação parmenidiana *ad hoc* de Boltzmann. Que Weyl a sustentasse me parece claro, em razão das citações apresentadas (embora haja quem diga que ele se exprimisse apenas metaforicamente). Também tenho certeza de que Einstein se sentia, para dizer o mínimo, atraído por essa interpretação e estava disposto a defendê-la. Temos, pois, à nossa frente, mais do que moinhos de vento.

Ora, como mostra o trecho citado de Tatiana Ehrenfest, não há necessidade de levar demasiado a sério a especulação *ad hoc* de Boltzmann, pois temos de admitir, *em qualquer caso*, que sua admirabilíssima mecânica estatística não conseguiu estabelecer a seta do tempo (ou a lei fenomenológica da entropia) como ele esperava. Para explicar os fenômenos – o aumento observado da entropia – *alguma* suposição adicional é necessária, mas não precisamos torná-la tão forte como a especulação de Boltzmann: basta a suposição muito mais fraca proposta por Ehrenfest. Essa suposição envolve uma conjectura perfeitamente razoável acerca das condições sob as quais os organismos podem viver. Por mais razoável que seja, porém, não faz parte da mecânica estatística, como tampouco a especulação de Boltzmann. Com isso, podemos deixar de lado a especulação altamente metafísica *ad hoc* de Boltzmann, que geometriza ou espacializa o tempo.

São muito mais importantes os argumentos vindos da relatividade, pois tanto a teoria geral como a restrita, cada uma a seu modo, e a teoria restrita talvez com mais força, sugerem que o espaço e o tempo estejam intimamente ligados.

Suponhamos que haja dois referenciais inerciais, F_1 e F_2, em movimento relativo, assinalados pelas duas marcas M_1 e M_2, que marcam pontos em repouso em F_1 e F_2, respectivamente; e que M_1 e M_2 coincidam (com maior ou menor precisão) num instante do tempo t, que supomos ser o mesmo instante do tempo (digamos, 11:10) segundo os relógios tanto de F_1 quanto de F_2.

Haverá sempre, então, eventos e, e', e'',... no mundo, todos os quais acontecem em F_1 antes de t e em F_2 depois de t. Isso estará em conformidade com toda definição geral coerente de simultaneidade e, portanto, de "antes de *t*" e "depois de *t*".

Esse é um duríssimo golpe contra a visão de senso comum do tempo e exige um ajuste dessa visão: mostra que há uma *teoria* de senso comum do tempo e que essa *teoria* (digamos, newtoniana) deve ser corrigida à luz das descobertas críticas de Einstein. Assim, as relações de tempo e espaço não têm exatamente as propriedades que ingenuamente supomos. Mais especificamente, tem de ser abandonada a ideia de senso comum de *um único tempo universal*, que ordene todos os eventos em sistemas físicos distantes em vários estados de movimento, todavia, *não é introduzido com isso nenhum elemento de subjetividade*. Se for adotada uma definição universal e coerente de simultaneidade, *ela vale para quaisquer referenciais inerciais F_1 e F_2* (e, portanto, objetivamente) que "antes de *t* em F_1" e "depois de *t* em F_1" em geral, não coincidirão com "antes de *t* em F_2" e "depois de *t* em F_2" e valerá, objetivamente, *por mais que* tais caracterizações estejam relacionadas.

Trata-se, portanto, de um erro pensar que a relatividade introduza necessariamente um "observador" e relações temporais "subjetivas" dependentes do observador: o chamado "observador" é apenas um símbolo, uma metáfora, que significa o mais abstrato "referencial inercial". Não entra na teoria nenhuma subjetividade, nenhuma consciência.

A teoria implica que toda medição do tempo dependerá, de modo definido, do *estado de movimento*, isto é, do sistema inercial em que o relógio usado para a medição está em repouso. Dependerá, correspondentemente, do tempo *e do espaço*. O tempo já não pode ser separado do movimento e, portanto, do espaço: *o espaço e o tempo estão vinculados um ao outro*.

Esse resultado, contudo, pode ser interpretado de diversos modos. Não é preciso pensar que ele estabeleça algo como uma geometrização ou espacialização do tempo. Ao contrário, estamos livres para interpretá-lo da maneira oposta: como algo semelhante a uma temporalização parcial do espaço: devemos tomar cuidado para não sermos enganados pela conveniente *representação gráfica* ou *imagem espacial* do tempo. Tudo o que a teoria nos diz é que há uma multiplicidade quadridimensional e que as linhas de mundo de tipo temporal não são "absolutamente" de tipo temporal no sentido newtoniano.

Uma interpretação da relatividade geral em que este aspecto – a possibilidade do espaço "temporalizado" – está implícito, foi aventada por John Archibald Wheeler, que durante anos ressaltou o caráter *dinâmico* da suposta geometrização do mundo operada por Einstein: ele descreve a teoria de Einstein como "geometrodinâmica". Creio que, com isso, ele queira frisar que a geometria de Einstein é uma geometria mutável – uma geometria que interage consigo mesma e *muda* de estado sob a influência de seus estados anteriores.

Quero apenas dizer aqui que *não somos forçados* pela relatividade a nenhuma interpretação como a do universo maciço privilegiada por Weyl e, sob a influência da especulação de Boltzmann, por Schrödinger.

Um ponto importante é que a interpretação do bloco maciço e qualquer interpretação semelhante nos forçam ao *determinismo metafísico*. Entendo por isso um determinismo como aquele que pressupõe uma divindade onisciente (com ou sem *a divindade*) que conheça todos os eventos futuros, de modo que o que acontece no futuro é determinado, quer por leis naturais, quer por acaso – eventos sujeitos ou a regras estatísticas ou a absolutamente nenhuma regra: até mesmo um universo parcialmente caótico pode ser concebido como metafisicamente determinista. Num teatro, o caos em cena pode ser minuciosamente determinado (pelo diretor) e, se filmado, será obviamente determinado a cada vez que for projetado, mesmo que não tenha sido planejado por nenhum diretor.

Só direi aqui acerca do determinismo metafísico que ele me parece contrário ao senso comum. E, embora as noções de senso comum tenham de ser deixadas de lado se houver fortes argumentos racionais contra elas, não se deve abrir mão delas (embora noções opostas devam ser tentadas) a menos que os argumentos racionais sejam fortes. Eles não me parecem nem um pouco fortes no que se refere ao determinismo.

Creio que devamos, em conformidade com o senso comum, supor que, em qualquer instante de tempo t_n, o futuro de t_n esteja essencialmente *aberto*: pode ser alterado por nós e, em parte – mas só em parte –, previsto por nós. Ele é, também em parte, determinado, tanto no sentido da previsibilidade científica quanto num sentido metafísico (ou, talvez, ontológico), mas *só parcialmente*. (Todo sistema que não é inteiramente determinado deve, naturalmente, ser descrito como indeterminista.)

Se considerarmos que o futuro está aberto nesse sentido, todas as interpretações da física que considerem o tempo ou a mudança de qualquer outra maneira se mostram não só metafísicos, mas *arbitrários*. São, como todas as formas de idealismo, *irrefutáveis*. Um idealista que (como Berkeley ou Schopenhauer) afirme que o mundo é ideia sua, ou um sonho seu, não pode ser refutado, mas não pode reivindicar um estatuto científico para sua tese: ela não pode ser testada. Analogamente, a tese da espacialização do tempo não pode ser testada – a menos, sem dúvida, que possamos construir uma máquina do tempo, uma ideia que, creio eu (ao contrário de Gödel), leva a dificuldades lógicas insuperáveis.

Assim, não parece haver razões suficientes para abrir mão da visão de mundo do senso comum por esta ser metafisicamente indeterminista e, portanto, incompatível com a espacialização do tempo.

Além desses argumentos um tanto negativos, que dizem todos não haver nada na relatividade que nos faça aceitar um universo maciço, há outro argumento, mais forte, contra a teoria da subjetividade do tempo, isto é, toda teoria que vincule o problema da realidade do tempo, ou de sua direção, à consciência humana.

Todos os que sustentam uma visão da realidade objetiva parmenidiana ou de tipo universo maciço, devem, é claro, introduzir uma teoria subjetiva do tempo que transforme o tempo e a mudança em ilusões de nossa consciência. Assim, a ilusão ou a consciência se tornam um adjunto do mundo real. Isso, porém, cria imensas – e gratuitas – dificuldades, pois a ilusão de mudança é, por sua vez, uma ilusão *real*: nós vivenciamos *mesmo* a mudança. Contudo, isso significa que a nossa consciência muda mesmo, na realidade. Como acomodar essa mudança num mundo objetivamente imutável? Parece-me insolúvel o problema e, se não insolúvel, pelo menos um pseudoproblema gratuito. Se houver *qualquer* mudança no mundo, mesmo ilusões mutáveis, haverá mudança. (Um filme de cinema existe todo ao mesmo tempo, mas para criar em nós a ilusão do movimento ou de mudança, deve passar por um projetor – ou seja, deve mover-se e mudar.) E se há mudança no mundo, deve-se deixar de lado o parmenidianismo ou ajustá-lo radicalmente.

Não é preciso dizer, é claro, que a *experiência* da mudança depende não só de um meio ambiente mutável, mas também de nossa consciência, assim como a *experiência* do tamanho ou da forma ou da cor. A consciência parece ser razoavelmente boa em decodificar (com a ajuda de teorias ou conjecturas) os fatos do nosso meio ambiente que são importantes para nós, inclusive a mudança. Para isso, precisamos de teorias e, portanto, as desenvolvemos – por exemplo, a maravilhosa teoria do espaço-tempo inventada por Newton e revolucionada por Einstein.

Com isso, encerro a discussão da forma mais radical (uma teoria continuísta, é claro, e não atomista) de parmenidianismo na física moderna. Passarei agora a esboçar o surgimento de alguns aspectos não parmenidianos da física, para mostrar que não precisamos temer que eles nos levem a um desmoronamento da racionalidade.

21. Aparecimento de aspectos não parmenidianos na física

Tudo o que está ligado à lei de aumento da entropia é antiparmenidiano, embora isso, talvez, só se torne claro – como no caso da especulação *ad hoc* de Boltzmann – por meio de uma apologia parmenidiana, algo de que Meyerson estava plenamente consciente.

Toda física parmenidiana ou quase parmenidiana deve, obviamente, ser reversível no tempo, mas Carnot e Clausius (e o senso comum) exigiam que levássemos em conta a irreversibilidade. Nossa própria vida e morte devem ensinar-nos que alguns processos naturais, se não todos, são, na realidade, irreversíveis.

Isaac Newton viu isso muito antes de Clausius e da entropia. Ensinou que o universo era perecível e, por esse ensinamento, foi acusado de impiedade pelos escolásticos contemporâneos a ele. A imperfeição da Criação, diziam eles, reflete a sabedoria e a perfeição da Causa Primeira, o Criador do universo. A história foi bem contada por Pemberton, o amigo de Newton:

> Não creio inadequado mencionar uma reflexão feita por nosso excelente autor acerca dessas pequenas desigualdades nos movimentos dos planetas; que trazem consigo um argumento filosófico muito forte contra a eternidade do mundo, a saber, que essas desigualdades devem aumentar continuamente, em pequenos passos, até tornarem, enfim, o atual quadro da natureza inadequado aos propósitos a que hoje serve.[67] E não se pode querer prova mais convincente contra a ideia de que a atual constituição tenha existido desde a eternidade do que esta, que certo número de anos a levará ao fim. Tenho ciência de que essa concepção de nosso autor tem sido representada até mesmo como ímpia, por colocar em dúvida nada menos do que a sabedoria do autor da natureza, por compor uma obra perecível.[68]

---

67 Newton, *Opticks*, p.378.
68 Pemberton, *A View of Sir Isaac Newton's Philosophy*, p.180.

Pembertou passa, então, a defender Newton. A defesa é extremamente razoável, embora muito antiparmenidiana. Escreve ele:

> O corpo de todo animal mostra a sabedoria infinita de seu autor, não menos, e até, sob muitos aspectos, mais, do que o mais amplo quadro da natureza, no entanto, vemos que todos eles foram concebidos para durar apenas um pequeno espaço de tempo.[69]

Newton, portanto, não acreditava na reversibilidade, apesar da óbvia reversibilidade da dinâmica newtoniana, e seus argumentos eram válidos. Na realidade, podem ser hoje descritos como argumentos termodinâmicos, pois recorria, entre outras coisas, à fricção que resulta das marés.

Laplace deixou inteiramente de lado o Criador um tanto incompleto de Newton. Por sua doutrina de um mundo totalmente determinista e, em princípio, totalmente predizível, introduziu Parmênides na dinâmica newtoniana e confirmou seu estatuto dentro dela (e da teoria de Einstein) por mais de um século. Parece que todo o trabalho de Laplace na mecânica e na matemática foi motivado por esse problema.

Ora, é interessante observar que a mecânica (newtoniana) dos meios contínuos e as teorias (clássicas) de campos têm que ver com sistemas extensos, não só por uma região espacial, mas também, essencialmente, por uma região temporal. (Em princípio, devem ser dadas as condições de contorno para cada instante de tempo e até, para fins de aproximação, para um lapso considerável de tempo.) Assim, é errônea a ideia laplaciana de que as condições iniciais para *um único* instante de tempo determinem o comportamento de um sistema mecânico (fechado) para todos os tempos (mesmo para sistemas fechados ou separados) – essa ideia só vale para a mecânica da massa pontual.

Desse modo, o programa laplaciano foi superado, na realidade, pela teoria da luz de Young e Fresnel (pelo princípio de Huyghens, poder-se-ia até argumentar): tem de ser estendida no espaço uma grade – em princípio, infinitamente – e ela só pode ser usada para espectroscopia se o *processo*, a incidência de luz sobre a grade, estender-se ininterruptamente no tempo, em princípio, infinitamente. Assim, na *física clássica*, esboroa-se a ideia de estados momentâneos: enquanto, talvez, possa considerar-se, na física clássica, que um sistema de massa pontual se aproxime de um gás, ou até de um

---

69 Pemberton, op. cit., p.181.

"corpo contínuo", isso não é verdade nas teorias clássicas (ondulatórias) da luz. (Também não vale, em geral, para estruturas como flautas ou violinos.)[70]

O colapso da aplicabilidade universal da ideia mesma de estados físicos momentâneos oferece-nos o pano de fundo físico para uma teoria que considere a consciência como estendida no tempo. (Tal extensão é muitas vezes chamada de "presente ilusório".) Sem dúvida, não poderíamos ver (ou reagir a) *cores* se a nossa consciência consistisse numa sequência de estados estritamente momentâneos.[71]

Isso também dá uma indicação da razão pela qual tem de ser abandonada a distinção tradicional (que remonta às Duas Vias de Parmênides) entre qualidades primárias e secundárias. As *superfícies físicas* espacialmente extensas são mais do que um mero acúmulo de partículas-pontos, uma vez que interagem com a luz da mesma forma que as grades (isto é, de maneira holista)[72] e são, portanto, todos físicos estendidos no tempo e no espaço. Vale mais ou menos o mesmo para todos os processos que formam a base física objetiva das chamadas "qualidades segundas". Tais processos – a interação de superfícies com a luz (na qual se tornam importantes as propriedades invariantes à luz e outras propriedades óticas das superfícies) – são

---

70 As ondas sonoras no ar (mas não necessariamente num sólido) podem ser interpretadas como compostas de minúsculos processos que se acumulam, formando ondas (de densidade crescente e decrescente). As ondas de luz reagem com grades, em interações que, idealmente, são infinitamente extensas no espaço e no tempo. Sugiro que a interação de ondas sonoras no ar com um violino (ou mesmo com um diapasão: a ação do diapasão sobre suas moléculas) e a interação das ondas luminosas com estruturas como grades podem ser vistas como casos de causalidade descendente, para usar um termo introduzido por Donald Campbell. (Ver também Popper, *The Self and its Brain*, p.14-5.)

71 Concluiu Hobbes do fato de que ver uma cor seja um processo que pode levar tempo (permanecendo a mesma a cor), que a luz deva ser um processo que atravessa o tempo, como uma vibração (Hobbes, *Tractatus opticus*, p.147-288; Id., De corpore. In: _____. *The English Works of Thomas Hobbes of Malmesbury*, v.1, p.79).

72 Uma grade (como um prisma) age sobre uma onda luminosa estendida no tempo, refletindo as diferentes cores (raios monocromáticos) em diferentes ângulos; mas a capacidade que a grade tem de fazer isso depende essencialmente do tamanho da grade: uma grade pequena é uma grade ruim ou, pelo menos, que não funciona tão bem como outra que seja uma extensão dela. Assim, a grade é um exemplo de holismo na física (ver Popper, *Poverty of Historicism*, p.82-3) e, ao mesmo tempo, um exemplo de causalidade descendente. (Como menciono na nota 70, um bom exemplo de causalidade descendente é o funcionamento de um diapasão: se se cortam seus dentes, mudando seu tom, faz que todas as suas moléculas vibrem de um jeito diferente de antes.)

de caráter tão "primeiro", de um ponto de vista físico, quanto os processos moleculares (dependentes de temperatura) que determinam a rigidez e a invariância de forma dos sistemas materiais sólidos. Analogamente, as *experiências* de qualidades objetivas "primeiras" e "segundas" também têm o mesmo caráter: ambos os tipos de experiência dependem da interpretação ou da decodificação por um organismo de processos físicos (sinais) em que o organismo usa teorias descobertas por processos de seleção, e não de instrução. Talvez fosse melhor falar de processos físicos ("primários") e de processos mentais ("secundários") correlacionados.

A extensão temporal dos fatores que determinam os estados físicos limita severamente, na física clássica, a previsibilidade minuciosa e o teste minucioso, salvo no caso muito específico de um sistema separado de massa pontual que não interaja com nenhum campo. Está, portanto, ligada à ideia de determinação *parcial*, e não plena – ou seja, de indeterminismo (ou "acaso", pelo menos em alguns sentidos da palavra).[73]

22. O demônio de Maxwell

Desde Daniel Bernoulli e Laplace, a teoria do acaso tem estado à espera, no limiar da teoria física. Ela a invadiu com a teoria cinética dos gases (que mais tarde se desenvolveria na Mecânica Estatística) de Clausius, Maxwell, Boltzmann, Planck, Gibbs e Einstein e, apesar da forte resistência, quase absorveu a teoria da termodinâmica, fundada por Sadi Carnot.

Não resta dúvida acerca do caráter fundamental antiparmenidiano da termodinâmica e do programa original da teoria cinética (Mecânica Estatística), mas a teoria cinética continha, desde o começo, as sementes de discórdia entre as tendências parmenidianas e antiparmenidianas: foi uma tentativa de justificar a termodinâmica antiparmenidiana em termos de princípios atômicos parmenidianos, sob a forma de equações. Seu objetivo principal foi, pelo menos durante muito tempo, reduzir a essas *equações* essencialmente *reversíveis* a *desigualdade* essencialmente *irreversível* da lei ter-

---

73 Comparar à Seção 3, em especial a sexta tese de Popper, *Quantum Theory and the Schism in Physics*, p.54-60. Aqui, ressalta-se que as fórmulas de indeterminação de Heisenberg são consequência imediata do princípio clássico do poder resolutivo harmônico (isto é, a teoria ondulatória clássica), mas isso, por sua vez, é expressão da extensividade espaço-temporal essencial dos campos, como aqui é discutido.

modinâmica da entropia (como Clausius batizou a "segunda lei da termodinâmica": historicamente, essa foi a primeira lei, remontando a Carnot, e poderia ser chamada de princípio de Carnot-Kelvin-Clausius). Clausius interpretava a lei de entropia como uma sentença de morte contra o universo ("morte térmica") – sem dúvida, uma ideia antiparmenidiana. Tal sentença de morte foi levada muito a sério durante muito tempo, embora a lei do aumento de entropia obviamente, em geral, não se aplique a sistemas abertos,[74] como mostram vários contraexemplos. (A esse respeito, não devemos nos esquecer de que na época de Clausius, e antes da relatividade geral, a cosmologia tinha avançado apenas do mundo fechado para o universo infinito, e não ainda do universo infinito para o mundo fechado.)

A tensão entre tendências parmenidianas e antiparmenidianas na teoria cinética revelou-se pela primeira vez quando Clerk Maxwell, em 1871, descobriu seu famoso "demônio separador", o primeiro grande quebra-cabeças da teoria cinética.

Como é notório, o demônio de Maxwell viola a lei de entropia inserindo um diafragma numa caixa cheia de gás e adaptando um obturador num minúsculo buraco no diafragma. Ele fecha o obturador toda vez que uma molécula rápida vem da esquerda ou uma molécula lenta, da direita. Separando assim as moléculas, faz que o gás da esquerda se aqueça e o da direita se esfrie e, com isso, diminui a entropia do sistema.

O demônio de Maxwell já não é jovem, mas ainda continua a se fortalecer, embora tenham sido feitas inúmeras tentativas contra sua vida quase desde o dia em que nasceu; embora sua inexistência tenha sido provada com frequência; embora tenham sido dadas com frequência explicações de sua inexistência, sem dúvida, ele em breve festejará seu centenário em perfeita saúde e vigor. Eu, particularmente, estou certo de que ele vai sobreviver a todos nós e que todas as provas e explicações de sua inexistência serão, tão rapidamente como são produzidas, desmascaradas como inconclusivas.

Uma das mais recentes e engenhosas provas e refutações da inexistência do demônio de Maxwell é de autoria do professor Dennis Gabor, construtor de um modelo que mostra que o demônio *pode existir*, segundo a física clássica, mas não de acordo com a física quântica.[75] O demônio de Gabor é

---

74 A razão é que a entropia produzida num sistema aberto pode ser exportada segundo a equação de Onsager.

75 Dennis Gabor apud Brillouin, *Science and Information Theory*, p.168, 179-82.

esperto o bastante para esquivar-se de toda refutação de sua existência, o que indicaria, como mostra Gabor, que a segunda lei é falsa na física clássica e só se torna válida na física quântica.

O modelo de Gabor do demônio de Maxwell não é universalmente aceito (como me contou Gabor), o que mostra, de maneira muito contundente, como a questão ainda está aberta, depois de quase um século de estudo intenso.

Concordo com Gabor que podemos construir um demônio de Maxwell que *seja* esperto o bastante para administrar um sistema físico clássico, mas não estou convencido de que a teoria quântica possa derrotar um demônio assim *tão* inteligente, pois, sem dúvida, sua esperteza bastará para moléculas suficientemente grandes (mesmo pressupondo-se que a física clássica não seja válida e a física quântica o seja) – e isso bastaria para garantir o bom êxito do demônio.

Afirmo que a possibilidade de seu sucesso é uma consequência imediata do primeiro artigo de Einstein sobre o movimento browniano.[76] Nesse artigo, diz claramente Einstein que a "termodinâmica clássica [isto é, a segunda lei] não pode mais ser considerada aplicável com precisão a corpos, mesmo os de um tamanho que os torne distinguíveis num microscópio". E mostra que num diafragma permeável a um líquido (ou um gás), será exercida uma pressão osmótica, não só por um *soluto*, mas por *quaisquer* "pequenas partículas suspensas", sempre pressupondo que o diafragma é impermeável a elas.

Isso quer dizer, no entanto, que se pode construir um demônio de Maxwell e fabricar uma máquina de moto perpétuo perfeitamente viável, embora extremamente ineficiente, do segundo tipo, da seguinte maneira.

Dentro de um cilindro de vidro coloca-se um pistão com furinhos através dos quais o ar possa passar com facilidade. (Pressupõe-se que o pistão seja impedido de chegar às extremidades do cilindro por obstruções mecânicas.) Insere-se, então, à esquerda do pistão *um único* balãozinho, grande demais para passar pelos buracos. Segundo os cálculos de Einstein, haverá uma pressão osmótica que levará o pistão para a direita.

Se quisermos reverter o movimento do pistão, só precisamos fazer o papel do demônio de Maxwell, um papel facílimo: adaptamos o pistão com o furo e o obturador prescritos por Maxwell; o furo deve ser grande o sufi-

---

76 Einstein, Die von der molekularkinetischen Theorie der Wärme geforderte Bewegung von in ruhenden Flüssigkeiten suspendierten Teilchen, *Annalen der Physik*.

ciente para deixar o balão passar. Aguardamos, então, o balão passar pelo furo, da esquerda para a direita do cilindro, e fechamos o obturador. O excesso de pressão estará, então, à direita do pistão.

Pode-se simplificar esse mecanismo: podemos omitir o obturador e não precisamos fazer nada, contanto que nos certifiquemos de que o furo elaborado por Maxwell seja pequeno em comparação com o diâmetro do pistão, de modo que o balão só muito raramente passe através do buraco. Nesse caso, a direção da pressão vai mudar passado um tempo finito, embora, é claro, (em média) só depois de muitíssimo tempo.

Quem conhece um pouco da história da teoria da informação, verá de imediato que minha máquina de moto perpétuo (que funciona automaticamente, sem nenhuma entrada de informação) refuta uma famosa experiência mental publicada por Leo Szilárd em 1929.[77] Diz Louis Brillouin acerca da experiência de Szilárd que ela mostrou "pela primeira vez o vínculo entre a informação e a entropia".[78] Receio que isso tenha de ser feito de novo. (Naturalmente, não critico a fórmula de Shannon, que examino com maior vagar na Seção 28, a seguir.)

Essas considerações também mostram que talvez esteja correta uma suspeita expressa muito hesitantemente num artigo publicado em 1957.[79] Trata-se da suspeita de que "um gás ou líquido num tubo circular fechado [...] dotado de uma *válvula unidirecional*" (com uma mola muito fraca) "circularia constantemente através do tubo", embora, é claro, muito lentamente.[80] Podemos até dizê-lo mais drasticamente: se pudermos aguardar por um tempo suficiente – alguns bilhões de anos – nosso pneu explodirá.

Como mostra a construção anterior, podemos ter um demônio de Maxwell funcionando automaticamente, sem nenhuma entrada de informação. Isso é muito interessante, pois destrói uma típica apologia parmenidiana.

---

77 Szilárd, Über die Entropieverminderung in einem thermodynamischen System bei Eingriffen intelligenter Wesen, *Zeitschrift für Physik*.

78 Brillouin, op. cit., p.176.

79 Popper, Irreversibility; or, entropy since 1905, *The British Journal for the Philosophy of Science*.

80 Observem-se minhas reais palavras e o contexto. Aquilo que impede a máquina de funcionar é, naturalmente, a fricção. Note-se que a minha idealização é, porém, muito menos excessiva que a aceita por Szilárd e Brillouin. (No artigo mencionado na nota 82, também critiquei severamente o artigo de Szilárd de 1929.)

Segundo Maxwell (e Szilárd), se tivéssemos a inteligência, a habilidade e o conhecimento do demônio – que não podemos ter, sendo pobres mortais sujeitos ao erro – poderíamos violar a lei de entropia, o que significa que poderíamos estabelecer a reversibilidade e, com ela, restabelecer o poder de Parmênides na física.

Ora, isso equivale a dizer que a irreversibilidade antiparmenidiana se deve a não estarmos plenamente informados: não somos demônios de Maxwell, mas mortais sujeitos ao erro. Assim é explicado o fracasso do parmenidianismo – da Via da Verdade de Parmênides –, como foi explicada pelo mesmo Parmênides, em razão de nossa ignorância – de uma falha na informação humana. Assim, ainda temos as Duas Vias de Parmênides – a Via da Verdade, ou reversibilidade, um mundo em que a causa e o efeito se equivalem e não pode acontecer nada de intrinsecamente novo e um mundo de irreversibilidade e evolução. Segundo von Neumann,[81] esse segundo mundo, o Mundo das Aparências (embora não exatamente de ilusões) deve a existência que tem, pelo menos em parte, às limitações e atividades peculiares aos homens mortais.

Assim considerado, o demônio de Maxwell prefigura o que foi chamado por Heisenberg de "dificuldade de separar os aspectos subjetivos e objetivos do mundo", dificuldade esta devida ao fato de "não ser possível decidir, salvo arbitrariamente, o que é [...] parte do sistema observado e o que pertence [...] à aparelhagem do observador".[82] Na moderna desintegração do programa de pesquisa parmenidiano para a Física, topamos a cada passo com uma apologia parmenidiana. Uma ou outra parte de sua Via da Opinião sempre se revela uma explicação do observado mundo não parmenidiano da mudança. A apologia parmenidiana do físico moderno é que o observador ou "o sujeito" (como Heisenberg primeiro o colocou) necessariamente invade o mundo da física objetiva e o subjetiviza. Assim, a apologia recorre, como a de Parmênides, à inerradicável ignorância dos homens mortais.

---

81 Segundo Von Neumann (que apenas aguça as ideias de Bohr e Heisenberg), um átomo não tem nem posição nem momento, a menos que tenhamos medido a sua posição ou momento. Assim, há um mundo de coisas em si que é transformado num mundo de aparências por nossa interferência: portanto, só podemos conhecer o mundo de aparências (Neumann, *Mathematical Foundations of Quantum Mechanics*, p.419-21.

82 Heisenberg, *The Physical Principles of the Quantum Theory*, p.65, 64. (Substituí as palavras "a não ser" por "salvo".)

23. A defesa do atomismo de Boltzmann

Pena que eu não possa contar aqui, com vagar, a maravilhosa e trágica história de Ludwig Boltzmann, o apóstolo vienense de Clerk Maxwell que cinzelou os pormenores da teoria cinética dos gases de Maxwell e a levou quase à perfeição.[83] Um dos grandes intelectos de seu tempo, grande físico, filósofo original que descreveu com clareza o método hipotético-dedutivo e um erudito da mais alta estirpe, Boltzmann viu suas conquistas ameaçadas, e até mesmo em parte destruídas, pelo paradoxo parmenidiano que persegue a teoria cinética. A teoria cinética da entropia de Boltzmann foi atacada por todos os lados e, de fato, era duvidosa. Boltzmann primeiro pensou que podia apresentar uma derivação estrita da lei da entropia a partir de premissas mecânicas, mas, em 1877, em resposta a uma crítica de Loschmidt,[84] Boltzmann abriu mão de seu programa, substituindo-o por um projeto que visava mostrar que "uma vez que há infinitamente mais estados de distribuição uniformes do que não uniformes" (isto é, infinitamente mais estados de distribuição em equilíbrio do que em não equilíbrio), a ocorrência de um sistema passar de um estado de equilíbrio a um estado de não equilíbrio "pode ser considerada impossível para fins práticos". Boltzmann gentilmente reconheceu que "o teorema de Lochschmidt parece [...] ser da maior importância, pois mostra que a segunda lei está intimamente ligada à teoria da probabilidade, ao passo que a primeira é independente dela".[85]

Esse foi o nascimento da forma probabilística da teoria cinética, ou seja, da mecânica estatística propriamente dita (embora, como mostra

---

83 Parte da história foi agora contada nas seções 35 e 36 de Popper, *Unended Quest*.

84 Loschmidt, Über den Zustand des Wärmegleichgewichtes eines Systems von Körpern mit Rucksicht auf die Schwerkraft, *Sitzungsberichte der kaiserlichen Akademie der Wissenschaften*, p.128, 366. Boltzmann, Bemerkungen über einige Probleme der mechanischen Wärmetheorie, *Sitzungsberichte der kaiserlichen Akademie der Wissenschaften*, p.67-73 (comparar a Id., *Wissenschaftliche Abhandlungen*, v.2, p.116-22). Esse artigo foi logo seguido por Id., Über die Beziehung zwischen dem zweiten Hauptsatze der mechanischen Wärmtheorie und der Wahrscheinlichkeitsrechnung, respective den Sätzen über das Wärmegleichgewicht, *Sitzungsberichte der kaiserlichen Akademie der Wissenschaften* (comparar a Id., *Wissenschaftliche Abbandlungen*, v.2, p.164-223), no qual Boltzmann formulou a relação entre a entropia e a probabilidade. O criticismo de Loschmidt consistia em mostrar que a teoria cinética não pode implicar a lei de entropia, pois, se o fizesse, uma inversão dos vetores de velocidade de um sistema os levaria de volta a seu estado inicial de menor entropia.

85 Id., Bemerkungen über einige Probleme der mechanischen Wärmetheorie, op. cit., p.72 (comparar a Id., *Wissesnchaftliche Abhandlungen*, v.2, p.121).

Boltzmann, "Clausius, Maxwell e outros já houvessem dito várias vezes antes que os teoremas da teoria dos gases tinham o caráter de verdades estatísticas").[86] Os resultados foram eminentemente férteis, mas o paradoxo parmenidiano tornou a despontar, isso num momento em que a teoria atômica era violentamente atacada de todos os lados e, em especial, por Mach e Ostwald. Poincaré observava, em 1893, ser cético em relação a qualquer derivação em que "se encontre a reversibilidade nas premissas e a irreversibilidade na conclusão".[87]

Nesse momento, em 1896, Boltzmann sofreu uma séria derrota intelectual diante de um jovem físico desconhecido, Ernst Zermelo. Os artigos de Zermelo,[88] que essencialmente repetiam o argumento de Loschmidt de maneira refinada, com base num teorema de Poincaré, não eram particularmente claros, nem livres de incompreensões. Isso é especialmente verdade no primeiro artigo, ao qual Boltzmann respondeu mais ou menos como em sua resposta a Loschmidt: que a teoria cinética da entropia só oferece uma derivação probabilística, embora com chances absolutamente tremendas (que Boltzmann calculou) em favor de um aumento da entropia. A isso, Zermelo respondeu mostrando, não muito claramente e, mais uma vez, misturando certos pontos irrelevantes, que as considerações probabilísticas, segundo o teorema de Poincaré (cuja verdade Boltzmann aceitava) também devem ser reversíveis, em suma, a curva de entropia (a curva H de Boltzmann) deve ser simétrica em relação ao tempo.

Esse argumento, novo, mas óbvio, foi aceito de imediato por Boltzmann, embora, ao lermos a resposta, sintamos que deve ter sido um golpe terrível, mas Boltzmann, corretamente, não se rendeu à teoria atômica, que era o objetivo real dos ataques dos oponentes. Mostrou que tudo está bem se adotarmos o "pressuposto A (que, naturalmente, não pode ser provado) de que o universo [...] ou pelo menos uma parte enorme do universo que nos rodeia, começou com um estado muito improvável e ainda está num estado improvável"; em outras palavras, propôs a suposição que mais tarde Tatiana Ehrenfest tornou a propor (citada anteriormente). E passou, então, a apresentar aquela ousada especulação *ad hoc* que examinei demora-

---

86 Id., Entgegnung auf die wärmetheoretischen Betrauchtungen des Hrn. E. Zermelo, *Annalen der Physik*, p.218 (comparar a Id., *Wissesnchaftliche Abhandlungen*, v.3, p.567).

87 Poincaré, Le mécanisme et l'expérience, *Revue de Métaphysique et Morale*, p.537.

88 Zermelo, "Ueber einen Satze der Dynamik und die mechanische Wärmetheorie" (Sobre um princípio da dinâmica e a teoria mecânica do calor), *Annalen der Physik*.

damente – que a direção do tempo é uma ilusão subjetiva, determinada pela direção do aumento de entropia. Isso, como vimos, implica a espacialização ou "copresença" de todos os pontos da coordenada temporal.

Como mostrei acima, isso não significa abandonar o projeto de derivar da mecânica a lei da entropia: abre-se mão até mesmo de uma derivação estatística. As premissas essenciais – quer o "pressuposto *A*", quer a especulação *ad hoc* – já não fazem parte da teoria. Tal rendição provavelmente não foi vista com clareza por Boltzmann – pelo menos, ele não a enunciou. Deve, porém, tê-la percebido. Também percebeu e enunciou corretamente que a teoria atômico-estatística era mais importante que a lei fenomenológica da entropia (posição que, embora verdadeira, foi tratada por Zermelo e Mach com sarcasmo e desprezo). Poincaré, o maior físico entre os contemporâneos de Boltzmann – era só dez anos mais moço que Boltzmann – estava entre seus oponentes. A inimizade de Mach, como conta Flamm, o eminente discípulo de Boltzmann, era virulenta.[89] Todos os ataques se dirigiam contra a crença de Boltzmann no atomismo.

Em 1898, escreveu Boltzmann:

> Tenho consciência de ser apenas um indivíduo fraco que luta contra a corrente do tempo, mas ainda está em meu poder fazer algo para garantir que um dia, quando a teoria dos gases for ressuscitada, não haja muita coisa para se redescobrir.[90]

Oito anos depois – num momento em que, como hoje se sabe – a "corrente do tempo" estava mudando – Boltzmann cometeu suicídio. Como diz Flamm, morreu como um mártir de suas ideias.[91]

24. Solução do paradoxo da segunda lei da termodinâmica

Boltzmann foi vítima de um paradoxo. A solução do paradoxo é simples. Ele a enunciou várias vezes, mas era vista, erradamente, como *ad hoc*. Trata-se do seguinte:

---

89 Broda, *Ludwig Boltzmann*, p.27.
90 Do prólogo, datado de agosto de 1898, de Boltzmann, *Vorlesungen über Gastheorie*, v.2.
91 Ver Broda, op. cit., p.27-8; as palavras sobre Maxwell e a espectroscopia em Ibid., p.39.

Embora as teorias cinética e estatística pretendessem oferecer uma derivação da lei da entropia, não foram felizes, pois a lei empírica e fenomenológica da entropia é falsa. O resultado, de fato derivado da teoria, é uma melhor aproximação da verdade do que a lei empírica. Boltzmann disse isso, mas não disse que isso estava longe de ser paradoxal. Não disse que Newton tentou derivar as leis de Kepler e de Galileu, mas, ao invés disso, derivou algo melhor. Não viu que *uma das maiores façanhas de uma teoria é não apresentar os resultados esperados, mas outros melhores (isto é, mais próximos da verdade), ainda que tais resultados ainda não tenham sido corroborados empiricamente.*[92]

Os desvios da lei da entropia que Einstein conseguiu derivar da mecânica estatística (em seus artigos sobre o movimento browniano) um ano antes da morte de Boltzmann eram, na realidade, previstos por Boltzmann em sua segunda resposta a Zermelo. Escreveu Boltzmann ali:

Apenas afirmo que a visão mecânica concorda com [a lei da entropia] [...] em tudo o que pode ser realmente observado [hoje]. O fato de *sugerir a possibilidade de certas novas observações – por exemplo, do movimento de pequenas partículas em líquidos e gases [...] não parece fornecer nenhuma base para a rejeição da teoria mecânica [...].*[93]

Ela forneceu, sim, a base para a primeira vitória da teoria mecânica: Wilhelm Ostwald converteu-se com o excelente acordo entre as predições quantitativas da teoria de Einstein e Smoluchowski sobre o movimento browniano e as observações feitas para testar essas predições.

25. A versão de Schrödinger da teoria de Boltzmann

Mach também viu que a "interpretação" mecânica "da segunda lei" de Boltzmann levaria a uma "violação" [*Durchbrechung*] dessa lei, mas achou

---

92 Ver Popper, The aim of science. In: _____. *Objective Knowledge*, p.191-205.

93 Boltzmann, Zu Hrn. Zermelo's Abhandlung "Ueber die mechanische Erklärung irreversibler Vorgänge", op. cit., p.397 (os itálicos são meus) (comparar a Id., *Wissenschaftliche Abhandlungen*, v.3, p.584). Comparar também a Brush, *Kinetic theory*, v.2, p.243.

que aquilo era absurdo demais para ser levado a sério. A "interpretação da segunda lei em termos mecânicos" de Boltzmann, escreve ele,[94]

> parece-me um tanto *artificial*. Se refletirmos sobre o fato de que não há nenhum correlato para o *aumento de entropia* num sistema puramente mecânico [salvo o aumento da desordem], é difícil resistir à convicção de que deve ser possível uma violação da segunda lei – mesmo sem o auxílio de um demônio –, se for verdade que um tal sistema mecânico forma a base *real* do processo térmico.

Em contraposição à opinião de Mach de que as ideias de Boltzmann sejam "muito artificiais", parece-me que elas são naturalíssimas. Parece-me tão natural que as moléculas de gás mostrem uma tendência inerente a se misturar, quanto a multidão no centro da cidade mostre a mesma tendência. Isso, é claro, não implica que uma visão intuitiva (como a minha) seja verdadeira, ou que, se for verdadeira, possamos derivá-la de algum sistema particular de pressupostos, mesmo se estes também forem, por sua vez, verdadeiros.[95]

Como vimos, Boltzmann não conseguiu derivar da mecânica estatística essa "tendência das moléculas a se misturarem", embora tivesse primeiro pensado que pudesse fazê-lo: precisou, inesperadamente, de um pressuposto adicional – seu "pressuposto A" ou sua especulação parmenidiana *ad hoc* de que o tempo seja uma ilusão.

Schrödinger sentiu que essa especulação *ad hoc* era não só parte essencial da teoria física de Boltzmann, mas a mais bela teoria de toda a física, porque nessa teoria o mecanicismo transcende a si mesmo e produz um resultado metafísico que estabelece a idealidade do tempo e, assim, o idealismo.

Por essa razão, Schrödinger resistiu a toda tentativa de encontrar um indicador, além da entropia, da direção do tempo: isso seria uma tentativa de destruir a mais bela teoria da física, disse-me ele em tom acusador (porque eu fizera tal tentativa).[96] E num de seus últimos livros, escreveu:

---

94 Mach, *Die Prinzipien der Wärmelehre historische-kritisch entwickelt*, p.364.
95 A intuição não tem preço: não há criatividade sem ela, mas erra com frequência e nunca é confiável.
96 Popper, The arrow of time, *Nature*; Id., Irreversibility and mechanics, *Nature*; Id., Irreversible processes in physical theory, *Nature*, n.179; Id., Irreversible processes in physical theory, *Nature*, n.181. (Essa série de cartas prosseguiu depois da publicação, em 1958, de Schrödinger, *Mind and Matter*. (Vide também a nota 100, a seguir.)

"a teoria estatística do calor deve ter a permissão de decidir por si mesma, soberanamente, por sua própria definição, em que direção flui o tempo".[97] E acrescentou: "Isso tem uma consequência formidável para a metodologia do físico. Jamais deve introduzir nada que decida sobre a seta do tempo, pois senão o belo edifício de Boltzmann se esboroa".[98]

Assim, para Schrödinger, o tempo objetivo não tem direção, ao contrário do tempo vivenciado, que tem uma direção rumo a um estado de maior entropia ou probabilidade (aqui indicado nas Figuras 3 e 4 da seção 17). Anteriormente, ele fizera uma sugestão que nos permitiria definir ("soberanamente") a direção do tempo com base numa reformulação da lei da entropia e da "suicida" especulação *ad hoc* de Boltzmann.[99] (Obviamente, ele não viu que isso reduzia o conteúdo do teorema *H* a uma consequência trivial de uma definição "soberana".) A sugestão de Schrödinger foi a de reformularmos a lei da entropia da seguinte forma. Partimos de uma coordenada temporal *t* que é "sem direção", no sentido de que a direção do crescimento dos valores numéricos de *t* é completamente arbitrária.[100] Pressupomos podermos determinar as entropias S_1 e S_2 de dois sistemas parciais do universo (chamados de "sistemas-ramificações" por Reinchenbach), sistemas 1 e 2, em dois importantes instantes t_A e t_B, tais que *entre* t_A e t_B os dois sistemas são separados, ao passo que *fora* desse intervalo eles interagem. Chama Schrödinger as entropias dos dois sistemas nesses instantes S_{1A} e S_{2A} e S_{1B} e S_{2B}; e, em seguida, enuncia uma nova lei da entropia (E), que exprime com a fórmula

$$(E) \quad (S_{1B} - S_{1A})(S_{2B} - S_{2A}) \geq 0.$$

---

97 Ibid., p.86. (O livro é composto pelas Tarner Lectures, proferidas no Trinity College em outubro de 1956. A citação também aparece em uma edição posterior: Id., *What is Life?*, p.164.)

98 A passagem é acrescentada entre colchetes e desde que Schrödinger chamou particularmente minha atenção para ela, em relação ao nosso debate anterior, suponho que ele a tenha acrescentado como uma espécie de resposta às minhas cartas à revista *Nature*. Seja como for, não me sinto capaz de concordar com ele. De um ponto de vista metodológico, nossa tarefa é criticar e, se possível, refutar a ideia de que a teoria estatística possa decidir "com mão de ferro" (excelente caracterização de Schrödinger) sobre a direção do tempo. E uma metodologia que faça da tarefa dos físicos a preservação de determinada teoria (por mais bela que seja) transformaria, por sua vez, essa bela teoria num dogma religioso.

99 Comparar a Id., Irreversibility, *Proceedings of the Royal Irish Academy*, p.189-95.

100 Ver a Figura 3 na Seção 17 deste ensaio.

Essa fórmula não afirma um aumento de entropia ao longo de t, mas simplesmente um desenvolvimento paralelo em ambos os sistemas. (A entropia aumenta em ambos os sistemas ou diminui em ambos os sistemas.)

Agora podemos, se quisermos, dar uma direção ao tempo, definindo (como Boltzmann) t^* como uma nova coordenada temporal, tal que a entropia S_1, e, tendo em vista (E), portanto, S_2, também aumentarão com o aumento de t^*; essa será, por definição, a direção do "passado" para o "futuro".

A única diferença significativa entre a formulação de Schrödinger e a especulação *ad hoc* de Boltzmann é a seguinte: Schrödinger é capaz de formular (E) – sua nova lei da entropia, que se segue da lei habitual – independentemente da direção do tempo. Evita, assim, uma objeção a que se poderia dizer que Boltzmann estivesse exposto: que a lei da entropia não é empírica por seguir-se da *definição* da direção do tempo. Na teoria de Schrödinger, a lei *habitual* da entropia segue-se, ao contrário, de (E), conjuntamente com a definição e (E) pode ser considerado seu núcleo empírico.

Isso pode ser considerado um aperfeiçoamento da especulação *ad hoc* de Boltzmann, mas a principal dificuldade da formulação de Boltzmann permanece intacta. Trata-se do seguinte.

A ideia básica da teoria de Boltzmann/Schrödinger é que deve haver algumas pequenas e outras extremamente grandes flutuações da entropia em relação ao valor de equilíbrio, e que a direção do tempo do "passado" para o "futuro" é a direção da maior entropia, mas isso convida de imediato a uma objeção óbvia: só flutuações muitíssimo grandes podem ser usadas para caracterizar a direção do tempo, pois se permitirmos que toda pequena flutuação inverta a flecha do tempo, entramos (como se pode ver com facilidade) em contradição: temos total certeza de que os relógios atômicos não se movem para a frente e para trás se os átomos estiverem num gás flutuante e que o ciclo de vida dos micro-organismos não é perturbado se seu meio ambiente flutuar. Assim, surge a questão: *quão grande* a extensão espacial e o tamanho do desvio da flutuação a partir do equilíbrio tem de ser para poder determinar a direção do tempo? Parece-me claro que essa pergunta (a) é *irrespondível* e (b) está fadada a levar a *incoerências* nas proximidades do valor crucial, sejam quais forem os escolhidos, do tamanho das flutuações grandes o bastante para afetar a direção do tempo. (Schrödinger pressupõe subsistemas 1 e 2 *muito* grandes, separados por um espaço de tempo *muito* longo, mas não consigo ver a relevância teórica desse pressuposto.)

No entanto, totalmente à parte dessa objeção óbvia, a questão central é se (E), ao contrário da lei habitual da entropia (o teorema H de Boltzmann) pode ser derivado da mecânica estatística de Boltzmann.

À primeira vista, pode-se pensar que isso é possível, pois o principal argumento contra a derivabilidade da lei da entropia é que (como observou Poincaré) de uma teoria reversível, como a mecânica estatística, não se podem derivar conclusões irreversíveis. Ora, está claro que essa objeção não atinge (E), que é um corolário mais fraco da lei da entropia, mas, a um exame mais atento, ocorrem dúvidas, pois só podemos, é claro, esperar, na melhor das hipóteses, derivar (E) *com altíssima probabilidade* e, sem dúvida, o caso de equilíbrio em que o lado esquerdo de (E) *equivale* muito aproximadamente a zero (com qualquer grau de precisão que se queira) será o imensamente provável. Esse, porém, é só o caso de equilíbrio, e para isso não vale a pena tanto esforço, pois, para o caso de equilíbrio, podemos derivar da teoria de Boltzmann, com enorme probabilidade, a lei habitual da entropia, mesmo se a coordenada temporal tiver uma seta.

A consequência da teoria de Boltzmann para o caso mais interessante – quando são considerados estados de não equilíbrio – pode ser assim formulada (de acordo com uma sugestão de Boltzmann):[101] se traçarmos duas linhas quaisquer, abaixo e paralelas ao nível de equilíbrio, para qualquer pequeno intervalo ε entre essas linhas, dado um tempo suficiente, haverá uma infinidade enumerável de flutuações que pelo menos atingem esse intervalo, e, entre tais flutuações, *quase todas* terão seu pico (a menor entropia alcançada) dentro do intervalo. Assim, será zero a probabilidade relativa de uma flutuação que transcenda qualquer intervalo dado, desde que tenha atingido o intervalo.

Essa formulação, devida essencialmente a Boltzmann, é como (E) em não pressupor nenhuma coordenada temporal com direção. Parece-me, porém, preferível a (E), pois (E), como mostrarei agora, não pode ser geralmente válido, mesmo com alta probabilidade, e, em especial, não para sistemas 1 e 2 muito grandes e para espaços muito longos de tempo entre A e B, pois suponhamos um tempo dirigido e suponhamos que um sistema, 1 + 2, flutue amplamente (o que pode significar, por exemplo, que uma parte do sistema

---

101 Na segunda resposta de Boltzmann a Zermelo: Boltzmann, Zu Hrn. Zermelo's Abhandlung "Ueber die mechanische Erklärung irreversibler Vorgänge", *Annalen der Physik*, p.397-8.

se aqueça e outra se esfrie) e que 1 e 2 se tornem separados no instante A, que ocorre durante a flutuação, mas antes de se alcançar seu pico (uma entropia mínima de 1 + 2) e que 1 e 2 se juntem em algum momento posterior. Se, sobretudo, a flutuação for grande, é extremamente provável, pelo que foi dito, que pelo menos um dos sistemas parciais (digamos, o sistema 1), depois da separação, comece de imediato a mover-se na direção do equilíbrio. De nossa pressuposição de que a flutuação de 1 + 2 não tenha atingido seu pico, segue-se que o outro sistema (sistema 2) se moverá na direção do pico da flutuação (isto é, o mínimo de entropia). Teríamos, assim, um diagrama como a Figura 5, usando uma coordenada temporal dotada de seta (as depressões [os "vales de entropia"] são simples desvios do equilíbrio).

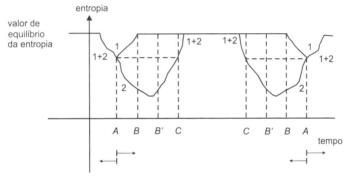

Figura 5

Ora, podemos pressupor que num tempo A, quando se separam, 1 e 2 estejam aproximadamente a igual distância do equilíbrio. Se unirmos os dois sistemas em qualquer tempo B ou B' antes de C (isto é, o instante em que 2 volta ao nível de entropia que tinha em A), então $S_{1B} - S_{1A}$ será positivo, porque 1 se moveu na direção do equilíbrio, ao passo que $S_{2B} - S_{2A}$ será negativo, pois em B ainda não terá recuperado o nível de entropia que tinha em A. Assim, (E) *não valerá*. Não me parece haver nenhuma razão pela qual sistemas separados durante uma grande flutuação (supondo que haja grandes flutuações) não deva comportar-se assim; ao contrário, esse comportamento é infinitamente mais provável (dado que a entropia de 1 + 2 continua a diminuir depois da separação) do que um aumento da entropia em *ambos* os sistemas. Naturalmente, se aguardarmos para além de C antes de encerrar-se a separação, (E) será satisfeito, mas não parece haver nenhuma razão pela qual devamos aguardar. Parece-me, portanto, inútil tentar derivar (E) da mecânica estatística, embora, é claro, (E) deva ser verdadeiro pelo menos com a mesma frequência que a lei da entropia em sua formulação termodinâmica, uma vez que (E) se segue da segunda.

Apesar de minha infinita admiração por Schrödinger, tentei (pela primeira vez em 1956), numa série de cartas à revista *Nature*, mostrar, por meio de alguns exemplos, que *podemos caracterizar a direção do tempo independentemente do aumento de entropia*. A assimetria que tentei mostrar afeta a concretização das *condições iniciais*, ao contrário de uma assimetria das teorias ou leis.[102]

Se existe tal assimetria, ela deve bastar para caracterizar a direção do tempo e, portanto (como reconhecia Schrödinger), ela tornaria impossível imprimir uma direção ao tempo pelos métodos de Boltzmann ou de Schrödinger, uma vez que não haveria disponível nenhuma coordenada temporal neutra ou não dirigida à qual uma flutuação entrópica pudesse imprimir uma direção. (Cumpre lembrar que, segundo Boltzmann e Schrödinger, toda flutuação suficientemente grande imprime – como mostra a Figura 4 da Seção 17 – *duas direções opostas* a duas extensões da coordenada temporal que, sem isso, seria neutra, ao partirem ambas da baixa entropia, isto é, do pico da flutuação, para a alta entropia e o nível de equilíbrio.)

O que perderíamos se eu estiver certo? Perderíamos um poderoso método de explicação metafísica que nos permite *explicar* (por uma imensa flutuação), primeiro, o fato de nosso mundo estar em desequilíbrio; segundo, a lei do aumento da entropia e, terceiro, a direção aparente do tempo – sem dúvida, um método de explicação tão poderoso que pode explicar quase tudo.[103] Ganharíamos, se eu estiver certo, a realidade da mudança.

Enquanto, em 1956, eu tentava mostrar que as *condições iniciais* de certos fenômenos ordinários não entrópicos mostram uma direção temporal

---

102 Se tivermos alguma oscilação ocorrendo numa pequena região R, haverá ondas emanadas de R no tempo: uma espécie de arranjo (das condições iniciais) fácil de executar. Se quisermos perceber a inversão temporal dessas ondas em expansão, teremos de gerar ondas vindo para R e sendo absorvidas em R, mas esse é um processo de difícil execução, exceto por reflexo de uma onda em expansão num espelho esférico (que seria um caso muito especial): em todos os outros casos, só poderia ser conseguido com um enorme conjunto de osciladores distantes funcionando consistentemente – um arranjo ainda mais especial e improvável das condições iniciais. Assim, a onda em expansão pode ser usada para caracterizar a seta do tempo. (Ver Popper, The Arrow of Time, *Nature*.)

103 Ver Seção 67, intitulada "Um sistema probabilístico de metafísica especulativa", de Id., *The Logic of Scientific Discovery*.

inerente que pode ser caracterizada em termos puramente físicos, Whyte sugeriu ousadamente, em 1955 (ou seja, um ano antes) que deveríamos descobrir *teorias* ou *leis* que sejam irreversíveis no tempo.[104] Não parece haver razão para crer que existam tais leis; na realidade, a direção inerente na assimetria das condições iniciais realizáveis seria, caso contrário, muito difícil de explicar. Desde 1956, acumularam-se indicações que sugerem que logo poderemos descobrir essas leis – se já não as tivermos descoberto nas leis da "interação de decaimento fraco".

Tudo isso afetaria a ideia de Boltzmann/Schrödinger da ilusão da mudança e do tempo, mas, embora possa, talvez, levar a modificações de pouca monta na mecânica estatística, sem dúvida, não afeta essencialmente suas ideias básicas.

26. A conversão da física moderna à teoria de Boltzmann

Schrödinger era um parmenidiano confesso (interpretava o "ser uno" de Parmênides como pensamento ou consciência).[105] No entanto, apesar da devoção às ideias de Boltzmann, que compartilhou com Einstein, Schrödinger ficou, como Einstein na juventude e muitos outros físicos de sua geração, profundamente impressionado com a epistemologia positivista e sensualista de Mach e (como eu mesmo até recentemente) ignorante acerca da teoria antipositivista da ciência de Boltzmann. Na realidade, Schrödinger percebeu o que Mach, o antimetafísico, não conseguiu perceber – que a epistemologia de Mach, se desenvolvida coerentemente, levaria ao idealismo metafísico em que Schrödinger acreditava.

O próprio Mach parece ter chegado a essa epistemologia vindo de um lugar muito diferente: de sua insatisfação com o atomismo e todas as outras *teorias da estrutura da matéria*. Achava insatisfatórias todas essas teorias por causa de seu caráter muito especulativo e seu escasso suporte experimental. (Vale lembrar que ainda em 1902 Poincaré acreditava que as teorias atômica e continuísta da matéria não pudessem ser experimentalmente distinguidas e que nenhuma experiência pudesse estabelecer – ou mesmo favorecer – a existência de átomos.) Nessa situação insatisfatória, Mach refletiu sobre a

---

104 Whyte, One-way processes in physics and biophysics, *British Journal for the Philosophy of Science*.
105 Schrödinger, *Nature and the Greeks*, p.25-4; Id., *My View of the World*, p.92-3.

base epistemológica das teorias da matéria e foi levado a sua famosa obra *Análise das sensações*.[106] Consequentemente, adotou uma filosofia da ciência que pouco diferia da de Berkeley: descartou a matéria como uma ideia metafísica, como a ideia de "substância".[107] (Sem dúvida, todas as teorias da matéria são, originalmente, metafísicas – mais precisamente, parmenidianas.) Mach, porém, não era um berkeleiano por inclinação. *Ele adotou a não existência da matéria como uma teoria física:* ela *explicava* as incoerências que atingiam todas as teorias da matéria (em especial, se se pressupuser um empirismo radical).[108] Assim, ele viu nos problemas enfrentados por Boltzmann uma forte confirmação de suas próprias teorias físicas e considerou a termodinâmica a mais adequada, porque a mais fenomenológica, de todas as teorias físicas.

Assim, Mach, como Berkeley, adotara a Segunda Via de Parmênides, deixando completamente de lado a Primeira Via. Não há nenhuma coisa em si, nenhum objeto de conhecimento – só um mundo de aparências; só "um mundo arranjado com a verdade" (DK 28B8: 60). Parecia totalmente com a verdade simplesmente porque não havia outro mundo da verdade.

Pouco antes, porém, de morrer, Mach parece ter-se convertido à realidade dos átomos. Cerca de oito anos depois da morte de Boltzmann, foi mostrada a Mach, por Stefan Meyer, no Instituto Vienense para Pesquisa do Rádio, a cintilação das partículas alfa. "Agora creio na realidade de átomos", disse ele. Como conta Meyer, "toda sua visão do mundo se alterou em poucos minutos".[109]

Os defensores do positivismo lógico do Círculo de Viena e da Associação Ernest Mach (*Verein Ernst Mach*) costumavam dizer que os sistemas de

---

106 Mach, *Beiträge zur Analyse der Empfindungen.*. Mach esperava resolver o problema psicofísico e, sem dúvida, sua obra fundou o "monismo neutro", como Russell o chamava. (Ver também Seção 53 de Popper, *The self and its brain*, p.196-9.)

107 Comparar a Popper, A note on Berkeley as precursor of Mach and Einstein. *British Journal of Philosophy of Science*; capítulo 6 de Id., *Conjectures and Refutations*, p.166-74.

108 Isso talvez seja corroborado pelo seguinte trecho de seu livro: "Podemos muito bem, por exemplo, ter fortes reservas com relação ao conceito metafísico de 'matéria', sem achar necessário eliminar o valioso conceito de 'massa': podemos continuar a trabalhar com o segundo conceito da mesmíssima maneira por mim usada em *Die Mechanik*, exatamente porque percebemos que não é preciso considerar que esse conceito implique mais do que o fato de uma importante equação [a saber, a lei da conservação da massa] ser satisfeita por ele" (Mach, *Die Prinzipien der Wärmelehre historische-kritisch entwickelt*, p.363).

109 Stefan Meyer apud Broda, op. cit., p.84.

metafísica não passam de fantasmas de falecidas teorias científicas: teorias científicas que foram abandonadas. É interessante como cai bem essa descrição em sua própria filosofia machiana. O positivismo machiano é uma teoria física de vida breve, que, segundo alguns, foi abandonada até por seu fundador, o herói do positivismo, pouco antes de morrer.[110]

Assim, todos os grandes inimigos de Boltzmann se converteram, ou pelo menos tiveram profundamente abalada sua descrença em sua teoria. Zermelo traduziu a obra-prima de Willard Gibbs em 1905 e escreveu um prefácio cheio de admiração – embora com reservas acerca da derivação da lei de entropia.[111] Escreveu Poincaré em 1905 acerca da mecânica estatística: "Tudo isso foi explicado por Maxwell e Boltzmann, mas quem o viu com maior clareza [...] foi Gibbs".[112] Poincaré também viu, no mesmo ano que Einstein publicou seu primeiro artigo sobre o movimento browniano (um ano antes da morte de Boltzmann), que o movimento browniano era "contrário ao princípio de Carnot" (a lei de entropia) e acrescentou: "vemos com nossos olhos ora o movimento transformar-se em calor, ora, inversamente, o calor transformar-se em movimento [violando, portanto, a segunda lei] e isso sem nenhuma perda, uma vez que o movimento permanece para sempre". (Percebeu, pois, a existência de uma máquina de moto perpétuo de segunda ordem.) "Já não precisamos", prosseguiu Poincaré, "dos

---

110 Ver, porém, o exame desse incidente na excelente biografia de Mach de Blackmore, *Ernst Mach*, p.321-2. (Minha própria opinião sobre os relatos indubitavelmente verídicos de Meyer, Przibram e Chmelka é que Mach ficou abalado, mas era velho demais para mudar permanentemente de ideia sobre um ponto que era tão importante para ele.)

111 Gibbs, J. W. *Elementary Principles in Statistical Mechanics*. Desconhecedor da obra de Gibbs, Einstein desenvolveu quase simultaneamente as principais características da mecânica estatística (Einstein, Kinetische Theorie des Wärmegleichgewichtes und des zweiten Hauptsatzes der Thermodynamik. *Annalen der Physik*; Id., Eine Theorie der Grundlagen der Thermodynamik; Id., Zur allgemeinen molekularen Theorie der Wärme. *Annalen der Physik*; Id., Bemerkungen zu den P. Hertzschen Arbeiten: "Über die mechanischen Grundlagen der Thermodynamik". *Annalen der Physik*) e, ao mesmo tempo, tratou de aplicar seus resultados à radiação de corpo negro e ao movimento browniano (comparar à nota 115; ver também Born, Einstein's statistical theories. In: Schilpp (ed.), *Albert Einstein*; Klein, Thermodynamics in Einstein's thought, *Science*; Id., Fluctuations and statistical physics in Einstein's early work. In: Holton; Elkana (eds.), *Albert Einstein*). (Tenho uma dívida com Troels Eggers Hansen pelas referências precisas desta nota e também das notas 114 e 115.)

112 Poincaré, *La valeur de la science*, p.182-3.

olhos infinitamente sagazes do demônio de Maxwell: nossos microscópios são suficientes."[113]

Vou, agora, resumir a situação como estava entre, digamos, 1897 e 1904. Boltzmann, Poincaré, Zermelo, Mach e Ostwald deram-se conta da insustentabilidade da crença primitiva de Boltzmann de que a lei da entropia (irreversível) possa ser derivada das equações reversíveis da mecânica estatística. A princípio, todos esses físicos, salvo Boltzmann, interpretaram isso como uma refutação da mecânica estatística e do programa de Boltzmann e da teoria atômica da matéria (ou "materialismo", como por vezes a chamavam) que Boltzmann continuava a sustentar. Por volta de 1902, Poincaré acreditava na mecânica estatística de Boltzmann e Gibbs,[114] e, portanto, provavelmente, no atomismo: foi também, ao que parece, o primeiro a se converter pelo movimento browniano – graças, justamente, ao tipo de flutuação, que violava a lei da entropia, cuja possibilidade Boltzmann admitira quando foi duramente pressionado pelo ataque de Zermelo e cuja observabilidade era, então, tida como uma possibilidade remota. Mach considerara essa admissão de Boltzmann um reconhecimento de derrota[115] e, até onde eu saiba, foi sempre um opositor da teoria cinética (ainda que sua descrença na teoria atômica tivesse sido abalada).[116] Ostwald foi convertido pelo sucesso da teoria do movimento browniano de Einstein. Zermelo parece ter aceitado a teoria cinética antes de 1904 (ou 1905, no mais tardar) com reservas acerca da derivabilidade da lei de entropia.[117] Nisso ele estava, é claro, correto, pois a lei de entropia é, como todos os participantes percebe-

---

113 Ibid. p.184. Talvez valha lembrar que uma teoria matemática (quantitativamente testável) do movimento browniano foi apresentada pela primeira vez por Einstein em 1905 (Einstein, Die von der molekularkinetischen Theorie der Wärme geforderte Bewegung von in ruhenden Flüssigkeiten suspendierten Teilchen, op. cit.; conferir outras referências da nota 113). Ver também Smoluchowski, Molekular-kinetische Theorie der Opaleszenz von Gasen im kritischen Zustande, sowie einiger verwandter Erscheinungen. *Annalen der Physik*; Id., Einige Beispiele Brownscher Molekularbewegung unter Einfluß äußerer Kräfte. *Bulletin International de l'Académie des Sciences de Cracovie*; Einstein, Theorie der Opaleszenz von homogenen Flüssigkeiten und Flüssigkeitsgemischen in der Nähe des kritischen Zustandes. *Annalen der Physik*, p.1294-5, no qual é apresentada uma "teoria matemática (quantitativamente testável)" da opalescência.

114 Poincaré, *La valeur de la science*, p.182-3; Id. *Thermodynamique*, p.450.

115 Mach, *Die Prinzipien der Wärmelehre historische-kritisch entwickelt*, p.363.

116 Ver, neste ensaio, a nota 112.

117 Capítulo 12 de Gibbs, op. cit.

ram, inderivável. De fato, não é universalmente válida: ocorrem flutuações como as do movimento browniano.[118]

Como mostrou a tentativa de Schrödinger de encontrar um substituto para a lei de entropia derivável da teoria de Boltzmann (ou Gibbs)[119] – pelo menos com altíssima probabilidade – não havia, pelo menos em 1950, nenhuma formulação da lei de entropia que lhe parecesse adequada, e (como expliquei na seção anterior) não creio que tenha conseguido oferecer uma formulação satisfatória. Ademais, está muito claro que nem a mecânica estatística de Boltzmann nem a de Gibbs podem, tais e quais, explicar até mesmo as observações termodinâmicas: pelo menos um pressuposto como o "pressuposto A", de Boltzmann, deve ser invocado, ou seja, um pressuposto cosmológico exterior à mecânica estatística. Para justificar esse pressuposto cosmológico, Boltzmann propôs, muito provisoriamente, sua ousada especulação parmenidiana *ad hoc*, que reduz toda mudança à ilusão; uma especulação que, pelo que sei, só Schrödinger aceitou com toda seriedade. (Desde então, alguns outros adotaram as ideias de Schrödinger.)

Assim, ao que parece, não temos à disposição nem uma formulação nítida da lei de entropia, nem, é claro, sua derivação válida a partir da mecânica estatística, no entanto, é inquestionável o tremendo poder dessa teoria. Parece derivável da teoria de Boltzmann a validade de um substituto da lei de entropia que enuncie que, de todas as flutuações em relação ao equilíbrio de um gás ideal que tenha alcançado algum nível dado, quase todas serão de imediato sucedidas no tempo por um estado que esteja mais perto do equilíbrio[120] e, igualmente, que, se o gás estiver num estado de baixa

---

118 É válido citar aqui o seguinte notável eufemismo presente na monografia dos Ehrenfests: "Vale observar, a esse respeito, que o movimento browniano é muito mais compatível com as ideias cinéticas do que com a formulação dogmática da segunda lei" (Ehrenfest; Ehrenfest, *The Conceptual Foundations of the Statistical Approach in Mechanics*, p.94). (Ver a nota 68.)

119 Schrödinger explicou a razão da superioridade do tratamento de Gibbs em relação ao de Boltzmann (Schrödinger, *Statistical Mechanics*).

120 Essa simetria da flutuação com relação ao tempo é, sem dúvida, completamente diferente da suposta, mas errada, identidade a seguir: "A probabilidade de que um estado de baixa entropia seja seguido por outro de entropia mais alta é idêntica à probabilidade de que um estado de alta entropia seja seguido por um estado de entropia mais baixa" (verbete Boltzmann de Edwards (ed.), *The Encyclopedia of Philosophy*, v.1, p.336), porém, até mesmo o não especialista pode saber que o calor de um corpo quente tende a se dissipar, e é imensamente improvável que um corpo possa coletar calor de suas cercanias mais frias e ficar mais quente. Boltzmann conseguiu explicar plenamente esse fato banal, ao mostrar que a dissipação é muito provável e o contrá-

entropia, a probabilidade de que ele seja seguido de um estado de entropia mais alta é muito próxima da certeza e, por conseguinte, muito maior que a probabilidade de ser seguido por um estado de entropia ainda mais baixa. (Tudo isso só vale para sistemas fechados; uma cafeteira elétrica e a cozinha circundante serão, portanto, aproximadamente um sistema fechado depois que a cafeteira tiver sido desligada.)

Apesar da inquestionável vitória das ideias pelas quais Boltzmann lutou e morreu, não se pode dizer que a situação seja totalmente satisfatória, mesmo hoje.

27. Outra apologia parmenidiana da física moderna: a interpretação subjetivista da probabilidade

Há ainda outra maneira de considerar a questão: outra teoria parmenidiana que é amplamente aceita. Uma de suas mais convincentes apresentações foi oferecida em 1949 por Max Born.[121] O artigo de Schrödinger sobre a irreversibilidade foi, na realidade, provocado pelo livro de Born. Por essa razão, e por causa das ideias geralmente representativas desenvolvidas por aquele livro, passo agora a examinar alguns dos seus argumentos.

Já tive a oportunidade de me referir a uma importante análise crítica da teoria de Boltzmann (que também contém interessantes observações históricas) feita por Paul Ehrenfest, ex-aluno de Boltzmann, e Tatiana Ehrenfest. (Este último publicado em 1912.)[122] Eles descreveram não só os bons êxitos da teoria de Boltzmann, mas, de modo quase igualmente convincente, seus fracassos. Esses fracassos, no entanto, parecem ter sido recalcados por alguns de seus leitores, e Max Born, na época um dos maiores físicos vivos (morreu em 1970), surpreendentemente se referiu à obra deles, creio que de memória,[123] como um trabalho que conseguiu "esclarecer a questão para além de qualquer dúvida".[124]

---

rio, muito improvável; sua única dificuldade era esta: mostrar que esse fato pode ser derivado das leis da mecânica (que são simétricas em relação à inversão do tempo).

121 Born, *The Natural Philosophy of Cause and Chance*, p.58-9.

122 Popper se refere a Ehrenfest, Begriffliche Grundlagen der statistischen Auffassung in der Mechanik. In: Klein; Müller (eds.), *Enzyklopädie der matematischen Wissenschaften mit Einschluss ihre Anwendungen*. (N. E. B.)

123 "Tive de [...] improvisar" (Prefácio de Born, *The Natural Philosophy of Cause and Chance*).

124 Ibid., p.59.

A questão é de interesse considerável, porque a interpretação de Boltzmann oferecida por Born (que acreditava fosse compartilhada pelos Ehrenfests) contém umas das mais importantes e influentes desculpas parmenidianas da física contemporânea: *a interpretação da teoria da probabilidade como uma teoria da nossa ignorância.*

O fato de tal interpretação não desempenhar nenhum papel, quer na monografia dos Ehrenfests, quer na obra de Boltzmann, mostra, creio eu, o quanto é tida como óbvia e, portanto, (a menos que explicitamente rejeitada) lida por alguns físicos no trabalho de outras pessoas.

É intuitivamente muito plausível dizer que, sempre que temos *conhecimento*, conhecimento certo, não precisamos da teoria da probabilidade, portanto, o fato de se ter de aplicar a um problema a teoria da probabilidade mostra a incerteza do nosso conhecimento na área e, assim, prova o fato da nossa ignorância e a relevância desse fato para o problema que queremos resolver. Esse argumento é plausível e convincente e até mesmo Einstein o usou.[125] É, porém, um ponto sobre o qual creio que ele se enganou.

A teoria da probabilidade, no entanto, não adentra a física *por causa* de nossa ignorância (um falibilista como eu considerará óbvia nossa ignorância), mas por causa da natureza da nossa questão – *do problema que queiramos resolver.*

Consideremos um exame vestibular para a universidade. Aqui, sabemos com a maior precisão imaginável quantos candidatos passaram em cada prova e quantos foram reprovados e sabemos, ademais, os nomes dos candidatos; no entanto, podemos também querer, além desse conhecimento preciso, uma espécie de visão panorâmica, por exemplo, porque queiramos comparar os resultados de diferentes anos. Para tanto, precisamos da estatística: médias, porcentagens, e para calculá-las ou pelo menos para processar os resultados do cálculo, precisamos de uma teoria estatística.

Ora, pode-se dizer que tudo isso, *e ainda mais*, está contido no conhecimento preciso original e que, se obrigados a escolher entre o conhecimento preciso e o estatístico, sempre devemos escolher o primeiro, porque ele implica o segundo. Admitamos inicialmente isso, para fins de argumentação. Continua sendo verdade, porém, que o mais preciso conhecimento é inútil para a solução de certos problemas, a menos que ele seja processado estatisticamente.

---

125 Einstein levantou esse ponto comigo por duas vezes em suas cartas. Ver Popper, *The Logic of Scientific Discovery*, p.459. Toquei na questão em nosso encontro de 1950 e ele, então, concordou.

Há, contudo, problemas mais interessantes para os quais o conhecimento detalhado de casos individuais *não* contém a informação estatística em que estamos interessados. Tais problemas surgem infalivelmente vinculados a *leis estatísticas* ou *macroleis*, e à explicação e ao teste destas.

Para esclarecer esse ponto, suponhamos que possuímos instrumentos de medição e computadores suficientemente potentes para afirmarmos "com precisão" (seja qual for o significado disso) as posições e momentos de todas as moléculas de um gás em qualquer ponto do futuro. (Teremos também de saber muita coisa acerca das paredes do recipiente, mas, para simplificar, deixaremos de lado esse aspecto.) Suponhamos que tenhamos definido o que queremos dizer com "temperatura" e "pressão" do gás e que podemos calculá-las tirando a média de nossas informações precisas, e também que elas vão permanecer constantes para as condições iniciais que declaramos.

Podemos, agora, querer resolver o problema do que vai acontecer com a temperatura e a pressão *toda vez* que permitirmos que dez moléculas escapem do recipiente (digamos, abrindo-se uma válvula). *Este se revela um problema essencialmente estatístico.* Não se pode encontrar nenhuma resposta com métodos "precisos", simplesmente porque não *especificamos com precisão as condições sob as quais as dez moléculas vão escapar.* Mesmo se tivermos os nomes de todas as moléculas e especificarmos quais delas deixaremos sair, nosso problema permanece insolúvel por métodos puramente dinâmicos (sem dúvida, as soluções possíveis têm a potência do contínuo). Apenas se tivermos dados sobre as condições precisas sob as quais ocorre a remoção das dez moléculas poderemos começar a calcular e *talvez* descobrir o que todos já sabiam – que a temperatura e a pressão terão baixado um pouco depois do escape, mas tão pouco que os termômetros e os manômetros não conseguem registrar a diferença. (Digo *"talvez"* porque não será esse o resultado em todos os casos, mas só na maioria deles – o que introduz um típico conceito probabilístico; pode muito bem acontecer que num caso especificado com precisão, a temperatura e a pressão comecem a oscilar violentamente.)

Tudo isso, no entanto, ainda nos deixa com um caso individual, e não uma lei. Esse simplesmente não era o nosso problema, pois queríamos saber o que acontecerá *em geral* se removermos dez moléculas. Na tentativa de deduzir uma predição geral acerca da variação da temperatura e da pressão, de nada valerá uma grande quantidade de conhecimentos acerca das posições e dos momentos das moléculas em um ou em muitos recipientes. Ao contrário, temos de aplicar os métodos da mecânica *estatística*, com suas estimativas características das probabilidades (medidas de *conjuntos*) da realização de condições de certos *tipos*.

Não é, portanto, nossa falta de informações ou conhecimentos detalhados, mas o *tipo de problema* que queiramos resolver que nos leva a recorrer à teoria da probabilidade.

Para dar outro exemplo, mas semelhante, podemos imaginar que sabemos o bastante sobre as condições dos átomos de rádio para prevermos que certo átomo vá desintegrar-se nos próximos três segundos, mas isso não nos ajudaria necessariamente a determinar a taxa estatística de desintegração do rádio. Analogamente, o conhecimento suficiente para nos permitir prever se um homem cujo apêndice acaba de ser removido num hospital inglês sobreviverá nas próximas três horas não nos oferecerá conhecimentos sobre a taxa de mortalidade dos pacientes de hospitais ingleses nas primeiras três horas depois da remoção de seus apêndices.

O resultado geral dessas considerações é o seguinte: problemas probabilísticos ou estatísticos exigem conhecimento probabilístico ou estatístico e métodos probabilísticos ou estatísticos.

Estou dolorosamente ciente de estar, com essa minha tese, em desacordo com muitos grandes físicos. (Acho que, às vezes, eles esquecem que em muitas ocasiões trabalhamos com hipóteses probabilistas de equidistribuição.) Max Born, por exemplo, explica a contradição entre o teorema H de Boltzmann e o teorema de Liouville dizendo que a integral de colisão de Boltzmann representa a situação "grosseiramente" e explica que "grosseiramente" significa aqui "depois de uma razoável mediação". E prossegue dizendo: *"Essa mediação é a expressão de nossa ignorância da situação microscópica real. O teorema de Boltzmann diz que [...] misturar conhecimento mecânico com ignorância dos pormenores leva à irreversibilidade".*[126]

Não é, porém, a rusticidade de nosso conhecimento ou o primitivismo de nossa ignorância que leva à mediação e à estatística, mas o caráter de nosso problema. O problema decide que instrumento vamos usar. É preciso um machado resistente para trabalhar um bloco sólido e é preciso uma teoria estatística para lidar com uma média grosseira, como a chama Born. (Como já mencionei, não consegui encontrar, nem em Boltzmann, nem na monografia de Ehrenfest, nada parecido com a visão que Born acredita ser a deles, mas essa visão está bem-disseminada.)

---

126 Born, loc. cit. (itálicos meus).

A interpretação subjetivista da probabilidade, que faz da aplicabilidade da probabilidade uma consequência da nossa ignorância, é uma das mais importantes apologias parmenidianas de nosso tempo. Ela tem origem no determinismo de Parmênides: o determinista não consegue explicar o acaso senão de maneira subjetivista – como uma ilusão devida à nossa ignorância.

28. Algumas observações críticas acerca da interpretação subjetivista da teoria da informação

A interpretação subjetivista da teoria da probabilidade levou a uma teoria matemática da informação interpretada de modo subjetivista, fundada por Claude Shannon. Essa teoria *pode* ser interpretada como uma teoria de *canais* que transmitem *sequências de sinais* (informação); conjuntos de tais sequências; *fontes* de informação (e sua *"memória"*); *entrada* e *saída* do canal; *ruído do canal*; códigos e seu poder de compactação; a probabilidade de se recuperar a entrada da saída (codificada) sob certas condições específicas e outras ideias igualmente objetivas.

Dou esses exemplos para mostrar que a *teoria da informação pode ser interpretada de modo probabilístico,* mas é, essencialmente, uma aplicação da teoria da probabilidade, e, se a teoria da probabilidade for interpretada de maneira subjetivista, a teoria da informação também será assim interpretada.

Uma ideia importante da teoria matemática da informação é a da *"incerteza"* de uma experiência para cujo resultado é dada uma distribuição probabilística discreta. "Incerteza" significa, aqui, a maneira pela qual a distribuição difere de uma distribuição *"certa"*, isto é, de uma distribuição que atribui a um único resultado possível a probabilidade 1 e a todos os outros resultados a probabilidade 0. Sem dúvida, a distribuição mais distante desta será a distribuição uniforme – aquela que distribui a cada um dos n resultados possíveis (estamos lidando com distribuições *finitas*, ou seja, com um n finito) a probabilidade $1/n$. Isso mostra que, se interpretarmos a informação objetivamente, a "incerteza" do resultado de uma experiência ou de uma distribuição de probabilidades também tem de ser interpretada *objetivamente*. Uma medida matemática muito útil dessa "incerteza" introduzida por Shannon tem, o que é muito interessante, exatamente a mesma forma matemática da expressão da entropia de Boltzmann. Isso é inesperado, mas intuitivamente compreensível, pois ambas podem ser interpretadas como medidas probabilísticas de desordem. Uma sequência aleatória de 0s e 1s em que ambos têm a probabilidade 0,5 será mais desordenada do que uma sequência em que a probabilidade de 0 é igual a 0,9 e a de 1, consequentemente, a 0,1, pois esta última consistirá em muitos 0s, com aqui e ali um ou dois 1s.[127] Isto pode ser visto nas duas sequências:

011000111010100100000010111110011...
00000000100000000000000100000100...

Sem dúvida, em certo sentido, a primeira delas está mais desordenada do que a segunda.

Temos, assim, *duas* ideias distintas de desordem: aleatoriedade (ou independência probabilística)[128] e "incerteza". Ambas admitem graus, e, para ambas, podemos definir uma medida matemática. A entropia mede o segundo tipo de desordem, não o primeiro.

Essas observações pretendem tornar claro que existe uma interpretação objetivista não só da teoria de Shannon em geral, mas em especial da ideia de "incerteza", tal como aparece nessa teoria. Assim, aquilo a que me oponho aqui (por implicação) não é a teoria da informação, mas a sua interpretação subjetivista.

Tal interpretação subjetivista tem sido vinculada à interpretação subjetivista da mecânica estatística, que pressupõe que a mecânica estatística seja motivada pela nossa ignorância e afirma, ademais, que seus resultados – tais como o teorema da entropia de Boltzmann (o teorema H) – *exigem, para sua derivação, uma pressuposição de ignorância* ("misturar conhecimento mecânico e ignorância", como diz Max Born).

É muito simples o suposto vínculo entre a entropia termodinâmica e a ideia subjetivista de incerteza. Afirma-se (a) que tanto a entropia como a incerteza são medidas de nossa ignorância ou falta de informação; (b) que a *neguentropia* é, portanto, uma medida do conhecimento ou informação que possuímos; e (c) que o demônio de Maxwell possa inverter a lei do aumento da entropia somente se, ao fazer isso, utilizar e gastar seu conhecimento (neguentropia), de modo que introduza no sistema (pelo menos) tanta neguentropia como a que obtém com suas atividades. Além disso, afirma-se que, para obter esse conhecimento, ele tem de trabalhar c, assim, aumentar a entropia de alguma

---

127 Popper, *The Logic of Scientific Discovery*, p.163.
128 Ou seja, a condição que nos permite operar com o teorema de multiplicação especial p(xy) = p(x) p(y).

parte do meio ambiente. Assim, ele obtém seu conhecimento à custa de um aumento de entropia. Pressupõe-se que esta última seja pelo menos igual a seu conhecimento (neguentropia). Com isso, podemos, por fim, afirmar que ocorre a seguinte sequência, onde a seta significa "produz": *aumento de entropia* → *aumento de neguentropia (ou informação)* → *redução da entropia*.

Essa teoria me parece totalmente errada. Ela remonta a um artigo de 1929 da autoria de Leo Szilárd (posteriormente desenvolvido, sobretudo, por von Neumann, Gabor e Brillouin) a que já me referi; artigo que critiquei em 1957[129] e (creio que de maneira mais decisiva) na Seção 22 deste ensaio, na qual tentei mostrar que existe um demônio de Maxwell que é uma variante do demônio de Szilárd, mas não precisa efetuar nenhum trabalho ou gastar nenhuma informação.

Seja como for, a interpretação subjetivista da teoria da informação com sua teoria neguentrópica da informação possuída pelo demônio de Maxwell – a qual, em algumas de suas formas radicais, explica até a produção de entropia física como consequência da necedade humana – parece-me completamente *ad hoc*. Além disso, trata-se de uma típica tentativa parmenidiana de fazer a nossa ignorância desempenhar um papel construtivo na física das aparências. Em contraposição a tais ideias, creio que o Sol vai continuar a produzir entropia e que o ar quente vai continuar a escapar de salas de leitura superaquecidas, mesmo que não haja inteligência em ação para oferecer a quantidade necessária de necedade.[130]

A entropia não é em si mesma uma invariante e está, portanto, fora da imagem parmenidiana, como percebeu Meyerson, mas se pode, creio, afirmar, com ousadia, que se trata de um problema de física, e não de biologia ou de psicologia.

29. O indeterminismo na física quântica visto como colapso do parmenidianismo

Meu próximo exemplo de desmoronamento do parmenidianismo é o *indeterminismo* da mecânica quântica. Ele aparece, como de costume, com uma apologia parmenidiana.

---

129 Ver Popper, Irreversible processes in physical theory, op. cit.; Id., Irreversibility; or, entropy since 1905, op. cit.

130 Ibid., p.155.

Eu mesmo sou indeterminista. E *concordo* que a mecânica quântica seja uma teoria estatística e indeterminista. Trata-se de uma teoria estatística por ser desenvolvida sob a pressão de um problema essencialmente estatístico: o problema da intensidade das linhas espectrais, que são interpretadas em termos de fótons e probabilidades de transição.

Heisenberg, no entanto, explica o caráter probabilístico da teoria quântica pela nossa ignorância. Primeiro ele ofereceu uma explicação causal do desmoronamento da causalidade; deve-se ao fato de nós, mortais, os observadores, interferirmos (isto é, agirmos causalmente) sobre os objetos físicos enquanto os medimos e, portanto, de os perturbarmos de modo tal que nos tornamos ignorantes de seu estado real. Isso implica que se não houvesse nenhum físico intrometido, o mundo seria corretamente parmenidiano e que somos realmente nós e nossa ignorância, as opiniões errôneas dos mortais, os responsáveis não só pela "redução do pacote de ondas", mas também pelo colapso da Via da Verdade parmenidiana e, portanto, da causalidade. Ou, como diz Dirac: "A causalidade só se aplica a um sistema que não seja perturbado. Se um sistema for pequeno, mas não puder ser observado sem produzir um grave distúrbio [...] *ainda assim será pressuposto que a causalidade vale para sistemas não perturbados*".[131]

Não me deterei aqui no argumento de Heisenberg porque o analisei de maneira consideravelmente minuciosa no apêndice sobre experiências imaginárias em minha *Lógica da descoberta científica* e em outros lugares.[132]

30. Outros desenvolvimentos antiparmenidianos da física moderna

Deter-me-ei muito brevemente nos dois mais importantes desenvolvimentos antiparmenidianos dos últimos anos: o desmoronamento da teoria eletromagnética da matéria e, com ele, o mais importante de todos: a descoberta de um sem número de "partículas elementares" instáveis.

A teoria eletromagnética da matéria dominou a física pelo menos de 1907 a 1932. Einstein nela acreditou até morrer e o mesmo se pode dizer

---

131 Dirac, op. cit., p.4 (itálicos meus).
132 Apêndice *xi, Seção 3 de Popper, *The Logic of Scientific Discovery*; Id., Quantum mechanics without the observer. In: Bunge (ed.), *Quantum Theory and Reality*; Id., *Quantum Theory and the Schism in Physicsm*, p.15-30.

de Eddington, com sua teoria dos prótons e elétrons. Também Dirac nela creu durante muito tempo. Era uma parte automática da interpretação de Copenhague.[133]

O que é estranho, porém, é que essa teoria dominante foi há muito derrubada, sem que ninguém comentasse sobre isso. Inicialmente, havia apologias parmenidianas para o neutrino (uma invenção criativa, mas imaginária), para o pósitron (um buraco) e para o nêutron (um próton *cum* elétron), mas quando aumentou o número de partículas elementares, morreu sem choro nem vela uma teoria da física. Se me forçassem a explicar por que foi tão pouco analisado seu falecimento, ofereceria a conjectura de que simplesmente não há à mão nenhuma apologia parmenidiana para sua rejeição.

Nem tenho ciência de nenhuma apologia parmenidiana para a adoção de novas partículas instáveis. As novas partículas e, em especial, o fato de poderem desintegrar-se em partículas muito diferentes, representa a descoberta teoricamente mais importante desde Demócrito, pois elas destruíram o programa de pesquisa fundamental da física – a teoria atomista do movimento. Temos agora mudanças qualitativas e, embora elas possam, em parte, ser descritas quantitativamente, não parece haver nenhuma perspectiva de explicá-las pelo movimento de partículas no vácuo, ou de reduzi-las a ele. (Aliás, o vácuo desapareceu muito antes, para ser substituído por campos – mas isso poderia ser interpretado como uma adição ao programa atomista, mais do que uma refutação dele.)

Além disso, este que é o mais importante dos desenvolvimentos antiparmenidianos esteve ligado à descoberta de novos tipos de forças – as primeiras desde o eletromagnetismo – das quais sobretudo as *"forças de interação fraca"*, responsáveis pela desintegração de certos tipos de partículas, prometem *fundamentar a direção do tempo em leis*, e não apenas em condições iniciais – o que justificaria as esperanças de um novo programa de pesquisa e a previsão de sua possibilidade feita por Whyte.[134]

31. Explicações não parmenidianas do universo em expansão

Meu último exemplo de desvio em relação à Via da Verdade parmenidiana eu tomarei da cosmologia – do conflito entre os dois principais

---

133 Ver Id., Quantum mechanics without the observer, op. cit., p.8-9.
134 Whyte, op. cit.

competidores na explicação do universo em expansão, ou seja, a teoria do estado estacionário e a teoria do *big bang*.

É claro que o fato a ser explicado – o universo em expansão – é antiparmenidiano no mais alto grau e, portanto, nenhuma das duas cosmologias pode ser parmenidiana.

Pelo menos no passado, no entanto, a principal crítica feita pelos defensores de cada uma das teorias contra a outra era a acusação de irracionalidade: de um desvio em relação ao parmenidianismo.

Sem dúvida, eles não se valem dessas palavras. Ao contrário, a teoria do estado estacionário é acusada de irracionalismo e de desvio em relação ao verdadeiro método científico porque abre mão de uma das leis de identidade – a lei da conservação da massa-energia-momento. A acusação obviamente pressupõe o parmenidianismo.

Por outro lado, os defensores da teoria do estado estacionário percebem, com toda razão, que são tão bons parmenidianos quanto os explosionistas e talvez até melhores que eles, pois o que poderia ser menos parmenidiano do que o *big bang* original? Sem dúvida, mais racional e parmenidiano é supor que a estrutura geral do universo na realidade não mude – mesmo que tenhamos de pagar essa adesão ao parmenidianismo com algo como a criação de matéria; pois não é estacionária essa criação de matéria? E não podemos quase dizer, com Parmênides, que no mundo em geral não ocorra nenhuma mudança intrínseca?

32. Resumo dos desvios do programa parmenidiano

Permitam-me resumir minha narrativa. Vimos pelo menos seis desvios (todos eles, é claro, heréticos e conjecturais) em relação ao programa parmenidiano: imperfeição (Newton); irreversibilidade; indeterminismo teórico quântico e a invasão da probabilidade; o desmoronamento da teoria eletromagnética da matéria; o desmoronamento da teoria atomista da mudança com a transmutação de partículas elementares e as novas cosmologias. Muitas delas foram acompanhadas de desculpas parmenidianas, que abundam na Física moderna, mas tais desculpas são redundantes, pois ficou muito claro que a ciência não precisa perecer ou deixar de progredir ainda que se desvie mesmo da versão parmenidiana do racionalismo. Sem dúvida, tais desenvolvimentos criaram um forte anseio, uma real necessidade de novas grandes ideias construtivas, mas isso é muito bom: talvez a demanda estimule a oferta. (Como já mencionei, David Bohm deu uma contribuição interessantíssima para uma nova teoria da mudança.)

Cabe ao filósofo da ciência, a meu ver, combater as recaídas no subjetivismo e no irracionalismo que, acredito, se devem a uma ab-rogação involuntária e, portanto, reprimida de uma crença inconscientemente mantida. A teoria da irreversibilidade baseada na necedade ou a teoria de que a irreversibilidade e até mesmo a mudança sejam ilusões; a teoria de que a indeterminação possa ser explicada pela ignorância em razão da interferência do observador ou do aparelho sobre o objeto da observação; tais são, a meu ver, recaídas num campo em que o filósofo da ciência, tanto como o físico, pode ter algo a dizer.

Devemos dizer, creio eu, que não são necessárias tais desculpas para um desvio em relação ao programa parmenidiano. Com o desmoronamento da teoria democritiana da mudança, o programa parmenidiano mostrou-se estreito demais, apesar dos enormes serviços que prestou (e, sem dúvida, continuará a prestar) à ciência racional. Essa é, a meu ver, a lição que devemos tirar do mais recente desenvolvimento da física moderna. Devemos tentar ampliar o quadro racionalista.

33. Uma lição da economia não parmenidiana

Eu talvez possa mencionar brevemente que a primeira a conseguir um grande avanço, ao abrir mão de seu programa originalmente parmenidiano, foi a economia. A economia parmenidiana é a doutrina de que toda troca econômica é um *jogo de soma zero* ou, em outras palavras, que em cada troca entre mim e você, seu ganho deve ser a minha perda. Essa teoria primitiva, baseada no que se poderia chamar de *"princípio da conservação da riqueza"*, foi a base do mercantilismo. Ela está na raiz da teoria marxista de que o acúmulo ou o aumento da riqueza pelos capitalistas deve vir acompanhado do aumento da miséria entre os trabalhadores. Assim, Marx conservou, nessa que é a mais revolucionária e importante de suas doutrinas, uma já completamente obsoleta peça de teoria econômica parmenidiana – apesar de sua dialética violentamente antiparmenidiana, contudo, muita gente ainda crê em algo desse tipo, e a sua influência ainda se faz sentir no combate pela maior fatia na divisão do bolo nacional.

O progresso real da teoria econômica começou com a renúncia a esse preconceito parmenidiano. Começou quando Adam Smith tornou claro que numa troca voluntária, via de regra, *ambas as partes são vencedoras e ninguém é perdedor*. Essa descoberta antiparmenidiana ainda é, creio eu, a mais importante lição que podemos tirar da economia.

Concluo, com isso, meu argumento histórico para uma ampliação consciente do programa racionalista. Falo em ampliar o programa, pois não pretendo, é claro, sugerir que devamos abrir mão da busca de invariantes. Sugiro, ao contrário, que devamos não só dar sequência a essa busca, mas, *ao mesmo tempo*, tentar conscientemente ir além dela.

34. Para além da busca de invariantes: rumo a uma teoria lógica do entendimento

Não podemos, é claro, abrir mão nem da racionalidade parmenidiana – a busca da realidade por trás do mundo dos fenômenos, e o método de hipóteses rivais e criticismo –, nem da busca de invariantes, mas aquilo de que devemos abrir mão é a identificação do real com o invariante. Para vermos quais podem ser as possíveis consequências disso, consideremos uma "tábua de opostos" parmenidiana, no estilo da famosa tábua pitagórica. Coloco à esquerda o que se pode chamar "ideias ou categorias parmenidianas" (ou a Via da Verdade) e à direita seus opostos antiparmenidanos (ou a Via da Opinião):

Necessidade	Acaso
Perfeição	Imperfeição
Precisão	Aproximação
Reversibilidade	Irreversibilidade
Repetição	Variação
Coisas	Processos
Invariância	Emergência

As ideias (ou "categorias") exibidas nessa tábua não pretendem representar nada de definido. São apenas *etiquetas* que servem de lembrete para certas teorias e certas situações-problema. Dado esse alerta, nós, racionalistas, podemos conscientemente admitir, creio eu, a existência desse mundo de todas as ideias não parmenidianas. Totalmente à parte do fato quase banal de devermos lembrar que o que parece uma coisa (inclusive as partículas elementares) é sempre um processo, devemos admitir a significação de acaso, de imperfeição, de aproximação, de irreversibilidade, de variação e, transcendendo a invariância, até de emergência.

Não me demorarei muito nos últimos quatro desses opostos, pois já falei muito sobre a irreversibilidade e, quanto a repetição *versus* variação, pode ser suficiente lembrar que, pelo menos desde Darwin, deve-se reconhecer que o problema da repetição (precisa), reduplicação *versus* repetição imprecisa, variação ou mutação tem uma importância fundamental em quase todos os fenômenos biológicos.

A inclusão da categoria de emergência pode parecer um tanto suspeita aos racionalistas e precisa, reconheço, de uma defesa. Não vou elaborar aqui tal defesa porque já o fiz alhures,[135] no entanto, poderia mencionar que os filósofos da ciência não podem dispensar uma teoria que dê conta da emergência e da significância de novas ideias e teorias (ou seja, por sua "evolução criativa").

Assim, vou limitar-me aqui a algumas observações acerca da distinção entre coisas e processos e da relação dessa distinção com as ideias de acaso, imperfeição e aproximação.

A vaga distinção, muito ressaltada por Whitehead, entre coisas e processos talvez possa ser relacionada, na Física, com a distinção entre a mecânica de massa pontual e de média contínua ou entre teorias de partículas e teorias de campo. Que as teorias de campo mostrem um grau menor de determinismo que uma mecânica (laplaciana) de massa pontual (porque têm de ser "dadas" condições-limite para todo o tempo) é algo que já foi mencionado na Seção 21; como também o papel desempenhado pela ideia de acaso na Física moderna, que costuma ser associada à ideia de independência probabilística, como a independência de dois lances de moeda, mas não só o acaso ou a independência perfeita desempenham um papel na Física moderna – o mesmo acontece com a independência aproximada ou parcial ou imperfeita: basta-me citar a teoria de Einstein e Smoluchowski do movimento browniano ou a importância da teoria das cadeias de Markov e dos passeios aleatórios. Assim, a imperfeição (inclusive a independência imperfeita) entra junto com o acaso.[136]

---

135 Ver, por exemplo, capítulo 6 de Popper, *Objective Knowledge*.
136 É interessante observar que Hume, o grande adversário do apriorismo, negava por razões *a priori* a existência de qualquer intermediário entre o puro acaso e a completa determinação legal, em oposição à experiência cotidiana dos caprichos do tempo

A exploração das ideias de imperfeição e aproximação, porém, pode ser levada mais adiante. Para mostrá-lo, vou citar o papel desempenhado pela teoria da *ressonância* na Física moderna (e, portanto, de novo, a teoria de campo). *Quase toda interação* pode ser descrita em termos de ressonância – desde a interação entre átomos que emitem e absorvem *luz*, até aquela interação que os agrupa em moléculas e cristais e, portanto, também interações "mecânicas" baseadas na (relativa) impenetrabilidade dos sólidos. (Cumpre notar que essa "ressonância" não nos obriga a uma teoria de onda ou ao "dualismo de partícula e onda" da teoria quântica: ela é plenamente compatível com uma pura interpretação em termos de partículas.)[137]

A *ressonância*, porém, nunca é perfeita (embora seja, talvez, quase perfeita no caso da luz coerente dos *lasers* e *masers*).[138] Por exemplo, a largura finita de linhas espectrais indica a igualdade imperfeita ou aproximada das frequências emitidas.

Vemos aqui que a ideia de aproximação (que, de início, parece referir--se apenas a graus de conhecimento e ignorância ou, talvez, ao aumento

---

(que encontramos combinadas com certo grau de previsibilidade) e às nossas ideias atuais na física e, sem dúvida, em praticamente todas as ciências. Hume, portanto, afirmou em seu *Tratado* (ver a nova edição a cargo de H. Nidditch, da Selby-Bigge) que não pode haver nada intermediário entre o acaso e a causalidade: "como a mente tem de ser ou não determinada a passar de um objeto a outro, é impossível admitir um meio-termo entre o acaso e a necessidade absoluta" (Hume, *A Treatise of Human Nature*, p.171) [Usamos a tradução de Déborah Danowski editada pela Unesp: *Tratado da natureza humana*, Parte I, Livro III, Seção XIV, 33 (N. E. B.).] Isso está errado. Tomemos uma situação física com n possibilidades lógicas. O caso mais simples será uma equidistribuição, com cada uma das n possibilidades tendo a probabilidade de 1/n. A partir daí, temos uma elevação intermediária estável até a necessidade, "carregando" uma das n possibilidades, de modo que sua probabilidade suba para, digamos, 3/2n; para 2/n, e assim por diante, até chegar a 1; ao passo que diminuem as probabilidades das outras n-1 possibilidades. (Ver também Klinchin, *Mathematical Foundations of Information Theory*, p.2-3.)

137 Ver em especial a obra de Alfred Landé e sua ênfase na teoria de partículas de fenômenos ondulatórios *aparentes* (que podem constituir "ressonância").

138 A relação entre coerência da luz e irreversibilidade parece necessitar de maiores investigações. O problema foi investigado por Laue, Zur Thermodynamik der Interferenzerscheinungen. *Annalen der Physik*. Id., Die Entropie von partiell kohärenten Strahlenbündeln. *Annalen der Physik*. Id., Die Entropie von partiell kohärenten Strahlenbündeln (Nachtrag), *Annalen der Physik*. Id., Das Additionstheorem der Entropie. *Physikalische Zeitschrift*), que mostrou ser possível aumentar a diferença de temperatura de dois (ou mais) raios luminosos coerentes sem fazer uso de nenhum processo compensatório (com aumento de entropia).

do nosso conhecimento) desempenha também um papel mais objetivo: ela é necessária na Física para explicar fenômenos como a largura das linhas espectrais, ou as pulsações que decorrem da igualdade aproximada das frequências acústicas, ou a estabilidade limitada dos átomos radioativos (que podem, obviamente, serem medidos por sua meia-vida).

A quase universal imperfeição de todos os fenômenos de ressonância está ligada às propriedades espaço-temporais de nosso universo: para estar em perfeita ressonância, a distância entre os dois osciladores teria de ser um múltiplo exato de seu comprimento de onda, o que é impossível se os osciladores estiverem em movimento relativo ou se forem sistemas físicos extensos, e não massas pontuais. Além disso, a relatividade da simultaneidade torna impossível tudo o que se pareça com uma ressonância perfeita (uma vez que os ressonadores não são sistemas inerciais: dois ressonadores, sobretudo se sua frequência for alta, devem, mesmo se estiverem situados no mesmo sistema inercial, mudar seu hiperplano de simultaneidade *e não podem fazer isso simultaneamente*).

Assim, a imperfeição pode ser um material de construção de nosso mundo tão obviamente não parmenidiano. Na realidade, parece provável que não possa existir um mundo em perfeita ressonância – no sentido de que nada poderia acontecer num tal mundo –, este seria, sem dúvida, um mundo parmenidiano.

Por outro lado, pode muito bem acontecer de a ressonância imperfeita e a interferência imperfeita poderem explicar boa parte do caráter não parmenidiano de nosso mundo e também poderem fazer isso sem nos forçarem a abrir mão de nenhuma de nossas vitórias parmenidianas. Isso pode ser útil não só numa teoria da mudança, da interação e da irreversibilidade, mas talvez até na teoria da evolução.

Se há algo de válido nesse programa e na ideia de ressonância imperfeita, ele pode ser apresentado, estranhamente, como um retorno da filosofia de Parmênides à ainda mais antiga filosofia de Heráclito, que escreveu:

As coisas unidas são íntegras e não íntegras, concordam e discordam, estão afinadas e desafinadas [...] (DK 22B10)

Aquilo que discorda [consigo mesmo] concorda consigo mesmo: a união ou harmonia deve-se ao recuo ou à tensão, como no arco ou na lira (DK 22B51).

Sugiro que o que não pode, muito provavelmente, ser explicado pelo método parmenidiano de invariantes é o problema da mudança e do próprio tempo e, em especial, o problema da seta do tempo. Os problemas heraclitianos da mudança, da variância e do conflito parecem transcender o método de invariantes. Foi por isso que Parmênides negou a mudança. (E é por isso que alguns negam que possa haver um problema aqui.)

Não indica, porém, esse louvor de um programa heraclitiano uma disposição de adotar doutrinas irracionalistas, como o vitalismo ou o bergsonismo?[139] Não creio.[140] O problema com essas teorias é não terem poder explicativo, tampouco dispõem de programas férteis de pesquisa.

Por outro lado, esses irracionalistas por vezes viram *problemas* que os racionalistas não queriam ver e se inclinavam com muita facilidade a desqualificar como pseudoproblemas.

Nunca, no entanto, devemos ter medo de problemas. O melhor método de evitar o irracionalismo é, creio eu, voltar ao antigo postulado de que devemos sempre *tentar entender.*

Devemos, pois, voltar ao postulado de *entender o melhor possível* o que estamos fazendo na ciência. Os teóricos da Física Quântica têm sido desnecessariamente pessimistas acerca do entendimento, por estarem inclinados à ideia de que o entendimento se limita ao que possa ser retratado ou representado pelos modelos mecânicos clássicos. Creio, no entanto, que podemos desenvolver uma *teoria lógica do entendimento* – e de diferentes graus de entendimento – que mostre ser o entendimento completamente independente de retratos e modelos: uma teoria do entendimento *racional* baseada numa ideia puramente lógica, e não psicológica, da solução de problemas e aplicável aos problemas científicos mais abstratos e às mais ousadas e inovadoras teorias científicas.

Tal teoria, naturalmente, seria (a) uma teoria de problemas e suas soluções e (b) uma teoria de diferentes níveis de problemas e da razão pela

---

139 Alguns excelentes físicos quânticos fizeram recentemente tentativas de reintrodução de certo tipo de vitalismo. Especialmente bem conhecida é a tentativa feita por Eugene Wigner de mostrar que a Biologia deva transcender a Física porque a reprodução biológica contradiz o teorema da mecânica quântica (alegado por Wigner) de que a probabilidade da existência de uma unidade que se autorreproduza é zero. (Ver o ensaio Wigner, The probability of the existence of a self-reproducing unit. In: _____. *Symmetries and Reflection*, p.93.)

140 Ver Popper, *Quantum Theory and the Schism in Physics*, p.159-8.

qual certas soluções são melhores que outras. Entendo uma teoria física ou biológica se sei como funciona; se conheço suas virtudes (o fato de ser preferível a outras); se conheço os problemas que ela resolve, os que não consegue resolver e os novos problemas por ela sugeridos. Como vemos, o entendimento pode ter níveis. Por isso, podemos falar em entendimento "mais profundo" ou em aprofundar nosso entendimento.[141]

Tal teoria racional do entendimento, creio eu, nos possibilitará enfrentar problemas que no passado foram muitas vezes relegados aos irracionalistas. Creio que os racionalistas já não devem evitar esses problemas, mas enfrentá-los no espírito de Heráclito e Parmênides; de Boltzmann, de Darwin e de Einstein.

ADENDO
UMA NOTA SOBRE OS OPOSTOS E A EXISTÊNCIA NA EPISTEMOLOGIA PRÉ-SOCRÁTICA

I

É muito antiga a ideia de *opostos ou contrários* – quente e frio, úmido e seco, luz e escuridão, ser e nada, geração e destruição, crescimento e diminuição, limitado e ilimitado – concebidos como poderes ativos que combatem um ao outro. Essa concepção pode ser encontrada em muitas visões primitivas do mundo. O confronto entre eles é o combate, a guerra. Essa ideia é levada mais adiante por Heráclito, que, creio eu, foi o primeiro a ver o grande e fundamental *problema da mudança*, analisado no ensaio precedente.

Seus antecessores viram, é claro, a mudança e tentaram explicá-la, mas não haviam se dado conta de seu caráter problemático, e, como mostrou Charles Kahn, permitiram que o mundo corruptível e mutável surgisse de um princípio (*arché*) vivo e vivificante, mas incorruptível e eterno como o

---

141 Tenho dito com frequência a meus alunos que, depois da aula, um estudante pode sair com a sensação de ter entendido cada palavra, enquanto outro estudante pode achar que não entendeu nada, no entanto, o primeiro pode não conseguir comentar o conteúdo da aula, enquanto o segundo pode ser capaz de dizer por que não a entendeu, mostrando com isso uma compreensão mais profunda que a do professor. E um terceiro estudante pode até resolver os problemas do segundo estudante.

Apeiron de Anaximandro, que, embora gere coisas mutáveis, "não se transforma em algo que não seja ele mesmo", ao passo que os opostos em guerra são perecíveis e podem transformar-se um no outro: a mais forte das forças em oposição pode superar e devorar ou absorver a mais fraca. Por fim, pensava Anaximandro, cada um dos opostos deve "perecer em sua fonte"; deve voltar ao *Apeiron*: "Onde está a geração das coisas, ali ocorre sua destruição, como é certo e justo, pois elas se corrigem e reparam umas às outras pela ofensa, segundo a ordem do tempo" (DK 12B1). Como explica Kahn, isso significa: "segundo o perpétuo ciclo que inclui não só as estações, mas outros padrões rítmicos de crescimento e diminuição". Entre esses padrões podemos incluir os padrões de guerra ou combate, bem como o dar e receber das relações humanas e sua ordem – ordem essa que impõe penalidades por qualquer transgressão.

Essas ideias de Anaximandro, observa Kahn, formam o pano de fundo do pensamento cosmológico ocidental.

II

Dos sucessores de Anaximandro anteriores a Parmênides, vou mencionar brevemente dois cuja influência sobre Parmênides me parece indubitável: Xenófanes e Heráclito.

Xenófanes é importante nesse contexto principalmente como *o pai da Epistemologia* – o primeiro a refletir sobre as limitações de nosso conhecimento. Descreve ele seu próprio pensamento cosmológico e teológico, que muito deve a Anaximandro, como "urdida teia de conjecturas". Ressalta que a "verdade certa" está além do alcance do homem e afirma o caráter conjectural de todo *conhecimento humano*, que contrapõe ao *conhecimento divino*. E descobriu que as ideias humanas sobre os deuses e o mundo são completamente inconfiáveis, pois são contaminadas pelo antropomorfismo. Apesar de sua abordagem rigorosamente racionalista, Xenófanes não era um cético, mas algo como um racionalista crítico, pois acreditava que podemos, com nossas suposições, nossas conjecturas, progredir no caminho da verdade (DK 21B18).

Heráclito menciona Xenófanes com desprezo, no entanto, como Xenófanes, seu pensamento move-se dentro do quadro de Anaximandro. Além disso, como Xenófanes, ele é um epistemólogo, e suas ideias epistemológicas estão intimamente relacionadas com as de Xenófanes: o contraste entre a sabedoria divina e as suposições dos homens mortais (que podem aperfeiçoar-se) é conservado, mas modificado. Passa a ser um contraste entre a sabedoria divina (de que, afirma, ele próprio participa, estando completamente desperto) e a obtusidade dos "outros homens" (DK 22B1), que estão irremediavelmente adormecidos. Parece claro que, em sua epistemologia, Heráclito queira corrigir Xenófanes, o que tende a mostrar que Xenófanes é que tornou Heráclito epistemologicamente consciente. É interessante que o problema epistemológico – o problema do conhecimento, do entendimento, da sabedoria – se tornou tão importante para Heráclito que ele começou seu livro anunciando suas reivindicações ao conhecimento e denunciando os "outros homens". Esse preâmbulo epistemológico criou uma tradição. Em Parmênides, o proêmio tornou-se uma parte considerável da obra. Um descendente imediato dele pode ser facilmente identificado na introdução epistemológica ao *Timeu* de Platão. A tradição é revivida de vários modos por Aristóteles e pode ser rastreada até muitos modernos prefácios epistemológicos ou metodológicos a manuais de ciências físicas, biológicas e sociais.

Não foi a epistemologia, porém, a principal contribuição de Heráclito. Esta não era o seu principal problema. Como mostrei no ensaio precedente, acho que a grandeza de Heráclito reside no fato de ter descoberto o problema central das ciências físicas e da cosmologia: *o problema da mudança*. Não digo, é claro, que Heráclito tenha descoberto a mudança ou tenha sido o primeiro a notar seu papel cosmológico. Aquilo que ele descobriu foi o caráter paradoxal de toda mudança. Viu que havia um problema – quase um problema lógico: *como é possível a mudança?* É essencial, na ideia de mudança, que a coisa que muda conserve a identidade enquanto muda e, no entanto, se ela muda, não pode conservar a identidade.

Nem todos os filósofos levam a sério esse problema; alguns são condicionados por uma longa tradição que resolve o problema em termos da substância idêntica a si mesma (sua potencialidade de mudança, atualização da substância mutável). Poucos cientistas físicos levam o problema a sério, porque, graças a Parmênides, Leucipo e Demócrito, a Física tem estado há muito de posse de uma teoria da mudança muito bem-sucedida: toda mudança, inclusive a mudança qualitativa, se deve ao movimento. Assim, perdemos a noção do problema da mudança. Essa é, a meu ver, a razão pela qual tão poucos concordam que esse algum dia possa ter sido um problema fundamental da cosmologia e porque tão poucos creem que esse fosse o grande problema de Heráclito.

Qual foi a solução de Heráclito?

(1) Não há coisas que mudam: é errado conceber que o mundo consista numa coleção de *coisas* – ou mesmo de *coisas mutáveis*. O mundo não consiste em coisas, mas em *processos*.

(2) Aquilo que *aparece* aos nossos sentidos como coisas são processos mais ou menos "medidos" ou "estáveis" – forças em oposição que se mantêm uma à outra à distância, em equilíbrio.

(3) Nós mesmos *aparecemos* a nós mesmos como coisas – a menos que busquemos a nós mesmos. "Eu busquei a mim mesmo" (DK 22B101), diz Heráclito, e o que encontrou foi, não uma coisa, mas um processo, como uma chama ardente. O fogo, a chama, por queimar de maneira estável, parece aos obtusos, àqueles que estão meio adormecidos, que não se buscam a si mesmos, como uma coisa – uma coisa mutável, mas não é uma coisa. Trata-se de um processo.

(4) Mesmo que haja processos mais ou menos separáveis, todos os processos estão entrelaçados. Não são separáveis (e contáveis) como as coisas. O mundo inteiro é *um único* processo mundial.

(5) Não há, portanto, coisas que tenham de se manter, paradoxalmente, idênticas durante a mudança, mas os processos, isto é, as mudanças, são idênticos a si mesmos, e isso inclui os *opostos*, que caracterizam cada mudança e toda mudança: *os opostos são idênticos* porque só podem existir como polos de um contraste, ou seja, juntos, ou como polos de mudança, constituindo processos mutáveis enquanto tais: "[...] a mesma coisa é viva e morta, desperta e adormecida, jovem e velha, pois essas coisas, quando mudam, são aquelas, e aquelas coisas, quando mudam, são estas" (DK 22B88), "Coisas frias viram quentes, quente-frias; úmido-secas e seco-úmidas" (22B126).

(6) Isto vale para o processo total, o mundo inteiro: "Mudando está em repouso" (DK 22B84a), porque ao mudar ele é idêntico a si mesmo, *e* por causa da *identidade dos opostos*, que se aplica até aos opostos chamados "mudança" e "repouso".

(7) Heráclito diz de Deus, portanto, que ele é, como o cosmos, a identidade de "todos os opostos":[142] "Deus é dia e noite, inverno e verão,

---

142 Comentário de Hipólito sobre o fragmento DK 22B67.

guerra e paz, saciedade e fome". (Como Anaximandro, Heráclito identifica Deus com um princípio cósmico.)

Em suma, Heráclito resolve o paradoxo da autoidentidade das coisas durante a mudança por uma *teoria das coisas* que as explica como aparências malcompreendidas ou interpretadas de processos, não raro, invisíveis. Os processos e, em especial, os processos mundiais, são mudanças idênticas a si mesmas, que envolvem opostos que são, portanto, ao mesmo tempo opostos e idênticos.

Não tenho a pretensão de que tudo isso seja completamente claro e lúcido. (O mesmo Heráclito adora os paradoxos.) Nos permite, porém, atribuir a Heráclito um problema fundamental e uma teoria brilhante e revolucionária como sua solução e oferece o que me parece ser uma interpretação coerente dos fragmentos e da relação de Heráclito com Parmênides.[143]

III

Como Xenófanes e Heráclito, Parmênides pertence claramente à tradição de Anaximandro (e também, provavelmente, de Pitágoras). Creio que há muitos sinais de que ele sofreu a influência de Xenófanes.

Como Xenófanes, ele faz uma distinção entre o conjecturar ou a opinião e o conhecimento divino, mas desenvolve a crítica de Xenófanes ao antropomorfismo do conhecimento humano, transformando-a na teoria de que é ilusão humana a interpretação do mundo dada pelo homem e pelo senso comum.

A influência decisiva, no entanto, parece vir de Heráclito. Sugiro que Parmênides apresente uma refutação ponto por ponto de Heráclito, a antilogia do *logos* de Heráclito. Derrota Heráclito com sua própria arma lógica: a identidade dos opostos.

---

143 Acerca de Heráclito, pode-se encontrar mais no Ensaio 1, neste volume. De todas as apresentações recentes de Heráclito, sinto-me mais perto de concordar com a de Guthrie, *History of Greek Philosophy*, v.1, p.435-6 (exceto num único ponto: não creio na identificação do *logos* e do fogo; acho que o *logos* é a "explicação" de Heráclito, ou seja, sua teoria, que inclui as forças que controlam o fogo). Receio, porém, que Guthrie não teria aceitado minha conjectura acerca do problema central de Heráclito, embora pudesse aceitar parte do que descrevi como solução deste.

Como Heráclito, Parmênides começa com uma introdução epistemológica. Aceita em boa medida a "correção" da epistemologia de Xenófanes feita por Heráclito: o conhecimento divino, a verdade, opõe-se às falsas reivindicações de conhecimento dos homens mortais e, como Heráclito, demanda a participação no conhecimento divino. Temos aqui os opostos epistemológicos que vêm de Xenófanes:

Conhecimento divino
Verdade
Opinião humana (errônea ou) falível
Aparência, aparente, ilusão

Parmênides, porém, supera Heráclito, tratando com maior precisão e consciência esses opostos. Vence, ademais, a Heráclito, ao mesmo tempo, em seu próprio campo: *esses* opostos, pelo menos, *não são idênticos*. Essa não identidade está claramente implícita no preâmbulo de Heráclito e permeia tudo o que diz.

Em seguida, ele aguça outro par de opostos epistemológicos que podem ser encontrados em Heráclito:

Razão   Sentido (percepção)

Heráclito teria de admitir a superioridade da razão. Além disso, ele, sem dúvida, sugere que os dois não são idênticos, mas não consegue traçar uma linha (oposição?) nítida entre eles – violando, com isso, seu método habitual.

A clara oposição entre a razão e a percepção sensível estabelecida por Parmênides é um passo gigantesco. O pensamento europeu tem sido desde então dominado por ela.

Isso encerra a introdução epistemológica de Parmênides, embora dependa de Xenófanes e de Heráclito, pode-se dizer que Parmênides é o verdadeiro fundador da Epistemologia e, desde então, a Epistemologia tem permanecido no centro da Filosofia.

Quando passamos à cosmologia, vemos que Parmênides, mais uma vez, opera com opostos. O par fundamental é

Ser (= o que é)   Nada (= o que não é)

um par sobre o qual Heráclito jamais pensou. Se tivesse pensado, poderia ter afirmado a identidade desses opostos. Parmênides segue adiante, provando (a) que eles não podem ser idênticos e (b) que Heráclito (ou todo aquele que acredite na mudança), em contradição com a refutação lógica, terá de afirmar que eles são idênticos.

Os opostos são, em geral, contrários, e não contraditórios. Isso quer dizer que duas asserções opostas ou contrárias, como

Sócrates existe   Sócrates não existe

são parcialmente compatíveis: podem ser ambas *falsas* – mas não ambas *verdadeiras*. Se tentarmos considerar verdadeiros esses contrários, somos levados à consequência ontológica: Sócrates não existe. Assim, no caso de um predicado ontológico como "existe", os dois contrários não podem ser ambos verdadeiros. Qualquer tentativa de supô-los ambos verdadeiros leva a um absurdo. No caso de um predicado ontológico, os contrários agem como contraditórios: sua disjunção é uma tautologia, e só um dos membros do par de contrários pode ser verdadeiro.[144]

---

144 Alguns podem protestar, com Kant e Russell, que "existir" não é um predicado, e que não há predicados ontológicos, mas isso é um erro. Seja E "existe". Podemos, então, definir $Ex \equiv (x = x)$, ou seja, E é o predicado universal, e $-E$ é o predicado vazio, ambos relativos a algum universo de discurso. Ora, se s é uma constante (um nome), "$-Es$" significa "'s' não pertence ao universo de discurso", ou "'s' é um nome vazio" ("'s' não nomeia nenhum elemento do universo de discurso"), portanto, se "s" é abreviação de "Sócrates", chegamos sem dúvida ao resultado: de Es & $(-Es)$ segue-se $-Es$, de modo que Sócrates não é um elemento de nosso universo de discurso ou das coisas existentes segundo a nossa ontologia pressuposta.

Ensaio 8
Comentários sobre a descoberta pré-histórica do eu (*self*) e do problema mente-corpo na filosofia grega antiga

1. A história de nossa visão do universo

O pensamento humano em geral e a ciência em particular são produtos da história humana. Dependem, portanto, de muitos acidentes: se nossa história tivesse sido diferente, nosso pensamento e nossa ciência atuais (se houvesse) também seriam diferentes.

Argumentos como esse têm levado muita gente a conclusões relativistas ou céticas. Tais conclusões, no entanto, estão longe de ser inevitáveis. Podemos aceitar como um fato haver elementos acidentais (e, sem dúvida, irracionais) em nosso pensamento e, todavia, rejeitar as conclusões relativistas, por autodestruidoras e derrotistas, pois é possível mostrar que podemos aprender – e, por vezes, realmente aprendemos – com nossos erros e que é desse jeito que a ciência progride. Por mais errôneos que sejam nossos pontos de partida, eles podem ser corrigidos e, portanto, transcendidos, sobretudo, se buscarmos conscientemente identificar nossos erros pela crítica, como acontece nas ciências. Assim, o pensamento científico pode ser progressivo (de um ponto de vista racional), a despeito de seus pontos de partida mais ou menos acidentais. Podemos também auxiliá-lo ativamente por meio da crítica e, assim, chegar mais perto da verdade. As teorias científicas do momento são o produto comum de nossos preconceitos mais ou menos acidentais (ou, talvez, historicamente determinados) *e* da eliminação crítica dos erros. Sob o estímulo da crítica e da eliminação de erros, sua verossimilhança tende a aumentar.

Talvez não deva dizer "tende", pois não se trata de uma tendência inerente às nossas teorias ou hipóteses tornarem-se mais verossímeis: trata-se, antes, do resultado de nossa própria postura crítica, que só admite uma nova hipótese se ela revelar-se uma melhoria em relação as suas antecessoras. Exigimos o seguinte de uma nova hipótese antes de permiti-la substituir uma hipótese anterior:

(1) Deve resolver os problemas que sua antecessora resolvia, pelo menos tão bem quanto esta.

(2) Deve possibilitar a dedução de predições que não se sigam da velha teoria, de preferência, predições que contradigam a velha teoria, ou seja, experiências cruciais. Se uma nova teoria satisfizer a (1) e a (2), representa um possível progresso. O progresso será real se a experiência crucial decidir em favor da nova teoria.

O ponto (1) é uma exigência necessária e conservadora. Impede a regressão. O ponto (2) é opcional e desejável. Ele é revolucionário. Nem todo progresso na ciência tem caráter revolucionário, embora todo avanço importante na ciência seja revolucionário. As duas exigências juntas garantem a racionalidade do progresso científico, ou seja, um aumento da verossimilhança.

Essa visão do progresso científico parece-me estritamente opor-se ao relativismo e até mesmo à maioria das formas de ceticismo. Trata-se de uma visão que nos permite distinguir a ciência da ideologia e levar a ciência a sério, sem superestimar ou dogmatizar seus deslumbrantes resultados.

Alguns dos resultados da ciência não são só deslumbrantes, mas estranhos e completamente inesperados. Parecem dizer-nos que vivemos num vasto universo, que consiste quase inteiramente em espaço vazio de matéria e cheio de radiação. Este contém apenas pouca matéria – cuja maior parte está em violenta agitação; também uma minúscula e evanescente quantidade de matéria viva e uma quantidade ainda menor de matéria viva dotada de consciência.

Não só são vazias de qualquer matéria viva vastas quantidades de espaço, mas também, segundo as ideias científicas atuais, vastos períodos de tempo. Podemos aprender com a biologia molecular que a origem da vida a partir da matéria inanimada deve ser um evento de extrema improbabilidade.

Mesmo sob condições muito favoráveis – elas mesmas improváveis –, a vida, ao que parece, só poderia originar-se depois de inúmeras e longas sequências de eventos, cada uma das quais quase, mas não inteiramente, bem-sucedidas na produção de vida.

Não se pode dizer que essa imagem do universo, tal como retratado pela ciência contemporânea, nos impressione pela familiaridade ou por ser intuitivamente de todo satisfatória (embora seja, por certo, intelectual e intuitivamente empolgante). E por que deveria sê-lo? Ela pode muito bem ser verdadeira ou estar próxima da verdade: já deveríamos ter aprendido que a verdade não raro é estranha. Ou também pode estar longe da verdade – podemos, de modo inesperado, ter interpretado mal a história inteira, ou antes, o que consideramos ser a prova que suporta nossa história. Mesmo assim, é improvável[1] que tenha havido um aumento de verossimilhança na evolução crítica da história. Há, evidentemente, matéria inanimada, vida e consciência. Nossa tarefa é pensar sobre essas três coisas e suas inter-relações e, em especial, também sobre o lugar do homem no universo e o conhecimento humano.

Posso mencionar, de passagem, que a estranheza da imagem científica do universo me parece refutar a teoria subjetivista (e a fideísta) da probabilidade e também a teoria subjetivista da indução ou, mais precisamente, da "crença provável", pois, segundo essa teoria, a coisa familiar, a coisa costumeira, também deve ser a coisa aceitável racional e cientificamente, enquanto, na realidade, a evolução da ciência corrige e substitui o familiar pelo não familiar.

Segundo as nossas mais recentes teorias, essas questões cosmológicas não poderiam parecer menos familiares, fato este que mostra, aliás, o quanto a ciência avançou, sob a pressão da crítica, desde seus primórdios com mitos antropomórficos. O universo físico conserva – ou assim parece – muitos vestígios independentes e coerentes de ter-se originado numa violenta explosão, o "primeiro *big bang*". Além disso, o que parece ser a melhor de nossas teorias contemporâneas prediz seu colapso final. Esses dois eventos terminais têm sido interpretados como o início e o fim do espaço *e do tempo* – embora, obviamente, quando dizemos essas coisas mal compreendemos o que estamos falando.

A estranheza da teoria científica, quando comparada a uma visão mais ingênua, foi examinada por Aristóteles, que disse, aludindo à prova da incomensurabilidade da diagonal com o lado do quadrado:

---

1 "Improvável" no sentido de Popper, *Objective Knowledge*, p.101-3.

A aquisição do conhecimento deve estabelecer um estado mental diretamente oposto àquele a partir do qual originalmente iniciamos a nossa
busca [...] pois para todos os que ainda não compreenderam a razão deve
parecer um prodígio que haja algo [isto é, a diagonal do quadrado] que não
possa ser medido, nem sequer pela menor unidade.[2]

O que Aristóteles parece não ter visto é que a "aquisição de conhecimento" pode ser um processo sem fim e que podemos *continuar* a ser sur-
preendidos pelo progresso do conhecimento.

Dificilmente pode haver um exemplo mais dramático disso do que a
história do desenvolvimento da teoria da matéria. Do grego *hylē*, que traduzimos por "matéria" e que muitas vezes significa "lenha" em Homero,
evoluímos para o que descrevi na Seção 3 de meu livro *The Self and Its Brain*
como a autotranscendência do materialismo. E alguns eminentes físicos
foram ainda além em sua dissolução da ideia de matéria. (Não que eu esteja
preparado para segui-los nisso.) Sob a influência de Mach – um físico que
não cria nem na matéria, nem nos átomos, e propôs uma teoria do conhecimento, reminiscente do idealismo subjetivo de Berkeley – e sob a influência
de Einstein – que era machiano quando jovem –, foram aventadas interpretações idealistas e até solipsistas da mecânica quântica por alguns dos grandes
pioneiros da Mecânica Quântica, em especial por Heisenberg e por Wigner.
"A realidade objetiva evaporou-se", escreveu Heisenberg.[3] Como disse Bertrand Russell: "Começa a parecer que a matéria, como o gato de Cheshire,[4]
vem aos poucos tornando-se diáfano, até que dele nada reste senão o sorri-
so, provocado, provavelmente, por aqueles que ainda acham que ele existe".[5]

As minhas observações sobre a história do pensamento serão muito resu-
midas. Isso seria inevitável mesmo se meu principal objetivo fosse contar
a história, mas não é. Meu principal objetivo é tornar mais compreensível a
atual situação-problema em relação à mente e ao corpo, mostrando como
ele surgiu de antigas tentativas de resolver problemas – e não só o problema mente-corpo. Aliás, isso deveria ilustrar minha tese de que a história
deve ser escrita como a história de situações-problema.[6]

---

2 Aristóteles, *Metafísica*, 983a11.
3 Heisenberg, The Representation of Nature in Contemporary Physics, *Daedalus*.
4 Personagem de *Alice no País das Maravilhas*, de Lewis Carroll. (N. T.)
5 Russell, Mind and matter. In: _____. *Portraits from Memory*, p.145.
6 Ver, sobretudo, o capítulo 4 de *Popper, Objective Knowledge*.

2. Um problema a ser resolvido pelo que se segue

Um dos meus principais objetivos ao escrever acerca da história antiga do problema mente-corpo é o de mostrar a falta de fundamentos da doutrina que diz que esse problema é senão parte de uma ideologia moderna e era desconhecido na antiguidade. Essa doutrina tem um viés propagandista. Sugere que aquele que não tiver sofrido lavagem cerebral pelas religiões ou filosofias dualistas aceitará naturalmente o materialismo. Afirma-se que a filosofia antiga era materialista – asserção que, embora enganosa, contém um pouco de verdade – e se sugere que aqueles de nós que se interessam pela mente e pelo problema mente-corpo sofreram lavagem cerebral por parte de Descartes e seus seguidores.

Algo nesse sentido é sugerido no brilhante e valioso livro de Gilbert Ryle, *Concept of Mind* [Conceito de mente] e é ainda mais energicamente sugerido numa comunicação em que Ryle fala da "lenda dos dois teatros",[7] descrita por ele como "uma lenda relativamente moderna".[8] Diz também que "Pelos termos gerais como os cientistas [a alusão é a Sherrington e Lord Adrian] colocaram os seus problemas da mente e do corpo, nós, filósofos, somos os principais culpados".[9] Por "nós, filósofos" devemos entender aqui "Descartes e os filósofos pós-cartesianos".

Perspectivas como essa podem ser encontradas não só num filósofo eminente (e um estudioso de Platão e de Aristóteles) como Ryle, mas são bem-populares. William Hardie, autor de *A Study in Plato* [Um estudo sobre Platão] (de 1936) e de *Aristotle's Ethical Theory* [A teoria ética de Aristóteles] (de 1968), examina, num artigo recente, dois livros e oito artigos sobre Aristóteles, sobre os quais diz: "Na maioria desses artigos [e livros], o que é dito ou sugerido de diversas maneiras é que Aristóteles, seja como for, não tinha um conceito de consciência ou, pelo menos, não um conceito que correspondesse intimamente ao nosso".[10] Hardie examina com grande atenção o melhor dos artigos e conclui – de maneira não de todo inesperada – que Aristóteles não era cartesiano, no entanto, Hardie deixa bem claro que, se "ser 'consciente' ou ter uma 'mente' [for] o que distingue os animais das

---

7 Ryle, The physical basis of mind. In: Laslett (ed.), *The Physical Basis of Mind*, p.77.
8 Ibid.
9 Ibid., p.76.
10 Hardie, Concepts of Consciousness in Aristotle, *Mind*.

plantas ou o que distingue o homem dos outros animais", então não se pode dizer que Aristóteles, "que nos deu a terminologia ("psicologia", "psíquico", "psicofísico", "psicossomático") que usamos para assinalar" essa distinção, tenha "negligenciado" tal distinção.[11] Ou seja, ainda que Aristóteles talvez não contasse com um termo que correspondesse precisamente à nossa "consciência" em seu sentido muito amplo e um tanto vago, ele não tinha dificuldade de falar dos vários tipos de eventos conscientes.

Aristóteles tampouco tem qualquer dúvida de que o corpo e a mente interagem – embora sua teoria dessa interação fosse diferente da minuciosa elaboração, engenhosa, mas incoerente (e, portanto, indefensável), que Descartes deu ao interacionismo.

No breve esboço histórico que constitui este ensaio, tentarei defender as seguintes ideias:

(1) O dualismo, sob a forma da história do fantasma na máquina (ou melhor, do fantasma no corpo), é tão velho quanto qualquer evidência histórica ou arqueológica, embora seja improvável que antes dos atomistas o corpo fosse visto como uma máquina.

(2) Todos os pensadores de que saibamos o bastante para dizer algo de definido acerca de sua posição, até Descartes, foram dualistas interacionistas.

(3) Esse dualismo é muito marcado, apesar do fato de que certas tendências inerentes à linguagem humana (que originalmente só era, aparentemente, apropriada para a descrição de coisas materiais e de suas propriedades) parecem tornar-nos propensos a falar de mentes ou almas ou espíritos como se fossem um tipo peculiar de corpo (de tipo gasoso).

(4) A descoberta do mundo moral leva a se reconhecer um caráter especial da mente. Isso é o que acontece em Homero (que conta, no canto 24 da *Ilíada*, clímax de todo o poema, a visita de Príamo a Aquiles, em que considerações morais e humanas desempenham um papel decisivo), em Demócrito e em Sócrates.

(5) No pensamento dos atomistas, encontramos materialismo, interacionismo e também o reconhecimento do caráter moral especial da mente, mas creio que eles não tiraram as consequências de seu próprio contraste moral entre mente e matéria.

---

11 Ibid., p.409-10.

(6) Os pitagóricos, Sócrates, Platão e Aristóteles, tentaram transcender a maneira "materialista" de falar da mente: reconheceram o *caráter não material da psique* e tentaram compreender essa nova concepção. Uma importante fala atribuída a Sócrates por Platão no *Fédon* (vide a Seção 4, a seguir) trata explicitamente da explicação moral da ação humana em termos de fins e decisões, bem como contrasta isso com a explicação do comportamento humano em termos de causas psicológicas.

(7) Só surgiram alternativas ao interacionismo depois de Descartes. Elas apareceram por causa das dificuldades específicas do elaborado interacionismo de Descartes e seu choque com sua teoria da causalidade na física.

Esses sete pontos obviamente indicam uma visão muito diferente da que parece tão disseminada hoje em dia. A esses sete pontos adicionarei um oitavo:

(8) Sabemos que, mas não sabemos *como*, a mente e o corpo interagem, mas isso não é de surpreender, pois não temos realmente uma ideia definida de como as coisas físicas interagem. Nem sabemos como interagem os eventos mentais, a menos que creiamos numa teoria dos eventos mentais e de suas interações, que é quase certamente falsa: no associacionismo. A teoria da associação de ideias é uma teoria que trata os eventos ou processos mentais como coisas (ideias, imagens) e atribui a interação entre eles a uma espécie de força de atração. O associacionismo, portanto, é provavelmente uma dessas metáforas materialistas que quase sempre usamos quando tentamos falar de eventos mentais.

3. A descoberta pré-histórica do eu (*self*) e do mundo da mente (Mundo 2)

A história das teorias do eu ou da mente é muito diferente da história das teorias da matéria. Temos a impressão de que as maiores descobertas foram feitas nos tempos pré-históricos e pelas escolas de Pitágoras e de Hipócrates. Mais recentemente, houve muita atividade crítica, mas sem levar a grandes ideias revolucionárias.

As maiores conquistas da humanidade estão no passado. Incluem a invenção da linguagem e do uso de ferramentas artificiais para fazer outros artefatos; o uso do fogo como ferramenta; a descoberta da consciência do eu e de outros eus e o conhecimento de que todos temos de morrer.

As duas últimas dessas descobertas parecem depender da invenção da linguagem, e o mesmo talvez se possa dizer das outras. A linguagem, por certo, parece ser a mais velha dessas conquistas, e é uma das mais profundamente arraigadas em nossa constituição genética (embora, é claro, cada linguagem específica tenha de ser adquirida por tradição).

A descoberta da morte e o sentimento de perda, de consternação, também devem ser muito antigos. Pelos velhos costumes fúnebres, que vão até o homem de Neandertal, somos obrigados a conjecturar que essa gente não só tinha consciência da morte, mas também acreditava na vida após a morte. Pois enterravam os mortos com presentes – muito provavelmente presentes que julgavam úteis na viagem ao outro mundo e à outra vida. Além disso, Solecki relata que encontrou na caverna de Shanidar, no norte do Iraque, o túmulo de um homem de Neandertal (talvez vários deles) que aparentemente havia sido enterrado sobre um leito de gravetos, decorado com flores.[12] Também relata que descobriu os esqueletos de dois idosos, um deles um "indivíduo com sérias deficiências", o outro "um caso de reabilitação".[13] Fica claro que eles não eram só tolerados, mas ajudados pela família ou pelo grupo. Parece que a ideia humana de auxiliar os fracos é muito antiga e que devemos revisar nossas ideias sobre o caráter primitivo do homem de Neandertal, que supostamente viveu entre 60 mil a 35 mil anos atrás.

Muita coisa fala, ao que parece, a favor da conjectura de que a ideia de sobreviver à morte implique algum tipo de dualismo do corpo e da mente. Sem dúvida, o dualismo não era cartesiano. Tudo fala a favor da ideia de que a alma era tida como extensa: como um fantasma ou espectro – como uma sombra de forma física semelhante à do corpo. Essa é, pelo menos, a ideia que encontramos nas fontes literárias mais antigas, sobretudo em Homero, nas sagas e nos contos de fadas (e também em Shakespeare).

---

12 Solecki, *Shanidar*, p.246-7.
13 Ibid., p.268. Foram analisadas amostras do solo oito anos depois da descoberta, por uma paleobotânica francesa, especialista em análise do pólen, Mme. Arlette Leroi--Gourhan, que fez essa espantosa descoberta.

Trata-se, de certo modo, de uma forma de materialismo, sobretudo se aceitarmos a ideia cartesiana de que a matéria se caracteriza pela extensão (tridimensional), no entanto, é claro seu caráter dualista: a alma em forma de fantasma é *diferente* do corpo, é *menos* material que o corpo, é mais fina; mais parecida com o ar, o vapor, o sopro.

Em Homero, temos uma pluralidade de palavras para a mente e a alma e suas funções, o "processo de consciência", como as chama Onians: sentimento, percepção, pensamento, desprezo, zanga etc.[14]

Vou referir-me aqui a apenas três dessas palavras.[15] (Seu uso em Hesíodo é semelhante.)

Da maior importância em Homero é a palavra *thymos*, a matéria da vida, o sopro vaporoso da alma, o material ativo, energético, senciente e pensante relacionado com o sangue.[16] Ele nos abandona quando desmaiamos ou, como nosso último suspiro, quando morremos. Mais tarde, o termo teve seu sentido restringido, passando a significar coragem, energia, brio, vigor. Em contrapartida, *psychē* em Homero (embora às vezes usada como sinônimo de *thymos*) não é um princípio vital, como em autores posteriores (Parmênides, Empédocles, Demócrito, Platão, Aristóteles). Em Homero, trata-se, antes, da triste recordação que permanece quando morremos, da pobre sombra sem inteligência, do fantasma que sobrevive ao corpo: "não está envolvida na consciência comum"; é aquilo que "persiste, ainda que sem a consciência ordinária [ou vida ordinária] na casa de Hades [...] a semelhança visível mas impalpável do corpo que já viveu.[17] Assim, quando Odisseu, no livro décimo primeiro da *Odisseia*, visita os infernos, a escura e triste casa de Hades, descobre que as sombras dos mortos carecem quase completamente de vida, até alimentá-las de sangue, a matéria que tem o poder de restaurar a semelhança de vida na sombra, a *psychē*. A cena é de grande tristeza, de desesperada piedade pelo estado em que sobrevivem os mortos. Para Homero, só o corpo vivo é um eu plenamente consciente.

---

14 Onians, *The Origins of European Thought*.
15 Quanto a outras duas palavras (*phren* ou *phrēnes* e *eidōlon*), ver as notas 14, 17 e 24 deste ensaio.
16 Ibid., p.48.
17 Ibid., p.94.

O terceiro termo, *noos* (ou *nous*, na passagem de importância decisiva da *Odisseia*, 10.240, que agora discutiremos) costuma ser muito bem traduzida como "mente" ou "entendimento". Habitualmente, trata-se da mente com uma intenção, um propósito (em alemão, *Absicht*).[18] Onians caracteriza-a bem como "consciência com propósito".[19] Via de regra, envolve uma compreensão da situação e, às vezes, significa, em Homero, inteligência consciente ou até mesmo consciência inteligente do eu.

Em vista do fato de ter sido por vezes negado, por implicação, que uma ideia (dualista) da mente ocorra antes de Descartes, o que tornaria a minha atribuição dessa ideia a Homero grosseiramente a-histórica, quero fazer referência à passagem *Odisseia* 10.240 que me parece absolutamente crucial para a pré-história e para os primórdios da história do problema mente-corpo.

Trata-se do relato de uma transformação mágica do corpo, metamorfose que deixa a mente intacta, um dos temas mais antigos e mais disseminados dos contos de fada e do folclore. Neste, quase o mais antigo documento literário de nossa civilização Ocidental que chegou até nós, é explicitamente declarado que a transformação mágica do corpo deixa intacta a identidade própria da mente, da consciência.

O trecho do livro décimo da *Odisseia* descreve como Circe golpeou alguns dos companheiros de Odisseu com sua vara: "E tiveram a cabeça e a voz e os pelos e o corpo (*demas*)[20] *de porco, mas sua mente* (*nous*) permaneceu idêntica, como antes. Assim, eles foram enjaulados ali, aos prantos". Evidentemente, eles compreenderam sua pavorosa situação e permaneceram conscientes de sua identidade própria.

---

18 Ver Homero, *Odisseia*, 24.474.

19 Onians, op. cit., p.83.

20 Em Homero, *demas* (nos escritores posteriores, de Hesíodo a Píndaro, com frequência *sõma*), o corpo, o quadro ou estrutura dos homens, é, muitas vezes, oposto à mente, para a qual são usados muitos termos, por exemplo, *phrênes*. (ver a nota 17 a seguir; Homero, *Ilíada* 1.113-5; Id., *Odisseia* 5.211-13. Para o contraste entre o corpo (*demas*) e mente (*noos*), ver Id., *Ilíada* 24.376 e ss. Para o contraste entre o tamanho do corpo (*megethos*, aqui usado como sinônimo de *demas*, como se pode verificar em 251) e mente (*phrênes*), ver *Odisseia* 18.219 e ss. Em Id., *Odisseia* 4.796, um fantasma (*eidõlon*, semelhante à *psychê* homérica) é inserido pela deusa num corpo (*demas*). Para a oposição entre o fantasma ou mente (*eidõlon*) e o corpo (*demas*), cf. Píndaro, citado na nota 24 deste ensaio; Popper, *Conjectures and Refutations*, p.409-10.

Isso, a meu ver, é bastante claro, e temos todas as razões para interpretar as muitas metamorfoses mágicas da antiguidade clássica e de outros contos de fada de maneira correspondente. Assim, o eu consciente não é um artefato da ideologia cartesiana. Trata-se da experiência universal da humanidade, digam o que disserem os anticartesianos de hoje.

Visto isso, também se vê que o dualismo mente-corpo está evidente em toda parte em Homero[21] e, é claro, nos autores gregos posteriores. Tal dualismo é típico da antiquíssima tendência de pensar por polos opostos, como a antítese "mortal-imortal".[22] Por exemplo, Agamenão diz de Criseida: "Eu a prefiro a Clitemnestra, minha esposa legítima, pois não é nada inferior a ela pelo corpo ou porte, ou pela mente[23] ou em seus feitos".[24] A oposição ou dualismo entre o corpo e a alma é muito característico de Homero (ver a nota 14 deste ensaio) e, uma vez que a mente costuma ser concebida como material, não há nenhum obstáculo para a óbvia doutrina da interação mente-corpo.

A respeito do dualismo, deve ficar claro que a oposição ou polaridade entre o corpo e a mente não deve ser exagerada: "minha mente" e "meu corpo" podem muito bem aparecer como sinônimos de "minha pessoa", embora raramente sejam sinônimos um do outro. Pode-se encontrar um exemplo em Sófocles, quando diz Édipo "Minha mente (*psychē*) carrega o peso das minhas e das tuas penas" e, em outro lugar, "Ele (Creonte) tem astuciosamente conspirado contra meu corpo (*sōma*)". Nos dois casos, "minha pessoa" (ou simplesmente "eu") serviria igualmente bem em português, ou até melhor, mas tanto em grego como em português não poderíamos substituir em nenhum caso uma expressão (*psychē*) por outra (*sōma*).[25] Que

---

21 São trechos homéricos interessantes da *Ilíada* que indicam um dualismo (sem dúvida, um dualismo materialista), por exemplo, os robôs da menina de ouro (ver parte 1, Seção 2, nota 1 de Id., *The Self and its Brain*), que são claramente descritos como robôs *conscientes*: têm entendimento ou mente (*nous*) no coração (cf. Homero, *Ilíada*, 18.419). Ver também Ibid., 19.302, 19.339, 24.167, nos quais Príamo e o arauto vão dormir no átrio da cabana de Aquiles, "com a mente cheia de preocupações". (Rieu, na edição da Penguin Classics, de 1950, traduz livremente, mas muito bem "com muita coisa ocupando suas mentes atarefadas".)

22 Cf. Lloyd, *Polarity and Analogy*.

23 Aqui, o termo *phrēnes* (segundo Onians, originalmente em Homero os pulmões e o coração) é usado no sentido de "mente" (capítulo 2 de Onians, op. cit.).

24 Homero, *Ilíada*, 1.113-15.

25 Ver Sófocles, *Édipo rei*, linhas 64, 643. Ver também Dodds, *The Greeks and the Irrational*, p.159, nota 17.

nem sempre possamos fazer isso, vale para Homero ou para Sófocles, tanto como para nós mesmos.

Acerca do que acabo de dizer do interacionismo – a interação de uma alma material com um corpo material – não quero afirmar que a interação fosse entendida de maneira mecanicista. O pensamento mecanicista coerente tornou-se preeminente só muito depois, com os atomistas Leucipo e Demócrito, embora houvesse, é claro, um sem número de hábeis usuários da mecânica antes disso. Havia muita coisa que não era entendida, nem em termos mecânicos, nem em outros termos, nos tempos de Homero e durante muito tempo depois dele, e que era interpretada de maneira grosseiramente "animista", como o raio de Zeus. A causalidade *era* um problema, e a causalidade animista era algo que beirava o divino. E havia ação divina tanto sobre os corpos como sobre as mentes. A insensatez, como a de Helena, e a ira cega e a teimosia como a de Agamenão eram atribuídas aos deuses. Era "um estado anormal que [exigia] uma explicação supranormal", como diz Dodds.[26]

Há um sem número de importantes indícios que dão apoio à hipótese de serem muito antigas as crenças dualistas e interacionistas acerca do corpo e da mente – pré-históricas e, é claro, históricas. À parte o folclore e os contos de fada, isso é apoiado por tudo o que sabemos sobre a religião primitiva, os mitos e as crenças mágicas. Há, por exemplo, o xamanismo, com sua doutrina característica de que a alma do xamã pode deixar o corpo e partir numa viagem; no caso dos esquimós, até mesmo para a Lua, enquanto isso, o corpo é deixado num estado de sono profundo ou coma e sobrevive sem alimentar-se. "Nessa condição, não se julga que ele, como a Pítia ou um médium moderno, esteja possuído por um espírito estranho, mas, sim, que sua própria alma tenha deixado o corpo."[27] Dodds apresenta uma longa lista de xamãs gregos pré-históricos e históricos.[28] Dos pré-históricos, só restaram lendas, mas constituem prova suficiente de dualismo. A história dos Sete Adormecidos de Éfeso provavelmente pertence a essa tradição, como também, talvez, a teoria da metempsicose e da reencarnação. (Entre os xamãs dos tempos históricos, Dodds inclui Pitágoras e Empédocles).

---

26 Ibid., p.9.
27 Ibid., p.40.
28 Ver também Meuli, Scythia, *Hermes*.

É interessante, do nosso ponto de vista, a distinção entre bruxos ou bruxas e feiticeiras, de autoria do antropólogo social Evans-Pritchard.[29] Suas análises das ideias dos azandes o levaram a distinguir os bruxos dos feiticeiros, conforme a intenção consciente desempenhe ou não um papel. Do ponto de vista zande, os bruxos herdaram poderes sobrenaturais inatos de prejudicar os outros, mas são completamente inconscientes de suas perigosas potencialidades. (O mau-olhado pode ser um exemplo de tais potencialidades.) Em contrapartida, os feiticeiros adquiriram as técnicas de manipular substâncias e feitiços, com os quais podem intencionalmente prejudicar os outros. Tal distinção parece ser aplicável a numerosas culturas primitivas africanas, embora não a todas.[30] A aplicabilidade mostra a existência de uma distinção primitiva disseminada entre as ações intencionais conscientes e os efeitos inconscientes e não intencionais.

Mitos e crenças religiosas são tentativas de explicar teoricamente a nós mesmos o mundo em que vivemos – inclusive, é claro, o mundo social – e como esse mundo afeta a nós e ao nosso modo de vida. Parece claro que a velha distinção entre a alma e o corpo é um exemplo de tal explicação teórica, mas o que ela explica é a experiência da consciência – da inteligência, da vontade, do planejamento e da execução de nossos planos; do uso de nossas mãos e pés como ferramentas; do uso de ferramentas artificiais, materiais e de ser afetado por elas. Tais experiências não são ideologias filosóficas. A doutrina de uma alma substancial (ou mesmo material) a que elas nos levam pode muito bem ser um mito: de fato, conjecturo que a teoria da substância enquanto tal é um mito, mas se é um mito, pode ser entendida como o resultado da apreensão da realidade e efetividade da consciência e da nossa vontade, apreender sua realidade nos leva, primeiro, a conceber a alma como material, como a mais fina matéria e, em seguida, a concebê-la como uma "substância" não material.

Talvez eu possa finalmente resumir as mais importantes descobertas nesse campo, que foram, ao que parece, feitas pelo homem primitivo e pelo homem pré-histórico (e em parte pelo homem de Neandertal, que, em geral, é classificado como anterior à nossa própria espécie e dela distinto; mais recentemente, conjecturou-se que ele misturou seu sangue com o *Homo sapiens*).

---

29 Evans-Pritchard, *Witchcraft, Oracles and Magic Among the Azande*.
30 Nadel, Witchcraft in four African societies: an essay in comparison, *American Anthropologist*.

Descobre-se a morte e sua inevitabilidade; aceita-se a teoria de que os estados de sono e de inconsciência estejam relacionados com a morte e que é a consciência ou o espírito ou a mente (*thymos*) que nos "abandona" na morte. Desenvolve-se a doutrina da realidade e, portanto, da materialidade e substancialidade da consciência – da alma (ou mente) – e, posteriormente, a doutrina da complexidade da alma ou mente: distinguem-se o desejo, o medo, a raiva, o intelecto, a razão ou a intuição (*nous*). A experiência onírica e os estados de inspiração e possessão divina e outros estados anormais são reconhecidos e também estados involuntários e inconscientes (como os dos "bruxos"). A alma é vista como o "movente" do corpo vivo ou como o princípio da vida. Igualmente, o problema de nossa falta de responsabilidade pelos atos não intencionais ou atos cometidos em estados anormais (de frenesi) é notado. Levanta-se o problema da posição da alma no corpo, a que normalmente se responde com a teoria de que ela permeie o corpo, mas se centre no coração e nos pulmões.[31]

Algumas dessas doutrinas são indubitavelmente hipostasiações e foram ou podem ter de ser modificadas pela crítica. Outras são errôneas, no entanto, estão mais próximas das ideias e problemas modernos do que as pré-jônicas e mesmo das teorias jônicas da matéria,[32] embora, sem dúvida, isso se deva ao caráter primitivo de nossas ideias modernas sobre a consciência.

4. O problema mente-corpo na filosofia grega

Afirma-se, às vezes, que os gregos tinham consciência de um problema alma-corpo, mas não de um problema mente-corpo. Tal afirmação me parece ou errônea ou um sofisma verbal. Na filosofia grega, a alma desempenhava um papel muito semelhante ao da mente na filosofia pós-cartesiana. Era uma entidade, uma substância, que resume a experiência consciente do eu. (Pode-se dizer que seja uma hipostasiação – quase inevitável e possivelmente justificada – da experiência consciente.) Além disso, encontramos já no pitagorismo do século V uma doutrina da incorporeidade da alma e

---

31 Ver Dodds, op. cit., p.3 sobre a desculpa de Agamenão (Homero, *Ilíada*, 19.86 e ss.) e comparar com Sófocles, *Édipo em Colona*, 960 e ss.

32 Ver também o Ensaio 1.

muitos conceitos (por exemplo, *nous* e *psychē*) presentes em diversos autores por vezes correspondem, muito de perto, ao conceito moderno de mente. (Lembre-se também de que o conceito inglês de "mente" (*mind*) tem sido muitas vezes traduzido em alemão por *Seele*, que é também a tradução para "alma" (*soul*); sintoma do fato de que "mente" e "alma" não são tão diferentes como indica a afirmação do começo desta seção.) O uso de certos termos pode, muitas vezes, indicar as teorias que se têm e as ideias tidas como óbvias, mas nem sempre esse é o caso: teorias que são muito parecidas ou até idênticas são, às vezes, formuladas em terminologias muito diferentes. De fato, são terminológicas algumas das maiores mudanças ocorridas depois de Homero acerca da mente e do corpo e estas não correm paralelamente a mudanças na teoria.[33]

No que se segue, esboçarei brevemente a história (I) da alma material de Anaxímenes a Demócrito e Epicuro (inclusive a da localização da mente); (II) da desmaterialização ou espiritualização da mente, desde os pitagóricos e Xenófanes a Platão e Aristóteles; (III) da concepção moral da alma ou mente, desde Pitágoras a Demócrito, Sócrates e Platão.

I

Em Homero, a alma material do corpo vivo era um sopro vaporoso. (Não está muito claro como esse sopro-alma se relacionava com a inteligência ou entendimento ou mente.) Na tradição filosófica jônica de Anaxíme-

---

33 Para Homero, *psychē* (ou *eidōlon*) significava fantasma ou sombra. Mais tarde, *psyche* ganha um significado próximo do *thymos* de Homero: o eu ativo consciente, o eu vivente que respira. Assim, a *psychē* ou o *eidōlon* se tornam o princípio da vida, ao passo que, em Homero (e, mais tarde, às vezes em Píndaro), parece estar adormecida quando a pessoa está viva e desperta, e desperta quando a pessoa está adormecida ou inconsciente ou morta. (Não que tais regras de uso fossem adotadas de modo inteiramente consciente por algum autor.) Lemos, assim, em Píndaro: "O corpo de cada homem responde à chamada da poderosa morte; permanece, porém, vivo um fantasma ou imagem (*eidōlon*) de seu tempo de vida, que é o único que se origina nos deuses. Dorme enquanto os membros estão ativos; mas, enquanto dorme, muitas vezes anuncia em sonhos a decisão deles [dos deuses] sobre a alegria ou o pesar futuros" (Píndaro, fragmento 116 [Bowra], 131 [Sandys]). Vemos que a *psychē* fantasma de Homero, que era uma projeção de todos os terrores da velhice extrema muito além da tumba, perdeu algo de seu caráter horripilante e fantasmagórico, embora restem alguns vestígios dele no uso homérico.

nes a Diógenes de Apolônia, ela permanece quase a mesma: a alma consiste em ar.[34]

Como mostra Guthrie, *psychē* significava para um pensador grego do século V a.C. "não só *uma* alma, mas alma, isto é, o mundo estava permeado por uma espécie de coisa-alma que é melhor indicada pela omissão do artigo".[35] Isto certamente vale para os pensadores materialistas da época: eles viam a alma como ar (e as almas como uma porção de ar) porque o ar é a mais fina e a mais leve das formas conhecidas de matéria.

Como diz Anaxágoras, que talvez já não cresse numa alma material, "A mente (*nous*) [...] é a mais rarefeita das coisas e a mais pura. Ela tem todo o conhecimento acerca de tudo e tem o maior poder. E tudo o que é vida (*psychē*), os maiores [organismos] e os menores, tudo isso é governado pela mente" (DK 59B12). Acreditasse Anaxágoras ou não numa mente material, por certo distinguia claramente entre a mente e todas as outras substâncias (materiais) existentes. Para Anaxágoras, a mente é o princípio do movimento e da ordem e, portanto, o princípio da vida.

Mesmo antes de Anaxágoras, uma mais estimulante, mas ainda materialista interpretação da doutrina da alma – da coisa alma – foi dada por Heráclito, o pensador que, de todos os materialistas, mais se distanciou, talvez, do materialismo mecânico, pois interpretava todas as substâncias materiais, em especial a alma, como *processos* materiais. A alma era *fogo*. Que sejamos chamas, que nossos eus sejam processos era uma ideia maravilhosa e revolucionária. Era parte da cosmologia de Heráclito: todas as coisas materiais estavam em fluxo – eram todas processos, inclusive o universo inteiro. E todas eram regidas pela lei (*logos*). "Os limites da alma não descobrirás, nem sequer se percorreres todas as estradas: tão profundo é o seu *logos*" (DK B45). A alma, como o fogo, é morta pela água: "Para as almas, tornar-se água é a morte" (DK B36). Para Heráclito, o fogo é o melhor, o mais poderoso e o mais puro (e, sem dúvida, também o mais fino) dos processos materiais.

Todas essas teorias materialistas eram dualistas, uma vez que davam à alma um estatuto muito especial e excepcional dentro do universo.

---

34 Diz-nos Aristóteles que "os poemas conhecidos como órficos dizem que a alma, levada pelos ventos, vinda do todo, entra nos animais quando respiram" (Aristóteles, *Da alma*, 410b28 [DK 1B11]).

35 Guthrie, *A History of Greek Philosophy*, v.1, p.355.

As escolas de pensadores médicos também eram, certamente, materialistas *e* dualistas, no sentido aqui descrito. Alcméon de Crotona, muitas vezes considerado um pitagórico, parece ter sido o primeiro pensador grego a situar no cérebro a sensação e o pensamento (que ele demonstra ter fortemente distinguido uma do outro). Conta Teofrasto "que ele falava de passagens (*poroi*) que levavam dos órgãos dos sentidos ao cérebro".[36] Com isso, ele criou uma tradição a que aderiram a Escola de Hipócrates e Platão, mas não Aristóteles, que, adotando a uma tradição mais antiga, considerava o coração o *sensorium* comum e, portanto, a sede da consciência.

O tratado médico hipocrático *Da doença sagrada* é do maior interesse. Ele não só afirma com grande ênfase que o cérebro "diz aos membros como agir", mas também que o cérebro "é o mensageiro da consciência (*synesis*) e diz o que está acontecendo". O cérebro também é descrito como o intérprete (*hermēneus*) da consciência. A palavra *synesis*, aqui traduzida por "consciência", também pode ser traduzida por "inteligência" ou "sagacidade" ou "entendimento". O sentido, porém, é claro – e igualmente claro é o fato de ter o autor do tratado examinado com vagar o que chamaríamos de problema mente-corpo e interação mente-corpo.[37] Explica ele a influência do cérebro pelo fato de que "é o ar que lhe dá inteligência",[38] assim, o ar é interpretado como alma, como nos filósofos jônicos. A explicação é que "quando um homem traz o sopro para dentro de si, o ar chega primeiro ao cérebro". (Vale mencionar que Aristóteles, que foi muito influenciado pela tradição médica, embora abrisse mão da ligação entre o ar e a alma, conservou a ligação entre o ar e o cérebro e considerava o cérebro um mecanismo de refrigeração a ar – uma espécie de radiador resfriado a ar.)

O maior e o mais coerente dos pensadores materialistas foi Demócrito. Explicava mecanicamente todos os processos naturais e psicológicos, pelo movimento e colisão de átomos e pela união e separação deles, sua composição ou dissociação.

No brilhante ensaio "Ethics and Physics in Democritus" [Ética e física em Demócrito], publicado pela primeira vez em 1945-1946, Gregory Vlastos analisa com grande minúcia o problema mente-corpo na filosofia de Demócrito.[39] Mostra que Demócrito, ele mesmo escritor de tratados médicos,

---

36 Guthrie, *A History of Greek Philosophy*, v.1, p.349; DK A5, p.212, linha 8.
37 Especialmente nos capítulos XIX e XX de Hipócrates, *Da doença sagrada*.
38 Capítulo XIX de Ibid.
39 Vlastos, Ethics and Physics in Democritus. In: Furley, D. J.; Allen, R. E. (eds.). *Studies in pre-Socratic philosophy*.

combatia a tendência profissional de "fazer do corpo a chave para o bem-estar tanto do corpo como da alma". Mostra que um fragmento famoso (DK B187) de Demócrito deve ser interpretado nesse sentido. Diz o fragmento:

> É adequado ao homem fazer um *logos* [= lei ou teoria] mais acerca da alma do que do corpo, pois a perfeição da alma corrige os defeitos do corpo, mas a força corporal sem a razão não melhora a alma.

Mostra Vlastos que "o primeiro axioma desse *logos* da alma" é o princípio de responsabilidade: a alma, e não o corpo, é o agente responsável. Isso se segue do princípio da física de "que a alma move o corpo".

Na física atomística democritiana, a alma consiste nos menores átomos. São (segundo Aristóteles)[40] os mesmos átomos que os de fogo. (Sem dúvida, Demócrito foi influenciado por Heráclito.) São redondos e "e os mais aptos a deslizar através de qualquer coisa e de mover as outras coisas com seu próprio movimento".

Os pequenos átomos de alma são distribuídos pelo corpo inteiro, de modo que os átomos de alma e de corpo se alternam.[41] Mais precisamente, "a alma tem duas partes: uma, que é racional [*logikos*], se situa na cabeça, enquanto a parte não raciocinante está espalhada pelo corpo inteiro" (DK 68 A105). Sem dúvida, essa é uma tentativa de resolver certos aspectos do problema mente-corpo.

Como Sócrates, que ensinava "Cuidem de suas almas",[42] também o materialista mecânico Demócrito fazia o mesmo: "Nem dos corpos nem do dinheiro o homem recebe felicidade, mas, sim, do agir reto e do pensar amplo" (DK B40). Outro fragmento ético é "Quem escolhe o deus da alma escolhe o mais divino, quem escolhe o do corpo, escolhe o mais humano" (DK B37).[43] Como Sócrates, seu contemporâneo, ensina ele: "Aquele que comete um ato de injustiça é mais infeliz do que aquele que o sofre" (DK B45).

Pode-se descrever Demócrito não só como materialista, mas como um atomista monista. Em razão, porém, de seu ensinamento moral, era também uma espécie de dualista, pois embora desempenhe um papel de

---

40 Aristóteles, *Da alma*, 403b31.
41 Ver Lucrécio, *De rerum natura*, III, 371-3.
42 Platão, *Apologia de Sócrates*.
43 Cf. Vlastos, op. cit., p.382-3.

primeira linha na história da teoria materialista da alma, também desempe-nha um papel importante na história da concepção moral da alma e de seu contraste com o corpo, de que trataremos adiante, no item III. Mencionarei aqui só brevemente a teoria dos sonhos de Demócrito, Epicuro e Lucrécio (em *De rerum natura*, IV), pela qual vemos que a teoria materialista da alma não desdenha a experiência consciente: os sonhos não são dados pelos deu-ses, mas consistem em memórias de nossas próprias percepções.

II

Acabamos de ver que a ideia homérica da alma como sopro – como ar ou fogo; como substância corpórea finíssima – sobreviveu por muito tempo. Assim, Aristóteles não estava inteiramente certo ao dizer de seus anteces-sores: "Quase todos eles caracterizam a alma por três dos seus atributos: [o poder de] movimento, a sensação, a incorporeidade".[44] O último termo deve ser amenizado como "incorporeidade comparativa", para que fique com-pletamente certo, pois alguns de seus predecessores pensavam que a alma fosse um corpo fino.

O deslize de Aristóteles é, porém, desculpável. Acredito que mesmo os materialistas fossem dualistas, que costumavam contrastar a alma e o corpo. Sugiro que todos eles vissem na alma ou na mente a *essência* do corpo.

Há, é óbvio, duas ideias de essência: uma essência corpórea e outra in-corpórea. Os materialistas, desde Demócrito e até antes dele, consideravam a alma ou espírito do homem como análogos ao espírito do vinho – ou o espírito do vinho como análogo à alma.[45] Chegamos, assim, a uma substân-cia (material) da alma, como o ar, mas outra ideia, de autoria, suspeito eu, de Pitágoras ou do pitagórico Filolau, era que a essência de uma coisa é algo abstrato (como o número ou a razão de números).

O monoteísmo de Xenófanes talvez seja transitório ou já esteja den-tro da tradição de incorporeidade. Xenófanes, que levou a tradição jônica à Itália, ressalta que a mente ou o pensamento de Deus é a essência divina; embora seu Deus não seja concebido à semelhança do homem:[46]

---

44 Aristóteles, *Da alma*, 405b11.
45 Ver Parte 1, Seção 30, nota 2 de Popper, *The Self and its Brain*.
46 "Só a mente vê, só a mente ouve: tudo o mais é surdo e cego" (Epicarmo, DK 23B12).

Um só deus, sozinho entre os deuses e sozinho entre os homens, é o maior.
Nem pelo corpo nem pela mente assemelha-se aos mortais.
Reside sempre num só lugar: nunca se move;
Nem é a ele adequado mudar para cá e para lá.
Sem esforço agita o mundo só pelo pensamento e intenção.
Todo ele é visão, todo conhecimento, todo audição (DK B23, 26, 25, 24).

A mente é aqui identificada com a percepção, com o pensamento, com o poder da vontade e com o poder de agir.

Na teoria pitagórica das essências imateriais ocultas, os *Números* e as relações entre os números, como "razões" ou "harmonias", tomam o lugar dos "princípios" substanciais da filosofia jônica: a *Água* de Tales, o *Ilimitado* de Anaximandro, o *Ar* de Anaxímenes, o *Fogo* de Heráclito. Essa é uma mudança muito impressionante, e é mais bem explicada pela pressuposição de que foi o próprio Pitágoras que descobriu as razões numéricas que subjazem aos intervalos musicais concordantes:[47] no monocórdio, instrumento de uma corda que pode ser paralisada mediante uma ponte móvel, pode-se mostrar que a oitava corresponde à razão de 1:2, a quinta à razão de 2:3, e a quarta à razão de 3:4 do comprimento da corda.

Assim, a essência oculta dos acordes melódicos ou harmônicos é a razão de certos números simples 1:2:3:4 – embora um acorde ou harmonia tal como vivenciado não seja uma questão quantitativa, mas qualitativa. Essa foi uma descoberta surpreendente, mas deve ter sido ainda mais impressionante quando Pitágoras descobriu que um ângulo reto (sem dúvida, outra questão qualitativa) estava ligado às razões 3:4:5. Qualquer triângulo com lados nessa proporção era retangular.[48] Se, como parece, foi o próprio Pitágoras que fez essa descoberta, provavelmente é verdadeiro o relato de que "Pitágoras gastava a maior parte do tempo com os aspectos aritméticos da geometria".[49]

---

47 Platão, *A República*, 530c-531c, pode ser tomada como prova de que a descoberta foi feita por algum pitagórico. Quanto à descoberta e sua atribuição ao próprio Pitágoras, ver Guthrie, *A History of Greek Philosophy*, v.1, p.221 e ss. Ver também Diógenes Laércio, *Vitae philosophorum*, VIII. 12.

48 Quanto à generalização desse problema, ver o Capítulo 2, Seção IV de Popper, *Conjectures and Refutations*.

49 Diógenes Laércio, *Vidas e doutrinas dos filósofos ilustres*, VIII, 11-2.

Tais relatos explicam o pano de fundo da teoria pitagórica de serem abstratas as essências ocultas de todas as coisas. São números, razões numéricas de números e "harmonias". Guthrie diz isso da seguinte maneira: "Para os pitagóricos, *tudo* era uma incorporação do número. Incluíam aquilo que chamaríamos de abstrações, como justiça, mescla, oportunidade".[50] Talvez seja interessante que Guthrie escreva aqui "incorporação". Realmente, ainda sentimos que a relação da essência com aquilo de que é a essência é como a relação da alma ou da mente com o corpo.

Guthrie sugeriu[51] que havia, na realidade, duas teorias da alma conhecidas com o nome de "pitagóricas". A primeira, a teoria original, provavelmente de autoria do próprio Pitágoras, ou talvez de Filolau, o pitagórico, era a de que a alma imortal do homem fosse uma harmonia de números abstratos. Tais números e suas relações harmoniosas antecedem e sobrevivem ao corpo. A segunda teoria, colocada por Platão na boca de Símias, discípulo de Filolau, era a de que a alma fosse uma harmonia ou afinação do corpo, como a harmonia ou afinação de uma lira (vale notar que a lira não é só um objeto físico, do Mundo 1, mas também um objeto impregnado de teoria, do Mundo 3 e, assim, igualmente sua afinação ou harmonia correta). Ela deve morrer com o corpo, como a harmonia da lira deve morrer juntamente com a lira. A segunda teoria tornou-se popular e foi amplamente examinada por Platão e Aristóteles.[52] Sua popularidade devia-se, sem dúvida, ao fato de oferecer um modelo de fácil compreensão da interação mente-corpo.

Temos aqui duas teorias relacionadas, mas sutilmente diferentes; duas teorias que podem ser interpretadas como a descrição de "dois tipos de alma",[53] uma alma imortal, de tipo mais alto, e uma alma perecível, de tipo mais baixo: ambas são harmonias. Há indícios históricos da existência de ambas as teorias, a teoria de Pitágoras e a teoria de Símias, mas, que eu saiba, elas não haviam sido distinguidas com clareza antes da pesquisa e da brilhante análise de Pitágoras e dos pitagóricos feita por Guthrie.

---

50 Guthrie, *A History of Greek Philosophy*, v.1, p.301.

51 Ibid., p.306-7. Ver também o brilhante artigo Kahn, Pythagorean Philosophy Before Plato. In: Mourelatos (ed.), *The Pre-Socratics*.

52 Ver Platão, *Fédon* 85e e ss., em especial, 88c-d. "[...] muitos a têm como a mais crível de todas [...] as teorias" (Aristóteles, *Da alma*, 407b27), bem como a passagem em que Temístio descreve a teoria como muito popular (Aristóteles. Select fragments. In: _____. *The Works by Aristotle*, p.21).

53 Guthrie, op. cit., v.1, p.317.

Convém levantar a questão de como a teoria que podemos, com Guthrie, descrever como a teoria de Pitágoras (em contraposição à teoria de Símias) encara a relação da alma (harmonia razão numérica) com o corpo.[54] Podemos conjecturar que a resposta a essa pergunta talvez esteja próxima de uma teoria – uma teoria pitagórica – que pode ser encontrada no *Timeu*, de Platão. Ali, o corpo que tem uma forma é o resultado de uma forma preexistente que se imprime no espaço não formado ou indefinido (correspondente à matéria-prima de Aristóteles).[55] Essa forma teria a natureza de um número (ou de uma razão numérica ou de um triângulo). Podemos concluir daí que o corpo organizado seria ordenado por uma harmonia preexistente de números, que, portanto, poderia também sobreviver ao corpo.

Os filósofos que seguiram os pitagóricos (inclusive Símias) ao proporem uma teoria da alma e/ou da mente que as interpretava como essências incorpóreas foram (possivelmente) Sócrates e (certamente) Platão e Aristóteles. Foram, mais tarde, seguidos pelos neoplatônicos, por Santo Agostinho e outros pensadores cristãos e por Descartes.

Propôs Platão, em diferentes oportunidades, teorias algo diferentes sobre a mente, mas sempre relacionadas com sua teoria das formas ou ideias de maneira semelhante àquela pela qual a teoria da mente de Pitágoras se relacionava com sua teoria dos números ou razões. A teoria pitagórica dos números e suas razões pode ser interpretada como uma teoria da verdadeira natureza ou essência das coisas em geral, e o mesmo acontece com a teoria das formas ou ideias de Platão. Enquanto, para Pitágoras, a alma é uma razão numérica, para Platão, a alma, embora não seja uma forma ou ideia, é "afim" às formas ou ideias. A afinidade é muito próxima: a alma é, com grande aproximação, a essência do corpo vivo. A teoria de Aristóteles é, mais uma vez, semelhante. Descreve a alma como a "primeira enteléquia" do corpo vivente e a primeira enteléquia é, mais ou menos, sua forma ou essência. A principal diferença entre as teorias de Platão e de Aristóteles é, a meu ver, que Aristóteles é um otimista cosmológico, mas Platão, um pessimista. O mundo de Aristóteles é essencialmente teleológico: tudo progride rumo à perfeição. O mundo de Platão é criado por Deus e é, quando criado, o melhor dos mundos: não progride para algo melhor. Analogamente, a

---

54 Devo essa questão a Jeremy Shearmur, que também sugeriu que a relação podia ser como a das ideias platônicas com a matéria.

55 Ver Popper, *The Open Society and Its Enemies*, p.26, nota 15.

alma de Platão não é progressiva, ao contrário, é conservadora. A entéléquia de Aristóteles, porém, é progressiva: caminha para um fim, uma meta.

Acho provável que essa teoria teleológica – a caminhada da alma para um fim, um bem – remonte a Sócrates, que ensinava que agir pelo melhor propósito e com o melhor objetivo segue-se necessariamente do conhecimento do que é melhor e que a mente ou a alma sempre tentariam agir para produzir o que é melhor. (Vide também as observações autobiográficas de Sócrates no *Fédon*, que devem ser tidas como históricas.)[56]

A doutrina platônica do mundo das essências – sua teoria das formas ou ideias – é a primeira doutrina do que chamo Mundo 3, mas (como expliquei na seção 13 de *The Self and Its Brain*) há diferenças consideráveis entre minha teoria do Mundo 3, mundo de produtos da mente humana, e a teoria das formas de Platão; no entanto, Platão foi um dos primeiros (junto, talvez, com Protágoras e Demócrito) a apreciar a importância das ideias – da "cultura", para usar um termo moderno – na formação das nossas mentes.

No que se refere ao problema mente-corpo, Platão o encara principalmente de um ponto de vista ético. Como a tradição órfico-pitagórica, considera o corpo como uma prisão da alma (não é, talvez, muito claro como ele possa escapar via transmigração), mas, segundo Sócrates e Platão, a alma, ou mente, ou razão *deve* ser o soberano do corpo (e das partes mais baixas da alma: os apetites, que são afins ao corpo e passíveis de ser governados por ele). Platão mostra, muitas vezes, paralelismos entre a mente e o corpo, mas aceita um interacionismo da mente e do corpo como algo óbvio: como Freud, sustenta a teoria de que a mente tem três partes: (1) razão; (2) atividade ou energia ou vivacidade (*thymos*, muitas vezes traduzido por "espírito" ou "coragem") e (3) os apetites (mais baixos). Como Freud, supõe uma espécie de luta de classe entre as partes mais baixas e mais altas da alma. Nos sonhos, as partes inferiores podem sair de controle, por exemplo, nossos apetites

---

56 Platão, *Fédon*, 96a e ss. A leitura de Guthrie, que faz a melhor apresentação de Sócrates que conheço, convenceu-me de que as observações autobiográficas de Sócrates no *Fédon* são, provavelmente, históricas (Guthrie, *A History of Greek Philosophy*, v.3). Primeiro, eu aceitei a crítica de Guthrie sem reler o que eu havia escrito. Ao preparar a presente passagem, consultei de novo o volume 1 de *The Open Society and Its Enemies* e descobri que eu não nego a historicidade desse trecho autobiográfico, mas sim a historicidade do *Fédon* em geral e de seu trecho 108d e ss. em particular, com sua exposição um tanto autoritária e dogmática acerca da natureza do cosmos, em especial da Terra. Tal exposição me parece incompatível com a *Apologia*.

podem fazer um homem sonhar que está desposando a mãe ou com "algum infame ato sangrento"[57] (como o parricídio, acrescenta James Adam). Está, sem dúvida, implícito que tais sonhos surgem da ação de nossos corpos sobre "a parte animalesca e selvagem" da alma, e que é tarefa da razão domesticar essas partes, governando, assim, o corpo. A interação entre a mente e o corpo deve-se a forças que Platão considera, aqui e em alguns outros lugares, semelhante a forças *políticas*, mais do que forças *mecânicas*: por certo, uma interessante contribuição ao problema mente-corpo. Também descreve a mente como o piloto do corpo.

Ainda Aristóteles tem uma teoria das partes inferior (irracional) e superior (racional) da alma, mas sua teoria é de inspiração biológica, mais do que política ou ética. (Diz ele, porém, na *Ética a Nicômaco*, provavelmente em alusão à passagem do sonho em Platão, que "os sonhos dos homens bons são melhores que os da gente comum".)[58]

A ideia de Aristóteles antecipa, sob vários aspectos, a evolução biológica. Distingue a alma nutritiva (encontrada em todos os organismos, inclusive as plantas) da alma sensorial e entre a alma que é a fonte do movimento (só encontrada nos animais) e a alma racional (*nous*), que só pode ser encontrada no homem e é imortal. Com frequência, ele ressalta que essas diversas almas são "formas" ou "essências", mas a teoria da essência de Aristóteles é diferente da de Platão. Suas essências não pertencem, como as de Platão, a um mundo separado de formas ou ideias. Ao contrário, são inerentes às coisas físicas. (No caso dos organismos, pode-se deles dizer que vivem no organismo, como princípio vital.) Pode-se dizer que as almas ou essências irracionais de Aristóteles são antecipações da moderna teoria dos genes: como o DNA, eles planejam as ações do organismo e o dirigem para seu *telos*, para sua perfeição.

As partes ou potencialidades irracionais das almas sensorial e movente de Aristóteles têm muito em comum com as disposições de comportamento segundo Ryle. Elas são, é claro, perecíveis e, em geral, semelhantes à "harmonia do corpo" de Símias (embora Aristóteles tenha muito a dizer contra a teoria da harmonia), mas a parte racional, a parte imortal da alma, é diferente.

---

57 Começo do livro IX de Platão, *A República*, 571d e ss.
58 Aristóteles, *Ética a Nicômaco*, 1102b10 e ss.

A alma racional de Aristóteles é, evidentemente, consciente de si mesma, como a de Platão (vide, por exemplo, os *Segundos analíticos*, a análise do *nous*, que aqui significa intuição intelectual).[59] Até mesmo Charles Kahn, bem preparado para ressaltar as diferenças entre a noção aristotélica de alma e a noção cartesiana de consciência, chega, depois de uma investigação brilhante e minuciosíssima, à conclusão (que considero quase óbvia) de que a psicologia de Aristóteles *possui* a noção da consciência de si.[60]

Nesse contexto, mencionarei apenas uma passagem importante, que, ao mesmo tempo, mostra o reconhecimento por parte de Aristóteles da interação entre os nossos órgãos físicos dos sentidos e a nossa consciência subjetiva:

> Se alguém não tiver ciência de que um dedo está sendo pressionado sob o olho, não só uma coisa *parecerá* ser duas, mas ele pensará que são duas, mas se estiver ciente [do dedo pressionado sob o olho], ela ainda parecerá ser duas, mas ele não pensará que são duas.[61]

Esse é um experimento clássico que demonstra a realidade da experiência [*awareness*] consciente e do fato de que a sensação *não* é uma disposição a crer.[62]

III

No desenvolvimento da teoria da alma ou da mente ou do eu, o desenvolvimento das ideias éticas desempenha um papel protagonista. São, essencialmente, as mais impressionantes e importantes mudanças na teoria da sobrevivência da alma.

É forçoso admitir que, em Homero e em alguns outros mitos do Hades, nem sempre é evitado o problema da recompensa e da punição da alma pela extraordinária excelência ou pelas falhas morais, mas, em Homero, é

---

59 Aristóteles, *Segundos analíticos,* 99b20-100b17.
60 Kahn, Sensation and Consciousness in Aristotle's Psychology, *Archiv für Geschichte der Philosophie*. Ver também as observações sobre o artigo de Hardie, op. cit.
61 Aristóteles, *Dos sonhos,* 461b31.
62 Cf. Parte 1, Seção 30, texto da nota 5 de Popper, *The Self and Its Brain*.

terrível e deprimente o estatuto da alma sobrevivente da gente comum que nunca praticou muito o mal. A mãe de Odisseu é só uma delas. Ela não é punida por crime nenhum, mas sofre simplesmente como parte da condição de defunta.

O mistério do culto de Elêusis (e, talvez, do que se chama "religião órfica") levou a uma mudança nessa crença. Nele se prometia um melhor mundo futuro – se se adotar a religião certa com os rituais certos.

Para nós, pós-kantianos, esse tipo de promessa de recompensa não nos parece uma motivação moral, mas não há dúvida de que constituiu um primeiro passo na direção do ponto de vista socrático e kantiano, em que a ação moral é feita por ela mesma, em que ela é seu próprio prêmio, e não um bom investimento, um preço pago pela recompensa prometida na vida futura.

Podem ser vistas claramente as etapas desse desenvolvimento, e a ideia em desenvolvimento de uma alma, de um eu que é responsável pela pessoa que age, desempenha um papel importante nesse desenvolvimento.

Possivelmente sob a influência dos mistérios eleusianos e do "orfismo", Pitágoras ensinava a sobrevivência e a reencarnação da alma, ou metempsicose: a alma é recompensada ou punida por sua ação com a qualidade – a qualidade *moral* – de sua próxima vida. Esse é o primeiro passo na direção da ideia de que o bem é sua própria recompensa.

Demócrito, que sob muitos aspectos foi influenciado pelos defensores dos pitagóricos, ensinava, como Sócrates (como vimos anteriormente nesta seção) que é pior cometer um ato de injustiça do que sofrê-lo.[63] Demócrito, o materialista, não acreditava, é claro, na sobrevivência; e Sócrates parece ter sido um agnóstico a respeito da sobrevivência (segundo a *Apologia* de Platão, mas não segundo o *Fédon*[64]). Ambos argumentavam em termos de prêmio e punição – termos inaceitáveis para o rigorismo moral de tipo kantiano –, mas transcenderam em muito a ideia primitiva do hedonismo – do "princípio de prazer".[65] Ambos ensinavam que cometer um ato de injustiça degrada a própria alma; na realidade, ele se pune a si mesmo. Ambos teriam aceitado

---

63 Ver Platão, *Fédon*, 68b45, 68B187.

64 Acerca da incompatibilidade de certas partes do *Fédon* (em especial 108d e ss.) com a *Apologia* de Platão, ver a nota 35 deste ensaio; Popper, *The Open Society and Its Enemies*, v.1, p.308.

65 Platão, *Fédon*, 68e-69a.

a máxima simples de Schopenhauer: "Não prejudiques ninguém, mas ajuda a todos o máximo que puderes!" (*Neminem laede; immo omnes, ut potes, juva!*). E ambos teriam defendido esse princípio pelo que, em essência, era um chamado ao respeito de si mesmo e o respeito dos outros indivíduos.

Como muitos materialistas e deterministas, Demócrito não parecia ver que o materialismo e o determinismo são, na realidade, incompatíveis com seu ensinamento moral esclarecido e humanitário. Não viram que, mesmo se considerarmos a moralidade, não como dada por Deus, mas feita pelo homem, ela é parte do Mundo 3: que é, em parte, um produto autônomo da mente humana. Foi Sócrates o primeiro a ver isso claramente.

Importantíssimos para o problema mente-corpo são dois comentários, com toda probabilidade genuinamente socráticos, que são relatados no *Fédon*, o diálogo em que Platão descreve as últimas horas de Sócrates na prisão e a sua morte. Os dois comentários a que aludo ocorrem numa passagem do *Fédon* famosa por conter algumas observações autobiográficas de Sócrates.[66] O primeiro comentário é uma nas mais agudas formulações do problema mente-corpo em toda a história da filosofia. Conta Sócrates que, quando jovem, se interessava por questões deste tipo:

> Produzem o quente ou o frio a organização dos animais por um proces-so de fermentação, como dizem alguns? Pensamos com nosso sangue ou com ar ou com fogo? Ou não é nada disso, mas o cérebro que produz as sensações – audição, visão e olfato, e nascem a memória e a opinião destes últimos? E deriva o conhecimento demonstrativo (*epistēmē*) de memórias e opiniões solidamente estabelecidas?[67]

Sócrates deixa claro que logo rejeitou tais especulações fisicistas. De-cidiu que a mente ou o pensamento ou a razão sempre perseguia uma meta ou um fim: sempre tinha um propósito, fazendo o que era melhor. Ao ouvir que Anaxágoras escrevera um livro em que ensinava que a mente (*nous*) "or-dena e causa todas as coisas", Sócrates ficou louco para ler o livro, mas saiu profundamente decepcionado, pois o livro não explicava os *propósitos* ou as

---

66 Ibid., 96a-100d. A historicidade dessa passagem autobiográfica é defendida de ma-neira convincente por Guthrie, *A History of Greek Philosophy*, v.3, p.421-3. Ver tam-bém a nota 35 deste ensaio.

67 Ibid., p.96b.

razões subjacentes à ordem do mundo, mas tentava explicar o mundo como uma máquina guiada por *causas* puramente mecânicas:

> Foi [diz Sócrates no segundo dos dois comentários] [...] como se alguém dissesse primeiro que Sócrates age com razão e inteligência e, depois, ao tentar explicar as causas do que estou fazendo agora, afirmasse que estou sentado aqui porque meu corpo é composto de ossos e tendões [...] e que os tendões, ao se distenderem e contraírem, me fazem dobrar os membros, e que esta é a causa pela qual estou sentado aqui com as minhas pernas dobradas [...], no entanto, as causas reais de eu estar sentado aqui na prisão são que os atenienses decidiram condenar-me e que decidi que [...] é mais justo ficar aqui e sofrer a pena que me impuseram, pois, pelo Cão [...] esses meus ossos já estariam em Mégara ou na Beócia há muito tempo [...] se eu não tivesse achado melhor e mais nobre padecer qualquer pena que a minha cidade me imponha, do que escapar e fugir.[68]

John Beloff chama esse trecho de "soberba afirmação de liberdade moral diante da morte",[69] mas tenciona ser um enunciado que distingue nitidamente entre uma explicação em termos de causas físicas (explicação causal do Mundo 1) e uma explicação em termos de intenções, objetivos, fins, motivos, razões e valores que realizar (uma explicação do Mundo 2 que também implica considerações sobre o Mundo 3: o desejo de Sócrates de não violar a ordem legal de Atenas). E deixa claro que ambos os tipos de explicação podem ser verdadeiros, mas que, à medida que se trata da explicação de uma ação responsável e intencional, o primeiro tipo (a explicação causal do Mundo 1) seria absurdamente irrelevante.

À luz de alguns modernos desenvolvimentos, podemos dizer que Sócrates considera aqui certas teorias paralelistas e identitárias e que rejeita a tese de que uma explicação causal fisicalista ou uma explicação behaviorista das ações humanas possam ser equivalentes a uma explicação em termos de fins, propósitos e decisões (ou a uma explicação em termos da lógica de sua situação). Rejeita as explicações fisicalistas não por inverídicas, mas por incompletas e por não terem nenhum valor explicativo. Elas omitem tudo o que é relevante: a escolha consciente de fins e meios.

---

68 Ibid., p.98c-99a.
69 Beloff, *The Existence of Mind*, p.141.

Temos, aqui, um segundo comentário, muito diferente, sobre o problema mente-corpo, ainda mais importante do que o anterior. Em termos de ações humanas responsáveis, uma declaração dentro de um contexto essencialmente ético é anunciada. Deixa claro que a ideia ética de um eu moral responsável desempenhou um papel decisivo nas antigas[70] discussões acerca do problema mente-corpo e da consciência de si.

A posição aqui assumida por Sócrates é tal, que todo interacionista deve ratificar: para todo interacionista, mesmo uma explicação completa dos movimentos corporais humanos, *tomados puramente como movimentos físicos*, não pode ser oferecida em termos puramente físicos: o Mundo 1, físico, não está fechado em si mesmo, mas causalmente aberto ao Mundo 2 (e, através dele, ao Mundo 3).[71]

5. Explicação causal *versus* explicação última

Mesmo para aqueles que não estejam interessados em história, mas principalmente em entender a situação contemporânea do problema, é necessário voltar às duas visões opostas sobre a ciência e sobre a explicação científica que é possível mostrar fazerem parte da tradição das escolas platônica e aristotélica.

As tradições platônica e aristotélica podem ser descritas como objetivistas e racionalistas (ao contrário do sensualismo ou empirismo subjetivista que toma como ponto de partida as impressões sensoriais e tenta "construir" o mundo físico a partir delas). Quase[72] todos os precursores de Platão

---

70 Nos tempo modernos, essa segunda passagem do *Fédon*, de Platão, foi repetidas vezes mencionada por Leibniz em seus vários exames do problema mente-corpo. Ver também Parte 1, Seção 50 de Popper, *The Self and Its Brain*.

71 Se não se insistir neste ponto – se, por exemplo, se disser que os movimentos físicos de nosso corpo podem ser, em princípio, explicados inteiramente em termos apenas do Mundo 1 e que essa explicação pode simplesmente ser complementada por outra em termos de significados – então, a meu ver, se adota inadvertidamente uma forma de paralelismo, em que a liberdade, os objetivos, e os propósitos humanos se tornam meros epifenômenos subjetivos.

72 As únicas exceções foram alguns dos sofistas, em especial Protágoras. O empirismo subjetivo tornou-se importante de novo com Berkeley, Hume, Mach, Avenarius e com o primeiro Wittgenstein e os positivistas lógicos. Considero-o um erro e não lhe vou dedicar muito espaço. Considero como sua doutrina característica as palavras de Otto

e Aristóteles eram racionalistas neste sentido: tentavam explicar os fenômenos superficiais do mundo postulando um mundo oculto, um mundo de realidades ocultas, por trás do mundo fenomenal. E estavam certos.

Evidentemente, os mais bem-sucedidos desses precursores foram os atomistas Leucipo e Demócrito, que explicavam muitas propriedades da matéria, como a compressibilidade, a porosidade e as passagens do estado líquido para o estado gasoso e para o estado sólido.

O método destes pode ser chamado de *o método de conjectura ou hipótese*, ou de *explicação conjectural*. Ele é analisado com certa minúcia por Platão em *A República* (por exemplo, 510b-511e), no *Mênon* (86e-87c) e no *Fédon* (85c-d). Consiste, essencialmente, em fazer alguma pressuposição (*podemos* nada ter a dizer a seu favor) e ver no que dá. Ou seja, *testamos a nossa pressuposição ou conjectura, explorando suas consequências*; cientes do fato de que, ao fazer isso, jamais podemos estabelecer o pressuposto. O pressuposto pode ou não ser-nos intuitivamente atraente. A intuição é importante, mas (nesse método) nunca decisiva. Uma das principais funções do método é explicar os fenômenos, ou "salvar os fenômenos".[73]

Um segundo método que, em minha opinião, deve ser nitidamente distinguido do método de conjectura ou hipótese é *o método da apreensão intuitiva da essência*, ou seja, *o método da explicação essencialista* (a intuição da essência é chamada, em alemão, *"Wesenschau"*: esse é o termo de Husserl).[74] Aqui, "intuição" (*nous*, intuição intelectual) implica compreensão infalível: ela garante a verdade. Aquilo que vemos ou apreendemos intuitivamente é (nesse sentido de "intuição") a própria essência.[75] A explicação essencialista permite-nos responder à pergunta "o que é" e (segundo Aristóteles) enunciar a resposta numa *definição da essência*, uma fórmula da essência. (Defini-

---

Neurath: "Tudo é superfície: o mundo não tem profundidade" ou as de Wittgenstein: "*O enigma* não existe" (Wittgenstein, *Tractatus Logico-Philosophicus*, 6.5).

73 Tal método deve ser claramente distinguido da teoria do instrumentalismo com a qual foi associada por Duhem. (Ver Popper, *Conjectures and Refutations*, p.99, nota 6, onde podem ser encontradas referências aos trechos aristotélicos que examinam o método, por exemplo, Aristóteles, *Sobre o céu*, 293a25). A diferença entre esse método e o instrumentalismo é que submetemos ao teste a verdade de nossas explicações provisórias principalmente porque estamos *interessados* em sua verdade (como um essencialista: ver a seguir), embora não julguemos que possamos *estabelecer* a verdade delas.

74 Ver Popper, *The Open Society and Its Enemies*, p.16.

75 Ver, por exemplo, Platão, *Fédon*, 100c; Aristóteles, *Segundos analíticos*, 100b.

ção essencialista, definição real.) Usando essa definição como premissa, podemos tentar, mais uma vez, explicar os fenômenos dedutivamente – salvar os fenômenos, todavia, se não formos bem-sucedidos, não pode ser culpa de nossa premissa: a premissa tem de ser verdadeira, se tivermos apreendido corretamente a essência. Ademais, a explicação pela intuição da essência é uma *explicação última*: não precisa de nenhuma explicação ulterior, nem é capaz de produzi-la. Em contrapartida, toda explicação conjectural pode dar origem a um novo problema, a uma nova exigência de explicação: a questão "por quê?" sempre pode ser reiterada, como até as criancinhas sabem. (Por que o papai não veio almoçar? Ele teve que ir ao dentista. Por que ele teve que ir ao dentista? Estava com dor de dente. Por que ele estava com dor de dente?) Isso é diferente do que acontece com as questões "o que é". Aqui, uma resposta pode ser a última.

Espero ter deixado clara a diferença entre a explicação conjectural – que, mesmo se orientada pela intuição, sempre permanece provisória – e, por outro lado, a explicação essencialista ou última – que, se guiada pela intuição (em outro sentido), é infalível.

Existem, aliás, dois métodos correspondentes de criticar uma asserção. O primeiro método ("crítica científica") analisa uma asserção tirando as *consequências* lógicas dela (talvez dela juntamente com outras asserções não problemáticas) e tentando encontrar *consequências que sejam inaceitáveis*. O segundo método ("crítica filosófica") tenta mostrar que a asserção *não é realmente demonstrável*: que ela não pode ser derivada de premissas intuitivamente certas e que ela mesma não é intuitivamente certa.

Quase todos os cientistas criticam as asserções pelo primeiro método; quase toda a crítica filosófica que conheço vem do segundo método.

Ora, o interessante é que a distinção entre os dois métodos de explicação pode ser encontrada nas obras de Platão e de Aristóteles: estão lá tanto a descrição teórica dos dois métodos, como também seu uso, em exemplos práticos, mas o que estava faltando, desde Platão até os nossos dias, era a plena consciência de que os métodos são dois: que diferem fundamentalmente e, o que é ainda mais importante, que só o primeiro método, a explicação conjectural, é válido e viável, enquanto o segundo não passa de fogo fátuo.

A diferença entre os dois métodos é mais radical do que uma diferença entre dois métodos que levem ao que tem sido chamado de "pretensões de conhecimento"; pois só o segundo método leva a pretensões de conhecimento. O primeiro método leva a *conjecturas* ou *hipóteses*, embora estas possam ser descritas como algo que pertença ao "conhecimento" num sentido objetivo ou do Mundo 3, não se *pretende* que sejam conhecidas ou verdadeiras. Pode-se *conjecturar* que elas sejam verdadeiras, mas isso é algo completamente diferente.

Sem dívida, existe um velho movimento tradicional contra a explicação essencialista, que começa no ceticismo antigo; um movimento que influenciou Hume, Kirchhoff, Mach e muitos outros, mas os membros desse movimento não distinguem os dois tipos de explicação, ao contrário, identificam a "explicação" com o que chamei de "explicação essencialista" e, portanto, rejeitam completamente as explicações. (Recomendam, ao invés disso, que tomemos a "descrição" como a verdadeira tarefa da ciência.)

Simplificando em demasia as coisas (como sempre temos de fazer em história), podemos dizer que, não obstante a existência dos dois tipos de explicação, claramente reconhecida em alguns lugares por Platão e Aristóteles, há uma convicção quase universal, mesmo entre os céticos, de que só o tipo essencialista de explicação é realmente uma explicação e só ele deve ser levado a sério.

Sugiro que tal atitude é quase inevitável na ausência de uma distinção clara entre o Mundo 2 e o Mundo 3. A menos que tal distinção seja feita com clareza, não há "conhecimento", salvo no sentido subjetivo ou no do Mundo 2. Não há conjecturas nem hipóteses, nem teorias provisórias e rivais. Há apenas dúvida subjetiva, incerteza subjetiva, que é quase o contrário de "conhecimento". Não podemos dizer de duas teorias que uma seja melhor que a outra – só podemos crer numa e duvidar da outra. Pode haver, é claro, diferentes graus de crença subjetiva (ou de probabilidade subjetiva), mas enquanto não reconhecermos a existência de um Mundo 3 objetivo (e de razões objetivas que possam tornar uma das teorias objetivamente preferível ou mais forte do que a outra, embora não se possa saber de nenhuma delas que seja verdadeira), não poderá haver diferentes teorias ou hipóteses ou diferentes graus de mérito objetivo ou preferibilidade (na ausência de verdade ou falsidade cabais). Por conseguinte, enquanto do ponto de vista do Mundo 3, as teorias *são* hipóteses conjecturais, para quem interpreta as teorias e as hipóteses em termos de crenças do Mundo 2, há uma nítida divisão entre teorias e hipóteses: sabe-se que as teorias são verdadeiras, ao passo que as hipóteses são provisórias e, pelo menos, ainda não se sabe se são verdadeiras. (Mesmo o grande William Whewell – que sob alguns aspectos chegou perto do ponto de vista aqui defendido – acreditava na diferença essencial entre uma hipótese e uma teoria enfim estabelecida: um ponto de concordância entre Whewell e Mill.)

É interessante que Platão quase sempre ressalte, quando narra um mito, que o mito tem só verossimilhança, não verdade, mas isso não afeta sua crença de que o que buscamos é a certeza e que a certeza deve ser encontrada na intuição intelectual das essências. Concorda com os céticos em que isso pode não (ou nem sempre) ser conseguido, mas o método de conjectura é, ao que parece, considerado por todas as partes não só como uma tentativa, mas como um *quebra-galho provisório, até se achar algo melhor.*

Um dos mais interessantes incidentes da história da ciência deve-se ao fato de que tal posição fosse defendida até mesmo por Newton. Creio que seus *Principia* podem ser descritos como a mais importante de todas as obras de explicação conjectural ou hipotética da história, e Newton, sem dúvida, percebeu que suas próprias teorias nos *Principia* não eram explicações essencialistas, no entanto, ele nunca rejeitou, e implicitamente aceitou, a filosofia do essencialismo. Não só disse "não finjo hipóteses" (essa observação particular pode muito bem ter significado "Não ofereço *especulações* acerca das explicações últimas, como Descartes"), mas concordou que se devessem procurar as explicações essencialistas e que, se encontradas, seriam finais e superiores a sua atração à distância. Jamais lhe ocorreu abrir mão dessa crença na superioridade da explicação essencialista sobre seu próprio tipo de explicação (que ele erroneamente julgava baseado na indução a partir de fenômenos e não em hipóteses). Em contraposição com alguns de seus seguidores, admitia que sua teoria não fosse uma explicação e meramente pretendia que fosse "o melhor e mais seguro método, primeiro investigar diligentemente as propriedades das coisas [...] e [só] depois procurar hipóteses para explicá-las".[76] Na terceira edição dos *Principia* (de 1726), Newton acrescentou ao início do Livro III, no fim das "regras de raciocínio em filosofia": "Não afirmo que a gravidade seja essencial aos corpos", negando, assim, que a força de gravidade pudesse ser tida como uma explicação essencialista.[77]

---

76 Newton, Carta a Oldenburg de 2 de junho de 1672. In: _____. *Opera*, v.4, p.314-5.
77 Ver Livro III de Id., *Philosophiae Naturalis Principia Mathematica*. Ver também as cartas a Richard Bentley, 17 de janeiro e 25 de fevereiro de 1692-1693; notas 20 e 21, bem como texto relativo a estas, do capítulo 3 de Popper, *Conjectures and Refutations*. Newton menciona a possibilidade de que a atração "possa ser operada por impulso ou por outros que desconheço" (Newton, *Optics*, investigação 31).

Em suma, Newton, provavelmente o mais alto mestre de todos os tempos do método de explicações conjecturais que "salvavam os fenômenos", estava, sem dúvida, certo em recorrer aos fenômenos. Erroneamente acreditava ter evitado as hipóteses e ter usado a indução (baconiana). Acreditava corretamente que sua teoria pudesse ser explicada por uma teoria mais profunda, mas julgava erradamente que esta última seria uma explicação essencialista. Também acreditava erradamente que a inércia fosse essencial à matéria – uma *vis insita* inerente à matéria.[78]

---

78 Um exame adicional e complementar da teoria de Newton e sua relação com o essencialismo pode ser encontrada na Seção 51 de Popper, *The Self and Its Brain*.

Ensaio 9
Platão e a geometria

Ao escrever sobre Platão em *A sociedade aberta* (Capítulo 6: "Justiça totalitária"), cheguei a comentar a teoria platônica da justiça e a distinção feita por Platão entre igualdade "aritmética" e igualdade "proporcional" (ou "geométrica") e coloquei em minha nota 9 daquele capítulo os resultados de um estudo sobre Platão e a geometria, aqui reimpresso como *Seção 1*. Mais tarde, acrescentei um adendo, com o título "Platão e a geometria", aqui reimpresso como *Seção 2*. Depois disso, vem a *Seção 3*, que contém o Adendo II do volume 1 de *Conhecimento objetivo*, intitulado "A datação do *Teeteto*", escrito em 1961. As seguintes *Seções 4 e 5* contêm reimpressões de textos que foram publicados pela primeira vez nesta versão no livro *Studies in Philosophy* [Estudos em filosofia] como seções VII e VIII do meu artigo "On the Sources of Knowledge and of Ignorance" [Sobre as fontes do conhecimento e da ignorância],[1] que também foi publicado como a Introdução a *Conjecturas e refutações*, mas com menos notas do que aqui. A *Seção 6*, intitulada "As origens cosmológicas da geometria euclidiana" é uma nota de análise do artigo do professor Árpád Szabó, publicado pela primeira vez em *Problems*

---

1 On the sources of knowledge and of ignorance. In: Findlay (ed.), *Studies in Philosophy*.

in the *Philosophy of Mathematics* [Problemas de filosofia da matemática][2] e a *Seção 7* final é uma reimpressão de "Plato, *Timaeus* 54e-55a", publicado pela primeira vez em *The Classical Review*.[3]

1. Platão e a geometria (1950)

Quanto às ideias de Platão, nas *Leis*, acerca da *justiça e igualdade políticas*, ver em especial o trecho acerca dos dois tipos de igualdade citados abaixo sob (1).[4] Quanto ao fato, mencionado no texto de Platão, de que não só a virtude e a educação, mas também a riqueza deva ser levada em conta na distribuição das honras e dos despojos (e até mesmo a altura e a boa aparência), ver o trecho de *Leis* citado na nota 20 (1) ao Capítulo 6 de *A sociedade aberta e seus inimigos*,[5] no qual outras passagens relevantes também são analisadas.

(1) Em *Leis*, 757b-d, Platão examina *"dois tipos de igualdade"*:

Uma delas [...] é a igualdade de medida, peso ou número [isto é, a igualdade numérica ou aritmética], mas a igualdade melhor e mais verdadeira [...] distribui mais para o maior e menos para o menor, dando a cada qual sua devida medida, *de acordo com a natureza* [...] Dando maior honra aos que são superiores em virtude e menor honra aos inferiores em virtude e educação, *ela distribui a cada qual o que lhe é devido, segundo esse princípio de proporções [racionais]*. E é exatamente isso que chamaremos de *"justiça política"*. E todo aquele que quiser fundar um Estado deve fazer disso a única meta da sua legislação [...]: só essa justiça que, como observei, é uma *igualdade natural* e é distribuída, como exige a situação, a desiguais.

Essa segunda igualdade, que constitui o que Platão chama de "justiça política" (e o que Aristóteles chama de "justiça distributiva") é descrita por Platão (e Aristóteles) como *"igualdade proporcional"* – a mais verdadeira,

2 Popper, The cosmological origins of Euclidean geometry. In: Lakatos, *Problems in the Philosophy of Mathematics*.
3 Popper, Plato, *Timaeus* 54e-55a. *The Classical Review*.
4 Platão, *Leis*, 757b-d.
5 Ibid., 744c.

melhor e mais natural igualdade – foi mais tarde chamada de "geométrica",[6] em oposição à igualdade *"aritmética"* inferior e democrática. Podem lançar certa luz sobre essa identificação as observações sob (2).

(2) Segundo a tradição, uma inscrição sobre a porta da Academia de Platão dizia: "Ninguém que não tenha aprendido geometria pode entrar nesta casa!".[7] Suspeito que o significado disso não seja apenas uma indicação da importância dos estudos matemáticos, mas signifique: "Não basta a aritmética (isto é, mais precisamente, a teoria pitagórica do número), você tem de saber geometria!". E tentarei esboçar as razões que me levam a crer que esta última frase resuma corretamente uma das mais importantes contribuições de Platão à ciência. Vide a Seção 2 a seguir.

Como hoje se crê de um modo geral, o primeiro tratamento pitagórico da geometria adotava um método algo semelhante ao que hoje é chamado de "aritmetização". A geometria era tratada como parte da teoria dos inteiros (ou números "naturais", ou seja, dos números compostos de mônadas ou "unidades indivisíveis")[8] e seus *"logoi"*, isto é, suas proporções "racionais". Por exemplo, os triângulos retângulos pitagóricos eram aqueles com lados em determinadas proporções racionais. (Por exemplo, 3 : 4 : 5 ou 5 : 12 : 13.) Eis aqui uma fórmula geral atribuída a Pitágoras: $2n + 1 : 2n(n + 1) : 2n(n+1) + 1$. Essa fórmula, porém, derivada do *"gnomon"* não é geral o bastante, como mostra o exemplo 8 : 15 : 17. Uma *fórmula geral* da qual a de Pitágoras pode ser obtida colocando-se $m = n + 1$, é a seguinte: $m^2 - n^2 : 2mn : m^2 + n^2$ (onde $m > n$). Uma vez que essa fórmula é uma consequência próxima do chamado "teorema de Pitágoras" (se tomado conjuntamente com aquele tipo de álgebra que parece ter sido conhecido dos primeiros pitagóricos) e, uma vez que essa fórmula era, aparentemente, desconhecida não só de Pitágoras, mas mesmo de Platão (que propôs, segundo Proclo, outra fórmula não geral), parece que o "teorema de Pitágoras" não era conhecido, em sua forma geral, de Pitágoras nem tampouco de Platão. (Para uma visão menos radical sobre o assunto, ver Heath.[9] A fórmula por mim descrita como "geral" é essencialmente a de Euclides; pode ser obtida a partir da fórmula desnecessariamente complicada de Heath, obtendo primeiro

---

6 Platão, *Górgias* 508a, 465b-c; Plutarco, *Moralia* 719b e ss.

7 VV. *Commentaria in Aristotelem graeca*, v.XV, p.117, 27; Ibid., v.XVIII, p.118, 18.

8 Platão, *A república*, 525e.

9 Heath, T, *A History of Greek Mathematics*, v.1, p.80-2.

os três lados do triângulo e multiplicando-os por 2/mn e, em seguida, substituindo no resultado *m* e *n*, e *p* e *q*.)

A descoberta da irracionalidade da raiz quadrada de dois (a que alude Platão no *Hípias maior* e no *Mênon*) destruiu o programa pitagórico de "aritmetizar" a geometria e, com isso, é evidente, a vitalidade mesma da Ordem Pitagórica.[10] A tradição de que essa descoberta foi inicialmente mantida em segredo recebe, ao que parece, sustentação do fato de que Platão ainda chama primeiro o irracional de *arrhētos*, isto é, o secreto, o mistério não mencionável.[11] (Um nome posterior é "o não comensurável.[12] O termo *alogos* parece ocorrer pela primeira vez em Demócrito, que escreveu dois livros *Das linhas ilógicas e dos átomos* [ou *e dos corpos plenos*] que se perdeu; Platão conhecia o termo, como prova sua um tanto desrespeitosa alusão a esse título de Demócrito em *A República*,[13] mas nunca o usou como sinônimo de *arrhētos*. O primeiro uso indubitável nesse sentido que chegou até nós está nos *Segundos analíticos*.)[14]

É evidente que o colapso do programa pitagórico, ou seja, do método aritmético de geometria, levou ao desenvolvimento do método axiomático de Euclides, ou seja, de um método novo que era, por um lado, projetado para resgatar do colapso o que pudesse ser resgatado (inclusive o método de prova racional) e, por outro lado, aceitar a irredutibilidade da geometria à aritmética. Pressupondo-se tudo isso, parece muito provável que o papel de Platão na transição do velho método pitagórico ao de Euclides tenha sido enormemente importante – na verdade, que Platão tenha sido *um dos primeiros a desenvolver um método geométrico específico*, com vistas a resgatar o que podia ser resgatado do método pitagórico, e a minimizar as perdas dele decorrentes. Boa parte disso deve ser considerada uma hipótese histórica muitíssimo incerta, mas é possível encontrar certo respaldo em Aristóteles,[15] sobretudo se essa passagem for comparada com as *Leis*. Diz o texto: "A aritmética supõe p significado de 'ímpar' e 'par'; a geometria, o de 'irracio-

---

10 Cf. a nota 10 ao Capítulo 7 de *Objective Knowledge*; Aristóteles, *Primeiros analíticos* 41a26 e ss.

11 Platão, *Hípias maior*, 303b-c; Id., *A república* 546c.

12 Cf. Id., *Teeteto*, 147d; Id., *Leis*, 820c.

13 Id., *A República*, 534d.

14 Aristóteles, *Segundos analíticos*, 76b9. Ver também Heath, op. cit., v.1, p.84-5, 156-7, bem como a Seção 2 a seguir.

15 Aristóteles, *Segundos analíticos*, 76b9.

nal'" (ou "incomensurável").[16] O grande interesse de Platão no problema da irracionalidade fica evidente sobretudo em dois dos trechos anteriormente mencionados,[17] nos quais Platão declara que se envergonha com o fato de os gregos não se interessarem pelo grande problema das magnitudes incomensuráveis.

Ora, acredito que a "teoria dos corpos primários"[18] fosse parte da resposta de Platão ao desafio.

Por um lado, ela preserva o caráter atomístico do pitagorismo – as unidades indivisíveis ("mônadas") que também desempenham um papel na escola dos atomistas – e introduz, por outro lado, as irracionalidades (das raízes quadradas de dois e de três), cuja admissão no mundo se tornara inevitável. Ele faz isso tomando dois dos triângulos retângulos incriminados – aquele que é metade de um quadrado e incorpora a raiz quadrada de dois e aquele que é metade de um triângulo equilátero e incorpora a raiz quadrada de três – como as unidades de que tudo o mais é composto. Sem dúvida, pode-se dizer que a doutrina de que esses dois triângulos sejam os limites (*peras*)[19] ou formas de todos os corpos físicos elementares é uma das doutrinas físicas centrais do *Timeu*.

Tudo isso sugeriria que o alerta contra os que não aprenderam geometria (pode-se encontrar uma alusão a isso em *Timeu*)[20] pode ter tido o significado mais incisivo anteriormente mencionado e que talvez ele estivesse ligado à crença de que a geometria tenha maior importância do que a aritmética.[21] E isso, por sua vez, explicaria por que a "igualdade proporcional" de Platão, segundo ele algo mais aristocrático do que a democrática igualdade aritmética ou numérica, foi mais tarde identificada com a "igualdade geométrica", mencionada por Platão no *Górgias*[22] e por que a aritmética e a geometria são associadas respectivamente à democracia e à aristocracia espartana[23] – não

---

16 Id., *Primeiros analíticos*, 41a26 e ss., 50a37. Ver também Id., *Metafísica* 983a20, 1061b1-3, no qual o problema da irracionalidade é tratado como se fosse o *proprium* da geometria, e 1089a, no qual (como em 76b40 de *Segundos analíticos*), há uma alusão ao método do "pé quadrado" de Platão, *Teeteto*, 147d.

17 Platão, *Teeteto*, 147d-148a; Id., *Leis*, 819d-822d.

18 Id., *Timeu*, 53c-62c até, talvez, 64a; Id., *A República*, 528b-d.

19 Cf. Id., *Mênon*, 75d-76a.

20 Id., *Timeu*, 54a.

21 Ibid., 31c.

22 Id., *Górgias*, 508a. Cf. nota 48 ao Capítulo 6 de Popper, *Objective Knowledge*.

23 Por exemplo, por Plutarco, loc. cit.

obstante o fato, então aparentemente esquecido, de que os pitagóricos tinham tido um espírito tão aristocrático quanto o mesmo Platão; que o programa deles dera ênfase à aritmética; que "geométrico", na linguagem deles, é o nome de certo tipo de proporção numérica (isto é, aritmética).

(3) No *Timeu*, Platão precisa, para a construção dos corpos primários, de um quadrado elementar e de um triângulo equilátero elementar. Esses dois, por sua vez, são compostos por dois tipos diferentes de *triângulos subelementares* – o meio quadrado que incorpora a$\sqrt{2}$ e o meio equilátero, que incorpora a $\sqrt{3}$, respectivamente. Foi muito debatida a questão de por que ele escolheu esses dois triângulos subelementares, em vez dos próprios quadrado e equilátero e, analogamente, uma segunda questão:[24] por que construiu seus quadrados elementares com quatro meios-quadrados subelementares, em vez de dois, e o equilátero elementar com seis meios-equiláteros elementares, em vez de dois (ver as Figuras 6 e 7).

A respeito da primeira dessas duas questões, parece ter escapado à atenção de todos que Platão, com seu ardente interesse pelo problema da irracionalidade, não teria introduzido as duas irracionalidades $\sqrt{2}$ e $\sqrt{3}$ (que menciona explicitamente em 54b) *se não estivesse ansioso por introduzir precisamente essas irracionalidades como elementos irredutíveis em seu mundo.* (Cornford oferece uma longa análise de ambas as questões, mas a solução que oferece para ambas – sua "hipótese", como ele a chama – me parece totalmente inaceitável.[25] Se Platão quisesse obter certa "graduação" como a examinada por Cornford – note-se de que não há nenhum indício em Platão de que exista algo menor do que o que Cornford chama de "Grau B" – teria sido suficiente dividir em dois os *lados* dos *quadrados* e equiláteros *elementares* do que Cornford chama de "Grau B", construindo cada um deles de quatro figuras elementares *que não contêm nenhuma irracionalidade*.) Se Platão, porém, estava ansioso por introduzir essas irracionalidades no mundo, como os lados dos triângulos subelementares de que tudo o mais se compõe, ele deve ter julgado que podia, dessa maneira, resolver um problema, e esse problema, sugiro eu, era o da "natureza do (comensurável e do) incomensurável".[26] Tal problema, sem dúvida, era particularmente difícil de resolver com base na cosmologia que fazia uso de algo como ideias atomísticas, já que os irracionais

---

24 Ver, a seguir, em (4).

25 Cornford, *Plato's Cosmology*, p.214, 231 e ss.

26 Platão, *Leis*, 820c.

não são múltiplos de nenhuma unidade capaz de medir racionais, mas se as próprias unidades de medida contiverem lados em "razões irracionais", o grande paradoxo pode ser resolvido, pois então eles podem medir ambos, e a existência dos irracionais já não seria incompreensível ou "irracional".

Platão, porém, sabia que havia mais irracionalidades do que $\sqrt{2}$ e $\sqrt{3}$, pois menciona no *Teeteto* a descoberta de uma série infinita de raízes quadradas irracionais (também fala de "considerações semelhantes acerca dos sólidos"),[27] mas não é necessário que isso se refira a raízes cúbicas, porém, poderia referir-se à diagonal cúbica, isto é, à $\sqrt{3}$ e também menciona no *Hípias maior* o fato de que pela adição (ou então composição) de irracionais, podem-se obter outros números irracionais (mas também números racionais – provavelmente uma alusão ao fato de que, por exemplo, 2 menos $\sqrt{2}$ é irracional –, pois esse número, mais $\sqrt{2}$, dá, é claro, um número racional).[28] Dadas essas circunstâncias, fica claro que se Platão quis resolver o problema da irracionalidade introduzindo seus triângulos elementares, devia ter pensado que todos os irracionais (ou pelo menos seus múltiplos) pudessem ser compostos pela adição de (a) unidades; (b) $\sqrt{2}$; (c) $\sqrt{3}$ e seus múltiplos. Isso, é claro, teria sido um erro, mas temos todas as razões para crer que não houvesse nenhuma refutação na época para isso. Além disso, a proposição de que haja apenas dois tipos de irracionalidades atômicas – as diagonais dos quadrados e dos cubos – e que todas as outras racionalidades sejam comensuráveis em relação a (a) a unidade, (b) $\sqrt{2}$ e (c) $\sqrt{3}$ tem certa plausibilidade, se considerarmos o caráter relativo das irracionalidades. (Refiro-me ao fato de podermos dizer com igual justificação que a diagonal de um quadrado com lado formado pela unidade é irracional ou que é irracional o lado de um quadrado com uma diagonal formada pela unidade. Devemos também lembrar que Euclides, no Livro X, def. 2, ainda chama de incomensuráveis as raízes quadradas "comensuráveis por seus quadrados".) Platão, assim, pode muito bem ter acreditado nessa proposição, embora não pudesse ter estado de posse de uma prova válida de tal conjectura. (Uma primeira refutação parece ter sido dada por Euclides.) Ora, há, sem dúvida, uma referência a alguma conjectura não provada na própria passagem do *Timeu* em que Platão se refere à razão de ter escolhido os seus triângulos subelementares, pois escreve:

---

27 Id., *Teeteto*, 148b.
28 Id., *Hípias maior*, 303b-c. Cf. Heath, op. cit., p.304.

[...] todos os triângulos derivam de dois deles, cada qual com um ângulo reto [...] desses triângulos, um [o meio-quadrado] tem em cada lado metade de um ângulo reto [...] e lados iguais; o outro [o escaleno] [...] tem lados desiguais. Assumimos estes dois como os primeiros princípios [...] segundo uma explicação que combina probabilidade [ou conjectura provável] com necessidade [prova]. Os princípios que estão ainda mais distantes do que estes são conhecidos no céu e pelos homens que o céu favorece.[29]

E mais adiante, depois de explicar que há um número infinito de triângulos escalenos, dos quais o "melhor" deve ser escolhido, e depois de explicar que considera o meio-equilátero o melhor, diz Platão: "A razão é uma história longa demais, mas se alguém testar a questão e provar que ele tem essa propriedade, levará o prêmio, com toda a nossa aprovação".[30] Platão não diz claramente o que significa "essa propriedade": deve ser uma propriedade matemática (que pode ser provada ou refutada), que justifique que, tendo escolhido o triângulo que incorpora $\sqrt{2}$, a escolha do que incorpora a $\sqrt{3}$ é a "melhor". E creio que, tendo em vista as considerações precedentes, a propriedade que ele tinha em mente era conjecturada racionalidade relativa dos outros irracionais, isto é, relativa à unidade, e às raízes quadradas de dois e de três.

(4) Uma razão adicional para nossa interpretação, embora não encontre para ela nenhum outro indício no texto de Platão, talvez nasça da seguinte consideração. É curioso que $\sqrt{2} + \sqrt{3}$ aproxime-se muito de π.[31] O excesso é de menos de 0,0047, isto é, menos de 1 ½ *pro mille* de π, e não se conhecia na época uma aproximação melhor de π. Uma espécie de explicação para esse fato curioso é que a média aritmética das áreas do hexágono circunscrito e do octágono inscrito é uma boa aproximação da área do círculo. Ora, é claro, por um lado, que Bryson operava por meio de polígonos circunscritos e inscritos[32] e sabemos, por outro lado (pelo *Hípias maior*), que Platão se interessava pela adição de irracionais, e assim deve ter adicionado $\sqrt{2} + \sqrt{3}$. Há, portanto, duas maneiras pelas quais Platão pode ter descoberto a

---

29 Platão, *Timeu*, 53c-d.

30 Ibid., 54a-b. Cornford teve de corrigir a passagem para adaptá-la a sua interpretação. (Cornford, op. cit, p.214, nota 3).

31 Borel, *Space and Time*, p.216. Chamou-me a atenção para esse fato, num contexto diferente, W. Marinelli.

32 Cf. Heath, op. cit., p.224.

equação aproximada $\sqrt{2} + \sqrt{3} = \pi$, e a segunda delas parece quase inevitá-vel. Parece plausível a hipótese de que Platão conhecesse essa equação, mas não fosse capaz de provar se era ou não uma igualdade estrita ou só uma aproximação. [A Figura 8 ilustra o argumento deste parágrafo.]

Se assim é, porém, talvez possamos responder à "segunda questão" men-cionada acima em (3), ou seja, a questão de por que teria Platão composto seu quadrado elementar de quatro triângulos subelementares (meios-quadrados) em vez de dois e seu equilátero elementar de seis triângulos subelementares (meios-equiláteros) em vez de dois. Se considerarmos as Figuras 6 e 7, vemos que essa construção dá ênfase ao centro dos círculos inscrito e circunscrito. (No caso do equilátero, o raio do círculo inscrito também aparece, mas pare-ce que Platão tinha em mente o do círculo circunscrito, já que o menciona em sua descrição do método de composição do equilátero como a "diagonal".)[33]

Se traçarmos agora esses dois círculos circunscritos ou, mais precisa-mente, se inscrevermos o quadrado e o equilátero elementares num círculo de raio r, descobriremos que a soma dos lados dessas duas figuras se apro-ximará de rπ, ou seja, a construção de Platão sugere uma das mais simples soluções aproximadas para quadrar o círculo, como se pode ver nas nossas três figuras. Em vista disso, pode muito bem ser o caso que a conjectura de Platão e sua oferta de "um prêmio com toda a nossa aprovação", citada anteriormente, em (3), envolvesse não só o problema geral da comensurabi-lidade das irracionalidades, mas também o problema especial de se $\sqrt{2} + \sqrt{3}$ quadra o círculo de unidade.

Devo mais uma vez frisar que não conheço nenhum indício direto que mostre que Platão tivesse isso em mente, mas se considerarmos os indícios indiretos aqui apresentados, talvez a hipótese não pareça forçada demais. Não creio que ela o seja mais do que a hipótese de Cornford e, se for verda-deira, daria uma explicação melhor das passagens relevantes.

(5) Se houver certa verdade em nossa tese, desenvolvida anteriormente em (2), de que a inscrição de Platão significasse "A aritmética não é sufi-ciente: você tem de saber geometria!" e em nossa tese de que tal ênfase estivesse ligada à descoberta da irracionalidade das raízes quadradas de 2 e de 3, isso poderia lançar certa luz sobre as teoria das ideias e sobre os muito discutidos relatos de Aristóteles. Explicaria por que, com vistas a essa des-coberta, a ideia pitagórica de que as coisas (formas, formatos) são números

---

33 Cf. Platão, *Timeu*, 54d-e, 54b.

e as ideias morais, razões de números, tinha de desaparecer – talvez para ser substituída, como no *Timeu*, pela doutrina de que as formas elementares, ou limites (*peras*), ou formas, ou ideias das coisas são triângulos,[34] mas também explicaria por que, uma geração mais tarde, a Academia pôde voltar à doutrina pitagórica. Uma vez passado o choque provocado pela descoberta da irracionalidade, os matemáticos começaram a se acostumar com a ideia de que *os irracionais devem ser números*, apesar de tudo, uma vez que estão presentes nas relações elementares de maior ou menor a outros números (racionais). Tendo chegado a esse estágio, desapareceram as razões contra o pitagorismo, embora a teoria de que as formas são números ou razões de números significasse, depois da admissão dos irracionais, algo diferente do que significara antes (ponto que talvez não tenha sido plenamente avaliado pelos adeptos da nova teoria).

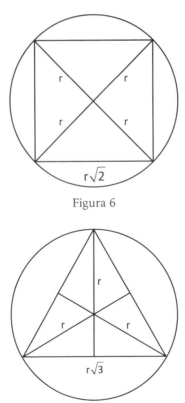

Figura 6

Figura 7

34 Cf. o já citado Platão, *Mênon*, 75d-76a.

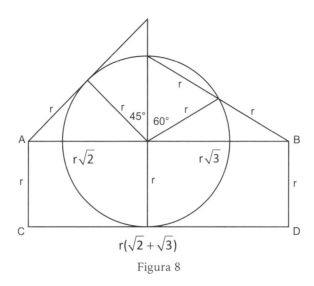

Figura 8

2. Platão e a geometria (1957)

Na segunda edição de *A sociedade aberta*, fiz uma longa adição à nota 9 do Capítulo 6.[35] A hipótese histórica proposta nessa nota foi mais tarde amplificada em meu artigo "The Nature of Philosophical Problems and their Roots in Science" [A natureza dos problemas filosóficos e sua raiz na ciência] (publicado como Capítulo 2 em *Conjecturas e refutações*).

Pode ser reapresentado da seguinte maneira: (1) a descoberta da irracionalidade da raiz quadrada de dois, que levou ao colapso do programa pitagórico de redução da geometria e da cosmologia (e, provavelmente, de todo o conhecimento) à aritmética provocou uma crise na matemática grega; (2) *Elementos* de Euclides não são um manual de geometria, mas antes a tentativa final da Escola Platônica de resolver a crise, reconstruindo a matemática e a cosmologia inteiras *sobre uma base geométrica*, para lidar com o problema da irracionalidade sistematicamente, e não *ad hoc*, invertendo, assim, o programa pitagórico de aritmetização; (3) foi Platão o primeiro a conceber o programa mais tarde levado adiante por Euclides: foi Platão o primeiro a reconhecer a necessidade de uma reconstrução, a escolher a

---

35 Popper, *Open Society and Its Enemies*, p.248-53.

geometria como a nova base e o método geométrico das proporções como o novo método; a propor o programa de *geometrização da matemática*, inclusive a aritmética, a astronomia e a cosmologia, tornando-se, assim, o fundador da imagem geométrica do mundo e, com isso, também o fundador da ciência moderna – da ciência de Copérnico, Galileu, Kepler e Newton.

Sugeri que a famosa inscrição sobre a porta da Academia de Platão aludisse ao seu programa de geometrização.[36] (Que pretendesse anunciar uma *inversão do programa pitagórico* é algo que parece provável em vista de Arquitas, DK B1.)

Na Seção 1, tópico (2) deste ensaio, sugeri "que Platão foi *um dos primeiros a desenvolver um método especificamente geométrico*, com vistas a resgatar o que pudesse ser resgatado [...] do colapso do pitagorismo" e descrevi essa sugestão como "uma hipótese histórica muitíssimo incerta". Já não creio que a hipótese seja assim tão incerta. Ao contrário, percebo agora que uma releitura de Platão, Aristóteles, Euclides e Proclo, à luz dessa hipótese, produziria tantos indícios corroboradores quantos se pudessem esperar. Além de confirmar os indícios mencionados no parágrafo citado, quero agora acrescentar que já o *Górgias* considera a discussão sobre o "ímpar" e o "par" como característica da aritmética,[37] identificando claramente com isso a aritmética com a teoria pitagórica dos números, enquanto caracteriza o geômetra como o homem que adota o método de proporções.[38] Além disso, num trecho do *Górgias*, Platão não só fala da igualdade geométrica, mas também enuncia implicitamente o princípio que mais tarde foi plenamente desenvolvido no *Timeu*: a ordem cósmica é uma *ordem geométrica*.[39] O *Górgias*, aliás, prova que a palavra *"alogos"* não estava associada na mente de Platão aos números irracionais, uma vez que diz que mesmo uma técnica ou arte não deve ser *alogos*,[40] o que valeria *a fortiori* para uma ciência como a geometria. Creio que podemos simplesmente traduzir *alogos* por "alógico".[41] A questão é importante para a interpretação do título do livro perdido de Demócrito, mencionado anteriormente na Seção 1, tópico (2).

---

36 Cf. Seção 1, tópico (2).
37 Platão, *Górgias*, 451a-c, 453e.
38 Ibid., 465b-c.
39 Ibid., 508a. Cf. nota 48 ao capítulo 8 de Popper, *Open Society and Its Enemies*.
40 Platão, *Górgias*, 465a.
41 Cf. também Platão, *Górgias* 496a-b, 522e.

Meu artigo sobre "A natureza dos problemas filosóficos" contém outras sugestões acerca da *geometrização da aritmética* e da cosmologia de Platão em geral (sua inversão do programa pitagórico) e da sua teoria das formas.[42]

Acrescentado em 1961

Desde que o texto acima foi publicado pela primeira vez em 1957, na terceira edição de *A sociedade aberta*, descobri, quase acidentalmente, uma interessante corroboração da hipótese histórica formulada anteriormente na Seção 1, no primeiro parágrafo do tópico (2). Trata-se de um trecho dos comentários de Proclo ao livro primeiro de *Elementos*, de Euclides, pelo qual fica claro que existia uma tradição segundo a qual os elementos de Euclides eram uma cosmologia platônica, um tratamento dos problemas do *Timeu*.[43]

3. A datação do *Teeteto* (1961)

Há uma sugestão na nota 50, (6), ao Capítulo 8 de *A sociedade aberta* de que "o *Teeteto* é talvez (e contrariamente ao que se costuma supor) anterior a *A República*".[44] Tal sugestão foi feita a mim pelo falecido dr. Robert Eisler numa conversa não muito antes de seu falecimento, em 1949, mas como ele nada mais me disse sobre essa conjectura, a não ser que se baseava parcialmente nas linhas 174 e seguintes de *Teeteto* – o trecho crucial cuja datação pós-*Republicana* não me parecia encaixar-se com a minha teoria – percebi que não havia indícios suficientes a favor dela e que era *ad hoc* demais para me justificar, jogando sobre os ombros de Eisler a responsabilidade por ela.

Desde então, porém, descobri um bom número de argumentos independentes em favor de uma datação mais antiga do *Teeteto* e, portanto, quero agora agradecer a Eisler pela sugestão original.

---

42 Seções IV a IX de Popper, *Conjectures and Refutations*.

43 Proclo, Prologus II. In: Friedlein (ed.), *In primus Euclidis Elementorum librum commentarii*, p.71-5.

44 Popper, *Open Society and Its Enemies*, p.281.

Desde que Eva Sachs (cf. *Socrates*, 5, 1917, p.531s.) estabeleceu que o proêmio do *Teeteto*, tal como o conhecemos, foi escrito depois de 369 a.C., a conjectura de um núcleo socrático e de uma datação anterior implica outra – a de uma edição anterior perdida, revista por Platão depois da morte de Teeteto. A segunda conjectura foi aventada independentemente por diversos eruditos, mesmo antes da descoberta de um papiro que contém parte de um *Comentário ao Teeteto* e se refere a duas edições distintas.[45] O seguinte argumento parece corroborar ambas as conjecturas.

(1) Certas passagens de Aristóteles parecem aludir ao *Teeteto*: elas se encaixam perfeitamente no texto do *Teeteto* e afirmam, ao mesmo tempo, que as ideias ali expostas pertencem a Sócrates, mais do que a Platão. As passagens que tenho em mente são a *atribuição* a Sócrates da invenção da *indução*,[46] que, a meu ver, é uma alusão à *maiêutica* de Sócrates (desenvolvida amplamente no *Teeteto*), seu método de ajudar o discípulo a perceber a verdadeira essência de uma coisa por meio da purificação de sua alma dos falsos preconceitos e a posterior atribuição a Sócrates do comportamento tão fortemente assinalado repetidas vezes no *Teeteto*: "Sócrates costumava fazer perguntas e não respondê-las, pois costumava confessar que não sabia".[47] (Essas passagens são analisadas com mais vagar, a seguir, na Seção 5 e nas Seções de 6 a 7 do Ensaio 10.)

(2) O *Teeteto* tem um final surpreendentemente inconclusivo, embora fique claro que ele foi assim planejado e preparado quase desde o começo. (Na realidade, como tentativa de resolver o problema do conhecimento, o que ele ostensivamente tenta fazer, esse belo diálogo é um completo fracasso.) É sabido, porém, que finais igualmente inconclusivos são característicos de bom número dos primeiros diálogos.

(3) "Conhece-te a ti mesmo" é interpretado, como na *Apologia*, como "Saiba quão pouco sabes". Em sua fala final, diz Sócrates:

Depois disso, Teeteto [...] serás menos duro e mais gentil com seus sócios, pois terás a sabedoria de não pensar saber o que não sabes. Algo assim minha arte [da *maiêutica*] pode fazer; eu também não sei nenhuma das coisas que os outros conhecem.

---

45 Cf. Diels (ed.), *Anonymer kommentar zu Platons Theaetet*.

46 Aristóteles, *Metafísica* 1078b17-30, 987b1, 1083b3.

47 Id., *Das refutações sofísticas*, 183b7.

(4) Parece provável que a nossa seja uma segunda edição, revista por Platão, sobretudo em vista do fato de que a introdução ao diálogo,[48] que poderia muito bem ter sido acrescentada como homenagem a um grande homem, realmente contradiz uma passagem que pode ter sobrevivido à revisão da primeira edição desse diálogo; refiro-me ao seu final, que, como bom número de outros diálogos mais antigos, alude ao julgamento de Sócrates como iminente. A contradição consiste no fato de que Euclides, que aparece como personagem na introdução e narra como o diálogo chegou a ser escrito, nos diz que foi várias vezes a Atenas (vindo de Mégara, provavelmente), valendo-se a cada vez da oportunidade de verificar suas anotações com Sócrates e fazendo aqui e ali suas *"correções"*.[49] Isso é dito de um jeito que torna bem claro que o diálogo em si mesmo deve ter ocorrido *pelo menos* vários meses antes do julgamento e da morte de Sócrates, mas isso não condiz com o fim do diálogo. (Não vi nenhuma referência a esse ponto, mas não posso imaginar que ele não tenha sido examinado por algum estudioso de Platão.) Pode até ser que a referência às "correções", em 143a, e também a tão discutida descrição do "novo estilo", em 143b-c,[50] tenham sido introduzidas para explicar alguns desvios da edição revista em relação à edição original. (Isso tornaria possível colocar a edição *revista* depois até do *Sofista*.)

4. Sobre as fontes do conhecimento e da ignorância

Platão desempenha um papel decisivo na pré-história da doutrina cartesiana da *veracitas dei* – a doutrina de que a nossa intuição intelectual não nos engana porque Deus é veraz e não nos quer enganar, ou seja, a doutrina de que o nosso intelecto é uma fonte do conhecimento porque Deus é uma fonte de conhecimento. Essa doutrina tem uma longa história, que pode ser facilmente rastreada até pelo menos Homero e Hesíodo.

Para nós, o hábito de mencionar a própria fonte pareceria natural num erudito ou num historiador e é, talvez, um pouco surpreendente descobrir que tal hábito tem origem nos poetas, mas é verdade. Os poetas gregos

---

48 Platão, *Teeteto*, 142a-143c.
49 Ibid., 142c-d, 143a.
50 Ver, por exemplo, Ritter, *Platon*, v.1, p.220-1.

mencionam a fonte de seu conhecimento. Tais fontes são divinas. São as Musas. "Os bardos gregos", observa Gilbert Murray:

> [...] sempre devem às Musas, não só o que chamaríamos de inspiração, mas seu conhecimento real dos fatos. As Musas "estão presentes e conhecem todas as coisas" [...] Hesíodo [...] sempre explica depender das Musas em seu conhecimento. Reconhecem-se, sem dúvida, outras fontes de conhecimento [...] mas na maioria das vezes ele consulta as Musas [...] e o mesmo faz Homero quando trata de assuntos como o Catálogo do Exército grego.[51]

Como mostra essa citação, os poetas tinham o hábito de reivindicar não só fontes divinas de inspiração, mas também fontes divinas de conhecimento – fiadores divinos da verdade de suas histórias.

Precisamente as mesmas duas reivindicações foram feitas pelos filósofos Heráclito e Parmênides. Heráclito, ao que parece, vê-se a si mesmo como um profeta que "fala com boca delirante [...] possuído pelo deus" [DK 22B92] – por Zeus, a fonte de toda sabedoria.[52] E se pode quase dizer que Parmênides forme o elo perdido entre Homero ou Hesíodo, por um lado, e Descartes, por outro. Sua estrela-guia e inspiração é a deusa Diké, descrita por Heráclito (DK 22 B28)[53] como a guardiã da verdade. Parmênides a descreve como a guardiã e detentora das chaves da verdade e como a fonte de todo o seu conhecimento,[54] mas Parmênides e Descartes têm mais em

---

51 Ver Murray, *The Rise of Greek Epic*, p.96.
52 Ver também DK 22B32, B93, B41, B64, B50.
53 Ver também B94 e confronte Orfeu DK 1 B14; Platão, *Leis*, 716a.
54 A "deusa" de Parmênides (DK B1, linha 22) foi identificada por Sexto Empírico à deusa Diké (das linhas 14-17), numa interpretação, aliás, reconhecidamente duvidosa (cf. Sexto Empírico, *Contra os matemáticos*, VII, 113). Parece-me que o texto sugira fortemente essa identificação. A amplamente aceita ideia de que Parmênides tivesse deixado "sem nome" sua deusa parece-me não ter fundamento, embora tenha sido defendida com argumentos sutis (cf. Guthrie, *A History of Greek Philosophy*, v.2, p.10; Tarán, *Parmenides*, p.31), no entanto, a maioria desses argumentos (em especial o de Tarán) torna incompreensível por que Diké (e talvez até Ananké em B8: 30) não fosse também deixada "sem nome". São dois meus argumentos positivos a favor da identificação da "deusa" com Diké: (1) Todo o equilíbrio de B1, até a linha 23 e, em especial, 11-22 sugere a identificação, como mostram os seguintes pormenores: Diké (embora na outra visão ela não passasse de uma carcereira) é introduzida de modo elaborado, adaptando-se ao trecho como um todo; ela é a

comum do que a doutrina da veracidade divina. Por exemplo, sua divina zeladora da verdade diz a Parmênides que, para distinguir entre a verdade e a falsidade, ele só deve confiar no intelecto, excluindo os sentidos da visão, da audição e do paladar.[55] E até mesmo o princípio de sua teoria física, que ele, como Descartes, fundamenta em sua teoria intelectualista do conheci-mento, é o mesmo adotado por Descartes: trata-se da impossibilidade de um vazio, da necessária plenitude do mundo.

No *Íon*, de Platão, é feita uma nítida distinção entre a inspiração divi-na – o divino frenesi do poeta – e as fontes ou origens divinas do conhe-cimento verdadeiro. (O tema é desenvolvido com mais vagar no *Fedro*[56] e Platão até insiste,[57] como me indicou Harold Cherniss, na distinção entre questões de origem e de verdade.) Platão concede que os poetas são ins-pirados, mas nega a eles qualquer autoridade divina para seu alegado co-nhecimento dos fatos, no entanto, a doutrina da origem divina de nosso conhecimento desempenha um papel decisivo na famosa teoria da *anamnesis* de Platão, que, de certa forma, concede a todos os homens a posse de fon-

---

principal pessoa em ação da linha 14 até a linha 20 (*arerote*); a sentença, também, não parece deter-se aqui – não, sem dúvida, até o fim da linha 21, logo antes de a "deusa" aparecer. Além disso, entre a linha 20 e o fim da linha 21, nada mais é dito do que: "Direto pela estrada através dos portões as donzelas tocaram os cavalos". Isso, de modo algum, implica que a viagem de Parmênides (minuciosamente des-crita até esse ponto) siga adiante, ao contrário, vejo aqui um forte indício de que, depois de passarem os portões (onde deve encontrar Diké), sua viagem chega ao fim. E como crer que a mais alta autoridade e principal oradora do poema entre não só sem ser nomeada, mas sem nenhuma apresentação nem qualquer cerimônia – e até mesmo sem nenhum epíteto? E por que as donzelas teriam de apresentar Par-mênides a Diké (e "tranquilizá-la"), que, na visão aqui contestada, é a pessoa infe-rior, e não a superior? (2) Se acreditarmos, juntamente com Guthrie, op. cit., v.2, p.32, 23-4 (ver também Tarán, op. cit., p.5, 61-2), que há "indícios (cumulativos) de que Parmênides, em sua crítica do pensamento anterior, tinha em mente sobre-tudo Heráclito", o papel desempenhado por Diké no *logos* de Heráclito (ver a nota precedente) tornaria compreensível por que Parmênides, em seus *antilogia*, agora a cite como autoridade para o seu próprio *logos*. (Aliás, não me parece haver nenhuma dificuldade em supor que no importante trecho B8, linha 14, Diké esteja falando de si mesma, mas, sim, muita dificuldade em supor que a "deusa" fale nesses termos acerca de sua própria carcereira ou porteira.)

55 Cf. também Heráclito, DK 22 B54, 123. DK 22B88, 126 contêm sugestões de que mudanças *inobserváveis* podem produzir opostos observáveis.

56 Platão, *Fedro*, 259e e ss.

57 Ibid., 275b-c.

tes divinas de conhecimento. (O conhecimento de que trata essa teoria é o conhecimento da *essência ou natureza* de uma coisa, mais do que o de um fato histórico particular.) Segundo o *Mênon*,[58] não há nada que a nossa alma imortal não saiba, antes do nosso nascimento, pois como todas as naturezas são parentes e afins, nossa alma deve ser afim a todas as naturezas. Por conseguinte, conhece-as todas: sabe todas as coisas.[59] Ao nascermos, esquecemos, mas podemos recuperar a memória e o conhecimento, ainda que só parcialmente: só se virmos de novo a verdade nós a reconhecemos. Todo conhecimento é, portanto, re-conhecimento – recordar ou relembrar a essência ou verdadeira natureza do que outrora soubemos.[60]

Tal teoria implica que nossa alma esteja num estado divino de onisciência enquanto reside num mundo divino de ideias ou essências ou naturezas e, antes de nascer, dele participa. O nascimento do homem é sua queda da graça, sua queda de um estado de conhecimento natural ou divino e, portanto, a origem e a causa de sua ignorância. (Talvez esteja aqui a semente da ideia de que a ignorância seja pecado ou, pelo menos, esteja relacionada com ele.)

É claro que existe um laço estreito entre essa teoria da *anamnēsis* e a doutrina da origem ou fonte divina de nosso conhecimento. Ao mesmo tempo, há também um laço estreito entre a teoria da *anamnēsis* e a doutrina da verdade manifesta: se virmos a verdade, mesmo em nosso depravado estado de esquecimento, não poderemos deixar de reconhecê-la como a verdade. Assim, como resultado da *anamnēsis*, a verdade é devolvida ao estatuto daquilo que não foi esquecido e, portanto, não está oculto (*alethes*): trata-se daquilo que é manifesto.

Sócrates o demonstra num belo trecho do *Mênon*, ajudando um jovem escravo sem educação a "lembrar" a prova de um caso especial do teorema de Pitágoras. Essa é, sem dúvida, uma epistemologia otimista e a raiz do

---

58 Id., *Mênon*, 81b-d.

59 Quanto à relação entre *parentesco* e *conhecimento* (cf. o "conhecimento por familiaridade", de Russell) ver também Platão, *Fédon*, 79d; Id., *A República*, 611d; Id., *Leis*, 899d.

60 Cf. Id., *Fédon*, 72e e ss., 75e, 76a-b. Como toda grande teoria epistemológica, a teoria da *anamnesis* (ou das "ideias inatas") influenciou a religião e a literatura. Bryan Magee chamou minha atenção para a ode "Intimations of immortality from recollections of early childhood" [Indícios de imortalidade a partir de lembranças da primeira infância], de Wordsworth.

cartesianismo. Parece que, no *Mênon*, Platão tinha consciência do caráter enormemente otimista de sua teoria, pois a descreve como uma doutrina que torna o homem muito disposto a aprender, pesquisar e descobrir.

Platão, no entanto, deve ter-se decepcionado, pois em *A república* (e também em *Fedro*) descobrimos os primórdios de uma epistemologia pessimista. Na famosa história dos prisioneiros na caverna, mostra ele que o mundo de nossa experiência é apenas uma sombra, um reflexo, do mundo real.[61] E mostra que mesmo se um dos prisioneiros conseguir escapar da caverna e se deparar com o mundo real, terá dificuldades quase *insuperáveis* para vê-lo e entendê-lo – para não falar das suas dificuldades em fazer os que ficaram para trás entenderem. As dificuldades no caminho da compreensão do mundo real são quase sobre-humanas, e só muito poucos podem alcançar, se é que alguém o pode, o estado divino de compreensão do mundo real – o estado divino do verdadeiro conhecimento, da *epistēmē*.

Essa é uma teoria pessimista com relação a quase todos os homens, embora não a todos. (Já que ensina que a verdade pode ser alcançada por uns poucos – os eleitos. Com relação a estes últimos, pode-se dizer que ela é mais otimista até do que a doutrina de que a verdade é manifesta.) As consequências autoritárias e tradicionalistas dessa teoria pessimista foram plenamente elaboradas em *Leis*.

Assim, encontramos em Platão a primeira transição de uma epistemologia otimista para outra pessimista. Cada uma delas forma a base de uma das duas diametralmente opostas filosofias do Estado e da sociedade: por um lado, um racionalismo antitradicionalista, antiautoritário, revolucionário e utópico de tipo cartesiano e, por outro, um tradicionalismo autoritário.

Tal desenvolvimento pode muito bem estar ligado ao fato de que a ideia de uma queda epistemológica do homem possa ser interpretada não apenas no sentido da doutrina otimista da *anamnēsis*, mas também num sentido pessimista.

Nessa última interpretação, a queda do homem condena todos os mortais – ou quase todos – à ignorância. Creio que podemos discernir na história da caverna (e talvez também na história da queda da cidade, quando as Musas e seu divino ensinamento são desdenhados)[62] o eco de uma interessante forma mais antiga da ideia. Tenho em mente a doutrina de Parmêni-

---

61 Id., *A República,* 514 e ss.
62 Ver Id., *A República,* 546d.

des de que as opiniões dos mortais são ilusões e o resultado de uma escolha desnorteada – uma convenção desnorteada. (Isso pode vir da doutrina de Xenófanes de que todo o conhecimento humano seja suposição e que suas próprias teorias sejam, no melhor dos casos, meramente *semelhantes à verdade*.)[63] A convenção desnorteada é linguística: consiste em dar *nomes* ao que é não existente. A ideia de uma queda epistemológica do homem pode, talvez, ser encontrada, como sugeriu Karl Reinhardt, nestas palavras da deusa, que marcam a transição da via da verdade para a via da opinião enganosa:[64]

> Mas também aprenderás como a opinião enganosa,
> Destinada a passar pela verdade, forçou a passagem através de todas as coisas.
> Agora deste mundo arranjado para parecer todo semelhante à verdade te falarei;
> E então nunca mais serás intimidado pelas noções dos mortais.

Assim, embora a queda afete todos os homens, a verdade pode ser revelada aos eleitos por um ato de graça – mesmo a verdade acerca do mundo irreal dos enganos e das opiniões, as noções e decisões convencionais, dos homens mortais: o mundo irreal da aparência, que estava destinado a ser aceito e aprovado como real.[65]

---

63 O fragmento de Xenófanes a que se faz aqui alusão é DK B35: "Tais coisas são, conjeturamos, como a verdade". Para a ideia de *verossimilhança* – de uma doutrina que corresponde em parte aos fatos (e, portanto, pode *"parecer com o real"* ou *"passar por real"* como a vê Parmênides aqui) – ver Popper, *Conjectures and Refutations*, em especial, p.236-7., onde *verossimilhança* é contrastada com *probabilidade*, e o Adendo 1 ao Ensaio 1 deste volume.

64 Quanto à *atribuição de nome* ao que é não existente (opostos não existentes), comparar Parmênides B9 com B8: 53: "pois decidiram dar nomes". Acerca da transição para a via da opinião enganosa (*doxa*), ver Reinhardt, *Parmenides*, 2.ed., p.26, e, para o texto de Parmênides DK B1: 31-2, que são as duas primeiras linhas aqui citadas, ver Ibid., p.5-11. A minha terceira linha é Parmênides B8: 60, confrontar Xenófanes B35. A minha quarta linha é Parmênides B8: 61. [*Acrescentado em 1979.*] A última palavra de B1: 31, *dokounta*, pode ser traduzida ou por "opinião" ou por "aspecto" ou "aparência". Depois de certa hesitação, fico com "opinião", pois é a ideologia que força o caminho através de todas as coisas. [Cf., porém, p.131, nota 56, onde *dokounta* é por fim traduzida por "aparência". (N. O.)]

65 É interessante contrastar essa visão pessimista da necessidade do erro (ou do erro *quase* necessário) com o otimismo de Descartes ou de Spinoza, que, em sua 76ª carta,

A revelação recebida por Parmênides e sua convicção de que uns poucos podem alcançar a certeza acerca tanto do mundo imutável da realidade eterna como do mundo irreal e mutável da verossimilhança e da ilusão, foram duas das maiores inspirações da filosofia de Platão. Foi um tema ao qual sempre voltava, oscilando entre a esperança, o desespero e a resignação.

5. A arte *maiêutica* da crítica de Sócrates *versus* a indução (*epagōgē*) de Aristóteles

O que nos interessa aqui, no entanto, é a epistemologia otimista de Platão, a teoria da *anamnēsis* do *Mênon*. Ela contém, a meu ver, não só os germes do intelectualismo de Descartes, mas também os germes das teorias da indução de Aristóteles e, sobretudo, de Bacon.

O escravo de Mênon é, pois, auxiliado pelas judiciosas perguntas de Sócrates a lembrar ou recapturar o conhecimento esquecido que sua alma possuía em seu estado natal de omnisciência. Creio que foi a esse famoso método socrático, chamado no *Teeteto* de a arte da parteira ou *maiêutica*, que Aristóteles fez alusão ao dizer que Sócrates foi o inventor do método da indução.[66]

Sugiro que Aristóteles e também Bacon entendiam por "indução" não tanto a inferência de leis universais a partir de casos particulares observados, mas um método pelo qual somos guiados ao ponto em que podemos intuir ou perceber a essência ou a verdadeira natureza da coisa.[67]

---

parágrafo 5, zomba dos "que sonham que um espírito impuro nos inspire falsas ideias semelhantes às verdadeiras (*veri similes*)" (Spinoza, *Opera*, v.3, p.247). Ver também Popper, *Conjectures and Refutations*, p.236-7, bem como Adendo 1 ao Ensaio 1.

66 Aristóteles, *Metafísica* 1078b17-33, 987b1.

67 Aristóteles entendia por "indução" (*epagogé*) pelo menos duas coisas diferentes, que ele às vezes vincula uma à outra. Uma é um método pelo qual somos "levados a intuir o princípio geral". (Sobre a *anamnesis* no Mênon, ver Aristóteles, *Primeiros analíticos*, 67a22f; Id., *Segundos analíticos*, 71a7, 81a38 e ss., 100b4-5.) A outra é um método de *aduzir provas* (particulares) – provas *positivas*, mais do que provas *críticas* ou contraexemplos (Id., *Tópicos*, 105a13, 156a4, 157a34; Id., *Segundos analíticos* 78a35, 81b5 e ss.). O primeiro método parece-me o mais velho, e aquele que pode ser mais bem relacionado com Sócrates e o seu método *maiêutico* de crítica e

Como vimos, porém, este é justamente o objetivo da *maiêutica* de Sócrates: seu objetivo é ajudar-nos a chegar ou conduzir à *anamnesis*; e a *anamnesis* é o poder de ver a verdadeira natureza ou essência de uma coisa, a natureza ou essência que conhecíamos antes de nascer, antes da queda da graça. Assim, os objetivos dos dois, *maiêutica* e indução, são o mesmo. (Aristóteles, aliás, ensinava que o resultado da indução – a intuição da essência – devia ser exprimido por uma definição dessa essência.)

Consideremos, agora, com mais atenção os dois procedimentos. A arte *maiêutica* de Sócrates consiste, essencialmente, em fazer perguntas destinadas a destruir preconceitos; falsas crenças que são muitas vezes crenças tradicionais ou em moda; falsas respostas, dadas no espírito de ignorante presunção. O próprio Sócrates não finge saber. A sua postura é descrita por Aristóteles com estas palavras: "Sócrates fazia perguntas, mas não dava respostas; pois confessava não saber".[68] Assim, a *maiêutica* de Sócrates não é uma arte que vise a ensinar alguma crença, mas uma arte que visa a purificar e limpar[69] a alma de suas falsas crenças, seu aparente conhecimento e seus preconceitos. Ela consegue isso ensinando-nos a duvidar das nossas convicções.

O mesmo procedimento, fundamentalmente, é parte da indução de Bacon.

6. As origens cosmológicas da geometria euclidiana

(1) Gostaria de dizer, antes de mais nada, o quanto apreciei o maravilhoso artigo do professor Szabó. Sua tese de que o método axiomático da geometria euclidiana foi tomado de empréstimo do método de argumenta-

---

contraexemplos. O segundo método parece ter origem na tentativa de sistematizar logicamente a indução ou, como diz Aristóteles, *Primeiros analíticos*, 68b15 e ss., construir um "silogismo [válido] que nasça da indução"; este, para ser válido, deve, é claro, ser um silogismo de indução perfeita ou completa (enumeração completa dos casos) e a indução comum, no sentido do segundo método aqui mencionado, é apenas uma forma mais fraca (e inválida) desse silogismo válido. (Ver também nota 33 ao Capítulo 11 e a Introdução de Popper, *Objective Knowledge*.)

68 Ver Aristóteles, *Das refutações sofísticas*, 183b7. Cf. Platão, *Teeteto*, 150c-d, 157c, 161b.

69 Cf. a alusão ao rito chamado *amphidromia* – cerimônia de purificação após o nascimento de uma criança (que às vezes terminava com a purgação ou exposição da criança) a que se alude em Ibid., 160e. Ver também Id., *Fédon*, 67b, 69b-c.

ção usado pelos filósofos eleáticos é extremamente interessante e original. Sem dúvida, trata-se de uma tese muitíssimo conjectural, como deve ser toda tese do tipo, dada a pouca informação que chegou até nós acerca das origens da ciência grega.

(2) Parece-me que Szabó explicou apenas um fato da geometria euclidiana: como foi inventado o *método* por ela usado. A pergunta a que ele ofereceu uma resposta provisória é: "Como veio Euclides a adotar o *método axiomático* em sua geometria?" Quero, no entanto, sugerir que há uma segunda pergunta, talvez mais original. Trata-se da seguinte: "Qual era o *problema* da geometria euclidiana?" Ou em outros termos: por que foi justamente a *geometria* que foi desenvolvida de modo tão sistemático por Euclides?

(3) Essas são duas perguntas diferentes, mas, a meu ver, intimamente ligadas. Gostaria apenas de mencionar uma conjectura histórica de minha autoria acerca deste segundo problema.[70] Trata-se da seguinte: a geometria euclidiana não é um tratado de matemática abstrata e axiomática, mas, antes, um tratado de cosmologia; foi proposta para resolver um problema surgido na cosmologia, o problema colocado pela descoberta dos irracionais. Declara Aristóteles repetidas vezes[71] que a geometria era a teoria que lidava com os irracionais (em contraposição à aritmética, que lidava com "o ímpar e o par").

A descoberta dos números irracionais destruiu o programa pitagórico de derivar a cosmologia (e a geometria) da aritmética dos números naturais. Platão percebeu o fato e procurou substituir a teoria aritmética do mundo por uma teoria geométrica do mundo.[72] A famosa inscrição sobre os portões da Academia significava justamente o que dizia: a aritmética não era suficiente, e a geometria era a ciência fundamental. Seu *Timeu* contém, em oposição ao atomismo aritmético anterior, uma teoria atômica *geométrica* em que as partículas elementares eram todas edificadas a partir de dois triângulos que tinham por lado as raízes quadradas (irracionais) de dois e de três. Platão legou seu problema para os sucessores, que o resolveram. *Elementos*,

---

70 A conjectura é enunciada de modo mais completo nas Seções VIII-IX do Capítulo 2 de Popper, *Conjectures and Refutations*.

71 Para referências, ver Ibid., p.87, nota 42.

72 Tudo isso é examinado com certo vagar na Seção 1 deste ensaio.

de Euclides, cumpriram o programa de Platão, pois neles a geometria é desenvolvida de modo autônomo, ou seja, sem o pressuposto "aritmético" da comensurabilidade ou racionalidade. Os problemas de Platão, cosmológicos em boa medida, foram resolvidos de modo tão bem-sucedido por Euclides, que foram esquecidos: *Elementos* são considerados o primeiro manual de pura matemática dedutiva, em vez de um tratado cosmológico, como, creio, deveria ser.

Quanto ao problema do professor Szabó, por que o *método axiomático* foi empregado pela primeira vez por Euclides, creio que uma análise da pré-história cosmológica da geometria euclidiana também possa ajudar a resolver esse problema, pois os métodos de resolver problemas são muitas vezes herdados com os problemas. Os pré-socráticos estavam tentando resolver problemas cosmológicos e, ao fazerem isso, inventaram o método crítico e o aplicaram às próprias especulações. Parmênides, que era um dos maiores desses cosmólogos, valeu-se desse método ao desenvolver o que talvez possa ter sido o primeiro sistema dedutivo. Podemos até chamá-la a primeira teoria física dedutiva – ou a última teoria pré-física antes dos atomistas, cuja teoria se originou de uma refutação da teoria de Parmênides (com a refutação, mais especificamente, da conclusão de Parmênides de que o movimento é impossível, uma vez que o mundo é pleno).[73]

Nada disso vai de encontro às ideias de Szabó, que descobre as origens do método dedutivo no método eleático da dialética ou debate crítico, mas o vínculo com a cosmologia, a meu ver, soma uma dimensão adicional à análise que ele faz, pois me parece que a distinção nítida, com base em seus diferentes *métodos*, entre a matemática e as ciências naturais seria estranha aos gregos. Sem dúvida, foi o notável bom êxito de Euclides que criou essa distinção, pois até Euclides (inclusive, em minha opinião), a matemática e a cosmologia gregas eram uma só coisa, ou quase. Para entender plenamente a descoberta dos *"métodos matemáticos"*, temos de nos lembrar dos *problemas cosmológicos* que tentavam resolver com esses métodos. Parmênides era um cosmólogo e foi em apoio à cosmologia de Parmênides que Zenão desenvolveu seus argumentos que, como ressalta o professor Szabó, inauguraram o estilo especificamente grego de pensamento matemático.

---

73 Popper, *Conjectures and Refutations*, p.79-83, e, agora, sobretudo nos Ensaios 3 a 5 deste volume.

7. Platão, *Timeu* 54e-55a

"τρίγωνα δὲ ἰσόπλευρα συνιστάμενα τέτταρα κατὰ σύντρεις ἐπιπέδους γωνίας μίαν στερεὰν γωνίαν ποιεῖ, τῆς ἀμβλυτάτης τῶν ἐπιπέδων γωνιῶν ἐφεξῆς γεγονυῖαν."

Descreve essa sentença a mais antiga construção estereométrica, no entanto, não encontrei nenhuma tradução ou comentário que não a tenha malcompreendido.

A construção descrita é a seguinte. Tomem-se quatro triângulos equiláteros e os arrumem de modo que quaisquer três ângulos planos adjacentes complementem um ao outro em 180°, ou seja, no "mais obtuso dos ângulos planos". (Para maior clareza, estou sombreando o triângulo central.)

Agora, dobre para cima *dois* dos triângulos não sombreados, de modo que, juntamente com o triângulo sombreado, formem um ângulo sólido. (Assim, na ordem dos ângulos adjacentes, o ângulo sólido equivalia ou correspondia ao mais obtuso dos ângulos planos e era formado como um próximo passo, ou sucessivamente, depois desse mais obtuso dos ângulos planos.) Então, "quando são produzidos quatro desses ângulos [sólidos], é construída a primeira figura sólida".[74]

A presença do diagrama, que Platão indica de modo um tanto sumário, supondo, talvez, que fosse bem conhecido, torna redundante qualquer descrição verbal elaborada.

Sugiro a seguinte tradução:

"Juntem-se quatro triângulos equiláteros de modo que quaisquer três ângulos planos adjacentes (σύντρεις) façam um único ângulo sólido, que é formado sucessivamente ao mais obtuso dos ângulos planos."

O sentido permanece quase o mesmo, se traduzirmos (construindo τῆς ἀμβλυτάτης, como, digamos, *genitivus pretii*): "[...] que na ordem adjacente era igual [ou correspondia] ao mais obtuso dos ângulos planos".

---

74 Platão, *Timeu*, 55a.

Os equívocos habituais (por exemplo, em Archer-Hind, Bury, Cornford e Taylor), que são graves, devem-se a (a) não reconhecer a construção geométrica pretendida e (b) uma tradução de ἐφεξῆς como "o próximo na ordem da *magnitude*", o que obviamente não faz sentido aqui.

Em Euclides, ἡ ἐφεξῆς γωνία significa o ângulo adjacente, embora a primeira de minhas versões propostas pareça a mais fácil, a terminologia de Euclides sugere, creio, que mereça consideração algo parecido com a segunda. (Ademais, a construção ἐφεξῆς com genitivo parece única, *pelo menos* em Platão e, portanto, talvez não esteja acima de qualquer suspeita, embora, sem dúvida, o genitivo dependente de γίγνομαι, ainda que ocorra em Aristófanes e Xenofonte, também seja único em Platão.)

Sou grato ao professor Charles Kahn por discutir comigo as duas versões sugeridas (ele crê que a segunda dificilmente possa estar certa) e ao professor Guthrie por me permitir acrescentar a esta nota o seguinte comentário extraído de uma carta por ele escrita:

[...] ἐφεξῆς por certo não significa "adjacente" em Platão, como tampouco "sucessivamente", como quando, em *Parmênides* 149a, diz ele que, para que uma coisa toque outra ela deve ser uma coisa separada, mas ἐφεξῆς. Creio, porém, (embora esteja um pouco inseguro a respeito – é uma sentença difícil) que a ordem das palavras favorece a interpretação de ἐφεξῆς γεγονυῖαν como muito próximo de "formado sucessivamente".

Ensaio 10
Observações finais sobre a confirmação e a contraconfirmação: como a indução se torna contraindução e a *epagōgē* retorna ao *elenchus**

Já antes de ter escrito o Adendo 18 à sétima edição de *Logik der Forschung* (que ainda considero fatal para a filosofia da indução), isto é, no verão de 1981, eu começara a trabalhar numa simplificação e clarificação de uma nova prova contra a indução probabilística.

Jamais teria descoberto essa prova se não tivesse recebido uma carta que me foi escrita por David Miller, meu amigo e colaborador. Vi de imediato a importância da carta e apresentei uma breve descrição de seu conteúdo em uma nota de rodapé de *Realism and the Aim of Science* [Realismo e o alvo da ciência].[1] Essa nota continha, porém, algo que nenhum de nós havia visto imediatamente: ela se revelou o impulso decisivo para a prova, que por fim publicamos na revista *Nature*, em abril de 1983.[2] A presente versão

---

* Publicado pela primeira vez como o 19º adendo de Popper, *Logik der Forschung*, 8.ed, p.445-52. [Traduzido do alemão para o inglês pelo organizador, com pequenas correções e adições do autor. Na Seção VIII, foram acrescentados cinco breves parágrafos do discurso de Sir Karl em homenagem a Sir John Eccles, "Critical remarks on the knowledge of lower and higher organisms" (Observações críticas acerca do conhecimento dos organismos inferiores e superiores), publicado em *Experimental Brain Research*, Suplemento 9, 1984, p.24 e ss. (N. O.)]

1 Nota 2 de Id., *Realism and the Aim of Science*, p.326.

2 Popper, A proof of the impossibility of inductive probability, *Nature*. Essa prova baseou-se numa derivação algébrica da equação para o *Excesso* ($Ecx(a, b)$, que desco-

contém uma ulterior simplificação e melhoria da prova, juntamente com algumas observações históricas acerca de Aristóteles e Sócrates.

I

Começo com a definição de confirmação (probabilista) de *a* por *b*: *s(a, b)*, a confirmação de *a* por *b* no sentido da teoria da probabilidade.

Definição: $s(a, b) = p(a, b) - p(a)$

A *confirmação* de *a* por *b* é, portanto, definida como o *aumento de probabilidade* de *a* à luz da informação *b* (devido à ocorrência de *b* depois da vírgula). No caso de *p(a, b)*, isto é, a probabilidade de *a*, dado *b*, ser *maior* do que *p(a)*, *b confirma* (ou sustenta) a hipótese *a*. Se *p(a, b)* for *menor* do que *p(a)*, então *a* é *infirmada* por *b*. Nesse caso *s(a, b)* < 0, e falamos de uma confirmação negativa, ou de uma *contraconfirmação* (positiva). No caso de *p (a, b)* = *p(a)*, então *s(a, b)* = 0, e dizemos que *a* não é nem confirmado nem infirmado por *b*: nesse caso, *a* e *b* são (probabilisticamente) independentes um do outro.

II

Os teóricos da indução concordam em interpretar como indução a *confirmação* positiva de uma hipótese *h* por um enunciado-teste empírico *e*, e tal interpretação pode ser defendida com o seguinte argumento:

Um *enunciado-teste e* para a hipótese *h* é um enunciado que pode ser derivado de *h* juntamente com o nosso conhecimento de fundo *b* (que pres-

---

bri em 1938 (Id., *Logik der Forschung*, p.307) e da qual indiquei algumas vantagens em Popper, *Conjectures and Refutations*, p.396. Ali introduzi a definição:
Definição: $Exc(a, b) = p(a \leftarrow b) - p(a, b)$,
Onde "*a ← b*" pode ser lido como "*a se b*" e é o mesmo que *b → a* ("se *b* então *a*"). A derivação mostra que $Exc(a, b) = p(a, b) \, p(b) \geq 0$.
$0 \leq p(a, b)p(b) = (1 - (p(a, b))(1 - (p(b)) = 1 - p(a, b) - p(b) + p(ab)$
$= 1 - (p(b) - p(ab)) - p(a, b) = 1 - (p(ab) - p(a, b)$
$= p(a \leftarrow b) - p(a, b) = Exc (a, b) \geq 0.$
Como $p(a, b) = p(a \leftarrow b, b)$, temos então:
$p(a \leftarrow b, b) - (p(a \leftarrow b) = - Exc (a, b) \leq 0.$

supomos conter as condições iniciais), isto é, *e* se segue de *h* na presença do conhecimento de fundo *b*. Temos, assim:

(1) $p(he, b) = p(h, b)$,

uma vez que, na presença de *b*, o enunciado *he* nada mais diz do que o enunciado *h*. Pelo teorema de multiplicação, podemos, então, concluir que

(2) $p(he, b) = p(h, eb) p(e, b) = p(h, b)$

e em seguida, a partir de um teorema de probabilidade, $0 \leq p(e, b) \leq 1$, que

(3) $p(h, eb) \geq p(h, b)$.

Podemos, por outro lado, generalizar nossa definição de *s(a, b)* para três variáveis:

Definição: $s(h, e, b) = p(h, eb) - p(h, b)$

(a confirmação na presença de *b*). Se (1) é válido, temos:

(4) $s(h, e, b) \geq 0$.

Ou seja, se *e* se segue de *h* na presença de *b*, então *e* confirma a hipótese *h* na presença de *b*, e *s(h, e, b)* é sempre *não negativo*.

Mostrarei agora que essas derivações, válidas em si, não podem ser interpretadas como um argumento a favor da indução. O argumento é muito simples (e análogo à adição feita em 1983 no Adendo 18).[3]

A partir de (2) e da definição de confirmação se segue:

(5) $s(h, e, b) = p(h, b)/p(e, b) - p(h, b) = p(h, b) (1/p(e,b) - 1)$
(6) $s(h, e, b) = p(h, b)(1 - p(e,b))/p(e, b)$

Ora, $(1 - p(e, b))/(p(e, b) \geq 0$ obviamente só depende de *e* e toda vez que $p(e, b) < 1$, então, $(1 - p(e, b))/p(e, b) > 0$. Isso explica que quando *e* se

---

3 Popper, *Logik der Forschung*, 8.ed., p.442.

segue de *hb*, a confirmação é sempre positiva, todavia, uma vez que isso só depende de *e*, seguem-se todas aquelas consequências invalidantes a que se refere na adição de 1983 mencionada anteriormente.

III

No que se segue, vou livrar-me do pressuposto de que *e* se segue de *hb* (ou de qualquer pressuposto semelhante) e mostrar de modo inteiramente geral, para qualquer enunciado *h* e para qualquer enunciado *e*, que se deve haver algo como uma confirmação indutiva (não dedutiva), ela deve ser sempre menor do que zero, ou seja, *toda confirmação indutiva revela-se uma contraconfirmação*.

Vou, portanto, trabalhar com *s(h, e)* em vez de com *s(h, e, b)*, uma vez que a derivação pode ser generalizada sem dificuldade de duas variáveis para três.

Os seguintes teoremas são válidos em geral para qualquer dado enunciado *h* e para qualquer dado enunciado *e*:

Teorema 1. $s(h, e) = s(h \lor e, e) + s(h \leftarrow e, e)$.

Aqui, *h* $\lor$ *e*, que deve ser lido "*h* se *e*", um enunciado que é verdadeiro se, e somente se, ao menos um de seus componentes, *h* e *e*, seja verdadeiro, então *h*$\lor$*e* se segue dedutivamente de *h* assim como de *e*.

h $\leftarrow$ *e*, que deve ser lido *h* se *e*, é verdadeiro somente se *h* é verdadeiro ou se *e* é falso. (*h* $\leftarrow$ *e* é mais comumente escrito *e* $\rightarrow$ *h*, "se *e*, então *h*"). De *e* e *h* $\leftarrow$ *e* se segue *he*. Temos, portanto, $p(h \leftarrow e, e) = p(he, e) = p(h, e)$. Segue-se daí $s(h \lor e, e) = 1 - p(h \lor e) = p(he)$; $s(h \leftarrow e, e) = - Exc(h, e) = (1 - p(h, e))(1 - p(h)) = ct(h, e) \, ct(h)$; vide a nota 1. Temos, assim

Teorema 2. $s(h \lor e, e) \geq 0 \geq s(h \leftarrow e, e)$.

Dessa forma, a primeira parcela do Teorema 1 é sempre uma confirmação positiva (ou zero), ao passo que a segunda parcela é ou zero ou negativa – isto é, uma confirmação negativa, ou contraconfirmação.

Teorema 3. $s(h \lor e, e) \geq 0$ é sempre positivo, uma vez que *h* $\lor$ *e* se segue de *e*, assim como $p(h \lor e, e) = 1$. A explicação da positividade de $s(h \lor e, e)$

é, portanto, que a confirmação de $h \lor e$ por e é uma *confirmação puramente dedutiva*.

Teorema 4. O fator negativo,

$$s(h \leftarrow e, e) = p(h \leftarrow e, e) - (p(h \leftarrow e) = -Exc(h, e) \leq 0$$

(Ver nota 1) é muito interessante. O enunciado condicional $h \leftarrow e$ ("h se e" ou "h em caso de e") é, se e for dado como premissa, equivalente à conjunção he. Essa é a razão pela qual $p(h, e) = p(h \leftarrow e, e) = p(he, e) = p(h, e)$. Além disso, $h \leftarrow e$ é o enunciado logicamente mais fraco (e, portanto, o absolutamente mais provável), que é forte o bastante (na presença de e) para ter h como consequência. Assim, se for dado e, então $h \leftarrow e$ é necessário e suficiente para h, portanto, $h \leftarrow e$ é justamente aquilo de que precisamos, em adição a e, para obter h: o que *já não está dedutivamente* implicado em e – precisamente aquele enunciado pelo qual e deve ser estendido para dar h. Qualquer outro enunciado x que possa fazer isso é mais forte. E para qualquer um desses enunciados x (o que não dá muita coisa, mas apenas $ex = he$) temos $x \leftarrow e = h \leftarrow e$, e a partir daí

$$p(x \leftarrow e) = (p(h \leftarrow e),$$

e também, a partir disso,

$$s(x,e) = s(x \lor e, e) + s(h \leftarrow e, e),$$

como antes. Nada, portanto, é mais fácil para qualquer um desses x (em relação a e) do que distinguir entre o seu componente puramente dedutivo e seu componente não puramente dedutivo (em lógica, determinado sem ambiguidade):

$$x = (x \lor e) (x \leftarrow e).$$

Só o segundo componente, $x \leftarrow e$, pode ser chamado "indutivo" ou "ampliativo", mas a sua confirmação por e é negativa: trata-se de uma *contraconfirmação*.

Teorema 5. Se, segundo os Teoremas 1, 2 e 3, qualquer confirmação $s(h, e)$ pode ser descrita como a soma de uma confirmação puramente dedutiva e de uma confirmação negativa restante – isto é, uma contraconfirmação – podemos dizer: o fato de que uma dada confirmação $s(h, e)$ é positiva é explicado pela confirmação dada por e para o seu componente puramente dedutivo $h \vee e$, e a confirmação vinda desse componente é maior do que a contraconfirmação vinda do componente não dedutivo $h \leftarrow e$, ou seja, a contraconfirmação $s(h \leftarrow e, e) = Exc(h, e)$. Se, portanto, o fator não dedutivo for zero e se existir algo como um componente indutivo, sua contribuição para a confirmação total $s(h, e)$ será *sempre negativa*. Uma vez que toda confirmação não dedutiva é negativa, toda confirmação indutiva (se existir) é também geralmente uma *contraconfirmação. A indução (à medida que existe), portanto, é sempre contraconfirmação.*

IV

Afirmo que aqui se encerra a história da indução. Encerra-se precisamente no lugar onde, a crer em Aristóteles, começou: com Sócrates, pois Aristóteles chamava de "indução" (*epagōgē*) o método de Sócrates de *aprender por exemplos*. Podemos aceitar isso, mas os exemplos decisivos na argumentação socrática eram todos *contraexemplos* e seu modo de inferir se distingue claramente da indução ou *epagōgē* de Aristóteles: a argumentação socrática é o *elenchus*: a refutação, a contraconfirmação, a infirmação (de dogmas), em particular, por meio de contraexemplos.

V

Estou disposto a admitir que muitas vezes fui duro com Aristóteles, mas fui, e ainda sou, incitado a protestar em razão do desenvolvimento dos pré-socráticos e Sócrates, por meio de Platão, até Aristóteles, pois é um desenvolvimento do racionalismo crítico para o dogma racionalista: para a ciência demonstrável de Aristóteles, para sua ideia de que o conhecimento científico (*epistēmē*) é seguro e verdadeiro com certeza, uma vez que é conhecimento demonstrável.

O racionalismo crítico é a postura dos pré-socráticos. Todos eles dão ênfase (até mesmo Parmênides) ao fato de que os mortais não podem realmente *conhecer*, pois não podemos ter um *conhecimento certo*. Esse racionalismo crítico atingiu o auge no método de refutação de Sócrates, o *elenchus*, que Parmênides (DK 28B7: 5) foi muito provavelmente o primeiro a usar. Esse método era, é claro, bem conhecido de Aristóteles, pois ele caracteriza o método de Sócrates (em *Das refutações sofísticas*) da seguinte maneira (talvez sem distinguir o *elenchus* de Sócrates de sua *maiêutica*): "Sócrates", escreve Aristóteles, "tinha o hábito de fazer perguntas, mas não de respondê-las, pois admitia não saber".[4]

Fica claro, porém, pelo contexto[5] que Aristóteles não acreditava em Sócrates quando este dizia repetidas vezes que não sabia: Aristóteles tomava tais asserções como rasgos irônicos, como truques ou talvez como bordões com os quais Sócrates tentava distinguir-se claramente dos sofistas. Estes que pretendiam saber e afirmavam ter a posse da sabedoria, mas na verdade não sabiam nada e cujas provas e cujas refutações não eram realmente válidas, mas só serviam para fazer que o melhor caso parecesse o pior. Assim, Aristóteles talvez acreditasse realmente que Sócrates fosse sábio, mas só fingisse não saber.

Sócrates, porém, sempre em busca da verdade, não fingia, nem tampouco os grandes pesquisadores da verdade antes dele. Sabiam não saber: e mesmo isso não era certo. Aristóteles não podia acreditar nisso, pois era o homem do conhecimento certo, do conhecimento demonstrável (*epistēmē*).

VI

A lógica aristotélica é a teoria do conhecimento demonstrável, e Dante estava certo ao chamar Aristóteles de "o mestre de todos os que sabem". Esse é o fundador da prova, a *apodeixis*: do silogismo apodítico. Ele é um cientista no sentido científico e o teórico da prova científica e das pretensões autoritárias da Ciência.

No entanto, o mesmo Aristóteles veio a descobrir (ou melhor, a redescobrir) a impossibilidade do conhecimento: o problema do conhecimento demonstrável e da impossibilidade de sua solução.

---

4 Aristóteles, *Das refutações sofísticas* 33, 183b7. Ainda mais livremente: "A rotina de Sócrates era levantar questões e não respondê-las". De fato, não se tratava de um hábito, mas de um método.

5 Ibid. "Explicamos a razão" provavelmente se refere a 165a19-30.

Se todo conhecimento, toda ciência tem de ser demonstrável, isso nos leva (como ele descobriu) a uma regressão ao infinito. Isso porque toda prova consiste em premissas e conclusões, em enunciados iniciais e em enunciados conclusivos e, se os enunciados iniciais ainda tiverem de ser provados, os enunciados conclusivos também ainda terão de ser provados.

É simples assim.

VII

Aristóteles, porém, sabia que sabia. Incapaz de admitir consigo mesmo que não há nenhum conhecimento no sentido de sua ideia de *epistēmē*, incapaz de admitir que todo conhecimento é conhecimento falível, conhecimento conjectural – mesmo (como frequentemente friso) o mais convincente conhecimento intuitivo e o conhecimento das ciências naturais – Aristóteles encontrou uma saída: *a teoria da indução* – a definição essencial como fundamento de prova, como o princípio (*arché*) de que parte a prova.

A atitude geral que produziu essa teoria notável – embora errônea e fatal – que imortalizou a teoria da indução até os nossos dias, foi o *essencialismo*, que Aristóteles tomou de Platão, abrandando a doutrina platônica das formas: a ideia de que em cada coisa (não fora dela, como em Platão) reside uma essência, sua *ousia* ou essência ou natureza, que contém tudo o que há de importante para essa coisa – tudo o que vale a pena conhecer acerca daquela coisa e tudo o que pode ser conhecido a seu respeito, embora tivesse tirado essa doutrina da doutrina platônica das formas, ele a atribuiu a Sócrates.

Para Aristóteles, a definição, ou, mais precisamente, a definição da essência, tornou-se a "primeira premissa" (*arkhé*), o axioma fundamental de todas as provas: ocupava uma posição excepcional, uma vez que não precisa ser (e não podia ser) provada dedutivamente, isto é, silogisticamente. (Naqueles lugares em que Aristóteles parece dizer o contrário, ele pensa a indução como um tipo de silogismo.)

Trata-se da função da indução (*epagōgē*) conduzir (o aprendiz), por meio de exemplos, até a visão da essência, a intuir a essência. Trata-se de uma espécie de prova meio silogística, com o objetivo de garantir a verdade e a correção da definição. Muitas vezes, porém, Aristóteles parece estar consciente do fato de que essa indução *não* é uma prova, não é uma demonstração. Diz muitíssimas vezes que *nem todos* os enunciados científicos são demonstráveis e que os primeiros princípios não podem ser demonstráveis, uma vez que corremos o risco de uma regressão ao infinito. Que eu saiba, porém, ele não diz que, precisamente por essa razão, *nenhum enunciado científico* pode ser demonstrável, pois a possibilidade de derivar um enunciado *não demonstrado* a partir de outro enunciado não é prova dele. Fica especialmente claro que nenhum enunciado científico é demonstrável se, com Aristóteles, tentarmos identificar o conhecimento certo e seguro com o conhecimento silogisticamente demonstrável. A saída de Aristóteles é, na realidade, considerar a indução como um tipo de meia-prova ou talvez três quartos de prova.

É claro que a invenção da indução e a doutrina das definições essenciais não levaram ao resultado esperado: a uma solução positiva do problema do conhecimento certo e seguro. E Aristóteles atribuiu essa invenção, que via com certo desconforto, a Sócrates – ao homem que não usava a indução (*epagōgē*) por exemplos, mas a refutação (o *elenchus*), que jamais tenta provar, que sabia e afirmava não saber.

E, no entanto, (como diz meu amigo Arne Petersen) a maioria das pessoas se aterroriza ante a ideia socrática de que não sabemos. (Talvez tenha sido por isso que o mataram.) E assim partem em busca de uma teoria da indução – uma teoria que apresente o que são, na realidade (a meu ver), as nossas suposições, as nossas conjecturas, como conclusões de inferências indutivas, derivadas de premissas observacionais (e que, portanto, creem ser seguras).

VIII

Atualmente, eles recorrem à probabilidade e ao cálculo de probabilidade. Talvez a explicação seja a seguinte.

No estudo da dedução, sabemos a diferença entre uma inferência válida e outra inválida. "Todos os cisnes são brancos, logo se esta ave for um cisne, ela será branca" é válido, ao passo que "Todos os cisnes são brancos, logo se se isto for um arenque, será vermelho" é inválido.

A indução, é claro, nunca é válida, ou melhor, naqueles casos-limite em que se torna válida (em que todos os casos foram observados), ela se torna uma dedução. Como, então, distinguir uma inferência indutiva "boa", como "todos os corvos observados são pretos, portanto, todos os corvos são pretos", de uma inferência indutiva "má", como "todos os corvos observados são pretos, logo todos os arenques são vermelhos"?

A resposta a essa pergunta é, provavelmente, a seguinte: a inferência indutiva deve ser altamente provável. Se a probabilidade chegar a 1, a indução transforma-se numa dedução. Se estiver próxima de 1, será um bom argumento indutivo. Se for inferior a ½, será um mau argumento indutivo, pois isso significa que a negação da conclusão é mais provável que a conclusão.

E embora essa seja uma primeira e grosseiríssima abordagem da teoria probabilista da indução, ela indica a necessidade de tal teoria. Uma vez que as inferências não são válidas ou seguras, devemos ter alguma teoria como a da probabilidade para indicar quais são as inferências melhores ou piores, mais aproximadamente válidas ou obviamente inválidas.

Podemos escrever $p(x) = $ ⅙ para "A probabilidade de x é de ⅙" e $p(x,y) = $ ⅓ para "A probabilidade de x, dado y, é de ⅓". Aqui, x pode ser a proposição "o próximo lance deste dado vai dar quatro" e y pode ser a informação "Consideramos apenas os números pares como lances".

Ora, seja a "O próximo lance dará dois" e b "Consideramos apenas um número primo par como lance". Uma vez que 2 é o único número primo par, a se segue dedutivamente de b e temos, portanto, $p(a, b) = 1$ para um caso em que a é uma conclusão dedutiva da premissa "dada" b. Tem-se esperado (pelo menos desde Daniel Bernoulli, 1766)[6] que possam ser alcançadas altas probabilidades para as inferências indutivas, embora, naturalmente, não de 1.

Justamente isso, porém, não é verdade e, como vimos, pode-se *provar* que não é verdade.

IX

Todo conhecimento é conhecimento conjectural. As diferentes conjecturas ou hipóteses são invenções intuitivas nossas (e, portanto, *a priori* – anteriores à experiência, embora não válidas *a priori*). Essas são depuradas por

---

6 Popper provavelmente se refere ao artigo "Essai d'une nouvelle analyse de la mortalité causée par la petite verole, et des advantages de l'inoculation pour la prévenir" de autoria de Daniel Bernoulli, publicado em *Histoire et Mémoire de l'Academie Royale des Sciences de Paris*, p.1-45, 1760. (N. E. B.)

meio da experiência – por meio da amarga experiência – e assim ficamos ansiosos por substituí-las por conjecturas melhores: nisso, e só nisso, consiste a contribuição da experiência para a ciência.

Tudo o mais – e, portanto, sem dúvida, tudo – é nossa própria atividade: nossa própria busca de consequências testáveis de nossas teorias – de possíveis pontos fracos. Buscamos condições experimentais que nos permitam, se possível, expor os erros de nossas teorias. E, mesmo em nossas experiências, em nossas observações, em nossas sensações, somos ativos: ativos como os morcegos que emitem ativamente seu radar acústico.

Apêndice
Os últimos fragmentos de Popper
acerca da filosofia grega[*]

SOBRE PARMÊNIDES (II)

Fragmento 0

Introdução

Este artigo continua e amplifica o meu breve artigo sobre Parmênides, publicado em *The Classical Quarterly*, em 1992; tinha por título "Como a Lua pode lançar certa luz sobre as duas Vias de Parmênides" [Ensaio 3]. Aqui, vou referir-me a esse velho artigo como Artigo 1, e ao presente, como Artigo 2.

O Artigo 2 é composto pelas seguintes seções:

---

[*] A busca de manuscritos sobre Xenófanes no *Nachlass* de Sir Karl também trouxe à luz documentos acerca de Heráclito, Parmênides e Demócrito, bem como certos esboços para um artigo acerca de uma prova geométrica que se encontra na *Metafísica*, de Aristóteles. Como nenhum deles se revelou completo e acabado, foram reunidos neste apêndice como "Os últimos fragmentos de Popper acerca da filosofia grega". (N. O.)

1. Mais sobre o Fragmento B16 de Parmênides.
   a. Sobre a tradução;
   b. sobre o ponto de vista de Aristóteles;
   c. sobre o ponto de vista de Teofrasto;
   d. a que parte do poema pertence o fragmento B16?
2. Mais sobre a relação entre a Via da Verdade e a não superada Via da Conjectura através do Mundo das Ilusões Humanas.
3. A irmã cega de Parmênides: um conto de fadas.
4. O Proêmio.
5. Nota final.

Fragmento 1

1. Mais sobre o fragmento B16 de Parmênides

O fragmento B16 de Parmênides é de difícil compreensão. Na versão de Teofrasto (com algumas conhecidas correções), apresenta-se assim:

> Aquilo que está, a qualquer momento, na mistura muito errada dos órgãos dos sentidos
> Isto é aquilo que os homens usam como quebra-galho para pensamento.
> Pois tratam como a mesma coisa:
> Os poderes de raciocínio do homem e a natureza – ou mistura – de seus órgãos dos sentidos.
> Aquilo nessa mistura prevalece, isso é pensar em todos os homens e cada um deles.

Digo que isso é um ataque ferinamente irônico à mesma teoria mencionada por Aristóteles [na *Metafísica* 1009b21] e poucas linhas depois atribuída a Parmênides.

Assim B16 descreve a teoria. O conteúdo mutável de nossos órgãos dos sentidos, isto é, a mistura de trevas e luz em nossos olhos, que muda constantemente, ou a presença ou ausência de ruído em nossos ouvidos – ou seja, as sensações de nossos órgãos dos sentidos – é o que constitui toda nossa consciência. Desse modo, o pensamento, o pensar, o raciocínio são "realmente" o mesmo que a sequência no tempo de nossas sensações.

Aquilo que prevalece em nosso pensar – nosso pensamento – é o mesmo que prevalece nesse momento nos sentidos.

Este é o empirismo sensualista odiado e ironizado por Parmênides: pouco argumenta contra ele, salvo ridicularizando os de duas cabeças que defendem essas ideias [compare-se com o fragmento B6: 5, aqui traduzido na Seção 1, tópico (d)]. No fragmento B16, ele ataca as mesmas pessoas [que em B6], sugerindo jocosamente que a teoria sensualista do pensamento por eles defendida é verdadeira – para aqueles que a defendem. Eles, de fato, é que não pensam – a menos que (como eles) entendamos que, para todos os homens e para cada um deles, pensar = a mudança de nossas sensações e concluirmos que o que predomina = a sensação que no momento for a mais forte.

(a) Sobre a tradução

Devo admitir que já não tenho nenhuma dúvida acerca da interpretação de B16 [ressaltada em vários ensaios desta coleção, em especial nos Ensaios 3 e 4]. (Tanto é que espero que todos vão dizer: "Claro, sempre o entendemos assim!". E até mesmo acho que "membros" e talvez até "os muito retorcidos membros" vão continuar, "pois desde sempre entendemos o texto grego".)

A minha interpretação e tradução adaptam-se bem tanto a Aristóteles como a Teofrasto; adaptam-se bem à intenção e ao temperamento de Parmênides. Como crítica válida do eterno empirismo sensualista, ela é do maior interesse, pois mostra, entre outras coisas, que esse empirismo deve ter existido, digamos, pouco antes de 500 a.C., muito antes de Protágoras e muitíssimo antes de Carnap.

A ironia e a zombaria de Parmênides tornam-se, é claro, inequívocas com a referência na primeira linha ao πολυπλάγκτων μελέων, os muito errados órgãos dos sentidos. Se se interpretar mal isso ("muito retorcidos membros" é ainda a má-tradução preferida), perde-se a ironia. Aristóteles não percebeu a ironia porque teve um lapso de memória com πολυπλάγκτων e substituiu-o por πολυκάμπτων (uma possível tradução seria "muito negligenciados"). Assim, desse ponto de vista não há ironia no fragmento B16 e, para Aristóteles, B16 oferece uma formulação dessa teoria sensualista que o próprio Aristóteles descreve poucas linhas antes de citar Parmênides.

(b) Sobre o ponto de vista de Aristóteles

A citação que Aristóteles faz de Parmênides (B16) [aparece no] contexto de sua *Metafísica* 1009b12:

> E muito geralmente, por suporem esses pensadores que [todo] pensamento é impressão dos sentidos e que a impressão dos sentidos [por sua vez] é um tipo de mudança física [nos órgãos dos sentidos], dizem eles que o que aparece aos nossos sentidos deve ser verdadeiro por necessidade [causal], pois essas são as razões pelas quais [...] Empédocles e Demócrito e quase todos os demais são vítimas de opiniões como essas, pois diz Empédocles que aqueles que mudam de condição física também mudam de pensamentos.

Aqui entram duas citações de Empédocles e, em seguida, diz Aristóteles:

> E também Parmênides elabora a mesma ideia:
> Aquilo que a cada vez nos humilíssimos órgãos dos sentidos está sua mistura,
> Este é seu pensamento como vem a cada homem, pois estes dois são o mesmo:
> Um é seu pensamento e o outro é a estrutura física de seus órgãos dos sentidos.
> Aquilo que nessa estrutura predomina é seu pensamento, para cada um dos homens e para todos.

Na sequência, Aristóteles elabora com vagar sua apresentação da teoria que segundo ele é defendida por Parmênides e muitos outros. Por exemplo, escreve (em 1010a1): "Mas a razão pela qual esses pensadores adotam essas ideias é que [...] supõem que a realidade se restrinja às coisas sensíveis".

Ora, digo, em primeiro lugar, que a versão dada por Aristóteles de Parmênides B16, tal como aparece aqui traduzida, se encaixa perfeitamente no contexto de Aristóteles: este julga que Parmênides defende os sentidos subestimados e que adota a teoria que descreve – um empirismo materialista.

(A exatidão da minha tradução do fragmento B16 na versão de Aristóteles não pode ser questionada uma vez consultadas *Das partes dos animais* de Aristóteles, em que *melos* é exemplificado com um órgão dos sentidos como os olhos.)

Assim, tudo aqui [parece] na mais perfeita ordem.

Todavia, em segundo lugar, quando Teofrasto escreveu sobre a percepção, em certo ponto examinou o problema de Empédocles: se percebemos associando com as nossas momentâneas percepções sensíveis uma percepção *similar* vinda do passado ou [a] constrastando-a com uma percepção [que a precedeu imediatamente]. Por desconhecidas razões, mas provavelmente porque Aristóteles citara Empédocles e Parmênides juntos, Teofrasto repetiu o trecho de Parmênides citado por Aristóteles (isto é, B16), silenciosamente corrigindo o lapso de memória de Aristóteles. (Provavelmente sabia que Aristóteles muitas vezes citava de memória e às vezes cometia erros.) A passagem, no entanto, realmente não se adaptou ao contexto e, assim, fez uma observação acerca de Parmênides referente à morte, que parecia encaixar-se no contexto e, o que é muito interessante, de outro ponto de vista.

(c) Sobre o ponto de vista de Teofrasto

Chegamos, assim, à nossa segunda fonte do fragmento B16, *Das sensações* de Teofrasto (DK 28A46), no qual ele silenciosamente corrige o texto de seu professor. O novo texto, com *meleōn polyplanktōn* na primeira linha em vez do *meleōn polykamptōn* de Aristóteles (a única diferença relevante), deve ser, portanto, preferido. Teofrasto, como Aristóteles, considera que o fragmento B16 represente a teoria do próprio Parmênides e, sem dúvida, não dá muita importância ao lapso de memória de Aristóteles.

Que ele, como Aristóteles, considere que *melea* significa "órgãos dos sentidos" e concorde com a leitura de Aristóteles pode ser visto pelo fato de que (1) ele *escreve de sensu* e (2) seu comentário, imediatamente depois de citar B16, é que "ele (Parmênides) considera serem o mesmo a percepção e o pensamento" [*to aisthanesthai kai to phronein*].

Suas outras observações são irrelevantes para o nosso problema de uma tradução clara do significado do fragmento B16 e, na realidade, me parecem errôneas, salvo uma interessante observação final de que podemos extrair (a meu ver) uma ou mesmo duas citações literais de Parmênides, até hoje não reconhecidas como tais (embora seja difícil dizer onde termina a citação literal):

τὸν νεκρὸν φωτὸς μὲν καὶ θερμοῦ καὶ φωνῆς οὐκ αἰσθάνεσθαι διὰ τὴν ἔκλειψιν τοῦ πυρός,
ψυχροῦ δὲ καὶ σιωπῆς καὶ τῶν ἐναντίων αἰσθάνεσθαι.
καὶ ὅλως δὲ πᾶν τὸ ὂν ἔχειν τινὰ γνῶσιν.

Cadáveres não podem perceber a luz, o calor ou o som: carecem de fogo.
Mas percebem os opostos, [o escuro] e o frio e o silêncio.
Em geral, tudo o que existe traz consigo uma medida de pensamento.

(d) A que parte do poema pertence o fragmento B16?

O fragmento B6 de Parmênides descreve as opiniões dos mortais [como] caóticas e o comportamento deles [como um] espelho [de] suas opiniões, portanto, aqui está um lugar em que, com certeza, está um fragmento da Parte 1 do poema (em oposição à Parte 2, as ilusões dos mortais) em que a deusa fala das falsas e perigosas opiniões dos mortais (não de suas melhores teorias) e, assim, o fragmento B16 poderia seguir-se a ele aqui, com uma introdução.

[Numa carta a mim dirigida em agosto de 1992] o professor Gadamer levantou uma interessante e forte objeção a esse respeito, referindo-se ao uso que Parmênides fazia da palavra "mistura". É, sem dúvida, verdade que "mistura" desempenha um papel importante na Parte 2 do poema e que talvez tenha sido usada como um termo técnico, mas talvez não e, por outro lado, πολυπλάγκτων e πολυκάμπτων talvez sejam, também, termos técnicos e usados [por Parmênides] no contexto de uma teoria do conhecimento, como as estradas são aqui as Estradas para o Conhecimento e os erros são Vias errôneas.

[Consideremos o fragmento B6 mais atentamente. Eis a minha tradução:]

Necessariamente, aquilo de que se pode falar ou pensar deve ser.
O ser pode ser, mas peço que ponderes que o não ser não o pode.
Desta errônea via de investigação, permite-me afastar-te!
Mas também de uma segunda, nas quais os mortais ignorantes tropeçam,
Volúveis e de duas cabeças: inutilmente tentam
Governar as muito erradas mentes em seus peitos. Pois são arrastados
Homens estupefatos, sem audição nem visão, grupos indiscriminados,
Hordas que sustentam que Ser e Não Ser são todos o mesmo, e
Não o mesmo: pois essa via voltará com todos os que nela estão.

Para esse fragmento, a interpretação de Burnet me parece um excelente guia! Vê-se que, a partir da quarta linha, a deusa passa da caracterização de uma primeira via errônea, pela ideia errônea de que representa (que o Não Ser possa ser), à caracterização de uma segunda via errônea, pelos incorrigíveis mortais que por ela transitam e por um contundente ataque às suas confusas opiniões (que Ser e Não Ser sejam o mesmo e não o mesmo) – opiniões que explicam suas incorrigíveis e caóticas mentes e ações.

Ora, parece-me que o fragmento B16 poderia estar situado perto deste. Pode-se, por exemplo, conceber que a deusa tenha indicado que os mortais completamente confusos do fragmento B6 sejam os mesmos que pensam que seu próprio pensamento (em vez de tentar compreender as ligações lógicas) seja determinado pelo que acabou de afetar seus sentidos ou seus órgãos dos sentidos.

E embora no momento eu prefira situar o fragmento B16 na Parte 1 do poema, quero ressaltar que o problema deve ser considerado em aberto.

Fragmento 2

2. Mais acerca da relação entre a Via da Verdade e a não superada Via da Conjectura através do mundo das ilusões humanas

No Artigo 1 [Ensaio 3] tratei do seguinte problema.

O grande poema de Parmênides pretende, é claro, descrever uma descoberta que quer que consideremos uma *revelação divina*, que quer reivindicar que se trata de uma revelação recebida por ele mesmo, pessoalmente, de uma divindade – uma deusa.

Admito com Jaap Mansfeld que Parmênides tenha, de fato, vivido uma experiência pessoal com a intensidade de uma iluminação e que tentou descrever essa grande experiência em palavras, especialmente no poema, como uma rápida viagem *das trevas para a luz* (B1: 9). Deve ter sido uma experiência que resolveu um grande problema para ele.

Meu próprio problema no Artigo 1 era: qual teria sido o grande problema de Parmênides que foi resolvido para ele pela revelação divina?

No presente Artigo 2, vou enfrentar um problema diferente: *qual é a visão do mundo de Parmênides?*

Vou propor uma descrição breve e um tanto dogmática e mais tarde passarei a uma defesa crítica dessa descrição, com base no texto.

I

Parmênides, como todo mundo, muito devia ao ambiente social em que cresceu. Pensador valoroso e original, devia muito aos milésios, em especial ao grande Anaximandro, e aos refugiados, Xenófanes e Pitágoras, que haviam trazido consigo muitas das ideias e problemas milésios. Como seus predecessores, era um cosmólogo que estudava a relação entre o Sol, a Lua e a Terra e que fez as mais empolgantes e significativas descobertas, tanto empíricas como teóricas, desde Anaximandro.

Como seus predecessores, encarava o mundo em que nós, homens mortais, vivemos e morremos, como um mundo de aparências – de *meras* aparências, como um mundo de meras conjecturas humanas (*broton doxai*) (B1: 30), que são incertas, em contraste com o mundo da realidade, o mundo do ser, cuja plena verdade era conhecida só pelos deuses, que o entendiam e o conheciam com certeza – uma verdade tão redonda (B1: 29) como podemos conjecturar que seja o Sol, mas também a Lua e a Terra.

Parmênides amava o mundo da aparência: amava a vida, com o nascimento, os sofrimentos, a inevitável e eterna morte; com a luz, as diversas cores, brilhantes que podem sutilmente transformar-se umas nas outras (B8: 41) e sutilmente obscurecer-se. Amava a vida, dominada (como ele nos diz) pelo deus primogênito, Eros, o deus do amor; amava seu calor, sua poesia; amava suas aventuras e desventuras, suas esperanças e decepções; suas aventuras espirituais, as rápidas manobras de pensamento, de descoberta, o fulgor da iluminação espiritual.

Parmênides, no entanto, julgava que, na verdade e para os deuses, tudo isso, toda a beleza e o entusiasmo de nosso mundo humano, de nosso mundo das aparências, não passa de ilusão dos mortais. Está fadado a perecer. Na verdade e na realidade, só permanece a fria morte, e a morte permanece para sempre.

Essa é uma visão trágica do mundo dos mortais, da condição humana, mas não é uma visão inaudita. Está quase sempre presente na poesia grega, na poesia lírica e na tragédia e, muitas vezes, na poesia épica, porém Parmênides tenta dar-lhe uma explicação.

Sua hipótese é a de que o mundo da verdade, da realidade, é um mundo material; mas o mundo da aparência, o mundo da ilusão – o mundo da beleza, da vida e do amor – consiste em ilusões fabricadas pelo homem. Explica-a Parmênides como uma espécie de mundo poético, um mundo que resulta da linguagem e da imaginação humanas [sonhos]; da atribuição convencional de nomes *a* não coisas muitas vezes não reais e não existentes: a entidades não materiais, como a luz, o amor, a música, a poesia, as obras de arte – às belas ilusões humanas. Elas não são reais nem verdadeiras – são "versos divertidos" (B8: 52), belos e consoladores produtos da imaginação humana. Vistos, porém, do ponto de vista do conhecimento divino, são os resultados de uma queda intelectual do homem: trata-se do ato de inventar – quase uma invenção mentirosa – de uma NÃO COISA, um NÃO SER, em adição ao SER (que é material).

Essa não matéria inventada só pode ser um *nome* vazio, um nome dado por ele por mera decisão, por uma convenção linguística – ao nada: era o nome "luz":

> A duas formas colocaram na cabeça que dariam nomes,
> Mas, dessas duas, a uma dar um nome não era permitido,
> Assim é como se desnortearam.[1]

Os dois nomes são "luz" e "noite". E a ilusão de fabricação humana, a queda do homem, é que a luz não existente, não material e bela é pensada como existente.

Com isso, todo um mundo de ilusão é criado: a ilusão de que existe algo que é não existente, torna a mudança possível e, com ela, o movimento. E assim se torna possível o mundo da experiência e o mundo das incertas conjecturas humanas, do conhecimento conjectural, da cosmologia e da cosmogonia.

Trata-se de um mundo de extremos – luz e noite –, mas também de todos os intermediários, que são explicáveis como o resultado de vários graus de mistura. Assim, podemos explicar as mudanças de qualidade como "mudanças de cores radiantes" e o mundo inteiro da mudança e do movimento: o mundo da opinião humana, da conjectura, da aparência, é explicado como o resultado da queda intelectual do homem. O mundo das aparências é explicado como o mundo das ilusões humanas.

São esses os princípios da explicação do mundo de Parmênides tal como ele se nos apresenta: sua cosmogonia e cosmologia. Trata-se da consumação da promessa da deusa (B1: 31-2):

> Mas também aprenderás como a conjectura ilusória,
> Fadada a ser tida como real, forçava o caminho através de todas as coisas.

---

1 Parmênides, B8: 53-4. (N. E. B.)

Com isso, apresentei a "Segunda Via" da deusa, que hoje prefiro chamar de Via da Ilusão, em oposição à primeira "Via" dela, chamada por ela de Via da Verdade, o mundo da realidade.

II

Na primeira parte da revelação, a Via da Verdade, a deusa prova as propriedades do mundo da realidade, mundo da existência real – o mundo do ser, da matéria, das coisas, dos objetos materiais. É um mundo que consiste em uma única esfera plena e homogênea, um mundo em que não há espaço vazio e, portanto, não há movimento, mudança, tempo: um mundo de presença eterna e total. É a isso que a deusa chama Via da Verdade, em...

Fragmento 2a

III. A dificuldade do argumento de Parmênides

O argumento central de Parmênides, em sua forma mais simples, é:

1 *O ser é*
2 *Ser não pode ser o não ser*
   (pois não ser = ser é *absurdo*, não se pode sequer pensar isso.)
3 O não ser não pode existir.
   Isso é tudo. Parmênides tira daí as conclusões:
4 O vácuo não pode existir.
5 O mundo é pleno – um bloco.
6 O movimento é impossível.

Esse é um argumento válido se supusermos que

Ser = material impenetrável (o pleno).

O argumento pode ser refutado supondo-se que

Tanto o pleno *como* o vazio existem.

(Não é problema que "ser" e "existir" possam ser usados como sinônimos.)

Para melhor apreciarmos o argumento, podemos considerar um mundo em que *só o vácuo* exista: um mundo vazio, nada além de espaço vazio. Segundo Parmênides, tal mundo seria não coisa [*no-thing*], apenas nada [*nothing*]. Seria não existente. Quem pode dizer que Parmênides estivesse errado? Quem pode dizer que tal mundo tivesse "existência"?

Por outro lado, foi a admissão do vácuo – do nada, do não ser – que transformou a teoria parmenidiana em física.

O argumento parmenidiano é, portanto, de imensa importância nessa suprema aventura das ideias que transformou a quase inconsciente civilização tribal do Oriente na autoconsciente (porque consciente do cosmos) civilização do Ocidente.

Até aqui, sequer toquei no problema da relação de Parmênides com a linguagem. Minha primeira tese é, basicamente, que os problemas de linguagem não desempenham nenhum papel na teoria de Parmênides. Ou, em outras palavras, a minha tese é que o argumento de Parmênides, para ser bem compreendido, pode ser expresso em qualquer linguagem objetivista em que possamos falar sobre o mundo e seus habitantes, quer o grego ou latim comuns, quer o inglês, o francês, o italiano, o espanhol ou o alemão.

Só depois de ter ficado bem claro isso podemos voltar às peculiaridades do uso da linguagem em Parmênides – (1) seu vocabulário; sua teoria da linguagem, em especial (2) a sua teoria da atribuição legítima de nomes e (3) os seus problemas lógico-gramaticais.

(1) *Vocabulário*. Considero especialmente impressionante que o vocabulário de Parmênides seja perfeitamente "normal", salvo por fazer amplo uso de palavras com o significado de "via" ou "estrada". Constituem suas metáforas prediletas. Isso é ainda mais impressionante quando, no maior e mais importante fragmento, o fragmento 8, descobrimos, além de "vias" ou "estradas", usadas metaforicamente, que a deusa de Parmênides, como alguém com medo de perder-se, introduza ademais o uso metafórico de "sinais" (σήματα) (B8: 2), no sentido de sinais de trânsito ou postes sinalizadores que nos ajudam a achar nosso caminho. Tais postes sinalizadores não são, creio eu, como nossos modernos postes, que trazem inscrições, mas são todo tipo de indicador que possa ajudar as pessoas a se orientarem. Esse fato, juntamente com a negação por parte de Parmênides de todas as qualidades (sensíveis), salvo as que os filósofos posteriores chamarão de "qualidades primeiras" – a forma geométrica e a extensão espaçotemporal

347

(tamanho) de um corpo, sua dureza, impenetrabilidade e peso, sugeriram-
-me que a linguagem de Parmênides era estranhamente semelhante à de
uma criança cega de nascença.

Para a criança cega, o mundo – seu meio ambiente – consiste em caminhos que levam a lugares materiais imutáveis (tocáveis), que são indicações
ou sinais que ajudam a criança a identificar sua própria localização num
mundo que é essencialmente uma estrutura de tais postes sinalizadores
materiais e imóveis.

(2) *A atribuição de nomes* desempenha um papel central na "filosofia da
linguagem" de Parmênides. Os nomes (substantivos) são os mais importantes elementos da linguagem e são dados a certas coisas por um ato de *convenção* operado por seres humanos. Essa, mais uma vez, é uma teoria a que uma
criança cega está propensa, pois acha que certas palavras, "luz" e "escuro",
"vermelho" e "verde", "apontar" (no sentido literal) e "olhar" carecem (inicialmente) de significado literal, só têm um uso metafórico ou ritual.

Como um ritual, que na realidade é *mera* convenção, sem significação
prática, ainda que possa estar ligado a uma atividade pseudoprática, o uso
de nomes que não estejam vinculados a coisas palpáveis leva a mal-entendidos, e esses mal-entendidos podem ser graves – podem levar a ilusões.

A pior delas, a ilusão κατ'ἐξοχήν , é a ilusão de que exista a luz, e não
só o escuro (= o estado normal em que nosso movimento é guiado pelos
indicadores palpáveis de nossa posição, por "sinais"). Falar da luz (que não
existe) levou a humanidade a viver num mundo de ilusões e muitas vezes
de delírio, como os das cores e até de mudanças de cores... O mundo de
ilusões é muitas vezes belo e muitas vezes ameaçador; sobretudo se levar ao
desaparecimento e à falta de confiabilidade de importantes sinalizadores,
de algumas das invariantes de que temos de depender...

Nunca é demais ressaltar que tais peculiaridades da linguagem – cha-
má-las-ei de "Linguagem da Criança Cega" – não são mencionadas como
um argumento adicional ao outro argumento apresentado em *"Parmênides
I"* [Ensaio 3] e aqui brevemente resumido, segundo o qual a *luz é uma não
coisa* para Parmênides, uma vez que não é material nem plena.

Para os atomistas, até Newton inclusive, a luz era uma corrente de
partículas sem peso, ou praticamente sem peso. Eu mesmo, ao topar pela
primeira vez com a "Linguagem da Criança Cega" estupidamente não a li-
guei à minha teoria de que Parmênides considerasse a luz uma *não coisa*.

Mas depois de algum tempo percebi, é claro, que havia, sem dúvida, um impressionante vínculo entre a "Linguagem da Criança Cega" e a teoria de que "a luz não é nada" que eu atribuíra a Parmênides, mas quero frisar, mais uma vez, que as minhas razões para atribuir essa importante teoria a Parmênides são independentes das minhas razões para lhe atribuir a prova explícita dada pela deusa de que só a matéria pode existir, mas não o espaço vazio ou, é claro, a luz (que jamais deveria ter recebido um nome).

(3) É bem conhecida a estranha *gramática* de Parmênides – evidente nas primeiras etapas da prova da deusa. Consiste em omitir da expressão "isto é", no sentido de "isto existe", o sujeito "isto". Creio que isso esteja ligado ao ponto (2) anterior, "a teoria convencionalista da atribuição de nomes de Parmênides", da seguinte maneira. Parmênides está fascinado com sua tarefa (ou da deusa) de provar que o *ser pode ser*, mas *não* o não ser (ou não coisa). Sentiu, porém, que usando "ser" ou mesmo "isto" como sujeito, poderia estar caindo numa petição de princípio e, assim, invalidando a prova. Crê firmemente que a não coisa não é nada e, portanto, não pode ter nada vinculado a ela – nem sequer um nome, nem sequer um demonstrativo ou outro pronome, como "este" ou mesmo "isto". Assim, *só as coisas que existem devem ser mencionadas e nomeadas*, pois só a elas se pode dar um nome. Ou seja, usando um substantivo, como "ser" ou mesmo um pronome que substitua um substantivo, como "isto", assumiria que *existe a coisa* a que se refere o nome ou o pronome: pois, segundo essa teoria convencionalista da atribuição de nomes, toda atribuição de nomes que seja logicamente legítima faz exatamente essa pressuposição. (Isso é justamente o que aqueles mortais pecadores esqueceram ao introduzirem o nome "luz" sem antes certificar-se de que tal coisa existisse – algo que pudesse ser legitimamente chamado "luz".) Temia cometer um erro parecido ao introduzir "isto" ou "ser" (ou talvez "matéria) sem antes estabelecer que existisse, sem dúvida, algo a que a palavra em questão se referisse.

Sugiro, portanto, que a notória peculiaridade gramatical de Parmênides possa ser entendida como uma consequência dessa teoria a que chamei sua "teoria convencionalista da atribuição de nomes", mas enquanto essa última teoria pode ser explicada como parte da "Linguagem da Criança Cega", a omissão do sujeito em alguns pontos cruciais é, diria eu, o resultado de um excesso de ansiedade lógico em não cometer o pecado lógico da petição de princípio.

Fragmento 3

3. A irmã cega de Parmênides: uma história de fadas

No Artigo 1 [Ensaio 3], apresentei (na nota final) a ideia de tipo conto de fadas de que Parmênides tivesse sido criado por (ou com) um parente cego.

Ao elaborar essa hipótese um tanto fantástica, que é irrelevante para o meu argumento geral acerca do poema de Parmênides, tive a tentação de pensar que Parmênides tivesse sido criado por uma irmã, pelo menos seis ou sete anos mais velha, que era cega e amava o irmão, que muito a admirava: foi ela seu guia e autoridade após a morte da mãe.

Ele aprendeu a falar com ela. Ela lhe ensinou poesia e, mais tarde, ele recitou para ela Homero e Hesíodo. Ela era o guia ético dele, e ele devia muito à justiça e disciplina dela. Para ele, ela era uma deusa e a fonte da sabedoria. Ela lhe ensinou, de modo inteiramente inconsciente, que a luz não é de todo real, mas também pode ter questionado a existência [mesma] da luz *e* do vácuo. Quando ele recebeu sua revelação, ela já morrera (talvez pela mesma causa da mãe deles); ele sabia, porém, o quanto a sua revelação devia a ela – e a seu juízo. Podia ele, portanto, atribuir sua iluminação a ela. Talvez a chamasse Δίκη (vendada); note-se que a deusa Δίκη aparecia de olhos vendados pelo menos em algumas representações.

Antes da revelação, Parmênides era um homem culto, que fizera algumas descobertas, mas ainda vivia num mundo de ilusão. Até mesmo sua viagem até a deusa foi uma jornada rumo à luz, o irreal.

O que ele e a irmã tinham em comum era o mundo material do tato e o mundo ilusório da poesia. Dela aprendera ele que só as coisas palpáveis existem (materialismo), as vias ou estradas existem e estão entre as mais importantes realidades. Também existem os postes sinalizadores e são importantíssimos: dizem onde estamos. A luz, contudo, as cores e a mudança de cores, o calor e o movimento, tudo isso não existe.

Essa minha hipótese, é claro, pertence ao mundo ilusório da poesia, no entanto, explica muito do que diz Parmênides. (Se, ademais, ele mesmo fosse acromatóptico, explicaria ainda mais.) E tudo o que se pode pedir de uma hipótese é poder explicativo.

A seguir se segue uma lista de passagens sobre as quais ela pode lançar certa luz. Delas, B4 me parece a que mais luz recebe, e *não* tem ligação direta com a "postura convencionalista ante a linguagem" que levou à hipótese...

Para o cego, são importantes os sinais (*Anzeichen, Merkzeichen*, σήματα) (B8: 55; B9: 1; B10: 2); acontece algo parecido com as vias, ὁδός: B1: 2, 5, 27; B8: 18; B6: 3; B2: 4; B8: 1; B7: 3; B8: 34; B8: 38; B19.

Real = firme (*fest*); denso = matéria, corpo: πυκινὸν δέμας, B8: 59; compare-se com Xenófanes, B14.

Temos, então, a ênfase sobre *extraviar-se* (*in die Irre gehen*, πλάζω, πλαγκτός, πλανάω, como em πολύπλαγκτος! (B16). B9: 1 e B19 são, aqui, óbvios. Mesmo B3 parece um pouco diferente agora, para alguém que seja cego. B10: 2: aqui, o Sol não produz luz: seu efeito é *queimar*.

Tudo isso além da ênfase nos *nomes*, como em B19, B8: 53 e as outras óbvias passagens "convencionalistas".[2]

Fragmento 4

4. O proêmio

(i) O proêmio: uma deusa ou duas deusas?

As filhas de Hélio dirigem a carruagem de Parmênides, puxadas por divinas éguas, da noite para a luz (B1: 1-20). Chegam a uma maravilhosa porta trancada, cujas chaves estão nas mãos da deusa Diké. As donzelas divinas convencem Diké a destrancar a porta. Lemos, então (B1: 20-3):

[...] direto pela porta,
Larga o bastante para um vagão, as donzelas conduziram as éguas e a carruagem.
E a deusa me recebeu graciosamente segurando-me a mão direita,
Falando delicadamente comigo e dirigindo-me seus versos assim:

Então, depois de nove versos introdutórios, a deusa dá início à revelação, parte 1, a Via da Verdade, seguida pela Parte 2, que agora chamo de Via da Conjectura e Ilusão.

---

2 A lista de números dos fragmentos baseia-se numa carta endereçada ao professor J. Mansfeld, Utrecht, 3 de janeiro de 1992. (N. O.)

Fragmento 4a

(ii) Nota sobre o proêmio: a corrida em busca da deusa foi um conto ilusório

Admitindo-se a verdade da minha hipótese, como explicar o proêmio? Não contradiz, de fato, minha hipótese? Sem dúvida o proêmio é a jornada de Parmênides rumo à luz e à Deusa da Justiça, que lhe revelará a verdade. E tal jornada é por ele descrita como uma viagem rumo à luz. Não temos, pois, a equação luz = verdade, ao invés de noite = verdade?

Eis a minha hipotética resposta. A viagem na veloz carruagem é, obviamente, anterior à revelação que ensinará a Parmênides que o movimento é impossível e que a luz não é a verdade, mas ilusão. A deslumbrante luz da revelação que ensinou a Parmênides a pavorosa verdade realmente o cegou; destruiu a visão (e a audição e até mesmo sua língua, seu sentido do paladar,³ mas não seu tato!), todo poder epistêmico. A própria jornada rumo à luz deslumbrante da verdade se revelou ilusão – uma ilusão prévia à revelação – como todos nossos ambiciosos desejos e amores. A deslumbrante experiência revelada de que não só as fases da Lua são irreais (mas uma ilusão, pois se devem à luz não existente), mas também tudo o que sabemos meramente por nossos sentidos (salvo a sensação tátil, de colisão com a matéria dura), revelou, sem dúvida, a verdade, mas ao preço de destruir as amadas realidades da vida, que consistem em mudança e movimento para a luz.

Assim, o proêmio é compatível com a revelação da Deusa da Justiça. E a Deusa da Justiça *não* é idêntica à Deusa da Verdade, ao contrário, é a deusa que julga *a confiabilidade das testemunhas* e com isso ela também declara a justa distribuição entre os dois mundos, o mundo da verdade objetiva e o mundo das nossas ilusões. E considerando-se qual deve ter sido o grande conteúdo da Parte 2, ela não foi injusta com esse segundo mundo.

---

3 Sugerem alguns comentadores que "mesmo sua língua", em B7, se refere não só ao sentido do paladar, mas ao poder de falar. Creio que seja um erro: o contexto o exclui.

Fragmento 5

5. Nota final

Cheguei ao fim da minha história – a descoberta do problema de Parmênides e de como ele pode ter resultado da descoberta de que a Lua não cresce nem diminui e suas fases são uma ilusão. Só quero adicionar dois breves comentários.

[O primeiro é sobre a ideia de Parmênides acerca das] qualidades primeiras e segundas, que talvez mostrem a influência do "mel contra figos" de Xenófanes (e, portanto, sua crítica ao antropomorfismo): o objeto, na física – pelo menos na física maxwelliana –, pressupõe o meio, em especial o ar, como relevante aos sentidos da visão, da audição e do olfato (talvez do paladar, que é químico), mas o tato é algo diferente: ele é uma ação mecânica direta. Assim, se se perguntar por que Parmênides confia no tato, há uma resposta.

[A segunda observação é sobre a Parte 2 do poema.] A Parte 2 é poética – até mesmo trágica. Aquilo que chegou até nós da Parte 2, a Via da Conjectura Humana, é ruína, mas *sabemos* que essa parte tão importante continha a filosofia natural de um grande pensador e do maior cosmólogo na tradição de Anaximandro. Sabemos por Plutarco e pela deusa (isto é, pelo mesmo Parmênides, B10) que se tratava de uma obra longa e original. E que o próprio Parmênides a considerava não só não superada, mas não facilmente superável, [como faz a] deusa deixar bem claro ao dizer a seu respeito (B8: 60-1):

τόν σοι ἐγὼ διάκοσμον ἐοικότα πάντα φατίζω,
ὡς οὐ μή ποτέ τίς σε βροτῶν γνώμη παρελάσσῃ.

Agora desse mundo arranjado para parecer todo semelhante à verdade te falarei
Então em tempo algum pode você ser desnorteado pelas noções dos mortais.

[Essa declaração, bem como as observações de Plutarco em B10, enunciam] um tremendo programa, como [o de] Anaximandro e, [além disso, há] a própria deusa, que julga suas próprias palavras belas e não superadas!

E, no entanto, Parmênides tem modestamente de considerá-las conjecturais! (Essa era uma tradição – herdada, talvez, de Xenófanes.)

É estranho que a tradição, baseando-se em ἀπατηλὸν (B8: 52), que traduzo por "divertido" [*beguiling*], diminui a significação da Parte 2, apesar do testemunho de Plutarco, e, portanto, também deve diminuir a significação de B8: 60, no qual a própria deusa dá testemunho tanto da beleza como dos não superados conteúdos da Parte 2.

Fragmento 6
DEMÓCRITO E O MATERIALISMO

Foi Demócrito o maior, de longe, dos pais fundadores do atomismo. Herdou uma teoria materialista do mundo que considerava material a alma humana. Assim, na cosmologia atomista de Demócrito, a alma consistia, como toda matéria, em átomos – um tipo especial de átomos, esféricos e minúsculos. Demócrito também herdou a doutrina de que a alma move o corpo.

Assim, em certo sentido, Demócrito era um monista materialista: tudo o que existia eram átomos, mas, por outro lado, num sentido, sem dúvida, igualmente importante, era um dualista: o movimento ou a atividade de certo tipo de átomos, os que constituem a alma, são mais significativos do que os outros: "Os homens alcançam a felicidade não pelo corpo, nem pelo dinheiro, mas por pensarem certo e muito" (B40). E à medida que havia uma infinidade de átomos em existência, Demócrito era um pluralista extremo.

Todos os posteriores desenvolvimentos para além do materialismo foram o resultado de pesquisas sobre átomos e, portanto, do próprio programa de pesquisa materialista. (Por isso falo em autotranscendência do materialismo.) Ele deixou incólume a importância e a realidade da matéria das coisas materiais. Pode-se até dizer que ele levou a um ganho de realidade, como será explicado aqui.

O atomismo, ou materialismo atomista, podia, até a descoberta do elétron, ser descrito como a doutrina de que tudo consiste em átomos, e toda mudança pode ser explicada em termos de mistura e separação, composição ou dissociação, ou, de um modo mais geral, de movimentos e de impulsos de átomos, ou seja, de corpúsculos materiais imutáveis e indivisíveis. Era uma doutrina altamente especulativa, o que era reconhecido pelo maior de seus pais fundadores, Demócrito. Ele percebeu, por um lado, que precisávamos da experiência sensível para nos dar "apoio em evidências" ou "confirmação" (B8b: Κρατυντήρια) para a teoria atômica, por outro lado, percebeu que a experiência sensível não nos dava um conhecimento puro ou verdadeiro, mas apenas um conhecimento "penumbroso" ou "escuro" (B11).

No campo da teoria do conhecimento, ele não só era sensualista, mas percebeu que havia certo conflito entre sua hipótese atomista e a experiência sensível. Foi o que declarou sob a forma de uma conversa entre o intelecto (conjecturante) e os sentidos.

Diz o intelecto: "Cor – por hábito; doce, por hábito; amargo – por hábito. Na verdade [não há senão] átomos e o vazio".

Respondem os sentidos: "Desgraçado intelecto! Recebes de nós as evidências e então nos tenta derrubar? Nossa destruição será tua queda".

Pode-se interpretar que o intelecto (no sentido de Parmênides, B8: 53: *onomazein*; vide também B6: 8: *nenomistai*) diga aqui que, como só os átomos e seus movimentos no vazio são reais ou verdadeiros, "doce" e "amargo" etc. são meros nomes convencionais ou opiniões ou, talvez, ilusões. (Podemos dizer que o intelecto ataca a subjetividade dos sentidos.)

Fragmento 7
A MATEMÁTICA DE ARISTÓTELES MALCOMPREENDIDA
Aristóteles acerca do ângulo de um semicírculo (Metafísica 1051a26 e ss.)

I

O propósito central deste artigo é esclarecer um mal-entendido que tem afetado, ao que parece desde a antiguidade, a interpretação da passagem acima referida, que contém uma bela prova, provavelmente original de Aristóteles, do teorema geométrico de que todos os ângulos num semicírculos são ângulos retos. Há dois argumentos em favor da originalidade de Aristóteles: primeiro, que as provas de Euclides (III.31) são diferentes (sem dúvida, não são tão elegantes); segundo, se a prova tivesse sido bem entendida da forma que digo ter sido concebida por Aristóteles, é difícil crer que a má interpretação pudesse ter surgido ou persistido.[4]

---

4 O teorema em si é atribuído a Tales, mas sem fundamento.

A extrema brevidade da formulação de Aristóteles da prova matemática é característica dele e mostra o orgulho de um matemático (ou, talvez, o orgulho de um amador que queira impressionar um profissional). De qualquer forma, acho-a impressionante e até empolgante.

II

Decidi adotar o seguinte método de apresentação. Como um velho professor de matemática elementar, agora em meu 92º ano de vida e no 74º ano em que ainda ensino (ocasionalmente) um pouco de matemática elementar, explicarei primeiro minuciosamente (nas *Seções 1-2*) o interesse do "teorema do ângulo no semicírculo" e em seguida, a bela prova de Aristóteles, juntamente com seus dois pressupostos (nas *Seções 3-4*). Examinarei, então, o texto (na *Seção 4*) e (na *Seção 5*) proporei uma pequeníssima correção (ὀρθῇ em vez de ὀρθή) em 1051a28, que resolve todos os problemas.

Em seguida, descreverei a interpretação de Sir David Ross (em seu comentário), de Sir Thomas Heath e de H. Tredennick (Loeb Classical Library). Em minha opinião, essas interpretações prestam um espantoso desserviço a Aristóteles, inclusive a do matemático Heath: para um leitor crítico, todas elas implicam o que sugere Alexandre:[5] que Aristóteles promete apresentar uma prova do teorema em sua universalidade, mas não consegue. Chamarei a isso "a má interpretação tradicional" e mostrarei que a correção por mim proposta se encaixa na má compreensão tradicional tanto como (ou melhor que) em minha própria interpretação – isto é, a restituição da prova de Aristóteles por mim proposta. Ou seja, a correção proposta seria quase neutra entre essas duas interpretações e poderia ser proposta por ambos os pontos de vista. Por outro lado, minha interpretação tem a vantagem de atribuir a Aristóteles uma bela e impecável prova, em vez de onerá-lo com uma suposta prova que não consegue cumprir sua promessa – e que é inválida!

Meu trabalho principal encerra-se aí, mas serão adicionadas (*Seção 4*) duas tarefas: uma tentativa de encaixar minha interpretação aos *Segundos*

---

5 Alexandre de Afrodísia, que ensinou filosofia em Atenas por volta de 200 d.C., escreveu comentários sobre diversas obras de Aristóteles. (N. O.)

analíticos,[6] assim como com a ideia puramente especulativa (*Seção 5*) de que Aristóteles armou uma armadilha para seus alunos, na qual, porém, não cairá o leitor atento das preliminares – ou assim espero.

Fragmento 8
A MATEMÁTICA DE ARISTÓTELES MALCOMPREENDIDA
(III *e partes de* IV *e* V)

Entre os excelentes eruditos que não compreenderam, como sugerirei, a matemática de Aristóteles estão Sir David Ross, Sir Thomas Heath e Hugh Tredennick. Não investiguei tratados alemães, franceses e holandeses sobre o assunto, e pode muito bem ser que haja eruditos que tenham antecipado alguns de meus argumentos muito simples, ou todos eles.

1. Observação acerca de Euclides e seus antecessores: provas com e sem pressupostos

Todos sabem que Euclides é o principal autor do método axiomático em geometria: um método interessantíssimo e importantíssimo. Consiste em fazer algumas suposições – se possível, intuitivamente simples e convincentes – e, em seguida, delas deduzir, por meios puramente lógicos, o imenso edifício dos teoremas geométricos.

Parece que muita gente acha que não há alternativa real ao método axiomático. Um dos que pensavam assim era Bertrand Russell. Seu instinto ia contra aceitá-lo, mas cedeu quando seu irmão mais velho disse não haver alternativa.

O irmão de Bertie, porém, estava mal informado e informou mal a Russell: há provas geométricas (e outras) que não precisam de pressupostos – provas absolutas. E entre os predecessores de Euclides há tanto geômetras que trabalham a partir de pressupostos não provados como geômetras que apresentam provas – provas absolutas.

Um exemplo destes últimos, conhecido de todo estudioso da Grécia, é a prova de Platão, no *Mênon*, do teorema de que o quadrado sobre a diago-

---

6 Aristóteles, *Segundos analíticos*, II.xi.

nal de qualquer dado quadrado tem duas vezes a área desse dado quadrado (vide a Figura 9).

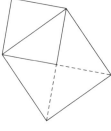

Figura 9

Dessa prova diagramática depende tudo o que Aristóteles diz na *Metafísica*.[7] Trata-se, portanto, de uma prova intuitiva, a ser captada e compreendida sem argumentação: mal é preciso saber contar até 4.

2. Certa familiaridade intuitiva com ângulos

Para entender com facilidade a tão interessante e bela prova de Aristóteles (tão malcompreendida pelos especialistas) em sua *Metafísica*, parece-me necessário ter alguma familiaridade intuitiva com algumas estruturas geométricas muito simples: ângulos e triângulos.

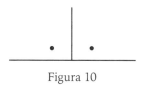

Figura 10

Para Aristóteles, um dos ângulos é o mais interessante e importante de todos: o ângulo reto (ὀρθή). A Figura 10 é um desenho de dois ângulos retos R. Vemos que o ângulo reto R é, essencialmente, metade de um caso-limite que chamarei de "ângulo esticado" S, que, sem dúvida, já não é um ângulo, mas uma linha reta com um ponto P onde uma vez houve um ângulo ordi-

---

7 Id., *Metafísica*, 1051a26 e ss.

nário como um ângulo reto ou, digamos, metade de um ângulo reto (vide a Figura 11).

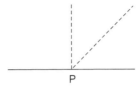

Figura 11

Os três ângulos até aqui mencionados, R; S = 2R; R/2 (= 45°), são de aparência completamente diferente. Um triângulo retângulo isósceles ABC, como na Figura 12, contém todos os três, como fica claro se o considerarmos um quadrado baseado num dos ângulos.

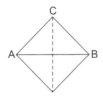

Figura 12

É importante familiarizarmo-nos com esses ângulos e triângulos como indivíduos geométricos em diversas posições, como um quadrado colocado

assim  e assim

ou um triângulo retângulo isósceles colocado assim 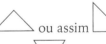 ou assim

ou um triângulo equilátero colocado assim ou assim

O triângulo equilátero é, naturalmente, muito importante e se pode ver facilmente pela Figura 13 que ele tem três ângulos iguais, cada um deles sendo um terço do ângulo esticado S (= 2R)

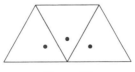

Figura 13

Se, em termos modernos, contarmos S = 2R como igual a 180°, cada um desses três ângulos do triângulo equilátero terá 60°. Pode-se também ver facilmente que a Figura 14 é a metade superior de um hexágono regular:

Figura 14

Cada ângulo de um hexágono regular consiste em dois ângulos de 60° e, portanto, é de 120°.

Para *entender* a geometria antiga, sugiro que é importante aprender por familiaridade esses ângulos de formas completamente diferentes, que, porém, podem ser analogamente relacionados, contando-os como os triângulos do *Mênon*, de Platão. Temos, assim, provas triviais e provas nem tão triviais. Uma prova muito trivial é a do teorema de que um hexágono regular é dividido por suas três diagonais em seis triângulos regulares (equiláteros). Uma prova de modo algum trivial, mas muito simples, é a prova de Aristóteles na *Metafísica*, de que o ângulo no semicírculo é um ângulo reto R.

Abordamos agora um dos problemas centrais da geometria elementar: a proposição de que todos os triângulos, seja qual for sua forma específica, têm a mesma soma de seus ângulos internos.

Enquanto no teorema do *Mênon*, só o lado é generalizado [...].

3. Generalização da prova da soma dos três ângulos de um triângulo retângulo

Dois pontos determinam uma linha reta entre eles. Também determinam dois círculos, cada qual com o centro num dos pontos e com sua distância como raio.

Qualquer triângulo ABC pode ser deslocado ao longo da linha reta por AB de modo que o ponto A, depois de deslocado, ganhe a posição ocupada por B antes do deslocamento, e o ponto C ganha a nova posição C', como mostra a Figura 15.

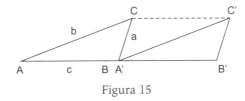
Figura 15

Dizemos que as linhas AC e BC' são "paralelas"; também as linhas BC e B'C' e as linhas BB' e CC'. Uma vez que ABC foi deslocado para uma nova posição BB'C', cada ponto do triângulo BB'C' foi deslocado por uma distância igual à distância AB, portanto, a linha pontilhada CC' é igual a AB (e também a BB') [...]

4. Alguns ângulos característicos

1. (Teorema) A soma S dos ângulos (internos) em qualquer triângulo é a mesma: trata-se da do ângulo esticado a 180° e, portanto, igual à soma dos dois ângulos retos (S = R).

2. (Corolário) Ele, portanto, é evidentemente igual à soma dos três ângulos iguais (de 60° cada) de qualquer triângulo equilátero.

Quanto ao Teorema (1), pergunta Aristóteles: "Por que são os dois retos [que são iguais ao ângulo esticado] iguais ao [à soma dos ângulos de um] triângulo?"[8] E responde: "Porque os ângulos junto a um ponto (acima de uma linha reta) são iguais a [um ângulo esticado e, portanto, a] dois retos. Se a linha [pontilhada] paralela ao lado [A' – B'] já estivesse traçada, a resposta seria óbvia".

Aquilo que chamo de "ângulo esticado" S, que é igual a 2R, é chamado por Aristóteles de dois (ângulos) retos, *duo orthai* (ou δύο ὀρθαί).

Com isso, evidentemente, ele tem em mente a soma de ⌐ e ∟, ou seja, ⌐,
mas também $\frac{\vdots}{2R}$ ou $\frac{\cdot}{2R}$, o resultado dessa soma – meu S; essa figura qualitativa cuja metade é a figura ⌐, chamada R ou ὀρθή: o ângulo reto R.

Quando Aristóteles tem em mente o meu S, costuma falar de 2Rs.

Consideremos agora o texto dos *Segundos analíticos*.[9]

---

8 Id., *Metafísica* IX, 4 e 5; Id., *Segundos analíticos*, II.xi.
9 Ibid.

Se, como acima se mostra, o triângulo ABC da Figura 16 for deslocado para a direita pela distância c, então a distância entre C e C' deve ser c, portanto, como no caso original dos triângulos equiláteros,

Lema: o "triângulo do meio" é o mesmo que os outros dois triângulos, só que com seu ponto C" para baixo em vez de para cima.

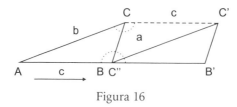

Figura 16

Teorema: A soma dos três ângulos em *qualquer* triângulo = S = 2R = 3 x 60°.

Usando o lema acima na Figura 17, fica evidente que BC'C é o mesmo que ABC virado de ponta cabeça, de modo que A é colocado no ponto C', B em C e C em B; assim, também fica claro que α + β + γ = o ângulo esticado em B, que é β + γ + α.

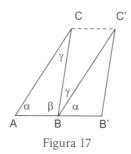

Figura 17

Fragmento 9

5. O teorema de Aristóteles e uma sugestão de correção para apresentar sua prova

Por que, então, o ângulo no semicírculo é um ângulo reto, universalmente (καθόλου)?

Para ver isso, basta prestar atenção às três linhas retas iguais da Figura 18: *duas* que formam a base e a *terceira*, que vai do meio para o ângulo reto. Então, como diz Aristóteles, "se conheceres bem o teorema anterior, a resposta será óbvia para ti".

O que deve ser mostrado é que, no triângulo dividido,

α + β = R.

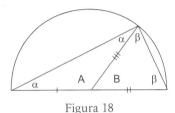

Figura 18

Como, porém, temos A + B = 2R e, no ângulo dividido, os dois triângulos resultantes são ambos isósceles (já que são raios). Então $\alpha = \frac{B}{2}$ e $\beta = \frac{A}{2}$.

Essa brilhante prova foi, segundo a minha conjectura, astuciosamente formulada para deixar perplexos e impressionados os alunos de Aristóteles. Nisso, ele foi, com certeza, bem-sucedido – talvez até mais do que pretendia –, pois ela não foi compreendida por alguns eruditos eminentes, como Alexandre no século III e Sir David Ross, Hugh Tredennick e Sir Thomas Heath no século XX. Heath foi o único autor entre os eruditos mencionados que viu que não se pode chegar ao teorema geral se começarmos considerando o caso de ⌐⌐⌐, mas não apresenta a solução.

Fragmento 10

Os argumentos geométricos como os expostos acima sugerem uma correção em *Metafísica*,[10] a saber, substituir ὀρθή por ὀρθῇ (*dativus loci*); uma espécie de inadvertência que talvez tenha acontecido muito cedo – talvez no primeiro de todos os manuscritos – e talvez tenha levado a todos os mal-entendidos. (Parece que em todas as interpretações ὀρθή foi lido como advérbio – isto é, "por meio de um ângulo que é reto", "perpendicular" ou coisa que o valha.) Este é o ponto aqui: se ὀρθῇ for interpretado como um

10 Id., *Metafísica*, 1051a27.

dativus loci, então a prova de Aristóteles está correta; se for interpretado como advérbio, a prova é insustentável.

Outra correção, porém menos importante, diz respeito à mesma passagem crucial, ἡ ἐκ μέσου ἐπισταθμεῖσα ὀρθή, na qual ἐπὶ στάθμην (com o significado de "numa linha reta [para]" poderia substituir ἐπισταθμεῖσα, permitindo, então, a tradução "do meio do ângulo reto (numa linha reta)", o que se encaixa bem no argumento geométrico. (ἐπὶ στάθμην pode ser encontrado em *Das partes dos animais*, de Aristóteles: "por isso, a natureza dispôs as narinas *em linha reta*".)[11]

Fragmento 11
UM EMARANHADO ARISTÓTELICO COM A TEORIA DO SOL DE HERÁCLITO E XENÓFANES

Observa Aristóteles que se o Sol fosse um fogo ou uma chama, Heráclito não poderia ter dito (como disse) que "o Sol é novo a cada dia"; mas, antes, "o Sol é novo a cada momento".[12]

Essa observação de Aristóteles está totalmente correta, e o próprio Heráclito teria dito (creio eu) que era isso o que tinha querido dizer –, mas preferiu colocar as coisas de tal forma que a compreendessem mal os idiotas (que ele não suportava). A observação de Aristóteles, contudo, sugeriu aos idiotas que, ao dizer que o Sol é novo a cada dia, Heráclito quisesse excluir que fosse novo ininterruptamente e que, até mesmo, quisesse excluir que ele fosse um fogo, mas tal sugestão aos idiotas por parte de Aristóteles (como se verificou mais tarde, amplamente aceita) é errônea, pois temos o relato de Diógenes Laércio (DK 22a1) de que os corpos celestes são todos eles chamas levadas em taças voltadas para nós com seus lados côncavos, e que o Sol é a mais brilhante e quente de todas as chamas. Essa é uma refutação da sugestão [atribuída a Xenófanes de que o Sol é novo a cada dia].

Tal atribuição a Xenófanes da doutrina de que um Sol completamente novo nasce a cada dia, aqui rejeitada, é, de certa forma, confirmada por Heráclito? Diz ele: "O Sol é novo a cada dia".

---

11 Id., *Das partes dos animais*, 657a10.
12 Id., *Meteorologia*, 355a13 (DK 22B6).

A meu ver, não. Como reafirmei há muito,[13] Heráclito é o grande descobridor do fato de todas as coisas serem processos – nossas crianças, que imperceptivelmente crescem, todos os animais, todas as plantas, mas também as pedras levadas pelo rio, e o mesmo rio, com seus bancos de areia [remoinhos e quedas d'água] e, acima de tudo, o fogo (e também o caldeirão de bronze e o ferro em que se queima o óleo), de modo que, sem dúvida, "todas as coisas fluem" (como diz Platão). Se tal é seu ensinamento, então, por certo, "O Sol é novo a cada dia" estaria dizendo o mesmo que "O Sol é novo a cada hora": estaria dizendo [...] Aristóteles entra num pequeno emaranhado.

Nada há nesse trecho de *Meteorologia* contra que Heráclito acreditasse que o Sol fosse fogo e novo o tempo inteiro, como o fogo, ao contrário, muita coisa [fala] a favor disso: obviamente, Aristóteles dissera isso antes.

[...]

Não pode, porém, a teoria dos muitos sóis diários de Xenófanes ser confirmada com referência à ideia de Heráclito? Como diz Aristóteles acerca dele,

[...] pois se ele [o Sol] fosse alimentado como uma chama – como essa gente diz que é –, então o Sol não seria apenas, como diz Heráclito, novo a cada dia, mas seria novo o tempo inteiro.[14]

A partir daí obtemos o fragmento B6 de Heráclito:

O Sol é novo a cada dia.

Alguns eruditos concluíram daí que, de fato, a ideia de Heráclito fosse haver um Sol novo e *diferente* a cada dia, mas isso é extremamente improvável. Se Heráclito julgava (B91) que

Não se pode entrar duas vezes no mesmo rio,

---

13 [Popper, *Open society against its enemies*, v.1, p.14-5.]
14 Aristóteles, *Meteorologia*, 355a13 e ss.

então muito provavelmente também julgava, como, sem dúvida, o mesmo Aristóteles o sugere aqui, que

O Sol é novo incessantemente.

É menos claro dizer "a cada dia" do que dizer "a cada minuto"? Não é igualmente arbitrário qualquer espaço de tempo escolhido – dia, hora, minuto, segundo? (Além disso, Heráclito não suportava idiotas e teria escolhido um espaço de tempo que pudesse ser malcompreendido por eles, exatamente como o fez.)

Alguns leitores do capítulo de *Meteorologia*, de Aristóteles, para os quais o trecho por mim citado deu a impressão de que Heráclito é criticado por Aristóteles por *não* dizer (e, talvez, não concordar) que o Sol é novo o tempo inteiro (ou continuamente), e que Aristóteles, portanto, pretende seriamente inferir que Heráclito quis dizer e afirmou que há um Sol inteiramente aceso de novo a cada dia.[15]

Direi, em primeiro lugar, que Aristóteles não sugere isso, nem tinha a mínima intenção de afirmar que fosse isso o que Heráclito havia querido dizer. E depois alegarei que temos amplas razões nos fragmentos de Heráclito para afirmar que ele não queria dizer que o Sol fosse aceso de novo a cada dia, como alguns eruditos interpretaram o fragmento B6.

Consultemos, primeiro, Aristóteles.

O capítulo II do Livro II de *Meteorologia* é dedicado ao exame da hidrosfera – o mar; e essa parte está especialmente voltada para sua salinidade e para a rotação ou circulação da água, sua elevação em forma de vapor para a região superior e sua condensação pelo frio e sua queda em terra em forma de chuva.

Como às vezes lhe acontece, Aristóteles se afasta do tema e começa a falar do Sol: se é alimentado pela umidade, se tal é a causa do solstício e muitos outros pormenores. Então, ele topa com uma teoria contra a qual vai opor-se: "essa teoria do Sol baseia-se na analogia entre o Sol e um fogo ardente". E passa a combater a teoria e se emaranha todo. Nessa situação, menciona o dito de Heráclito, juntamente como seu melhoramento (o Sol

---

15 Ver, por exemplo, Zeller, *Die Philosophie der Griechen in ihrer geschichtliche Entwicklung*, 6.ed, p.859-60.

é continuamente novo) para, em seguida, largar Heráclito como um tijolo quente e passar a um argumento contra a teoria que queria combater.

Assim, não há nada aqui, a não ser uma confusão momentânea e a tentativa de recuperar um pouco de fôlego retórico valendo-se de algo (Heráclito era tímido demais no que dizia) que parece uma piada que já teria contado antes com fins semelhantes. Resultado: embora possamos, creio, usar a citação de Heráclito, não podemos dizer que ela tenha sido criticada – ao contrário, parece que Aristóteles a tivesse usado antes como um princípio contra uma formulação de Heráclito que ele, Aristóteles, podia melhorar em muito.

E podemos concordar com Aristóteles que se trata de uma formulação melhorada do que Heráclito quis dizer, na realidade, da teoria de Heráclito de que o Sol é fogo (ou chama), um processo e não uma coisa.

No que diz respeito ao que Heráclito quis dizer, não há muita dúvida de que quis dizer que o Sol é fogo (πῦρ) ou chama (φλόξ), mas também que Aristóteles sabia disso (embora este último ponto tenha pouca importância para o nosso argumento). Pois [...]

Referências bibliográficas

ARISTÓTELES. Select fragments. In: _____. *The Works by Aristotle*. Tradução de David Ross. Oxford: Clarendon Press, v.12, 1952.

_____. *De partibus animalium*. Tradução de Arthur Leslie Peck. London: Cambridge, Mass.: W. Heinemann/ Cambridge University Press, 1937.

_____. *Meteorologicas*. Edição e tradução de H. D. P. Lee. Cambridge: Harvard University Press, 1952.

BARBOUR, J. B. Maximal variety as a new fundamental principle of dynamics. *Foundations of Physics*, v.19, n.9, p.1051-1073, 1989.

BEAUFRET, J. *Le Poème de Parménide*. Paris: PUF, 1955.

BELOFF, J. *The Existence of Mind*. London: Macgibbon & Kee, 1962.

BENDA, J. *La trahison des clercs*. Paris: B. Grasset, 1927.

BLACKMORE, J. T. *Ernst Mach*: His Life, Work and Influence. Berkeley: University of California Press, 1972.

BOHM, D. Space, time, and quantum theory, understood in terms of discrete structural processes. In: VV. *Oxford International Conference on Elementary Particles, 19/25 September 1965*: proceedings. [Chilton]: Rutherford High Energy Laboratory, [1966], p.252-87.

BOLL, F. *Sphaera*. Leipzig, 1903.

BOLTZMANN, L. Über die Beziehung zwischen dem zweiten Hauptsatze der mechanischen Wärmtheorie und der Wahrscheinlichkeitsrechnung, respective den Sätzen über das Wärmegleichgewicht. *Sitzungsberichte der kaiserlichen Akademie der Wissenschaften (Mathematisch-Naturwissenschaftliche Classe)*, Wien, v.76, n.3, October, p.373-475, 1877.

_____. *Vorlesungen über Gastheorie*. Leipzig: J. A. Barth, 1896-1898. 2v.

BOLTZMANN, L. Entgegnung auf die wärmetheoretischen Betrauchtungen des Hrn. E. Zermelo. *Annalen der Physik*, v.293, n.4, p.773-84, 1896.

_____. Zu Hrn. Zermelo's Abhandlung "Ueber die mechanische Erklärung irreversibler Vorgänge", *Annalen der Physik*, v.296, n.2, p.392-8, 1897.

_____. Bemerkungen über einige Probleme der mechanischen Wärmetheorie. *Sitzungsberichte der kaiserlichen Akademie der Wissenschaften (Mathematisch-Naturwissenschaftliche Classe)*, Wien, v.75, n.1, Jänner, p.62-100, 1877.

_____. *Wissenschaftliche abhandlungen*: Im Auftrage und mit Unterstützung der Akademien der Wissenschaften zu Berlin, Göttingen, Leipzig, München, Wien. Leipzig: J. A. Barth, 1909. 3v.

BOREL, É. *Space and Time*. New York: Dover, 1960.

BORN, M. Einstein's Statistical Theories. In: SCHILPP, P. A. (ed.). *Albert Einstein*: philosopher-scientist. Evanston, Ill.: Open Court, 1949, p.163-78.

_____. *The Natural Philosophy of Cause and Chance*. 2.ed. New York: Dover, 1964.

BRILLOUIN, L. *Science and Information Theory*. New York: Academic, 1956.

BRODA, E. *Ludwig Boltzmann*. Wien: Franz Deutike, 1955.

BRUSH, S. G. *Kinetic Theory*. Oxford: Pergamon, 1966.

BURNET, J. *Early Greek Philosophy*. 2.ed. London: A. & C. Black, 1908.

_____. *Early Greek Philosophy*. 4.ed. London: A. & C. Black, 1930.

CHERNISS, H. F. The characteristics and effects of pre-Socratic philosophy. In: FURLEY, D. J.; ALLEN, R. E. (orgs.). *Studies in Pre-socratic Philosophy*. London/ New York: Routledge and K. Paul; Humanities Press, 1970, v.1, p.1-28.

CLEVE, F. M. *The Giants of Pre-sophistic Greek Philosophy*. 2.ed. The Hague: Martinus Nijhoff, 1969. 2v.

CORNFORD, F. M. *Plato's Cosmology*. London / New York: K. Paul, Trench, Trubner & Co. ltd.; Harcourt, Brace, 1937.

_____. *Principium Sapientiae*: The Origins of Greek Philosophical Thought. Cambridge, UK: Cambridge University Press, 1952.

DE SANTILLANA, G. *The Origins of Scientific Thought*: From Anaximander to Proclus, 600 B.C. to 300 A.D. Chicago: The University of Chicago Press, 1961.

_____. *Prologue to Parmenides*. Cincinnati: University of Cincinnati, 1964.

DIELS, H. (ed). *Anonymer Kommentar zu Platons Theaetet*. Berlin: Weidmann, v.2, 1905.

_____. Über Anaximanders Kosmos. In:_____. *Kleine Schriften zur Geschichte der Antiken Philosphie*. Darmstadt: Wissenschaftliche Buchgesellschaft, 1969.

DIRAC, P. A. M. *The Principles of Quantum Mechanics*. 4.ed. Oxford: Clarendon Press, 1958.

DODDS, E. R. *The Greeks and the Irrational*. Berkeley / Los Angeles: The University of California Press, 1951.

DOLIN JUNIOR, E. F. Parmenides and Hesiod. *Harvard Studies in Classical Philology*, v.66, p.93-8, 1962.

EDWARDS, P. (ed.). *The Encyclopedia of Philosophy*. New York: Macmillan, 1967. 8v.

EHRENFEST, P. Begriffliche Grundlagen der statistischen Auffassung in der Mechanik. In: KLEIN, F.; MÜLLER, C. (eds.). *Enzyklopädie der Matematischen Wissenschaften mit Einschluss ihre Anwendungen*. Leipzig: G. B. Teubner, v.4, t.2, p.3-90, 1912.

EHRENFEST, P.; EHRENFEST, T. *The Conceptual Foundations of The Statistical Approach in Mechanics*. Trad. de Michael J. Moravcsik. Ithaca, N.Y., Cornell University Press, 1959.

_____. *Opera*: quotquot reperta sunt. 3.ed. Editada por J. van Vloten e J. P. N. H. Land. La Haye: M. Nijhoff, 1914.

EINSTEIN, A. Kinetische Theorie des Wärmegleichgewichtes und des zweiten Hauptsatzes der Thermodynamik. *Annalen der Physik*, v.314, n.10, p.417-33, 1902.

_____. Eine Theorie der Grundlagen der Thermodynamik. *Annalen der Physik*, v.316, n.5, p.170-87, 1903.

_____. Zur allgemeinen molekularen Theorie der Wärme. *Annalen der Physik*, v.319, n.7, p.354-62, 1904.

_____. Die von der molekularkinetischen Theorie der Wärme geforderte Bewegung von in ruhenden Flüssigkeiten suspendierten Teilchen. *Annalen der Physik*, v.322, n.8, p.549-60, 1905.

_____. Theorie der Opaleszenz von homogenen Flüssigkeiten und Flüssigkeitsgemischen in der Nähe des kritischen Zustandes. *Annalen der Physik*, v.338, n.16, p.1275-98, 1910.

_____. Bemerkungen zu den P. Hertzschen Arbeiten: "Über die mechanischen Grundlagen der Thermodynamik". *Annalen der Physik*, v.339, n.1, p.175-6, 1911.

_____. *Relativity*: the Special and General. New York: H. Holt and Company, 1920.

_____. *The Meaning of Relativity*. 6.ed. London: Methuen, 1956.

EVANS-PRITCHARD, E. E. *Witchcraft, Oracles and Magic Among the Azande*. Oxford: Clarendon Press, 1937.

FRÄNKEL, H. *Wege und Formen frühgriechischen Denkens*: Literarische und Philosophiegeschichtliche Studie. München: Beck, 1955.

_____. Studies in Parmenides. In: ALLEN, R. E.; FURLEY, D. J (orgs.). *Studies in Presocratic Philosophy*: the Eleatic and Pluralist. London: Routledge & Kegan Paul, 1975, p.1-46.

FRIEDLEIN, G. (ed.). *In primus Euclidis Elementorum librum commentarii*. Leipzig: Teubner, 1873.

FRITZ, K. v. *Nous, noein*, and their derivatives in pre-Socratic philosophy: part 1. *Classical Philology*, v.40, p.223-42, 1945.

_____. *Nous, noein*, and their derivatives in pre-Socratic philosophy: part 2. *Classical Philology*, v.41, p.12-34, 1946.

GIBBS, J. W. *Elementary Principles in Statistical Mechanics*. New York: C. Scribner's sons, 1902.

GOMPERZ, T. *Griechische Denker*: Eine Geschichte der antiken Philosophie. 4.ed. Berlin/ Leipzig: De Gruyter, 1922-1925. 3v.

GREY, G. *Polynesian Mythology and Ancient Traditional History of the New Zealand Race, as Furnished by Their Priests and Chiefs*. London: J. Murray, 1855.

GUTHRIE, W. K. C. *A History of Greek Philosophy*. Cambridge: v.2, Cambrige University Press, 1965.

HARDIE, W. F. R. Concepts of Consciousness in Aristotle. *Mind*, n.s., v.85, n.339, jul., p.388-411, 1976.

HEATH, T. *Aristarchus of Samos, the ancient Copernicus*: a History of Greek Astronomy to Aristarchus, Together with Aristarchus's Treatise on the Sizes and Distances of the Sun and Moon. Oxford: Clarendon, 1913.

HEATH, T. *A History of Greek Mathematics*. Oxford: Clarendon, 1921.

HEINIMANN, F. *Nomos und physis*: herkunft und bedeutung einer antithese im griechischen denken des 5, jahrhunderts. Basel: F. Reinhardt, 1945.

HEISENBERG, W. *The Physical Principles of the Quantum Theory*. Chicago, Ill.: The University of Chicago Press, 1930.

_____. The Representation of Nature in Contemporary Physics. *Daedalus*, v.87, n.3, summer, p.95-108, 1958.

HILBERT, D. Axiomatisches Denken. *Mathematische Annalen*, v.78, p.405-15, 1917.

_____. *Gesammelte Abhandlungen*. Berlin: J. Springer, 1932-1935. 3v.

HOBBES, T. De Corpore. In: _____. *The English Works of Thomas Hobbes of Malmesbury*: Elements of Philosophy. 2.reimp. Aalen: Scientia Verlag, 1966.

_____. Tractatus opticus. *Rivista Critica di Storia della Filosofia*, ano 18, fasc.2, p.147-288, 1963.

HOFFMANN, E. *Die Sprache und die archaïsche Logik*. Tübingen: Mohr Siebeck, 1925.

HUME, D. *A Treatise of Human Nature*. 2.ed. Oxford/New York: Oxford University Press, Clarendon Press, 1978.

IVERSEN, E. *Papyrus Carlsberg Nr.VII*: Fragments of a Hieroglyphic Dictionary. København: I kommission hos Munksgaard, 1958.

KAHN, C. H. *Anaximander and the Origins of Greek Cosmology*. New York: Columbia University Press, 1960.

_____. Sensation and Consciousness in Aristotle's Psychology. *Archiv für Geschichte der Philosophie*, v.48, n.1-3, p.43-81, 1966.

_____. The Thesis of Parmenides. *Review of Metaphysics*, v.22, n.4, jun., p.700-24, 1969.

_____. *The Verb "be" in Ancient Greek*. Dordrecht: Reidel, 1973.

_____. Pythagorean Philosophy Before Plato. In: MOURELATOS, A. P. D. (ed.). *The Pre-Socratics*: a collection of critical essays. Garden City, N.Y.: Anchor Press, 1974, p.161-85.

KIRK, G. S.; RAVEN, J. E. The Presocratic Philosophers: a Critical History with a Selection of Texts. Cambridge: Cambridge University Press, 1957. [Os filósofos pré-socráticos. Lisboa: Calouste Gulbekian.]

_____; _____; Schofield, M. *The Presocratic Philosophers*: a Critical History with a Selection of Texts. 2.ed. Cambridge/ New York: Cambridge University Press, 1983.

KLEIN, M. J. Thermodynamics in Einstein's Thought. *Science*, n.s, v.157, n.3788, 4 de agosto, p.509-16, 1967.

_____. Fluctuations and Statistical Physics in Einstein's Early Work. In: HOLTON, G; ELKANA, Y. (eds.), *Albert Einstein*: Historical and Cultural Perspectives. Princeton, N. J.: Princeton University Press, 1982, p.39-58.

KLINCHIN, A. I. *Mathematical Foundations of Information Theory*. New York: Dover, 1957.

LAUE, M. V. Zur Thermodynamik der Interferenzerscheinungen. *Annalen der Physik*, v.325, n.7, p.365-78, 1906.

_____. Die Entropie von partiell kohärenten Strahlenbündeln. *Annalen der Physik*, v.328, n.6, p.1-43, 1907.

LAUE, M. V. Die Entropie von partiell kohärenten Strahlenbündeln; Nachtrag. *Annalen der Physik*, v.328, n.6, p.795-97, 1907.

_____. Das Additionstheorem der Entropie. *Physikalische Zeitschrift*, v.9, p.778-80, 1908.

LLOYD, G. E. R. *Polarity and Analogy*: Two Types of Argumentation in Early Greek Thought. Cambridge, UK: Cambridge University Press, 1966.

LOSCHMIDT, J. Über den Zustand des Wärmegleichgewichtes eines Systems von Körpern mit Rucksicht auf die Schwerkraft. *Sitzungsberichte der kaiserlichen Akademie der Wissenschaften*, Wien, v.73, n.2, p.128-42, 1876.

LOVEJOY, A. O. The Meanings of "Emergence" and Its Modes. In: BRIGHTMAN, E. S. (ed.), *Proceedings of the Sixth International Congress of Philosophy*. New York: Longmans, Green, and Co., 1927, p.20-33.

MACH, E. *Beiträge zur Analyse der Empfindungen*. Jena: 1886.

_____. *Die Prinzipien der Wärmelehre historische-kritisch entwickelt*. Leipzig: J.A. Barth, 1896.

MANSFELD, J. *Die Offenbarung des Parmenides und die menschliche Welt.*Assen: Royal van Gorcum, 1964.

_____. *Die Vorsokratiker*: Auswahl der Fragmente, Übersetzung und Erläuterungen. Stuttgart: Reclam, 1983. 2v.

MEULI, K. Scythia. *Hermes*, v.70, p.121-76, 1935.

MEYERSON, É. *Identité et realité*. 2.ed. Paris: 1912.

MISCH, G. *The Dawn of Philosophy*: a Philosophical Primer. London: Routledge and Kegan Paul, 1950.

MOURELATOS, A. P. D. *The Route of Parmenides:* a Study of Word, Image, and Argument in the Fragments. New Heaven: Yale University Press, 1970.

_____. Comments on "The Thesis of Parmenides". *Review of Metaphysics*, v.22, p.735-44, 1969.

MURRAY, G. *The Rise of Greek Epic*. 3.ed. Oxford: Oxford University Press, 1924.

NADEL, S. F. Witchcraft in Four African societies: an Essay in Comparison. *American Anthropologist*, n.s., v.54, n.1, jan.-mar., p.18-29, 1952.

NESTLE, W. (ed.). *Die Vorsokratiker in Auswahl*. Jena: E. Diederichs, 1908.

NEUMANN, J. v. *Mathematical Foundations of Quantum Mechanics*. Princeton, NJ: Princeton University Press, 1955.

NEWTON, I. *Opticks:* R A Treatise of the Reflections, Refractions, Inflections and Colours of Light. London: William and John Innys at the West End of St. Paul's, 1721.

_____. *Philosophiae Naturalis Principia Mathematica*. 3.ed. Londini: Apud G & J Innys, 1726.

_____. *Opera quae extant omnia*. Editada por S. Horsley. Londini: J. Nichols, 1779-1785. 5v.

OESER, E. *Kepler:* Die Entstehung der neuzeitlichen Wissenschaft. Göttingen: Musterschmidt, 1971.

ONIANS, R.B. *The Origins of European Thought about the Body, The Mind, The Soul, The World, Time, and Fate:* New Interpretations of Greek, Roman, and Kindred Evidence, Also of Some Basic Jewish and Christian beliefs. Cambridge: Cambridge University Press, 1954.

OWEN, G.E.L. Eleatic Questions. *Classical Quarterly*, n.s. v.10, n.1, may, p.84-102, 1960.

PEMBERTON, H. *A View of Sir Isaac Newton's Philosophy*. London: S. Palmer, 1728.

PLUTARCO. *Moralia*. Tradução de B. Einarson e P. H. de Lacy. Cambridge: Harvard University Press: London, 1967-1984. 16v.

POINCARÉ, H. Le Mécanisme et l'expérience. *Revue de Métaphysique et Morale*, t.1, n.6, nov., p.534-7, 1893.

_____. *Le Valeur de la science*. Paris: Flammarion, 1907.

_____. *Thermodynamique*. 2.ed. Paris: Gauthier-Villars, 1908.

POLANYI, M. *Personal knowledge*: towards a post-critical philosophy. Chicago, III.: Chicago University Press, 1974.

POPPER, K. A Note on Berkeley as Precursor of Mach and Einstein. *The British Journal for the Philosophy of Science*, Oxford, v.4, n.13, may, p.26-36, 1953.

_____. The Arrow of Time. *Nature*, n.177, 17 março, p.538, 1956.

_____. Irreversibility and Mechanics. *Nature*, n.178, 18 de agosto, p.382, 1956.

_____. Irreversible Processes in Physical Theory. *Nature*, n.179, 22 de junho, p.1297, 1957.

_____. Irreversible Processes in Physical Theory. *Nature*, n.181, 8 de fevereiro, p.420-1, 1958.

_____. *Poverty of Historicism*. Boston: Beacon, 1957.

_____. Irreversibility; or, Entropy Since 1905. *The British Journal for the Philosophy of Science*, Oxford, v.8, n.30, p.151-5, 1957.

_____. Of Clouds and Clocks: an Approach to the Problem of Rationality and the Freedom of Man. *The Second Arthur Holly Compton Memorial Lecture*. Washington, Washington University, 1965.

_____. On the Sources of Knowledge and of Ignorance. In: Findlay, J. N. (ed.) *Studies in Philosophy*. Oxford: Paper Books, 1966.

_____. Quantum Mechanics Without the Observer. In: Bunge, M. (ed.). *Quantum Theory and Reality*. Berlin/Heidelberg/New York: J. Springer, 1967, p.7-44.

_____. The Cosmological Origins of Euclidean Geometry. In: LAKATOS, I. *Problems in the philosophy of mathematics*. Amsterdam: North-Holland, v.1, 1967, p.18-20.

_____. Plato, *Timaeus* 54e-55a. *The Classical Review*, n.s., v.20, n.1, p.4-5, 1970.

_____. *Unended Quest*: an Intellectual Autobiography. Glasgow: Fontana/Collins, 1976.

_____. *The Open Universe*: an Argument for Indeterminism. Totowa, NJ: Rowman and Littlefield, 1982.

_____. *Auf der Suche nach einer besseren Welt:* Vorträge und Aufsätze aus dreissig Jahren. München: Pipper, 1984.

_____. *Quantum Theory and The Schism in Physics*. Totowa, NJ: Rowman and Littlefield, 1982.

_____. A Proof of the Impossibility of Inductive Probability. *Nature*, v.302, p.687-1983.

_____. *Realism and the Aim of Science*. Totowa, NJ: Rowman and Littlefield, 1983.

_____. *In Search of a Better World*. London / New York: Routledge, 1992.

RANULF, S. *Der eleatische Satz vom Widerspruch*. Copenhague: Gyldendalske Boghandel, 1924.

REINHARDT. K. *Parmenides*: und die Geschichte der griechischen Philosophie. Bonn: Friedrich Cohen, 1916.

_____. *Parmenides:* und die Geschichte der griechischen Philosophie. 2.ed. Frankfurt-am-Main: 1959.

RITTER, C. *Platon*: sein leben, seine schriften, seine lehre. München: Oskar Beck, 1910.

RUSSELL, B. Mind and Matter. In: _____. *Portraits from Memory*. London: G. Allen & Unwin, 1956.

RYLE, G. *The Concept of Mind*. London / New York: Hutchinson University Library, 1949.

_____. The Physical Basis of Mind. In: Laslett, P. (ed.). *The Physical Basis of Mind*. Oxford: Blackwell, 1950, p.75-9.

SACHS, E. *De Theaeteto atheniensi mathematico*. Dissertação. Berlin, 1914.

SCHÖNE, H. Eine Streitschirft Galens gegen die empirischen Ärtzte. *Sitzungsberichte der königlichen preussischen Akademie der Wissenschaften*, Berlin, v.2, p.1255-63, 1901.

SCHRÖDINGER, E. *Statistical Mechanics*. Cambridge: Cambridge University Press, 1946.

_____. Irreversibility. *Proceedings of the Royal Irish Academy*, v.53, n.12, Section A, p.189-95, 1950.

_____. *Nature and the Greeks*. Cambridge: Cambridge University Press, 1954.

_____. *Mind and Matter*. Cambridge: Cambridge University Press, 1958.

_____. *My View of the World*. Cambridge: Cambridge University Press, 1964.

_____. *What is Life?* Cambridge: Cambridge University Press, 1967.

SCHWABL, H. Hesiod und Parmenides. *Rheinisches Museum für Philologie*, v.106, p.134-42, 1963.

SMOLUCHOWSKI, M. v. Molekular-kinetische Theorie der Opaleszenz von Gasen im kritischen Zustande, sowie einiger verwandter Erscheinungen. *Annalen der Physik*, v.330, n.2, p.205-226, 1908.

_____. Einige Beispiele Brownscher Molekularbewegung unter Einfluß äußerer Kräfte. *Bulletin International de l'Académie des Sciences de Cracovie, Mathematisch--naturwissenschaftliche*, Klasse A, p.418-34, 1913.

SOLECKI, R. S. *Shanidar*: The First Flower of People. New York: Knofpt, 1971.

STEIN, H. Comments on "The Thesis of Parmenides". *Review of Metaphysics*, v.22, n.4, p.725-34, 1969.

SZILÁRD, L. Über die Entropieverminderung in einem thermodynamischen System bei Eingriffen intelligenter Wesen. *Zeitschrift für Physik*, v.53, n.11-12, p.840-56, 1929.

TARÁN, L. *Parmenides*. Princeton, N. J.: Princeton University Press, 1965.

TYLOR, E. B. *Primitive Culture*: Researches into the Development of Mythology, Philosophy, Religion, Art, and Custom. London: J. Murray, 1871. 2v.

VLASTOS, G. Ethics and Physics in Democritus. In: FURLEY, D. J.; ALLEN, R. E. (eds.). *Studies in Pre-Socratic Philosophy*. London / New York: Routledge and K. Paul; Humanities Press, v.2, 1975, p.381-408.

VV. *Commentaria in Aristotelem Graeca*. Berlin: Reimer. 1882-1909. 23v.

WEYL, H. *Space-Time-Matter*. London: Methuen & co., 1922.

WHITROW, G. J. *The Natural Philosophy of Time*. London: Nelson, 1961.

WHYTE, L. L. One-Way Processes in Physics and Biophysics. *British Journal for the Philosophy of Science*, v.6, n.22, ago., p.107-21, 1955.

WIGNER, E. The Probability of the Existence of a Self-reproducing Unit. In: _____. *Symmetries and Reflection*: Scientific Essays. Cambridge: MIT Press, 1970.

_____. *Philosophy of Mathematics and Natural Science*. Princeton: Princeton University Press, 1949.

WILAMOWITZ-MÖLLENDORFF, U. von. *Sappho und Simonides*. Berlin: Weidmann, 1913.

WILSON, J. A. Egypt. In: FRANKFORT, H. et al. (orgs). *Before Philosophy*. Harmondsworth: Pelican Books, 1949.

WITTGENSTEIN, L. *Tractatus logico-philosophicus*. New York / London: Harcourt, Brace & Co.; K. Paul, Trench, Trubner & Co., 1922.

ZELLER, E. Die Philosophie der Griechen. 5ed. Leipzig: O.R. Reisland, 1892. 6v.

_____. *Die Philosophie der Griechen in ihrer geschichtliche Entwicklung*. 6.ed. Leipzig: O. R. Reisland, 1920-1923. 3v.

ZERMELO, E. Ueber einen Satze der Dynamik und die mechanische Wärmetheorie. *Annalen der Physik*, v.293, n.3, p.485-94, 1896.

Índice de traduções

Fragmentos pré-socráticos traduzidos por Popper, vez ou outra inspirados por outros. Foi usada a numeração referente a Diels-Kranz (DK), salvo menção em contrário.

Os números de páginas em *itálico* indicam a última entre diversas traduções de dado fragmento (assim "DK 18B8: 60: *121*, 190, 264, *293*" significa que duas traduções idênticas de B*: 60 às páginas *121* e *293* são diferentes e *posteriores* àquelas que se encontram às páginas 190 e 264). A letra "*n*" significa "nota".

Este índice foi preparado por Troels Eggers Hansen.

Índice de nomes e passagens citadas e analisadas

Os números de página em *itálico* indicam citação. A letra *"n"* introduz referências a números de nota de rodapé. JM.

A

Adam, J. 288
Aécio 37*n*4, 46*n*23
Agatão 29
Alcméon 116, 196, *281*
   *DK 24*B1 196*n*44
Alexandre de Afrodísia 356, 356*n*5, 363
Ameinias 161
Anaxágoras 45, 68, 109 ss., 124, *280, 291*
   *DK 59*B12 *280 ss.*
Anaximandro 4 ss., *5n2*, 11 ss., 17 ss., 21, 35, 39-45, 49, 64-5, 82, 93, 110, 126, 129, 131 ss., 133 ss., 152*n*59, 160ss., 170, 170*n*86, 188-9, 188*n*26, 196 ss., 258 ss., 262, 344, 353
   *DK 12*A1 45; A10 40, 133; A11 4, *6, 11, 40n9, 132*; B1 49, *259*
Anaxímenes 6, 8, 11, 13, 17, 35 ss., 47, 53, 136, 169*n*85, 279-80, 284
   *DK 13*A6 *11*; A20 *11*
Archer-Hind, R. D. 324

Arquimedes 127
Arquitas, *DK 47*B1 310
Argantonio 67
Aristarco 4 ss., 8 ss., 85, 127, 157
Aristófanes 324
Aristóteles XXIII-XXVIII, 5 ss., *5n2*, 15, 18, 26, 46*n*23, 52, 98, 122, 131 ss., 137, 146 ss., 147, 149*n*56, 190, 204 ss., 260, 267 ss., 279 ss., 286 ss., 319 ss., 326, 330 ss., 337 ss., 355-63
   Primeiros analíticos, 67a22 ss. *319n67*; 68b15 ss. *320n67*; 76b9 *302n14*
   Segundos analíticos, 99b20 ss. 289*n*59
   Da alma, 403b31 *282*; 404a6-7 *282*; 405b11 *283*; 407b27 *285n52*; 410b28 *280n34*
   Sobre o céu, 289b10-290b10 7; 293a25 294*n*73; 294a21 *45n21*; 294a32 ss. *132n19*; 295b32 *5n2*; 298b *195n43*; 298b22 ss. 158*n*74; 306b5 204*n*56
   Da geração e da corrupção, 325a ss. 82, 194*n*42; 316a14e ss. 147*n*51

Índice remissivo

Os números de página em *itálicos* indicam as passagens mais importantes. A letra "*t*" diante de um número de página indica que o termo é explicado e analisado naquele lugar; "*n*" significa "nota". (N. O.)

389

SOBRE O LIVRO

Formato: 16 x 23 cm
Mancha: 27,5 x 49 paicas
Tipologia: IowanOldSt BT 10/14
Papel: Off-white 80 g/m² (miolo)
Cartão Supremo 250 g/m² (capa)

1ª edição Editora Unesp: 2014
2ª edição Editora Unesp: 2019

EQUIPE DE REALIZAÇÃO

Edição de texto
Dalila Pinheiro (Copidesque)
Amanda Coca/Tikinet (Revisão)

Capa
Estúdio Bogari

Imagem de capa
Ancient Greek Fresco / ID 34078569 / © Danilo Ascione / Dreamstime.com

Editoração eletrônica
Eduardo Seiji Seki (Diagramação)

Assistência editorial
Jennifer Rangel de França

MUNDIALGRÁFICA
www.mundialgrafica.com.br